华章经管

HZBOOKS | Economics Finance Business & Management

整合领导力

在多元化与互依共存的世界中取得成功

〔美〕吉恩·李普曼 – 布卢门（Jean Lipman-Blumen） 著

赵宜萱 译

CONNECTIVE
LEADERSHIP

Managing in a Changing World

机械工业出版社

China Machine Press

图书在版编目（CIP）数据

整合领导力：在多元化与互依共存的世界中取得成功 /（美）吉恩·李普曼 - 布卢门
（Jean Lipman-Blumen）著；赵宜萱译 . 一北京：机械工业出版社，2018.7

书名原文：Connective Leadership: Managing in a Changing World

ISBN 978-7-111-60334-4

I. 整… II. ①吉… ②赵… III. 领导学 IV. C933

中国版本图书馆 CIP 数据核字（2018）第 133334 号

整合领导力：
在多元化与互依共存的世界中取得成功

出版发行：机械工业出版社（北京市西城区百万庄大街 22 号　邮政编码：100037）

责任编辑：刘新艳　　　　　　　　　　　　责任校对：李秋荣

印　　刷：北京瑞德印刷有限公司　　　　　版　　次：2018 年 8 月第 1 版第 1 次印刷

开　　本：170mm×242mm　1/16　　　　　印　　张：21.25

书　　号：ISBN 978-7-111-60334-4　　　　定　　价：65.00 元

凡购本书，如有缺页、倒页、脱页，由本社发行部调换

客服热线：（010）68995261　88361066　　　　投稿热线：（010）88379007

购书热线：（010）68326294　88379649　68995259　　读者信箱：hzjg@hzbook.com

版权所有·侵权必究
封底无防伪标均为盗版

本书法律顾问：北京大成律师事务所　韩光 / 邹晓东

不落窠臼的实在领导

　　许多领导力的主张，都难免洋溢着一种劝人向善的意识形态，它们也许源自某些情境中管用好使的原型，但在抽象化、一般化的过程中，悄然演变成了活在鼓吹者心中的完美演绎——去掉了有效性必须基于的温度、湿度、土壤，甚至不再考虑领导者"使众人行"的基本使命。美则美哉，行之无效。我称之为受到"管理青年"喜爱的"演说家领导力"——文学青年爱好文学却不献身文学，管理青年长于评论管理长短却不实践管理；领导力确实成就了不少演说家的饭碗，听着挺是那么回事，遇到真阵仗真是秒傻眼。

　　往大里说，就是不能脱离具体的情境去探讨放之四海而皆准的领导法则。我们生活的时代充满着矛盾，并非所有选择都是道德两难，但是权衡与忍痛确实是领导者的日常工作。互联网能够让人与人相连，却也加剧着更加强化的"封闭自我"。人们对距离自己遥远的人与事都会有影响（不是蝴蝶效应而是因果清晰的影响），却对与自己咫尺之遥的组织成员无力影响（许多驱动力都走向失效或者后遗症严重）。因为领导力的"人学"本质，所以个性的独特价值、事情的变化多端，也必然要求着领导力的独特、针对、动态。守株待兔（他人的心时时在变，次次不同，让你的常模期待注定是单相思）叠加上刻舟求剑（场景移动，行动者也动，线性校准的理性带来的是比撞大运还低的命中率），就是今天领导者的真实挑战。

所以，不管是战略，还是领导力，"行胜于言"，要重视实践中的知识，重视把知识保鲜在实践中，这不是说只该以"低智"的方式感觉它，但是要警惕"抽离大发"后的知识变质。这样说来，反腐败，如今主流意蕴的"反公器私用"其实是延伸意义，其本意是反脱离盎然生态后的变质异化。

比如，领导者所常面临的，与价值观格格不入者共谋进步，或者，与愿景相去甚远者共谋发展，这些难题，其艰难程度，不亚于与虎谋皮。虎不愿意自己的根本利益受损，进步与发展，对于彼人，没有足够的利益吸引作为说服力，该怎么办？

吉恩·李普曼－布卢门教授的整合领导力模型，没有举出英雄主义的范例（伟大解）来做感召，而是态度谦卑地给出了一种不那么有道德高地的可行解，来与实践中的我们探讨——也许领导者不要追求"与之为伍"，长期盟友可靠队友的关系达成，而只求"与之共舞"，短期合作共渡此劫。

这也许就是作者笔下的"负责任、有担当的工具主义"，所谓工具主义，就是其中的行为主体——自己与他人，委屈地做了达成组织目的、社群目标的手段与工具，但是放在更长的尺度上，作者很有信心的也不肯妥协的是可信（authenticity）与负责（accountability）。"与之为伍"并非不好、不想，只是做不到、来不及，只得"与之共舞"，这确实很权宜，很实用主义，甚至，一点点的"马基雅维利"。

这让我想起了在今天的组织现实中，关于组织成员究竟该"全身心地投入"还是"有节制地投身"的讨论。被互依性（interdependence）和多元化（diversity）困扰的我们，如果还是抱持着非此即彼、非黑即白的思维，对于本书作者充满对立统一规律的领导力辨析，恐怕不那么容易接受。我这里想着重说明的一点，就是领导者面临的决策时间的限制。"万全之策""周到之选"的时代已经不再，被滴答滴答逼问的领导者，得迅速有效地做出正确决策，"因时因地因人制宜"，根据不同情况，灵活机动调适，才能达成组织目标。其中的许多因应、折中、暗合，大多"不足为外人道"或"众人皆谓我自然"。

如此接地气的探讨，书中还有许多，虽然着墨详略不同，但这些闪烁着思辨光芒的、不人云亦云的分析，让本书没有成为"另一本领导力的书"，脱去了窠臼束缚，算是本实在之作。你尽可以质疑着去读，带着现实中的疑问去读，带着互联网原住民的种种新意去读。书写出来就有了时代的局限性，这一点我们必须理解，而至于地缘上的局限，这些有意义的领导探索与活泼泼的中国实践该怎么结合，那就有劳各位中国读者发挥各自的创造性转化能力了。

受邀特作此序，偏得学习先机。译者赵宜萱博士，家学深厚，师承名宗，译稿读后，让我感慨"青出于蓝"的同时产生了上述想法，特向琐碎管理岗位上的"每日英雄"推荐本书，希望你在本书的研读中能够投射见自己的些许心事，对领导力多些新的认识与体会。

邀相握手！

杨斌

清华大学副校长、经济与管理学院教授，领导力研究中心主任

2018 年 3 月 25 日

整合时代的领导需求

我们现在生活在一个深受互依性和多元化困扰的时代。种种迹象表明，互依性在全球范围内快速发展，在我们所处的世界，无论是政治、经济还是环境领域，任何领导者做出的决定都会对周围的人和事产生影响。自主决定成了过去式，技术的革命和变化（如移动互联网、大数据、人工智能、虚拟现实等）改变着我们的一切，使全球之间的联系变得更为紧密而复杂，从而使互依性越来越强。在这种时代背景下，无论是在国家、组织结构中还是在个人之间，多元化也在逐步扩大，这就要求我们必须适应这种变化，并且承认不同的实体都有独特而有价值的个性特征。这种大环境对领导者来说，带来的不仅仅是一种挑战，而且也是一种考验，因为领导者面临的决策时间越来越短，所以迅速机敏地做出决策变得非常关键；领导者鲜有机会重新考虑决策，必须及时决断，一击即中；领导者需要摒弃原有思维模式，寻找新的方法厘清错综复杂的问题，并找到解决问题的途径。

那么究竟什么样的人才能成为这样的领导者？一些著名学者和业界领袖已经给出了回答，如管理学大师彼得·德鲁克认为，领导者的唯一一个定义就是具有追随者的人（The only definition of a leader is someone who has followers）；领导学大师沃伦·本尼斯认为，领导力是一种将远景变为现实的能力（Leadership is the capacity to translate vision into reality）；微软公司创始人比尔·盖茨认为，领导者就是那些赋能给别人的人，他能够帮助我们去展望下个世纪（As we look ahead into the next century, leaders will be those who empower others）。

这样的领导者往往具有很强的领导力。有人认为领导力就是领导他人刻意创造特定结果的一门艺术，如果没有领导力就不会产生这种结果（Leadership is the art of leading others to deliberately create a result that would not have happened otherwise）。我认为有效领导者的领导力其实是一个实现目标的过程，在这个过程中必须最大化他人的努力与成就，并争取集体价值（collective value）的实现。由此可见，领导力与资历无关，与头衔无关，也与一个人的属性无关，一位卓越领导者的领导力及其有效性，最终还是要看这个领导者所属的组织及团队的绩效和成果，尤其是需要与竞争对手的表现相比较。

关于领导力的实证研究起始于寻找那些领导者拥有的特质，但是许多学者认为领导者的特质只有在组织内才能发挥作用。近些年来，在一些新的领导力研究中，许多学者更加倾向于研究"领导者 – 管理团队 – 组织绩效"的关系，并着重考察管理团队的属性和功能，因此在研究领导者的影响力的时候，我们更需要关注"领导者 – 管理团队"的关系、契合度等因素。

权威的领导力专家吉恩·李普曼 – 布卢门教授的《整合领导力：在多元化与互依共存的世界中取得成功》是她根据自己 30 多年的领导力研究经历编写的，她将个人领导行为与整合领导力的概念融为一体，不但能够帮助企业厘清"领导者 – 管理团队"的关系，还可以帮助领导者多角度、全方位地了解别人怎么看待自己的领导方式。简而言之，吉恩·李普曼 – 布卢门教授对于领导力的看法就是：一位好的领导者在各个维度上的得分相对均衡，因为他能够根据不同的情况灵活运用自己的行为达到改变的目的。

看完赵宜萱博士的翻译稿有了上述想法，特向读者推荐本书，希望读者看完本书后能够对领导力和领导力工具等有一个全新的认识与体会。

南京大学人文社会科学资深教授、商学院名誉院长、博士生导师
2018 年 2 月 18 日于南京大学商学院

Connective Leadership
Managing in a Changing World | 致　谢

　　首先感谢吉恩·李普曼－布卢门在整合领导力认证课程中对整合领导力概念的诠释，以及对整合领导力在实际工作与生活中运用的指导。更多关于整合领导力方面的知识可以关注整合领导力中心网站：www.connectiveleadership.com。

　　在本书中文版翻译过程中，我非常感谢南京晓庄学院的吴小兰、尹婵杰两位老师花了大量的时间帮助翻译部分初稿，还要感谢张亮、李梦、李雅楠、王海谊、李平和栾佳锐同学参与校对。最后我要感谢机械工业出版社华章公司副总经理王磊女士和编辑陈宝英女士，她们参与并指导了本书的编辑工作，付出了辛勤劳动。

　　我希望本书能够给读者带来一个全新的思考领导力的视角，相信读者朋友通过阅读本书，一定会对领导力有更清楚的认识。

赵宜萱

南京大学商学院助理研究员、思谋会秘书长、

美国整合领导力中心认证合作伙伴

2017 年 12 月 1 日

这又是一本领导力之书？没错，但本书与其他同类主题的书大相径庭。目前，大多数有关领导力的书不外乎涉及如下三方面：

- 巴顿将军式老派的权力驱动作风。
- 马基雅维利式的操控作风。
- 新近提倡协作与赋能的老好人作风。

然而，即便是如今比较流行的观点，如倡导权力共享以及与竞争者相互协作，也缺乏对当今世界的批评性解读：

> 在全球范围内，两股互相对立的力量（互依性与多元化）使局势日渐紧张，这将大大影响领导者发挥领导力作用的环境。想在这个发生巨变的环境（这个整合时代）中成功，兼收并蓄至关重要，相互联系也成为一种必然趋势，我们必须具备全新的领导力。

随着互依性与多元化之间的紧张关系日益加剧，诞生于美国的个人主义领导策略、鼓励竞争的领导策略和个人魅力领导策略都已不再适用；马基雅维利式的自我驱动型操控模式（这一模式在美国并未受到推崇）也同样不能满足需求；哪怕是最近较为出名的协作式管理，若单独使用也会失效。为了应对这两股对立冲突的力量之间的矛盾，我们别无他法，必须研究新的领导力模式。

整合领导力采用一种完全不同的方法研究领导力，这种方法更具政治远见，作用更大，与道德的联系也更紧密，更为真实可信，尤其更为庄严高贵。它有望将多元化与互依性之间本来有害的紧张关系转化为具备有益影响的领导力。本书调查了大量个案，所涉及的人物来自多个国家的经济和政治领域，他们代表了巴顿、马基雅维利和老好人式的团队领导者以外的另一种新兴领导者。

即使整合时代已经开启，但还是有许多传统型领导者依旧顽固地守着他们的老路子。不过，新型领导者还是频频出现。然而，我们中的大多数人对这些新的领导者并不太了解，正因为如此，这样一群领导者往往会被迫再度采用那些大家更为熟悉的领导策略，哪怕那些策略已日渐过时。

本书旨在激励那些准备踏入这个新时代的领导者和支持者。我们的领导方式将决定，影响力持续增强的多元化和互依性这两股力量到底是让我们离心分裂，还是让我们越来越趋于融合。

本书的读者

本书主要面向商业领域的读者，同时也面向政治和公益领域的领导者。书中提出了商业以及政治组织中（无论规模大小，公立还是私营，以及盈利与否）急需的领导策略。本书不仅适用于这样一些领导者：热衷于弄清楚领导力一直以来究竟是什么样的，远非以短期盈利为目的进行管理，也适用于这样一群人：身处这个瞬息万变的社会，开始关注如何成为更好的领导者。

鉴于没有人能避开各种组织对自己的直接影响，本书还适用于因身处复杂的组织，每天都要接触领导力，且每天都因与之互动而受其影响的我们每个人——我们期盼在组织中能有更好的处理事务的方式，使大家在工作和生活中的努力都变得更有意义。

在整合时代，支持者也面临重要抉择，他们必须在传统的消极支持和积极承担责任之间做出选择。本书就是为那些希望不只是简单地跟在他人身后，还想要超越平淡的组织生活、勇于冒险的人所写。

内容综述

整合领导力主要包含三个部分：

- 第一部分探究人类之所以需要领导力的起源及其发展。
- 第二部分详细阐述整合领导力模型。
- 第三部分探索整合领导力模型在组织中的实证结果及该模型的哲学启示。

在第一部分中，第 1 章考察了正在造成领导力环境发生变化的力量，介绍了整合领导力模型及有关领导力反思的一些重要观点。第 2 章从心理学和存在主义角度探究了驱使我们人类想要大权在握的因素。第 3 章把角度转向历史观，关注美国公司的情况，描述个人主义、合作互助和独裁主义这"三驾马车"如何阻止整合领导力在现今公司内部出现。第 4 章探索六股遍行全球，推着我们进入整合时代的力量；此外，这一章还举例说明了早期具有整合能力的领导者，分析了领导者和支持者分别应该如何转变。

作为第二部分的开篇章节，第 5 章深化了整合领导力这一概念，并描述了九个领导力策略，而第 6 ~ 8 章分别从直接型、关系型和工具型三个相关的组合考察九种领导风格。第 9 章则较全面地描述了在这个新世界中发挥作用的整合领导力。

第三部分从第 10 章开始，是一项研究资料的分析，分析了 5000 多份调查数据。这些数据来自美国公司行政管理部门的中高层，解释了组织领导者、独立的企业家和内部企业家的领导风格分别怎样发挥作用或者为什么没能起作用。第 11 章关注整合时代的女性领导者，思考这样一个问题，即与男性领导者相比，企业和政治领域的女性领导者的表现是否不同，并就一些女性领导者的领导风格进行了评论。第 12 章论证了整合领导力如何使我们有能力解决人类生存的核心问题，即生命、死亡和对意义的追求。

本书的研究背景

本书涉及三种类型的研究。第一种为定性研究，主要包括与不同领域领导者的访谈。读者将在本书中看到来自营利性组织、非营利性组织和政界的领导者。为了维护当事人的隐私，少数几个案例中使用了假名。在其他案例中，由于某些身为公众人物的领导者知名度较高，媒体的关注会使他们成为大家一目了然的例子。本书中出现的领导者并非都很出名，也并非完美，可称为全方位整合型领导者的更是凤毛麟角，但每个例子都可以用来展现整合领导力的某些层面。

第二种类型的研究使用史料、传记和自传。通过深掘这些资料，我们不但可以了解莫罕达斯·甘地（Mohandas Gandhi）和小马丁·路德·金（Martin Luther King, Jr.）等重要的历史人物，还能够对近代领袖如爱尔兰前总统玛丽·鲁滨逊（Mary Robinson）等人有所认识。

第三种类型的研究偏向定量研究，并采用两种调查手段，L-BL⊖成就方式清单（ASI）和 L-BL 组织成就方式清单（OASI）。在 1973～1982 年，我和斯坦福大学商学院的同事哈罗德 J. 李维特（Harold J. Leavitt）设计了成就方式模型，它包含九种非常典型的方式，是个人获得成功及组织对员工进行奖励的九种成就方式，代表整合领导力的全部领导方式。为简便起见，我把本书中的这种模型称为整合领导力模型。

在调研期间，我们还开发了前文提到的两种工具：用来衡量个体成就方式的 ASI 和用来衡量组织如何进行成就奖励的 OASI[1]。后来，我和学生又开发了成就方式情境评估方法（ASSET），用来评估各种不同情境下取得成就所需的方式。

在过去的 20 多年里，我们搜集了近 39 000 份 ASI 数据，多数来自管理人员和领导者。为确保我们的研究结果及时有效，本书中我仅采用了搜集时间最靠近现在的 5000 多份 ASI 数据，这些数据都是 1984 年以后搜集整理的。我们在差不多同一时间段内还利用 OASI 搜集了组织的数据。虽然我们搜集的资料涉及欧洲、拉美和亚洲的 14 个国家的管理人员和领导者，但本书关注的焦点始终是美国，这些不同数据的关联性就在于，我把美国的受试对象和国外的同级别人员进行了比较。

自 1982 年以来，我一直在完善整合领导力模型，首先将其应用于个体，随后应用于组织（在 20 世纪 80 年代初转向其他研究项目之前，我的同事哈罗德 J. 李维特为早期的成就方式模型做出了很大贡献）。我利用 ASI 和 OASI，研究个体概况和组织所支持的且在其文化中反映出来的理想概况之间的适配情况，关注这一配比和个体表现、工作满意度及组织效率的相关性。我对个体（主要是团队中的个体）成就方式必须和特定情境的具体要求相匹配深感兴趣，把

⊖ 取自作者的同事与其自己的姓，参见后文。——译者注

ASSET 和 ASI 及 OASI 相结合使用，对于这一研究目的极有帮助。

在 20 世纪 80 年代中期，我主要与克莱蒙特研究生大学德鲁克管理研究生院的学生和该大学心理学课程中研究组织的学生共事，在这一过程中，我对成就方式和领导力之间的联系产生了越来越浓厚的兴趣，随着我对世界各地的传统领导者所面临的难题进行研究，我的这一兴趣进一步提高。我注意到，采取非正统行为的领导者似乎为支持者提供了新的机会，正是由于这个发现，我的关注点立即从成就方式转向了整合领导力这一概念。这种不寻常的行为往往掺杂了政治性或工具性，同时又符合道德，是利他的，并能一直清晰地反映出人、想法和过程三者之间的关系。我和克莱蒙特研究生大学的学生，以及远在芬兰和南非等地的学生与同事，都对成就方式进行了持续研究，结果都表明，整合领导力和成就方式之间存在一定的联系。

虽然本书有研究基础，但绝非仅是一份研究报告。虽然本书以相关研究为概念基础，但同时也采用了来自公司、非营利性组织和政府的大量专业案例，两相结合就决定了我的主要读者为学术圈以外的人士。对方法论和其他研究结果感兴趣的读者可以访问我的网站：www.connectiveleadership.com。

本书旨在为领导力提供一个完全不同的视角，描述的相应领导行为可能会引起争论，但又是极富远见的，同时也是务实可敬的。在整合时代，传统的领导手段无法解决因多元化和互依性日趋普遍而产生的复杂问题。我相信，在这个动荡难安的时代，整合领导力能为我们有效地学习提供新的机会。

吉恩·李普曼－布卢门
1999 年 8 月
加利福尼亚州帕萨迪纳市

　　吉恩·李普曼 – 布卢门是美国桑顿 F. 布拉德肖（Thornton F. Bradshaw）公共政策学院的教授，还是美国加利福尼亚州克莱蒙特研究生大学德鲁克管理研究生院的教授，研究组织行为学。她还是德鲁克中心领导力高级研究的联合创始人和主任。李普曼 – 布卢门教授的研究方向包括组织行为与管理行为、领导力与权力、危机管理、战略规划、公共政策和性别角色。她在公共政策领域的研究主要关注科学管理，特别是农业研究政策，同时还有国际发展、教育及女性话题。

　　在移居加利福尼亚州之前，李普曼 – 布卢门教授曾任 LBS 国际有限公司的总裁，这是一家位于华盛顿特区的政策分析与管理咨询公司。她曾在卡特总统任内担任白宫国内政策专员特别顾问，并在美国政府的多个部门或组织担任顾问，包括美国总统行政办公室（白宫）、美国国务院、美国国家卫生研究院等。同时，她也向私人部门或组织提供咨询服务，如福特基金会和贝尔实验室等，她服务的对象甚至还包括很多外国政府，如保加利亚、埃及、挪威、瑞典、泰国和苏联等。

　　李普曼 – 布卢门教授已出版多部专著，并在《科学美国人》《哈佛商业评论》《哈佛教育评论》《婚姻与家庭》《文科教育》和《斯坦福杂志》等期刊上发表文章。她已出版的书包括《性别角色与权力》（*Gender Roles and Power*，1984）、《性别角色与社会政策》（*Sex Roles and Social Policy*，1978，与 J. 伯纳德合著）和《救火小组：播种、培育和用他们激发你的组织》（*Hot Groups: Seeding Them,*

Feeding Them, and Using Them to Ignite Your Organization, 1999，与哈罗德 J. 李维特合著）。

李普曼 – 布卢门教授本科毕业于韦尔斯利学院（Wellesley College），获得英语文学学位，并在该校获得社会学硕士学位。她获得了哈佛大学文理研究生院社会学博士学位，并在卡内基 – 梅隆大学进行博士后研究，方向为数学、统计学与电脑科学。她的名字被收录在《世界名人录》《社会科学名人录》《理工科名人录》《美国科学名人录》《世界女性名人录》及《妇女组织与领导者》中。

推荐序一　不落窠臼的实在领导

推荐序二　整合时代的领导需求

致　　谢

前　　言

作者简介

第一部分　领导力的动态变化　// 1

第 1 章　全新的世界，全新的领导力：根本性的转变　// 2

第 2 章　我们为什么那么依赖领导者？领导力的心理学基础和存在基础　// 24

第 3 章　美式领导力：对个人主义、合作及独裁主义的痴迷　// 40

第 4 章　新纪元：新型领导力的征兆　// 66

第二部分　整合领导力模型　// 95

第 5 章　领导风格解析：直接型、关系型和工具型　// 96

第 6 章　通往成功的直接路径：内在型、竞争型和权力型　// 119

第 7 章　领导力的关系途径：合作型、贡献型和同感型　// 141

第 8 章　少有涉足的工具型管理之路：个人型、社会型和依赖型　// 163

第 9 章　整合领导力：整体大于部分之和　// 191

第三部分　搭建通往第三阶段的桥梁　// 215

第 10 章　整合组织：领导力与组织风格的匹配　// 216

第 11 章　女性领导者：是矛盾还是性别差异　// 238

第 12 章　整合领导力与人生的严肃课题：生命、死亡以及对
意义的追求　// 268

注释　// 286

参考文献　// 308

Connective Leadership
Managing in a Changing World

| 第一部分 |

领导力的动态变化

第 1 章 | 全新的世界，全新的领导力：根本性的转变

旧的东西正在消逝，另一样东西正在痛苦地诞生。就仿佛某些东西已经分崩离析，而另一样东西，虽然还朦胧，却正从废墟中站起……我们正处在时代交替之际，这个阶段一切皆有可能发生。

——瓦茨拉夫·哈韦尔（Václav Havel）[1]

全世界刮起了一股新风，这股风正在改变现有的领导氛围。独裁主义、竞争式以及粗暴的个人主义领导方式随着岁月的侵蚀正在瓦解。即便当前的领导力架构期盼将竞争与协作融合成一体，但在变革的强风吹袭之下，似乎也注定要被吹倒。

虽然尘埃尚未落定，但一个崭新时代的轮廓日渐清晰。这个时代的最大特点就是存在两种互相对立的力量，即**互依性**与**多元化**。这两种力量制造的紧张气氛使传统的领导方式很快就过时了。

在这个新的时代，即整合时代，一种更为复杂但也更加可行的领导力方式带来挑战与希望。我把与此相关的行为称为**整合领导力**（connective leadership）。这种领导方式能让领导者采用比他们平时所习惯的更加广泛的行为，更重要的是，他们能够借助一套政治性或者"工具型"的方式来达成目标，即把自己和他人作为工具来实现目标。由于整合型领导者出于道德和无私而采取工具式风格，因此他们能够使原本互不相容的多元化和互依性共存。

本书提出的整合领导力模型不但具体、详尽，还有实证研究以及历史与传记的例证支持。在后面几章中，我们将展示为什么这个模型能够对我们熟悉的问题投射新曙光，并可以为某些话题，例如组织的领导者和女性领导者等提供一种大不相同的视角。更重要的是，我们可以看到这个模型对于我们所处时代的领导危机以及长久以来人类的深层需求，都将予以回应。

为了给后面章节的内容做铺垫，本章考察了 20 世纪末日新月异的变化使我们当代对于领导力的理解落后于时代。随后，我们会看到整合型领导者是什么样的，为什么他们在新环境中可能成功，以及为何老式的独裁领导者和较新的合作型领导者注定要失败。此外，我们还将简要介绍整合领导力模型的基础，也就是包含了九种行为的整合领导力模型。这个模型不仅描述了整合型领导方式，同时也为我们提供了一种概念工具及专门的词汇，促使我们对领导者的传统观念产生全新的认识。

被互依性和多元化撕裂的世界 [2]

种种迹象表明，**互依性**的影响范围在全球加速扩大。在我们所处的世界，无论是政治、经济还是环境领域，任何领导者的决定都会影响周围的一切入和事。独立自主的决策成为过去式。最新的技术革命——无线和数字化革命，将迅速使全球的联系变得更为复杂。（1995 年德国颁布一条法令，禁止美国 CompuServe 公司向德国网民提供色情资源。最初因受限于技术问题，CompuServe 公司为遵从这一规定，不得不禁止**全球**网络用户访问。这个例子发人深省。）

与此同时，**多元化**以野火燎原之势发展。放眼望去，无论全球还是本地，都能看到特殊而各异的角色认同与个人主义的主张。

- 主张合并的多元社会以及正在酝酿、赞同国家分治的国家主义，如魁北克和捷克共和国。
- 地缘政治联盟重新划定或解体，如北大西洋公约组织（NATO）和华沙条约组织（Warsaw Pact）。
- 百年组织的无止境重建，新组织频频诞生，各种新组织形式各异、期限不一，包括短期的结盟、无序扩张的网络及合伙企业和合资企业。
- 日益强烈的黑人、拉丁裔和亚洲人的种族自豪感。
- 不断增强的女性意识。
- 不同种族、不同性别的人共同劳动。
- 人口迁移影响发达国家和发展中国家的经济形态，重新划分这个时代。
- 越来越多支持范围狭隘、政治议题单一的人。
- 每个个体的天赋与局限都独一无二。

无论是国家、组织结构还是个人之间，这些愈演愈烈的差异要求的都是对独立个体的认同，以及各具特色但也受尊重的身份。日积月累的效应推动多元化向前所未有的规模扩张。

多元化与互依性的相互冲突产生了相对矛盾的效应。一方面，多元化带来的巨大变化促使我们向熟悉的独特信仰寻求庇护。正如瓦茨拉夫·哈韦尔所说，在这样一个全球都面临挑战的世界我们"显得无助"，"因为我们的文明基本上只将生活的表层全球化"。[3] 这个变革中的世界又为我们增添了新的问题，这些问题关乎生存，而科学并不能提供答案。在哈韦尔看来，这个现象驱使人们"紧紧抓着他们族人确立下的古老事物不放"，从而造成了更危险的文化冲突。[4]

同时，多元化推崇不同形式的个人主义，在社会学家看来，这类个人主义"暂时避免了冲突，但实际上（对我们）造成的孤立相当恐怖"。[5]

因此，尽管多元化催生了独立主义、分离主义、部落主义以及个人认同，但互依性正朝着不同的方向行进，提倡联盟、协作和合作。在充满急剧变革的环境里，提倡竞争和独裁的领导者注定会失败。可以确定，把独裁与合作简单糅合（大概是基于更多、更好的"团队"这一理念）并不是有效的解决之道。

领导者的新挑战

在不确定性和不连续性的阴影笼罩的当下[6]，未来看起来隐晦不明，这使得领导者的任务更加错综复杂。在这样一个充满各种罕见问题的时代，如何解决先前的难题基本上已经无关紧要。[7]人们对领导者提出的要求发生了改变，这些新的要求就像清晨的雾一样，悄无声息地渗进社会的每个缝隙：家庭、学校、教堂以及寻求共性的运动团体、企业和政府。

整合时代的特征就是人、组织、各种观点之间不停地碰撞和转变。在这样一个错综复杂又越来越多元化的世界，交通总是很繁忙，并且还将愈演愈烈。

技术的迅猛发展进一步加剧了这些变化，从而对领导者的决策方式产生了影响，呈现在眼前的挑战就有：

- 领导者的决策时间越来越短，迅速机敏地做出决定非常关键。[8]
- 领导者很难有第二次决策机会，必须一击即中。
- 领导者必须寻找新的方法去分析、解决迷宫般复杂的问题。
- 领导者必须设法找到富有新意的解决方案，因为新时代与过去不再有牵连，旧的方法已不再奏效。
- 领导者必须能够预设超乎原始问题范围的目标，应跳出组织内部甚至跨越国界来看问题。
- 即便面临短期内必须成功的压力，即便未来还有很多不确定，领导者也必须从长计议。

在整合时代，多元化和互依性之间的冲突实际上将成为所有决策的大背景。1995 年，法国决定在南太平洋地区进行核武器实验，当时全球范围内反对声一片，在这样的一个世界：

- 领导者发现，许多传统主义者所期待的英雄式、自主式的决策[9]越来越困难。多元团体之间的冲突不断涌现，大家都想要实现自己的目标，这就给领导者的决策之路设置了极大的障碍。
- 无论你接受与否，下命令的时代已经结束，协商才是王道。每位领导者都必须不断和不同领域的其他领导者及陌生群体谈判协商。
- 未曾预见的境况、人与人之间的复杂关系和技术性契机交织在一起，使领导者陷入了道德困境。从华尔街到白宫，支持者都已开始要求有新的道德标准。

在这个全新的整合时代，领导者的本事若是只限于独裁、竞争与合作等较为传统的途径，将会遭到淘汰。整合领导力则为领导者提供了广泛的领导策略，使他们能够自信灵活地推进工作。这些策略同时让领导者能通过分配任务来分解领导压力，使其他领导者和支持者都参与到领导过程中。

进入整合时代：领导力演变的三个阶段

为了更好地了解这个新时代，我们不妨先做些回顾。纵观人类发展史，领导力情境至少有过两次转折，而今，我们正感受着第三次转折的第一波震动。

这三个时代可以看成代表了领导力情境的三个不同阶段。这几个主要历史阶段之间并没有清晰的分界点，反而是某个阶段的成形之际，另一个阶段逐渐隐去。因此，历史条件和上一个阶段沿袭下来的领导模式之间就难免会出现不匹配。

第一阶段：实体时代

实体时代早在有史书记载之前就已经存在。在这个时代，自然疆界（如森林、山脉及海洋）形成了无法逾越的屏障，可防可攻。领导者必须借助独立性和强大的力量，才能带领拥护自己的群体对抗偶尔入侵的掠夺者或自然的破坏，维护原始的统治。实体时代要求领导者具有大无畏精神，能够带领拥护者穿越恶劣的实体障碍，在这个地球上任何可以居住的地方聚居。

第二阶段：地缘政治时代

在地缘政治时代，地缘政治疆界和意识形态仍然是表明我们互不相同的重要标志，并由此造就了长期的政治联盟，如北大西洋公约组织和华沙条约组织，其目的是保护各自的成员并对抗长期的敌人。界限分明的边界和意识形态使得小心翼翼保护主权的组织和机构能够以相对孤立的形式存在。尽管地缘政治领导者需要和他们的同盟者合作，但实际上统率联盟的仍然是经济和军事力量最强大的成员。在这种充满竞争的环境下，所有独裁型领导者即使富有强大魅力，也得拥有或培养有畏惧心、被动、愿意服从的拥护者。

这些因地缘政治形成的联盟通常寿命很长，并且能够解决一个又一个问题，有时候是出于本能，有时候则违背本意，但多数时候能步调一致。联盟关系的改变并不常见，但若真的发生，通常是由军事失利或痴迷权力的领导者下台导致的。

第三阶段：整合时代

我们正要迈入整合时代。旧有的地缘政治联盟渐渐瓦解，理念、人类和自然环境之间的关联正日益紧密。技术则进一步加强了这些联系。这是个互相渗透的时代，实体和政治疆界无法再帮我们屏蔽外界，也不能再阻止我们自由进入他人的空间。在整合时代，一种新的主权形式（环境统治权）已经产生。它超越了我们的传统主权，还包括了"我们呼吸的空气、海岸线外的水域以及我们赖以生存的食物链"。[10] 虽然技术与新的理解让我们之间的联系更加紧密，但有了新身份的新兴群体还不能适应相互依存的环境，从而造成多元化全面发展的局面。

随着意识形态差异逐渐弱化，地缘政治的疆界发生迁移：

- 新兴国家努力塑造自己的民族认同感。在这个过程中，**新的领导者挺身而出**。
- 大量的新国家、新领导者出现，产生了**互相矛盾的效应**，如为政治和经济联盟创造了许多机遇，同时差异感逐渐产生，形成了**对独立性的强烈渴望**。

- 全球范围内产生了许多**跨国产业联盟**。
- 国际合作的先例鼓舞了原先的主要竞争对手进行**国内行业协作**，例如美国东岸的 IBM 和西岸的苹果公司。
- **重要的意识形态**和其优先设定功能已经瓦解。结果是：我们更倾向于依赖领导者而非意识形态来确定新的发展方向。
- 危机与过渡时期，例如一个历史性时代（40 年的冷战）的结束，以及战争、饥荒和经济萧条，促使我们对下一个阶段新问题的**优先顺序重新组合**。无可避免地，重新设置的优先顺序等于给新的领导者提供了机会[11]，而新的领导者又带来新的优先顺序。

整合时代的标志性特征出现在各组织内的不同层级、人类活动的方方面面：政治和政府、商业和工业、教育和宗教等。不论向哪里望去，我们都能看到组织与国家中结构松散的全球网络正与众多下一层级的网络联结在一起，整个世界处于混乱的联盟状态（同时共享自然环境这个互依性原型）。[12]这些网络连接了多种团体，也因此包含了数量众多的领导者与支持者，他们为了达成目标而相互沟通、争论、协商与合作。

技术进步，尤其是在通信与交通方面，正在加速这些趋势。在这个崭新的超自然世界，实体的疆界能够轻易被穿越，比如，在纸张滑过传真机之际，纸上的信息瞬间传送至远隔重洋的目的地。然而，酝酿中的新技术革命预示其给**无线化、数字化**领域带来重量级的变化，世界的点点滴滴是我们多数人无法想象的。[13]微软公司的比尔·盖茨曾经预言，840 个冰箱大小的一系列卫星，很快就能以飞快的速度将全球各个角落连接起来，使全球的相互联系陡然密切。

虽然过去我们在预测创新效果上屡次失败，[14]但以下几项预言似乎可以实现。

第一，千变万化的**短期**联盟将取代长期的政治、企业联盟。就好像小孩玩的乐高玩具，容易组装，也容易拆开，然后又可以组装成新的结构，临时的网络关系容易形成、解散与重新构建。各种临时的联盟（如工作组、委员会、项目组和生产小组都是我们熟悉的例子[15]）都在较为稳定、相对持久的结构体内部或相互之间诞生，我们把这些结构体称为"真正的"组织。[16]

　　一旦达成目标，这些临时团队就会解散，直到下一波问题出现，又将产生其他合作对象不同且临时的短期联盟。即便是在地缘政治的衰落时期，我们仍能看到卓有成效的临时联盟的存在，如阿拉斯加输油管道联合企业（Alaskan pipeline consortium）和沙漠风暴军事行动（Operation Desert Storm）。这些新结构体迫使大组织改变自身的结构体系，去适应那些层出不穷、存在期限较短的结构单位。

　　第二，**灵活、行动迅速**的组织，由于对周围环境的变化极其敏感，日后将成为一种时尚。今后的世界会更加动荡不安，长远预测的准确性不会有大幅度的提升。一种更理性的选择是，开发有效的早期预警探测器，以及基于广泛的领导策略培养的快速的应变和适应能力。

　　第三，由于一些严重的断层切断了我们和传统之间的**联系**，组织与网络之间的**联系**将越来越重要。具有讽刺意味的是，我们与历史的断绝逼迫我们携手去应对充满不确定的共同未来。因此，全球政治关系网（也许是一个重振活力的联合国或是其后继组织，或一个改头换面的北大西洋公约组织）将要联手处理超越国界的问题。它们最初会举步维艰。同时我们也可以预见，由于民族主义分裂[17]而产生复杂的问题，就像苏联的某些加盟共和国被动地摆脱对大国的附属从而走向独立。越来越多的新旧国家走向独立是不可避免的一种趋势。最终，即便是新兴国家，也将被拉进这张全球关系网。

领导力的根本性转变

　　无论在什么地方，我们都不断物色新的领导者，寻找不同类型的领导者，以及更合适的领导力形式。领导力的这些剧变也催生了新的优先顺序。

寻找新的领导者

　　在这个混乱的时代，传统型领导者发现要想保持信誉越来越困难，更别说想要长期掌权。在美国，不久前才在某些最具权势企业担任领袖的人现已被扫地出门了，其中就有西屋电气（Westinghouse）的约翰·马洛斯（John Marous）、通用汽车（General Motors）的罗伯特·斯坦普尔（Robert Stempel）、时代华纳（Time Warner）的小尼古拉斯·尼古拉斯（Nicholas Nicholas，Jr.）、固特异轮胎（Goodyear）的汤姆·巴雷特（Tom Barrett）、IBM 的约翰·埃克斯（John Akers）、苹果公司的迈克尔·斯宾德勒（Michael Spindler）、数字设备公司（Digital Equipment）的创始人兼首席执行官肯尼斯·奥尔森（Kenneth Olsen）、天纳克（Tenneco）的詹姆斯·凯特尔森（James Ketelsen）和博登牛奶公司（Borden）的安东尼·达马托（Anthony D'Amato）。新的首席执行官上台了，可是其中许多人的影响力比前任要小很多。[18]董事会和股东离权力核心越来越近，他们在正在上演的组织戏剧中扮演着比过去更加重要的角色。

在政治领域同样如此，一波又一波的抗议风潮使得在 1987～1992 年下台的政府首脑，比过去 25 年加起来的还要多。[19]仅仅两年内，不光是曾经被《时代》杂志评为"十年风云人物"的苏联前总统米哈伊尔·戈尔巴乔夫（Mikhail Gorbachev）被鲍里斯·叶利钦（Boris Yeltsin）取代，叶利钦自己也深陷政治泥潭。

为了取代往日的"卓越领导"，我们正追寻新的领导者，希望他们能够应对多元化和互依性之间高度紧张的关系。对于那些从苏联解体新独立出来的诸多国家来说，这个追寻尤其明显。捷克剧作家瓦茨拉夫·哈韦尔、保加利亚哲学家哲尔予·哲列夫（Zhelyu Zhelev）、匈牙利作家阿帕德·根茨（Arpad Goncz）以及立陶宛音乐学家维陶塔斯·兰茨贝尔吉斯（Vytautas Landsbergis）分别当选总统，清一色的政治圈外人物，这表明，需要的不仅是新的领导者，还有新的领导力。

美国同样也陷入这一场追寻中，无论是公司的董事会、国会还是总统职位，无论是教堂的讲坛，还是大学校园，都面临着寻找新领导者的需要。放眼政坛，在 1992 年以重要的美国独立总统候选人姿态出现的罗斯·佩罗（Ross Perot）就可以解读为这种追寻的征兆。1994 年，美国国会中期选举的结果再次发出了明确的信号，急需新的领导者。甚至现在，革新党还在勉力挣扎。

我们现在见证的领导力转型，不仅关乎领导者的性格或是好几代领导者面临的问题，也不只是把没有经验的和品性不好的领导者淘汰而已。新的历史条件促使改变领导力的要求越来越强烈，领导力的**基本形态**需要改变，甚至领导力的核心也需要改变。约翰·韦恩－菲德尔·卡斯特罗（John Wayne-Fidel Castro）式的领导力浪潮终于要转向了。

墨守成规的领导精英逐渐发现，无论是他们自己，还是他们推崇的**领导理**

念，都在遭受以往被排除在领导权外的少数群体的挑战。随着背景不同、价值观相异的群体加入争夺的行列，领导者应对多元化的手段应当超越地缘政治时代信奉的熔炉模式。[20] 整合时代的领导者必须同时强调**互利**（关注共同利益和价值观）和**包容**（愿意接纳那些哪怕和他人截然不同的人且不要求他们改变）。理解了多元化这层较为复杂的内涵，领导者才更有可能吸引不同的拥护者，而不总是类型单一的忠实信徒。

甚至许多小公司也意识到员工的文化背景多元化有利于强化公司的竞争地位。这些公司把文化多元化当作优势，而不是当成问题来看待。例如，总部位于马萨诸塞州剑桥的语音处理公司（Voice Processing Corporation）主要开发语音识别软件，这家公司雇用了来自 11 个不同国家的 40 位员工，他们说的语言从中国普通话到塞尔维亚 - 克罗地亚语，多达 30 种。[21] 公司的技术副总裁大卫·希普曼（David Shipman）把他们这个年轻的公司能够轻松进入全球市场归功于员工的"全球导向以及了解不同文化"。例如，高级软件工程师托尼蒂普·革杜达（Tonytip Ketudat）就为打入他的家乡市场——泰国，制定了相应的策略。

大公司也一样，例如，美国加利福尼亚州伯班克的凯泽恒健医疗保健组织（Kaiser Permanente Healthcare）也把支持多元文化员工的项目列为等级优先的任务。得益于健康维护组织（HMO）的大力推动，互助团体大量涌现，帮助处理背景各异的员工所面临的错综复杂的问题。

为了积极应对多元化，领导者的种类逐渐扩大，原先被有意排斥在外的女性、黑人、拉丁裔、亚裔、美洲原住民、同性恋者、原教旨主义宗教人士等现都被列入候选人名单中。诗人、剧作家、艺术家和人文主义者等原先被忽视的群体，如今日益被视为政治和工业领域的未来领导者。布鲁金斯学会（The Bookings Institution）的高级研究员约翰 D. 斯坦布鲁纳（John D. Steinbruner）把这一变迁形容为一次"权力的根本性转移"。[22]

最近几年，商学院开始物色更为多元化的企业管理硕士学位攻读者。招生管理人员渐渐开始招收人文主义者、艺术家、历史学家、人类学家和心理学家，而不再把目光聚焦于经济、数学和工程专业的人才。有些商学院专门开设了像"诗人的计量方法"这种特别的课程，帮助那些新型的未来领导者适应学院生活。

女性也在领导力方面获得重大成就。例如，1991 年，冰岛的妇女联盟在成立仅八年后，就在全球最古老、延续最久的国会团体中获得了 8% 的国会席位。与此同时，世界上有九个国家出现了女总统或女总理，且加拿大、土耳其和巴基斯坦也很快加入该行列。[不过女性领袖的在位时间不长，例如加拿大的金·坎贝尔（Kim Campbell）、菲律宾的科拉松·阿基诺（Corazon Aquino）、巴基斯坦的贝娜齐尔·布托（Benazir Bhutto）及法国的伊迪丝·克里森（Edith Cresson）均已退位或被赶下台。]

在政治领域之外也有越来越多的女性成为企业领导者。截至 1996 年，770 万女性员工任职于高管、行政、管理等岗位，比 1988 年的统计数量增加了 560 万。[23] 虽然这个数字只占同类岗位员工总数的 44%，但与 1988 年的 39% 相比仍然有所进步。[24] 为应对第三阶段的领导情境，对新领导者和新领导方式的追求正渐渐获得成效。

新的权力中心，新的优先顺序

代表新的权力中心的最新领导者出现后，也带来了各种不同的问题。在企业、政府、各种基金会中，尽管面临开支紧缩和裁员等问题，但第三阶段的领导者正重新确定当下的首要任务，不再一心只求利润，这些任务包括：

- 与以往重视股东和顾客不同，现在开始越来越重视员工，为员工提供更为广泛的培训内容，注重员工的心智健康发展。
- 关注环保、发展中国家和保护消费者权益，并且对组织内部负责，承担更为广泛的团体责任。
- 民族自豪感重燃。
- 平等对待女性和其他少数群体。
- 关注饥饿、卫生保健和无家可归等问题。

美体小铺（The Body Shop）的第一任首席执行官安妮塔·罗迪克（Anita Roddick）是一名行动派的女企业家。她是第三阶段企业领导者的典范——她反对现有体制，关注环保，推崇与发展中国家进行贸易合作而非提供援助，向顾客提供培训而非施加压力，推进公益事业和志愿服务精神，既关心员工也关心客户——她正是在这种与众不同的价值观引导下经营自己的天然化妆品公司的。前不久，罗迪克遭到斯坦佛大学 MBA 学生的强烈质疑，他们怀疑美体小铺怎么能够继续"既行善又盈利"。（我们将在本书第 11 章中站在整合领导力这个不同的角度，来分析这位特立独行的企业家。）

独立电视制片人莉莲·加洛（Lillian Gallo）是位于洛杉矶的加洛娱乐有限公司的总裁，她经常在重大社会问题尚未爆发之前就提出探讨。例如，她那部著名影片《娱乐与游戏》（*Fun and Games*），由瓦莱丽·哈珀（Valerie Harper）主演，审视了职场中的性骚扰问题，是在美国最高法院的克莱伦斯·托马斯（Clarence Thomas）提名听证会引起广大公众关注与舆论的五年之前制作的。

比利·肖尔（Billy Shore）是位于华盛顿特区的非营利性组织"力量共享"（S.O.S）的主席。他为了解决全球饥饿问题，依靠自己独具创意的努力，不但募集到捐款也同时提升了公众的相关意识。肖尔把厨师、餐馆老板、诗人、物理学家和其他不同职业的人召集起来，共同制定解决饥饿问题的新对策。

这些最新的重要主题正逐渐对较成熟的主流组织产生一定影响，比如李维斯（Levi Strauss）。集团主席兼首席执行官罗伯特·哈斯（Robert Haas）是集团创始人的玄侄孙，并将公司从原先宣扬正确的话变成倡导正确的行为，支持"**负责任的**成功企业"。哈斯的愿景包括多元化、开放式管理，肯定个人和团队的创新力，实行高度自觉的道德管理，以及充分授权给员工。遗憾的是，目光短浅的商业媒体却对此表示怀疑。[25]

另外还有两位企业领导者把关注员工的智力和心灵成长作为优先考虑的事项。佩罗系统公司（Perot Systems）的前任首席执行官兼主席莫顿·迈耶森（Morton Meyerson，其本身是计算机专业人士）努力尝试通过新的计划让员工获得"真实的体验"。[26]迈耶森坚信，一个公司光关注员工的身体健康是不够的，于是他在位于达拉斯的公司总部创办了一个智力健康中心（在第 9 章会有详细介绍）。在那里，有一位退休历史教授担任全职指导老师，员工及其家属能够获得多种不同的新奇体验。从语言类课程到周末的度假等活动，参与者可以探索其他文化，也可以挖掘自己的心灵和艺术潜能。

位于密歇根州齐兰的家居设计公司赫尔曼·米勒有限公司（Herman Miller, Inc.）对于它前沿的传统颇为自豪。[27]公司的前任总裁、首席执行官兼董事会主席克米特·坎贝尔（Kermit Campbell）称自己是"受过培训的化学工程师，但也擅长右脑思维"。[28]虽然最终因为裁员和其他问题与公司分道扬镳，但在他的 3 年任期内，他并没有满足于公司已经取得的成就，而是积极规划了新的发展方向，想要促使员工和顾客都能够"解放心灵"。

许多第三阶段的领导者都采用了非传统策略来处理新的重要问题。他们已经意识到，多元化的支持者所带来的冲突需要一种更加广泛且能够深入领导力核心的全面创新。与传统领导者采用的领导行为相比，当今领导者的这种创新所需要涉及的领导范畴更广。本书的一个主要目的就是对这些丰富多样的领导模式进行描述。

整合时代不仅对领导者形成挑战，对支持者也一样：他们必须变身为积极有责任的支持者，支持相对激进而有活力的不同领导力，更要能够参与其中，不能想着等领导者来指路，也不能只是作为旁观者。支持者必须抛弃旧有的被动方式，积极主动且始终如一地拥护新的领导策略。同时，支持者还要学会处理模棱两可的情况，也需要抵制"坚持新的领导必须遵守正统观念"这一诱惑。否则，我们将有可能回到地缘政治时代的独裁主义，发展受到阻碍。

第三阶段的整合型领导者：初探

整合型领导者发现，要应对第三阶段的严峻挑战，不是将独裁主义、竞争与协作简单融合就能做到的。我们可以分别从以下六个领域来观察领导者处理互依性和多元化问题的独特手段。

改造操控式的马基雅维利主义为"改造了的马基雅维利主义"

第一，整合型领导者会采用多种不同政治类型但也合乎道德范畴的手段在艰难的组织巨浪中航行；会协调冲突使团体受益；为了有效地利用人才和流程而并非为了增强领导者的权力去解决团队的问题；出其不意地使用戏剧化的象征和姿态以吸引支持者参与其中；通过委派具有挑战性的任务以提升支持者的能力和忠诚度。通过这些做法，新的领导者将多元化和互依性这两股本来各行其道的力量扭转了方向。

传统上，我们受了马基雅维利《君主论》的影响，一直在反对工具主义（即把自己和他人当作达成目标的工具），视其为不道德的操控，其因常与马基雅维利给君主的建议联系在一起而声名狼藉。[29] 但是，如果为了整个团体的利益且不违背道德而善用工具主义，那些策略就能够发挥极有效的作用——特别是处理真实的政治情况时，那些政治现实为相互依存的世界增添了一抹色彩。因此，我们或许可以把"改造了的马基雅维利主义"用来指有原则性的工具主义方式，也就是以符合道德的手段利用自己和他人来达成目的。由于不再受自我膨胀这一毒素的侵害，这种类型的政治行为尤其适用于相互依存的复杂世界。这是体现整合型领导者能力至关重要的一方面。

整合型领导者清楚如何使用那些政治策略和技巧。他们能凭直觉判断出各个地方的人与组织、流程之间的内在联系并加以利用。整合型领导者与《君主论》中的马基雅维利主义相差甚远，不仅因为他们有一贯的道德标准做基础，还因为以下几个重要层面：

- 将自己的远见与他人的梦想相结合；采用连接与合并的方式而非分化与征服。
- 努力克服共有的问题而非对付共同的敌人，以此避免事态扩大，导致人心惶惶的支持者只敢藏于领导者身后。
- 创造团体归属感的意识使多元化的群体都能感到自己是受重视的一分子。
- 使有使命感的领导者和支持者团结起来，为共同的目的努力。
- 鼓励不同级别的积极支持者承担相应责任，而非操纵被动的拥护者。[30]
- 和其他领导者合作，哪怕彼此以前是竞争对手，相互协作而非相互竞争。
- 培养有领导潜能的人，包括有希望的接班人。
- 重塑并建立具有广泛基础的民主制度，杜绝王朝制和寡头统治。
- 通过坚持不懈地实现目标展现诚信品格，超越自我。
- 首先要求自己做出重大牺牲，而后才去要求他人。

整合型领导者和服务型领导者一样，[31] 为社区而不是为自己服务。然而，借助于对工具型能力的道德性运用，整合型领导者比服务型领导者能发挥的个人作用更大。他们对于组织的管理工作或责任义务并不太看重。他们更为实际，致力于利用自己的工具型能力把人员、组织和梦想联结起来为更高一级的团体服务。

在为第三阶段的问题寻找对策的过程中，整合型领导者把自己和周围所有人都当作实现目标的工具。在他们手中，工具主义得到了全新的诠释，呈现出一种毫无瑕疵的崭新意义。

真实与可靠：第三阶段之需

第二，整合型领导者通过提高真诚与可靠性来加强对马基雅维利主义式的领导方式的改造。他们意识到，若领导者的行为较复杂，支持者会感到困惑。由于他们自身的行为要比第二阶段的前辈更为复杂，整合型领导者能够领会真诚与可靠性对他们而言具有特殊的重要性。

真诚就同可憎一样，立即能分辨出来但很难去定义，是一种难以言传的品质。[32] 真诚源自一种根本的道德观念，[33] 维系着支持者对于领导者**这个人**的信仰，即便领导者的**行为**看起来让人困惑或显得矛盾。真诚可以瓦解冷嘲热讽。借助真诚，我们能探知领导者的政策变化究竟是因为出现了新的信息还是自己意志薄弱所致。

当一位领导者把他的自我压制在更伟大的事业之下，我们就能察觉到他的真诚。如果领导者持之以恒地将组织或社会的目标置于个人荣誉之上，必要时甚至不惜牺牲自身性命，那么支持者能够直观地感受到他的真诚。

可靠性和真诚同样重要，意味着承担一种解释的义务，并愿意对日益扩大的股东大会负责。可靠性也表明，领导者预先知道每一个选择都将经过认真审视。可靠性和真诚一起把不道德、不负责甚至仅仅是不慎重的行为挡在门外。自水门事件之后的世界里，在虎视眈眈的电视摄影机与媒体大军的协助下，支持者期盼了解全部真相。

这些条件使整合型领导者听起来犹如圣人，其实并非如此。他们和你我一样，也不完美。我们会看到，整合型领导者往往和普通人一样固执己见、脾气暴躁。他们会生气，也会让人震怒，有时候整合型领导者能把支持者气得要将他们扫地出门。不过一般说来，由于能采用振奋人心的有效方式来领导，他们的领导能力远远弥补了这些缺点。

构建社区：共性的政治

第三，整合型领导者喜欢采用寻找共性的手段，而传统、制造分裂的领导者则喜欢采用强调差异的手段。整合型领导者构建的是让多数群体都具有归属感的社区。在一个被科技联结起来而多元化又使其分裂的世界里，领导者有必要构建一种至少让每个人都有机会获得某些东西的社区。当前，我们不妨将社区简单定义为某种环境，在这个环境当中虽然个体和群体各自代表广泛多元的观点和价值观，但是都享有颇有收获的会员资格。非人性的科技驱使着互依性日益严重，因此社区在满足人类对于归属感的渴求方面变得愈发重要。

构建社区意味着要把眼光放得更远，看出需要什么以及谁需要什么。这也意味着需要摒弃充满竞争的零和游戏，尤其在同其他领导者之间，有人赢也就有人会输。社区甚至还必须包括那些因为较狭隘的意识形态而联结起来的群体，他们热血忠诚，就像先前时期的托洛茨基主义（Trotskyites）。

在组织里，这就意味着领导者必须培养包容性强的"综合系统"观。这个观念可以确保大家的合理需求能够被满足，即便不能同时满足，至少可以逐步满足。为了实现这一目标，第三阶段的领导者必须创建一种共同体的运作方式，强调大家的同点，而非强调差异。

多元化群体引起的复杂问题，尤其是那些刚显露出的问题，频频撕扯组织和社会的基本结构。只有那些能将不断变化的同盟聚集到一起的领导者才有可能在存在分歧的问题之间找到共同点，而长盛不衰的精英并不能做到这一点。也只有这些领导者才能最大限度地重建社会的基本结构，从而构建名副其实的社区。

能和其他领导者有效合作的人（也就是说，可以与众多网络中的领袖有效合作的领导者）才知道发展社区之道。要达成社区的目标，领导者必须不受自尊的束缚，能够抗拒成为领导者中的领袖的欲望。在相互依存的环境内，领导者要能够把全球范围内同类组织的领导者当成平起平坐的同僚。在整合时代，领导者不能光发布命令，相反，必须联合起来，用劝说和协商的方式解决冲突。

整合领导力非常有意思的一面在于能够使以前的竞争对手及非传统的支持者都能友好共处，这让人很意外。正因为如此，第三阶段的领导者就是以这样的方式一步步扩展他们议事日程上的目标的。苏联前总统米哈伊尔·戈尔巴乔夫、埃及领导人安瓦尔·萨达特（Anwar Sadat），还有以色列前总理伊扎克·拉宾（Yitzhak Rabin）就因为跨越了各自祖国与宿敌之间的隔阂而震惊了世界，连他们的支持者也大为不解。（戈尔巴乔夫因此搭上了他的政途，而萨达特和拉宾则最终赔上了性命。）在剧烈变革的初始，这些初露头角的整合型领导者以戏剧化的主动姿态出人意料地与过去的对手联合并推进互相有交集的计划。

建造社区并非易事，这要求领导者自身富有利他精神。容许他人的需求也有满足的空间，共享稀有的资源，保护后代的选择余地，接受可能会对其历史评价构成威胁的严峻挑战——所有这些都要求领导者具备强大的品德，而非强大的自尊心。套用亚伯拉罕·林肯（Abraham Lincoln）的话来说，整合型领导者承载了我们构建社区的"最后的伟大希望"。

采用长远眼光

第四，尽管整合时代是变幻莫测的，但创建社区仍然意味着应当把眼光放得更长远。这样可以确保我们今天的任何选择，不会因突发事件而成为未来行动的阻碍。在这里我们面临着如何保持平衡这个难题。整合型领导者必须坚定地放眼未来，就算他所预见的未来会把某些社区成员的短期计划扰乱。[34]

长远的愿景还意味着领导者需要超越自我，并允许当前的领导者退位后组织仍能持续茁壮成长。约翰·加德纳（John Gardner）认为，培养不同级别的领导者应当是当前领导者的责任。[35] 但是，当前的传统型领导者在开发广泛的选择标准和有力的继任机制方面显得无力应对。当前的传统型领导者极有可能选择自己的翻版来当继任者，也很可能会破坏其他继任安排。然而整合型领导者则不会如此，他们不畏惧新生代，而是会栽培这些新生代以继领导重任。

通过期望来领导：委派任务、培养能力、助人提升

第五，整合型领导者鼓励来自不同背景的人群参与领导过程。领导者整合与他人分担领导的重担，并将责任托付给他人，而不是做一个指挥军队的领导者。如果整合型领导者认为某些人能够成长起来应付将来的挑战，他们甚至会把自己的愿景与那些人分享。

整合型领导者具有信赖他人的天赋，在这受人信赖的赞誉中，受到信赖的人会以非常突出的成绩来回报领导者的赏识。[36] 借由这些含蓄的动作，整合型领导者通过表达期望来领导他人。

通过期望来进行领导也涉及一定的风险。整合型领导者非常清楚学习需要通过严格的考验，成长也需要很长的时间。他们也明白，有时候新的任务可能会失败，因此会给失败设定一个合理的范围。整合型领导者很珍惜用了心但仍然失败的经验。他们将新挑战托付于他人，同时对于这些人也会一直给予支持，因为这样下一个项目的胜算更大。

领导者如果能够创造出允许他人提升自我的环境，就能找到热诚的人才以及忠诚的拥护者。对于许多人来说，自我超越的机会无疑是最宝贵的礼物。这种机会允许个人在整合时代尽情表达个人主义，而以这种方式培养起来的个人主义具有建设社区的作用，而非分化。

这些整合性的策略显然都根植于符合道德标准的工具主义行为中，不但能够增强各级领导力，同样也能培养未来需要的领导力。

领导者及对生命意义的探索：个人冒险之旅

第六，大多数整合型领导者已经置身于个人冒险的途中，投身于持续的探索，想要更深入地了解自己、支持者和他们所领导的组织。他们全身心地投入到更加伟大的事业中，以此来超越有限的生命带来的制约，为其他人树立非凡的榜样。结果，他们所领导的组织为支持者提供了许多心灵提升的机会。

在人类发展史中，我们一直都在寻找领导者。这场永无止境的追逐是我们追寻生命的意义，以及追寻我们在其中的位置的一部分。由于笼罩在无法避免的死亡的阴影之下，这样的生活就给我们的所作所为增添了色彩，也促使我们向神明、意识形态和凡人领导者寻求安全感，我们不得不追寻生命的核心意义。想要懂得我们生活的意义，这个认识变得越来越复杂。为了冲淡我们对死亡的恐惧，我们推行延长生命的项目。当我们日渐成熟，意识到我们无法永生时，这个认识促使我们投身于无私的目标，那些目标象征着我们可以超越肉体的死亡。我们求助于领导者，希望他们能带领我们完成持续终生的复杂任务。

正如多元化和互依性造成的震荡催生了整合时代，我们的成长也代表个体在自我与他人之间来回摇摆。我们只有整合这两股势均力敌的力量才能与对死亡的恐惧和平共处。为了帮助我们克服这种恐惧，领导者把我们的注意力转向世界性的问题，如经济发展周期、商品生产与服务、国家冲突、环境的破坏、疾病、无家可归及饥荒等。这些问题就是我们自身问题的映射。与社会问题做斗争喻示了我们和自己无意识的焦虑做斗争，尤其是和我们面对死亡的恐惧。

我们投身于对团体有益的事业，无论这些团体是我们的工作组还是国际团体，这样我们就超越了自身及狭隘的个人利益。在这个过程中，我们调和了多元化与互依性，并让自己与他人和平共处。我们勇敢地响应领导的呼吁采取行动，甚至有时做出牺牲，这象征着我们对死亡的藐视。投身高于自我的伟大理想上，我们最终却焕发出最独特的光彩，这似乎有点矛盾。我们将在最后一章中继续讨论这些非常重要的矛盾。

为什么协作还不够？个人主义消亡了吗

在描述整合型领导者具有超越个人主义的倾向时，我们也不能夸大其词。个人主义并非将要消亡，现在也不是消灭它的时候。与此相反，多元化正在推进既新颖又有趣的个人主义。纠结于自尊心的老式个人主义无法应付我们面临的领导力环境。

整合型领导者并非天真的梦想家。他们清楚，个人主义常促使我们深入灵魂探索，帮助我们形成伟大的愿景并为实现那些愿景而全力以赴。他们欣赏这类自上而下的推动方式，懂得这些方式很有效也很有必要，尤其是在处理危机时。

整合型领导者也珍惜因协作而得到的共同力量，尤其是来自"救火小组"（hot groups）[37]的协作，那些参与者往往会因为一项极具挑战性的任务而斗志昂扬。协作型往往更加强调共识，但整合型领导者明白有共识的决策具有局限性。协作型领导者组建持续时间较长的团队，而整合型领导者所起的作用就好比穿了线的针，把多个短期联盟联结起来。

整合型领导者同时也明白：以参与式管理而呈现的老式协作关系常常包含了隐蔽的独裁主义（我们在后面会看到）。参与式管理看重个体为组织带来的多种不同才能，而整合型领导者深知要在全球化背景下整合多元化和互依性是非常复杂的工作。

虽然整合型领导者喜欢创新，但他们对传统领导力的优点也不摒弃。为了置身于寻求共性，构建社区，做长远考虑，提高他人能力，整合型领导者把传统领导行为和第三阶段的策略结合起来。我们较熟悉的行为多半以自力更生、权力、委派、协作与援助等作为基础，而整合型领导者在道德尺度内利用自己与他人，并把这种利用和这些熟悉的行为融合在一起。这样一来，他们为传统的领导行为注入了新的活力。

整合领导力模型：九种行为层面

提升自己并面对我们内心的恶念，听起来既抽象又富有哲学意味，但事实上整合型领导者采用的行为与我们的日常举止具有相同的来源。

早在孩提时代，我们慢慢学会各种行为来得到我们想要的东西。这些行为成了我们完成任务或是实现目标的"个人技巧"，无论任务或目标是读书还是设计火箭。我把这些行为称为"成就方式"。

我们多数人使用有限的成就方式似乎就足够完成任务了，然而一旦我们担任领导角色就得去扩展我们的能力，原来的成就方式就不够用了。整合型领导者不断增添自己的行为样式，而我们大多数人（包括第二阶段的领导者）则始终将自己禁锢在一个范围狭小的行为方式圈内，弱水三千只取一瓢。

本书的第二部分将详细阐述整合领导力模型的三套主要行为方式，即直接型、关系型和工具型。再次进行扩展，三套方式内又分别包含了九种成就方式。

偏爱直接型的人喜欢以自己的力量直接面对自己的任务（顾名思义"直接型"这个标签），他们注重控制、竞争和权力，喜欢处理属于自己的任务。这种行为风格与多元化以及个人主义的多种表现形式最为相关。喜欢为团队效力或喜欢帮助别人实现目标的人注重关系型方式。互依性在本质上会产生各种问题，而关系型方式所针对的就是这些问题。最后，把自己和他人当作工具来实现团体目标的人偏好工具型。这些"政治"方式在控制多元化和互依性的影响力时尤其有用。

善用工具型技巧是整合型领导者最与众不同的特质。整合型领导者把这些复杂的策略与自己的直接型行为及关系型行为（往往两者是相矛盾的）整合起来。此外，他们会利用自己的工具型技巧优势来降低多元化与互依性在第三阶段所产生的不和谐。

持续了半个多世纪的领导力研究表明，领导力并不能简单归因于与生俱来的特质。[38] 虽然有些人的确要比别人更具天赋，但领导力是可以习得的。也许只有少数几个钢琴家拥有弗拉基米尔·霍洛维茨（Vladimir Horowitz）那样的高超技艺，但绝大多数人经过指导和练习也能弹得比较像样。同理，即便是我们公认为卓越人物的某些领导者，也是经过艰苦的学习才成长起来的。鉴于对领导者的需求与日俱增，我们若想要成为领导者，可以通过实践和研究领导力的动态变化来获得帮助。

整合领导力模型包含一系列的基本成就方式，可以让人们了解领导力的动态变化。这个模型不但描述了整合领导力的技巧，而且提出了一些概念和术语，帮助我们重新评估我们对传统领导者的认知，也可以帮助我们对领导情境的分析。除了这些，这个模型为领导者采取以下三种行动提供了工具：

1. 指出领导者在不同情境下所能运用的哪些领导策略最有效。
2. 评估他人的领导潜力，同时将这些领导行为与第三阶段的复杂情境相配合。
3. 设计新的结构类型，使新结构的形态和目的不仅适合任务，也与参与者偏好的行为相符。

在这个多元化和互依性为领导者带来了严重威胁的世界里，整合领导力模型为我们提供了解决威胁的重要武器。

意想不到的领导实例

我们在哪里可以找到正在施展整合领导力且获得成功的领导者？又可以在哪里找到熟练掌握所有成就方式，甚至精通完整的整合领导力的人？为了找到这样的人，我们应该到意想不到的地方去找一找。我们极有可能发现他们：

- 在志愿者组织里，因为这里的领导者必须在不借助金钱诱惑或正式权威的情况下吸引热诚的义工。最高效的非营利性组织领导者能够提供让人变得高尚的机会，他们主要的领导手段是通过他人的期望。
- 在企业家中，并频繁表现出一整套的整合领导行为的那些人。大多数有权有势的人样样精通，能够轻松运用各种领导策略。然而比较矛盾的是，只有少数企业家最终成为整合型领导者。
- 在新的女性骨干领导者中，那些能够激发出支持者的天分和忠诚的人。那些新型领导者把协作、培育以及无私等大家熟悉的女性方式和权力与工具型行为融合到一起。[39]
- 在特定行业的领导者中，比如娱乐行业，那些领导者为了推行每个项目，必须周期性地从庞大的专业人才网络中召集有创新精神的新队伍。

- 在新生代政治领袖中，因为他们意识到诸如美国政治史上罗斯福时代的新政等长期联盟的关系已经成为过去式。这些在位的新整合型领袖为了解决多种多样的问题会集合多种短期，甚至有些可能重合的联盟。
- 在某些有奉献精神的活动家中，那些人愿意牺牲事业、财富、安逸，甚至有时候包括自己的生命，就为了帮助团体做到依靠团体自身做不到的事。

全球变化的风向正造成历史局势根本性的变化。各处的领导者都被迅速增强的风暴所包围，面临着严峻的挑战。两股互相对立的新势力，即互依性和多元化，正在改变领导环境。这些都激起新的需求，只有通过采取一整套复杂但可行的领导行为才能满足那些需求。

基于九种成就方式的整合力领导力模型把"道德的工具主义"带入人们互动的运作当中。但是这个模型并没有抛弃任何其他内容：它通过控制个人主义，使传统领导行为重现活力，通过有原则地利用政治策略让团队合作获得新生。

对领导者而言，最具风险的事就在于继续采取与过去时代相关的行为，因为这样做有可能错失整合时代带来的巨大战略性机会。当然，风险和机遇一向是并存的。为了做好迎接暴风雨的准备，领导者应当大胆地重新界定领导力的条件。

第2章 | 我们为什么那么依赖领导者？
领导力的心理学基础和存在基础

有一点可以肯定，焦虑这一问题是个节点，连接所有重要的问题：它就像一个谜，只要解开它，就可以使我们整个心灵豁然开朗。

——西格蒙德·弗洛伊德（Sigmund Freud）[1]

尽管整合型领导者目前尚缺强大的群众基础，其他领导形式几个世纪以来对我们产生了强烈的影响。尤其是我在第 1 章里列举的第二阶段领导者的特征，更是许多人心目中对领导力的定义。要想充分了解整合领导力能为我们带来什么样的新契机，我们必须先探究领导者在我们心目中的形象：这些形象从何而来？我们为什么会得到这样的形象？这些形象又是如何限制我们对于领导者的想象的？

本章要求我们对领导力本身做一个深思。为何有史以来所有社会都出现领导者？是因为某些人具备让我们尊他们为领导者的特质，还是人类有深层次的需求才驱使我们寻找领导者，有时甚至去创造领导者？为何领导者上任后通常都能坚持到底，哪怕身为领导者必须承担巨大的压力？

本章探索一些现有的比较深刻的生命力量和心理本能，正是这些因素促使拥护者寻找领导者，也同样促使领导者寻找支持者。唯有面对那些深层次的影响，我们才能逐渐理解我们对于领导力所具有的传统印象，从而才有可能改变它。这个过程能够让我们形成一种新的领导力观念，以更好地适应我们已经变迁的环境。

我们为什么对领导者又爱又恨

无论是哪个历史阶段，也无论在世界上哪个角落，几乎所有大大小小，或简单或复杂的社会和组织中都会出现领导者。[2] 当然，不同的社会所重视的领导力特点不尽相同，但是关于领导者的概念几乎完全一样。只有极少数情况下，由于为了推翻残暴或腐败的领导者而陷入革命战乱，理论家会呼吁建立一个无领袖的社会。但是，这种乌托邦很快就随着社会重建的严酷现实消失殆尽，随之又会出现卓越的领导者。

不论领导者出现在哪里，是否在官僚体系之内，他们都会与周围的群众表现得不同，通常会被视作比普通人更优越。似乎某种东西在驱使我们去寻找领导者并跟随其后，让我们把领导者视为与众不同。

是他们身上具有的某种东西吗？

还是来自我们身上？

这是领导者的特质吗

有些研究者称，领导者所展现的一些特质，让我们不得不接受他们的权威领导。然而，虽然对多种领导特质进行了长达数十年的研究，但至今仍然没有明确的定论。[3] 毕竟，领导者的种类繁多，格局有大有小。根据本尼斯（Bennis）和纳努斯（Nanus）两位学者的结论，过去的 75 年间，几千个关于领导力的研究并不能得出任何"清楚明确的结论……可以说明领导者和非领导者有什么不同，以及……**有效**领导者和**无效**领导者有什么不同"。[4]

个人魅力的诱惑

尽管研究者没能找到有关领导力的具体人格特质，但我们的经验还是能够显示，有一种领导力特点是支持者不懈追求的，这就是个人魅力（charisma），这是一种让支持者对领导者又敬又爱的一种特殊魔力。德国社会学家马克斯·韦伯（Max Weber）[5]认为，有魅力的权威源于领导者的"超自然力量"（mana），或者叫神圣的天然魅力，使支持者自然而然地表现出敬畏。韦伯认为，只有当领导者不再表现出把自己和信徒区分开来的神圣魅力，魅力才不再具有权威性。[6]

魅力型领导者通常会在危难关头出现，他们往往能够带来一种激进并保证能解决危机的愿景。所谓危机，就是充满巨大的威胁和不确定性的时期，一个让当前的领导政权看起来摇摇欲坠的时代。危机时期还会让日常的应对机制失去作用。因此，一个魅力型领导者在危机时期提出的解决方案无论多么偏激，在困难时期都会特别受欢迎，这也就不足为奇了。

当然，有人可能又会说，在伴随危机而来的磨难和焦虑之下，任何人只要能够有信心提出解决方案，都有可能被认为很有魅力。[7]例如，韦伯就把支持者对个人魅力的反应描述为因挫折而生的忠诚。[8]

最近，学者阿沃里奥和巴斯（Avolio 和 Bass）连同康格和卡南格（Conger 和 Kanungo）对困难时期出现魅力型领导者的理论提出了新的见解。[9]他们的观点是，魅力型领导者规划的愿景极其诱人，他们其实是在支持者当中挑起不满的情绪。通过让支持者感到受挫，魅力型领导者往往就能创造出他们增加权势的必要情境。

贝利（Bailey）认为，只有大众期望领导者施展个人魅力，[10] 而领导者的随从并不如此。他的推论是，随从的责任是通过"欺骗和操控"来向忠诚的支持者展现领导者的个人魅力。（领导者的内部圈子深深明白，领导者的个人魅力都是些假象，必须通过恐惧和不确定这两种不同的手法来维持领导者的神秘。）

这些关于个人魅力的理论有一部分看起来还是很有道理的。魅力型领导对于拥护者的吸引力依然无可抵挡。许多明智的魅力型领导者做法聪明，他们拒绝了令人羡慕的正式官职，而即使他们并无一官半职，依旧吸引了众多信徒将他们视为恩师和守护者。身陷囹圄 27 年的南非领导人纳尔逊·曼德拉（Nelson Mandela）激励了遍布全球的支持者，虽然许多人甚至从没亲眼见过他。

史书和圣典中页页都记述着散发难挡魅力的人物。耶稣基督（Jesus Christ）、圣女贞德（Joan of Arc）、弗洛伦斯·南丁格尔（Florence Nightingale）、莫罕达斯·甘地、小马丁·路德·金、阿道夫·希特勒（Adolf Hitler）、富兰克林 D. 罗斯福（Franklin D. Roosevelt）、埃莉诺·罗斯福（Eleanor Roosevelt）、胡安·庇隆（Juan Peron）、伊娃·贝隆（Eva Peron）、温斯顿·丘吉尔（Winston Churchill）、约翰 F. 肯尼迪（John F. Kennedy）、吉姆·琼斯（Jim Jones）、大卫·考雷什（David Koresh）、罗纳德·里根（Ronald Reagan）、玛格丽特·撒切尔（Margaret Thatcher）、杰西·杰克逊（Jessie Jackson）、米哈伊尔·戈尔巴乔夫、鲍里斯·叶利钦、比尔·克林顿（Bill Clinton）、罗斯·佩罗、纽特·金里奇（Newt Gingrich）等，这些人都展现出具有个人风格的独特魅力。这些例子直观地说明了魅力型领导者以各种形式出现：可能是好人，也可能是坏人；可能是圣人，也可能是魔鬼；可能谦逊恭谨，也可能狂妄自大。

随着时间的变迁，"个人魅力"已经不是当初韦伯所阐释的意义了，它逐渐变成了一种关乎吸引力、性感或是媒体"网红"之类的意义。然而，无论坚持经典的韦伯式定义，还是采用当代的通俗理解，我们都毫不犹豫地承认那些具有一定魅力的人对支持者的吸引有如磁铁之于铁屑。

尽管如此，仅凭魅力还是很难**充分**解释领导者的普遍性，因为我们可以找到一些似乎**没有**任何魅力可言的政治领导者和公司领导者。有一个罗纳德·里根这样的人物，就会有一个乔治·布什（George Bush）这样的人；只要有老亨利·福特（Henry Ford, Sr.）式人物的存在，必然就有阿尔弗雷德 P. 斯隆（Alfred P. Sloan）式的人。就算是总统竞选和公司人才挖掘活动，有时候也并不能找出具有那种特殊吸引力的领导者。因此，虽然个人魅力可能有助于解释某些领导者为什么受欢迎，但显然，对于建立领导地位而言，魅力既不是充分条件，也不是必要条件。

变革型、交易型及仆人型领导

许多研究领导力的学者一直试图将魅力和领导力的其他方面剥离。[11] 由于对**魅力**这个名词的含糊与滥用已经不抱希望，获得普利策奖（Pulitzer prize）的历史学家兼政治科学家詹姆斯·麦格雷戈·伯恩斯（James MacGregor Burns）曾建议我们应该把关注的焦点转向**交易型领导者**和**变革型领导者**的差别。[12] 把伯恩斯的观点简化，交易型领导者接受既定的体系，并在体系内运作。他们所达成的交易和做出的妥协能够同时满足支持者和组织的需求。伯恩斯在韦伯的魅力观基础上提出，"变革型领导力"彻底地改造支持者、领导者和组织，并使他们获得新生。

伯恩斯对于交易型和变革型的区分并不完全满意，于是又为变革型领导者增加了一项领导力要求：激发支持者的才智发展。[13] 这种领导力所给予的鼓舞与动力，能胜过组织激励和组织控制。在美国电话电报公司（AT&T）长期担任管理研究指导的罗伯特 K. 格林利夫（Robert K. Greenleaf），则把"仆人（servant）型领导者"形容为用自己的才能为他人服务。按照格林利夫的观点，如果支持者"不断成长……变得更加健康、更加睿智、更加自由、更加自主，他们自己就有可能成为仆人"，他们就能得到这些领导者的服务。[14]

这些不同的说法有助于我们分析认识的人属于哪类领导者，但并不能解释为什么领导者会不断出现，换句话说，为什么领导者普遍存在并极具吸引力。

或者这是拥护者的需要

如果领导者的品德不能完全解释我们追寻领导者的原因，或许我们可以从拥护者的阵营里寻找线索。从韦伯到齐美尔（Simmel），再到巴纳德（Barnard），包括近代的一些作者如约翰·加德纳，他们的领导力理论都提醒我们，领导者的地位是由拥护者赋予的。[15] 没有拥护者的拥护，领导者只能空有抱负。

有些领导力专家提出，谁能够满足潜在拥护者的需求，谁就能成为领导者。大体上来说，这个观点似乎非常有道理。但是，真实的问题在于：拥护者希望领导者能够满足他们的**哪些**重要需求呢？

需求之一：有效的群体行动

有些人提出，领导者所要满足的需求是能以最有效的方式协调群体行动。根据这个观点，领导者在官僚组织的支持下能够为我们提供经济有效的决策及采取行动的方式。[16]

企业和政治领袖是所有大型官僚组织中排名最靠前的组织领导者。他们在我们身边出现时，我们可能不会欢呼"向首长致敬"，只会心跳加速，或者背上一阵发冷。我们经常讲述他们的光辉事迹。（有些领导者更乐于讲述最畅销的自传里面的故事。）哪怕是最漫不经心的观察者都会发现，从不同级别的"下级"向他们汇报就可以看出来，他们的"首长地位"显而易见。

官僚等级从一开始就有自己的运作方式，其中总会包括一位首领。鲁德亚德·吉卜林（Rudyard Kipling）在"女王陛下的仆人"一文中非常生动地描绘了官僚体系的运作方式：

> 和酋长一起下来的一位中亚首领，留着花白的长头发，我听见他向一位国内官员提问。
>
> 他说："那么，这么精妙的事情是怎么做到的？"
>
> 那位官员回答说："发布命令，他们就服从。"
>
> 首领又问："难道野兽也和人一样聪明？"
>
> "它们会像人一样听从指令。骡子、马、大象、公牛都会听从驱赶它们的人，驱赶者又听从中士，中士听命于中尉，中尉听命于上尉，上尉听命于少校，少校听命于上校，上校听命于准将，准将统领三个军团，准将听命于上将，上将听命于总督，总督就是帝国的仆人。事情就是这么完成的。"
>
> "要是阿富汗也这样就好了，"首领说，"在阿富汗我们都只听从自己的意念。"
>
> "就是因为如此，"那名国内官员用手捋着胡须说，"你们那位

并不受人服从的王公，一定要到这里来接受我们总督的命令。"[17]

但是，以效率来解释真正反映出现实了吗？依照我们和官僚组织打交道的经验，和推崇高效相比，官僚组织更多时候妨碍了效率的提高。实际上，当今世界的每个角落，"官僚效率"已经成了自相矛盾的说法。官僚制度的运作和金字塔式的组织紧密联系在一起，或许需要一位高高在上的首领。然而，首领的存在并不能保证有效率或高效的行动。的确，官僚制度很善于打击自己不喜欢的领导者。[18] 国家领导人、民营企业或非营利性组织的首席执行官往往发现自己被官僚制度削弱了影响力而败下阵来。

因此，如果对效率的需求并不能解释领导者的普遍现象，我们应当将目光投向别处。究竟是什么样的力量在不断推动我们寻找强干的领导者，使他们凌驾我们之上，并在控制了我们生活多个方面的组织中担任首领？

需求之二：我们需要的是负责任的家长、会魔法的君主还是一个神

有个心理分析方面的解释认为，我们有寻找强干领导者的倾向，是因为我们渴望有个负责任的家长。我们小的时候，如果父母能在身边为我们做出明智的决定并保护我们不受伤害，我们就会很有安全感。（我们也得承认，如果他们的决定让我们不能为所欲为，我们也会抗议。）进入青春期，我们努力想要成为大人，有时就会出现摇摆不定的行为，一会儿依赖人，一会儿又反抗。然而，亲子关系终究会留下印迹，使我们忍不住努力去维系我们的父母所带来的舒适安全，尤其是在遭遇困难的时候。因此，如果领导者充当那个保护者的角色，我们便以自小习得的顺服作为回应。

责任感总是和指责与罪恶感携手并行。有时候，群体的一员可能会因为某个决定无意中受到伤害，而那个决定的出发点让整个群体受益。出现这样的情况后，受伤害的一方很有可能会指责决策制定者。由于许多人都想要避免让人痛苦的罪恶感，领导者担任决策制定者就会成为最理想的机制，既可以承揽罪名，又能使拥护者免受牵连。

在许多文化背景中，领导者都是家长式的形象，为他人做决定，而如果事件出了差错就会承担指责。在一次由芭芭拉·沃尔特斯（Barbara Walters）主持的电视采访中，英国前首相玛格丽特·撒切尔坚称："我从来没觉得做出所谓艰

难的决定有多困难。"针对撒切尔这种家长式的训斥与说教，英国选民的回应是让她再度当选，使她成为 20 世纪中任期最长的英国首相。

纵观历史，早在如今到处蔓延的官僚组织出现之前，人们就已经挑选出看起来比自己更强壮、更好、更聪明的人当领导。拥护者经常会赋予领导者高贵、迷人甚至超人的特征（即便领导者自己拒绝扮演君主或神明的角色）。乔治·华盛顿（George Washington）拒绝了他的拥护者想让他加冕为国王的狂热欲望，坚持只当权力小得多的总统。约翰 F. 肯尼迪的拥护者对于他展现的形象极为追捧，将他视为极具魅力的高贵勇士，他的身边簇拥着众多骑士和淑女，就像一个当代的亚瑟王，建立了美轮美奂的卡米洛特王宫（Camelot）。直到日本在第二次世界大战中战败，一直被尊为神明的天皇裕仁（Emperor Hirohito）才不再被神化。

从童年的角度来看，我们的父母似乎无所不知，无所不能。因此，我们想要寻找强壮和智慧的领导者就不足为奇了，哪怕实际情况和理想形象并不相符。20 年前的一项研究就得出一个结论，认为那些"看起来像模像样的人"（高挑、英俊、强壮）更有可能获得较高的薪水，担任公司内的高级职位。[19] 最近的研究发现，外表更迷人、高挑的男士一开始就能拿更高的工资，并且在他们的职业生涯中会持续这种模式。[20]

其他研究者称，对于女性而言，外表的吸引力不会对初始薪资有影响，但会对她们后来的职业发展有影响。[21] 加拿大的社会学家还发现，对于女员工、较年轻的员工以及那些在通常设定为"女性专任"岗位工作的人来说，外在魅力几乎不会提高女性的年收入。[22] 这个听起来好像电影制片厂挑选演员，因为那些看起来比较像传统观念中的领导者的人（尤其是那些我们简直需要仰视的人）最有可能会胜出。展现出较强的领导力形象的个人给我们一种幻想，好像我们可以依靠他们，虽然事实上我们经常得依靠自己。

需求之三：需要领导者成为自我的理想境界

我们之所以需要领导者，还有其他心理学方面的解释。领导者被我们当作自我的理想形象，是我们所向往的典范，即便我们从未认真想去达到。那些非同凡响的人物形象滋养了我们心底的一种希望，那就是**或许**我们（或者我们的孩子）能变成像他们一样。这样，就算没有那些强大的人物，我们也能获得安全感。

由于这个原因，我们不会给领导者设置苛刻的限制。随着他们一步步行走在政治舞台或是公司舞台，我们允许他们越界，触及一些模糊不清的界点。也因此，英国皇室家庭内部的越轨行为总能吸引小报读者，因为他们能从中获得一种人性的亲切感。我们迫切想知道他们异乎寻常的生活细节，把他们视为生活方式的标杆。我们甚至会崇拜他们的越轨行为，因为这让我们有了幻想的空间，"说不定有一天我也会那么做"。

已故杂志出版人马尔科姆·福布斯（Malcolm Forbes）曾让数百位宾客乘飞机到摩洛哥，参加他那豪华的"阿拉伯之夜"生日庆祝晚会，读者就抢购每一期的最新《人物》杂志，对其中每则有意思的花边新闻都津津乐道。公众对于唐纳德·特朗普（Donald Trump）的公司业绩和婚姻战绩同样兴致勃勃。作为普通人，我们可能会经常抱怨这些人，但大多数不会采取任何行动去阻止世界上的特朗普们去做奇怪的金融交易，因为那些交易根本不是我们有机会接触到的。我们暗地里会因为这些大胆的冒险行为惊叹不已，也会幻想有几百万美元可以让我们想花就花。当然，我们很确定，我们的狂欢要比这个高雅得多。就算最后我们实在没可能赶上这些传奇人物，至少他们能为我们代言。

最迫切的需求：竭力摆脱无常与焦虑

之前所提到的心理学因素无疑有助于我们解决这个谜题，但是不明显却有迫切需要的线索目前仍然没有找到。我们对自己的命运既不能预知也不能完全掌控。这个改变不了的事实是人类处境的根本要点。我们全力想驱赶出去的一对恶魔，其一就是这个我称作"存在的无常"的事实。[23]

这种无常和人类的生命联系在一起，让我们无能为力，这一点又唤醒了那个魔鬼的同伴：一种广泛存在的深度恐惧，我把它称为"存在的焦虑"。[24]它总是在我们的意识中盘旋，悄无声息地影响我们的生活，在工作时间给我们制造麻烦，当我们睡着了也在我们的梦中阴魂不散。[25]

无常与焦虑这两个生命的恶魔使我们对自己的控制感和效力感深为不安。它们让我们看得很清楚，我们的自主程度是有限的，同时也提醒我们对自己的生命只有微不足道的掌控力。事实上，事故或死亡可能随时都会发生。

精神分析学家格雷戈瑞·齐布尔格（Gregory Zilboorg）[26]认为，对死亡的恐惧有利于我们身心正常运转，也能促使我们时刻警惕保持自卫本能。[27]贝克尔（Becker）把人类对死亡的恐惧看作"现代思想一项伟大的重新发现"，和谢勒（Shaler）[28]的观点相符，谢勒认为，我们对于自己和他人的英雄主义的寻求都是这种恐惧的"反射作用"。

这个世界的不断运转，让我们感受到它即将失控的威胁，就像每天晚间新闻的提醒。[29]晚上 6:00 的新闻报道一架飞机在艾奥瓦州坠毁了，尸体遍布一块玉米地，而纽约的股市暴跌了 60 个点。到了晚上 11:00，这些消息就成了旧闻，为其他新闻所取代，纽约有一名游客在地铁遇刺，东洛杉矶高速上发生一起行车枪击案，以色列西岸发生汽车爆炸，尼加拉瓜的新闻办公室内发生一场涉毒枪战。即使会感到恐惧悲伤，我们同时也清楚，这些只不过是每天发生的**寻常**事件。生活中让人害怕的事情毫无征兆地扑面而来，随后引发极度震惊。

也有一些**非比寻常**的事件，比如三里岛的核事故，它曾经让我们所有人都倒吸一口凉气。比这个更糟糕的是，我们人类有意无意地制造的巨大灾难——日本广岛的原子弹爆炸、印度博帕尔的异氰酸甲酯泄漏和乌克兰的切尔诺贝利核泄漏，是我们发明了那些技术，也是我们引发了那些敌对行为。[30]从核威慑、艾滋病、犯罪及毒品，到恐怖主义、酸雨及不断恶化的臭氧层，我们看似安全有序的世界随时处于分崩离析的危险中。然而，好像我们自己的错误还不够吓人，大自然也加入进来，制造不可预知且不可控的灾难：地震、龙卷风、洪水、飓风和干旱。

那些难以预测、难以控制的事情使我们的灵魂发出战栗，灾难提醒我们生命的脆弱无常，也让我们意识到，在灾难面前我们无能为力。

如果我们坚持要一直面对笼罩着我们生命的无常，很快我们就会拒绝坐飞机，不愿坐地铁，不肯在高速上开车，甚至不敢走到街角的市场去。为了能够继续生活，我们应当消除那些杞人忧天的恐惧，否则可能就把自己裹进一张存在的焦虑网，无法动弹。

我们寻找各种不同的办法来驱走那些让自己深受其扰的恶魔。许多人用行动坚定地把它们赶出潜意识。还有的人采用冥想、积极思维或生物反馈（biofeedback）的方式来维持稳定的精神状态。有些人拒绝认清真相，或是发明某些仪式，他们认为这些仪式的步骤具有神奇的力量，并能神奇地保护自己免受无常和焦虑的干扰。[31]

还有一些人转向了占星和占卜，并希望它们对凶日和不吉之事提出预警 ［比如美国前第一夫人南希·里根（Nancy Reagan）在其丈夫险些遇刺后就曾这么做〕。事实上，我们无法控制我们日常的生活，这是人类的一个恐怖却改变不了的基本处境，而我们采用千奇百怪的方式，想要把自己与这样的认知隔离开来。[32]

或许要应对生命的恐惧最常见的办法就是从我们自身以外去寻找保护者。[33] 这就是神明和英雄（也包括神明一样的、英雄般的领导者）产生的原因。神明和人类保护者都可以帮助我们维持一个幻想，即总有比我们自身更为强大的东西或人知道未来会发生的事，能够保护我们不受命运的恶意捉弄。

我们会向看不见的神明祈祷，请求它们保护我们，引领我们向前，同样，我们也会寻找被我们赋予神明般特点的人类领导者。强大、独裁、大权在握的领导者激起了我们的仰慕和忠诚，因为我们相信，我们可以依靠他们来保护自己。尤其是在艰难时刻，我们会寻找强有力的领导者，希望他们可以主持大局，拨乱反正。

纵然我们自己没有维护世界平衡的能力，但我们相信领导者能。无论好坏，我们把发生的事情全都交给领导者去调停、治理。大量证据表明，即便是非常有经验的旁观者，也会倾向于把组织的成果归功于领导者，而不是同样有可能的其他因素。[34] 相信领导者能"掌控大局"会让我们安心，使我们能够抛开内心深处的焦虑，继续生活。

领导者最大的吸引力就在这里，尽管他们也存在不足。当我们选定了领导者后，我们会生成一种幻想，以为我们的命运能被可靠的人掌握在手里。贝克尔深入分析了接受其他人的领导有怎样的吸引力，以及为何会让人觉得舒适：

> 还有什么比依靠别人授予的力量来生存更为自然呢？这样一来，我们就可以驱逐自己的恐惧。如果说人类成长的阶段并不喻示着一个人生命计划的交付，那么究竟意味着什么呢……人类为自己开辟了一个可以控制的世界，随后不假思索地立即开始行动。他让自己接受本该不屑一顾的文化培养……他学着不表露自己的情绪，不突出自己；他学着让自己吸收其他力量，包括同时借用他人的力量，也包括利用事物和文化控制获取力量。结果就是，他活在一个幻想里，以为周遭的世界绝对没有错误。[35]

与魔鬼的交易

不过，故事还没说完。构成这个世界的多种制度、相互作用、规则和各种关系创造了"真相"，而由这些事实，我们接受领导者的欲望就有了意义和正当理由。[36] 极度复杂的社会背景用一种道德力量向我们灌输那些"真相"，这种力量增加我们"理所应当"接受领导者的可能性。我们学着坦然接受领导力的观点，指望领导者可以向我们保证世界仍在掌握之中。但是我们和魔鬼达成的交易需要我们付出代价，使我们许多人对领导者以及领导力本身产生了深深的矛盾心理。

代价：双倍价格的保护费

神话般有力的领导者给予我们的保护和安全感需要我们支付两倍的高价。

首先，与这些守护者（无论是人类还是神明）签订的条约要求我们服从他们。为了让他们承诺保护我们的安全，我们必须按照**他们**的游戏规则行事。我们同意做安分守己的支持者。我们重新扮演孩童的角色，由于可以依赖强大可靠的父母而觉得安心，但又因为受限于家长式的领导、要求我们顺从而感到愤怒。

支持者的扮演者会因为沮丧和无聊而进一步感觉压力很大。在等级分明的群体中，下属知道上司希望他们毫无异议地服从命令。下属一般很少能获得关于下达指令的有关信息或解释。下属提出的建议经常会被领导者驳回，因为领导者已经制订了合理的可行性方案。于是，支持者往往就失去了兴趣，不再关注领导者。支持者的不满会在行动中表现出来，别人就认为他们表现很差。老板认为下属的厌烦、漠不关心和懒散是根深蒂固的个人特征，而实际上这只是下属这个角色本身所致。[37]

领导者让我们有安全感，我们因此还得支付另外一笔费用。我们同意忽视在肥沃的领导力量、自尊和自信土壤中萌生的惊人的过激行为。与那些有可能越过文化规范边界的领导者做的第二笔交易同样很不容易。[38] 就像阿道夫·希特勒的例子所显示的，强悍的领导者能够轻易煽动非常矛盾的感情，例如由敬畏与热爱生出厌恶与恐惧。

为了使我们自己相信领导者的确拥有我们急需的神通，我们夸大了他们的每个字、每个动作，甚至他们的功绩似乎会永垂不朽。领导者的英勇行为每传播一次，就被多渲染一分，最后发展成了神话故事。有些领导者孜孜不倦地编制自己的传奇故事（比如亚历山大大帝——在他的弟弟帮助之下）。[39] 有关亚历山大大帝的传说增长的速度惊人，以至于当时的历史学家在他死后的 100 年里，都不能确定他是否是个凡人。

不论过去还是现在，不屈不挠、永不言败的领导者身边总有神话环绕，并总能激励他们的支持者。传说既能够让每个群体深感安慰，又能够震慑潜在的敌人。在蛮荒社会，神话传说对于丰富部落的口授传统起到了核心作用。[40] 在有文字的社会，这些关于力量、胜利的夸张故事则借由史书编成经典，灌输给他们的后代和其他新成员。

英雄传说把领导者裹在一个由支持者信仰编织的网里，只有当领导者失足或失败才有可能打破那层保护膜。尽管我们会记录敌方领导者的不光彩行为，但一旦涉及我们自己的领导者，我们通常会对我方英雄的过失一笔带过——至少在一定程度上是这样。虽然围绕约翰 F. 肯尼迪的私人生活有很多谣言，卡米洛特王宫的神话却让媒体保持了沉默。

在美国，有两个重要时刻促使记者对政治领袖细查深究，那就是越南战争和水门事件。理查德·尼克松（Richard Nixon）很显然不是一个典型的受爱戴的领导者，但一直牢牢掌握总统一职，直到他最终越过了那条看不见的线。直到那个时候，尼克松的总统权力才开始瓦解。考虑到支持者的需求，维持领导者杰出形象的这种倾向绝非偶然。

利益：成功的法则

正如我们看到的那样，依赖领导者能够满足某些心理学需求，并保护我们免受焦虑之苦。但是我们对领导者的权力和优越感的尊重也存在一些不那么显而易见的好处。领导者对我们的要求通常会形成一个框架，表明我们应当如何表示服从。满足这些要求，比如天主教的教理问答或在甘地的静修处打扫厕所，可能会让人既痛苦又安心。痛苦在于，我们认识到我们的确是较无能的一方，因此我们的意志必须屈服于领导者的意志。安心在于，知道领导者虽然没有给出绝对的保证，但至少已经为我们提供了一个法则、一个"配方"，我们多半会因此得到安定和安全。

坚信跟着领导者就会自然走向成功的想法偶尔表现得和奇幻思维差不多，尽管对领导者的命令言听计从也不总是出现我们期待的结果。因为不愿承认我们一开始对领导者期望太多，就算并非不切实际的期望，我们往往选择驱逐那个领导。然后我们就开始新一轮的搜寻，希望找到一个能够让我们的存在焦虑平息的领导者。

从领导者角度看这个交易

尽管大家都知道"高处不胜寒"，所有证据却表明，从领导者角度来看，获得的益处通常要大于成本。大多数关于领导力的研究表明，个人在组织内的地位越高，个人的满足感就越强。

在 20 世纪 50 年代早期，麻省理工学院关于人际关系网络的研究清楚地分析了领导者和支持者在满足感方面的差异。[41] 居于组织网络顶层的领导者体验到的满足感要远远高于处于底层的人。其后多项研究也证实了该研究的结论，表明现任领导者的地位本身会让在位者看起来比级别较低的人更出色。"下属"和"上司"是组织中最基本的语言，其本身就传递了一种偏见。

然而，领导者也和支持者一样需要保护自己，不去承认他们内心存在的恐惧。和支持者一样，领导者也有几个选择。第一，他们可以把自己托付给他人（可以是神明也可以是人类），只要他们觉得那些人比自己更加强大。第二，和支持者一样，他们可以把自己的命运交给强有力的、掌控一切的组织，比如政府、军队、大企业（例如通用公司）或者教会。有些人依靠意识形态来指引自己的行动，希望取得效果。

当然，领导者和其他人一样，可以把他们的领导地位解读为自己的命运，证明他们确实掌握着自己的命运，同时也掌握着别人的命运。事实上，领导者要比普通人更容易带着自大的心理来看待这个问题。他们愿意相信自己无所不能。这是一个很奇特的经过，不过几乎是可以预料到的，因为为了说服支持者相信自己的确值得他们拥护，领导者首先得说服自己。

因此，领导者对自己能力的坚定信念就成了一个自我实现的过程。由于支持者太想要相信领导者具有保护他们的能力了，领导者对于自己能力的自信转而因其从支持者身上唤起的回应进一步增强。

然而，领导者也会感到应该把自己的信心放在比他们更强的力量上。如何平息他们自己内心的存在焦虑，选择谁或是什么来平息自己的存在焦虑（可以是神明、基础科学、意识形态或是宗教信仰）对他们的支持者会产生重要的影响。

我们意识到的危险、感受感到的矛盾

说到底，我们和领导者的关系极为模糊。真诚有力的领导力能安抚我们的存在焦虑，而我们沉浸在幻想里并沾沾自喜，以为我们或许也能成为了不起的人物。但是，我们也能嗅到那些强大的领导者带来的危险。我们凭直觉知道，对权力的追求若配上极度的自信（再加上充满敬畏的支持者的热烈追捧），就很有可能会演变成腐败和暴政。一个随心所欲不可捉摸的领导者可能会加剧而不是缓解我们的存在焦虑。所以，为了克服对自己创造出来的领导者的恐惧，我们充满矛盾地去寻找他们的瑕疵，好让他们看起来脆弱……没错，就是看起来更像我们自己。

奇怪的是，我们知道领导者的缺点之后反而能够以多种方式给自己安慰。第一，讽刺的是他们的不完美容许我们和自我的理想境界更近一些。第二，可能也是更为重要的一点，领导者的脆弱为我们提供了一个安全阀。我们知道，如有必要，这些强大且常常很傲慢的领导者能够被推翻。虽然我们希望领导者足够强大，能够掌控我们的世界，但我们还是想保留一点权力，好在领导者越界的时候扳倒他们。

剥去前任的圣衣，尤其前任深受尊重时，有助于新的领导将遮掩自己光彩的影子抹淡。当然，我们可以意料到，总还会有个迫不及待的新候选人等在一旁，想要在恰当的时机和地点利用政变或选举把旧的领导者拉下台。

渐渐地，死亡已经无法再提供什么保障。热切心急的（有时其实就是唯利是图）传记作者精心构思了大量学术性和非学术性的著作，挖掘领导者的人性弱点。以还原真相和历史的名义仔细分析领导者的感情缺失或是不为人知的怪癖，把我们的英雄拉低到我们这个层次。富兰克林·罗斯福和埃莉诺·罗斯福夫妇[42]、约翰·肯尼迪和杰奎琳·肯尼迪夫妇[43]、小马丁·路德·金[44]等人的最新传记充斥着影射，当然也有史实。

我们对于强势人类领导者的渴望中掺杂了我们对于他们的暴行的恐惧，引起我们长期的矛盾心理。我们用各种方式表达这种矛盾心理。一位总统倒在刺杀者的枪口之下，曾反对他的公民却哭得很悲伤，他的过世让大家感到伤感。

一位不诚实的总统被我们赶下台，但当他辞职时，全国都感到绝望，社会发生动乱，因为在一部分人眼里他始终是一位政治专家。

在大多数情况下，阳总是要比阴强。我们害怕领导者拿权力来对付我们，但是我们对生命无常的恐惧淹没了对领导者的恐惧。我们被领导者吸引，因为他们的力量和自信能提供一种安慰，有助于应对人类生存环境中本来就存在、不可避免的恐惧。同时，我们又暗自祈祷，这些领导者永远不会利用他们手中无上的权力对付我们。万一他们那么做了，我们会将他们的弱点绑成锁链围绕在领导者崇高地位的四周，随时准备好把他们拉下来。

领导者会出现，会消亡，会升起，会坠落。在不同的时候，我们会被他们吸引，也会被他们威胁，我们甚至可能会蔑视某些领导，但我们始终为领导力这个概念着迷。此外，我们无法理解为什么会对他们产生那么多感觉。我们将会专注于领导者，但我们也会探究，我们作为支持者在领导力互动中所起的作用。

然而，我们对领导者的矛盾需求仍然存在，深植于我们心里，也存在于凡人躲不开的无常和焦虑中。这些人类处境中根深蒂固的基本层面，以及我们倾向于把自己的命运交给自己创造的非凡保护者，都可以用来解释为什么第二阶段的领导方式对我们的掌控如此之深，尤其是它的独裁主义。但是，随着多元化和互依性的影响力改造世界，第二阶段的领导者无法再满足我们的领导力需求。我们必须打破对他们的依赖，同时要鼓励并支持整合型领导者的出现。第12 章研究整合型领导者对这些心理环境和生存环境的反应。但首先，我们会在第 3 章看一看美国特有的领导力观点，以更好地把握我们对进入第三阶段世界所面临的挑战的认知。

第 3 章 美式领导力：
对个人主义、合作及独裁主义的痴迷

在过去的 150 多年里，美国在很多方面变化较小，其中一个比较稳定的元素就是，全美各行各业对个人主义持续不断的追求。

——赫伯特 J. 甘斯（Herbert J. Gans）[1]

美国文化尊崇具有强烈个人主义倾向的领导者，尤其当个人主义还结合了合作精神以及谨慎使用的独裁主义时。与以前欧洲公开的独裁主义相反，美国的这种独裁主义要求在民主环境下实行。其他社会，特别是亚洲和拉美，则钟情于凭借家族、友情、恩惠来做事的领导者。但假设我们在第 2 章中探讨的心理学基础和存在基础确实有道理，那么无论哪种文化，大家寻求的不该是同一类领导者吗？

答案正如你所料，"既正确又不正确"。的确，驱使我们接受领导者的基本心态和存在主义基础每一个社会都有。但是，每种文化是随着它特定的历史、社会、政治和地缘政治情况演变而来的。这些特殊情况既可能夸大也可能减轻不同领导风格的基本特质。在所有文化中，后代的子孙都可从父母、老师、媒体及个人经验中学会去尊重和掌握自己所处社会推崇的具体领导特征，只不过他们学到的通常并不完整。

在本章中，我们将回顾美国的国民心态发展过程。个人主义、合作互助和独裁主义并存于美国社会，我们只有弄懂自己为何对这种独特的美式三角关系如此迷恋，才有可能不再受这三者束缚，欣然接受整合领导力。

美式领导力模型的三大根源

美国文化长期在个人主义、合作互助和独裁主义这三种领导观念之间摇摆不定。我们从幼年就开始接触有关这三种价值观的复杂讯息。父母教导我们要尊重他们的权威，那就是所谓的"听话"。上了幼儿园，这种讯息逐渐让我们产生困惑，"听话"仍然意味着服从权威，只不过现在服从的是老师的指示。

奇怪的是，"听话"经常被叫作"配合"。但是在求学过程中，我们发现最关键的还是我们的个人表现。我们受的教育告诉我们要做自己，追随自己的内心，要足够强大，要依靠自己。更多时候，别人对我们的评价又主要基于我们的个人成就……当然，我们的个人成就已经被服从和权威同化了不少。

然而，合作的民主价值观也开始介入。老师要求我们具有团队精神，能完成团队任务——考试除外。玛丽·珍的成绩和考试分数体现的是她的个人表现，不代表团体的成功。不久玛丽·珍就发现，团队内的合作互助是非常有用的"社交技能"——但显然，这只是次要的技能。合作虽然可贵但是有自身的局限性，即使局限性非常模糊。这和个人主义相类似，个人主义想要对抗权威时，也表现出了局限性。

个人主义与团队合作、独裁主义与参与、竞争与合作、领导者与拥护者之间的界限是非常严格的。我们往往放弃这个艰巨的任务，直到成年后仍然得与这些问题做斗争，总是不能清楚划分逻辑和道德的界限，这奇怪吗？我们把这些困惑传给下一代，这也奇怪吗？我们对于领导力的矛盾态度，背后复杂的根源其实可以追溯到17、18世纪美国文化的关键经历。

拓荒时代：个人英雄主义

个人主义在美式领导力模型中占据核心地位。早期的美国英雄——乔治·华盛顿、托马斯·杰斐逊（Thomas Jefferson）、大卫·克洛科特（Davy Crockett）和丹尼尔·布恩（Daniel Boone），用他们英勇无畏的行为激励了未来世世代代的人。在工业发展的艰难时期，只有独立自主、具有竞争精神的人——比如J. D. 洛克菲勒（J. D. Rockefeller）和J. P. 摩根（J. P. Morgan）这些美国本土后裔，亨利·福特（Henry Ford）、安德鲁·梅隆（Andrew Mellon）和托马斯·阿尔瓦·爱迪生（Thomas Alva Edison）等移民者的后代，或是安德鲁·卡内基（Andrew Carnegie）和亚历山大·格拉汉姆·贝尔（Alexander Graham Bell）那样的移民，才能梦想把自己的愿景注入整个民族。

独立、负责、具有竞争意识的领导风格深深根植于美国的文化传说中，那些故事讲的都是坚毅的个人单凭勇气和智慧，克服了贫穷和其他困难。和美国生活的其他许多方面一样，这些传说也都深受拓荒经历的影响。

个人主义和拓荒经历

在美国文化中，早期的拓荒经历为培养个人主义型的领导者创造了最初的条件。早期由于受边疆地理位置和社会环境的影响，美国的英雄孤立无援，只能完全依靠自己的特殊才能（智谋、自立和一种负责任的态度）来对抗往往令人望而生畏的广阔地域。为了适应不利的地域，他们坚持不懈地去发掘边疆壮丽的景色，承受着与世隔绝的痛苦，就这样形成自己的应对策略。一个坚定的个人主义者向着刺骨的劲风高高抬起了粗糙的下巴，就成了美国领导者的最根本标志——这个标志比秃鹰更容易辨识，也更容易引起共鸣。

美国的英雄和领导者都设定了远大的目标，并根据严格的规范标准来衡量他们取得的成就。他们要求的是极为严苛的工作表现，并且只寄希望于自己来实现这一目标。掌控一切，与所有的对手竞争，克服巨大困难，在凶多吉少的情况下也要获胜，要求自己全力以赴，这些都是自立的美国领导者的传统特点。

由于他们选择的策略正好适应当时的情形，许多顽强的个人主义者都取得了成功。即使他们失败了，也是虽败犹荣。"记住阿拉莫"（Remember the Alamo）的高呼是对个人主义的赞美，因其歌颂的英雄正是勇敢独立的个人。种子就此萌芽，经由后世美国人的培育成长为关于领导力的神话。

拓荒经历使美国人更容易形成一种以权力为导向且以具有竞争意识的个人主义风格为核心的领导模式。这种基本模式时至今日仍然存在，哪怕促使这套基本的领导模式形成的条件早已消失。随着进入第三阶段，我们许多的行业领导者仍带有这一模型的印记。从 20 世纪初，美国就有了领导名人堂：福特汽车公司的亨利·福特、美国国际电话电报公司的哈罗德·杰宁（Harold Geneen）、通用汽车公司的阿尔弗雷德 P. 斯隆、宝丽来的埃德温 H. 兰德（Edwin H. Land）、IBM 的托马斯 A. 沃森（Thomas A. Watson）、哥伦比亚广播公司的威廉 S. 佩利（William S. Paley）、克莱斯勒的李·艾柯卡（Lee Iacocca）、《福布斯》的马尔科姆·福布斯、通用电气公司的杰克·韦尔奇（Jack Welch）、美国电子数据系统公司及后来的佩罗系统公司创始人罗斯·佩罗[2]、宏媒体公司（Macromedia）的约翰·克卢格（John Kluge）、迪士尼的迈克尔·艾斯纳（Michael Eisner）、微软的比尔·盖茨以及英特尔的安迪·格罗夫（Andy Grove）。这些公司巨头全都表现出独立、自主、强悍和竞争意识，甚至到了古怪的地步。尽管如此，我们还是很钦佩他们。许多美国人仍然最喜欢主导型的领导者，当遇到困难时，习惯依赖他们来拯救自己。

美国农民：因为需要而生的发明家和创业者

传统的美国农民和他们常被忽略的妻子，将拓荒思想提炼出来注入独立的个人主义。这些农民家庭与自然抗争，开辟土地耕种，饲养家禽牲畜，甚至自己织布，自制衣服。他们是坚毅果敢的个人主义者，面对艰苦勇往直前，除了少数几个近亲外，既不指望也不欢迎其他人的帮助。

美国农民家庭明白哪些事必须要做，并且干脆利落地去做。他们按照自己的规范标准独立生活，坚定不移地专注于自己认定的工作。[3] 这种孤立的个人主义当然也有例外出现，比如公共粮仓着火时就会有零零星星的群体行动来应对危机。

这些农民也形成了一些比较典型的形象，他们扮演的那些角色影响了我们对领导力的看法。由于形势所迫，他们成了创新家、发明家，制造出特定的工具、想出特定的方法来征服土地。独立的创造性最初是由于地处边疆孤立无援，现在已经成为美国工业一个不可磨灭的印记，这种传统体现在将独创性视为个人才能而非群体成果的坚定信仰中。这样一来的结果就是：我们很容易就把有创新能力的天才神话为聪明绝顶的孤独者，并随着他们内心的节奏前行。

农民夫妇还扮演了另一个典型的角色，那就是自主创业者。早期的这个角色出现了很特殊的转折：这些创业者既生产同时也消费自己生产出来的产品，这样就保证了整个家庭能独立生活并自给自足。[4]

久而久之，农耕文化产生了小店主和工匠，这和现在的企业家略有不同但更加接近了。此外，农民家庭本来是为满足自己的需要而种植庄稼、饲养家畜，最后把多余的东西拿到市场上去卖。就是从那时起，创造出产品卖给其他人的企业家开始出现了。

在美国，欧洲工业革命蔓延为独立的年轻农民提供了大量城市工作。那些工作吸引的不仅是还在运作的农场中蠢蠢欲动的长子，还有因出生晚而受限于长子继承制无法继承农场的次子，以及女儿们。美国开始了热闹的城市化。在这种狂热的氛围中，独立、坚定和竞争精神是获得成功的必要条件。

美国早期的边疆已经被城市的摩天大楼、高速公路和地铁取代。但坚定的个人主义仍然是美国人创造精神、自力更生和决心的试金石。美国人还继续依附在有创新精神的企业家身边等待经济复苏。他们鄙视大型的官僚机构，还看不起因循守旧的官僚主义者。美国人所面临的任务是尽可能挖掘更多的创新精神和决心，即使是现在，还在从边疆形象中获得心理支撑来应对这些挑战。我们想要征服太空、医药、生物和科技等"未开发领域"，就得从我们民族早期的创新精神中获取力量。

被合作调和的个人主义：民主的传统

美国的民主政治体系是创造美国独特的领导模型所需的第二个条件。精英管理体制加上个人主义激发了民主主义。个人优点和努力的价值观念与尊重个人权利和财产的民主传统十分契合。这种价值观与我们对个体重要性和个体独立自主的信仰密切相关。

美国的政治先辈签署了不止一份而是三份特殊文件来捍卫个体的权益：《独立宣言》《宪法》和《权利法案》。[5] 民主制度承认个体的重要性，表现为人人拥有选举权，并且深信每张选票都和其他任何选票一样重要。

同时，美国的创国先辈也奉行少数服从多数的原则。因此，在美国的文化中，即使英雄努力想要实现的是自己的个人梦想，也会向民众脱帽致意，这就不足为奇了。

《独立宣言》是个人主义和合作原则紧绷张力的见证，这个冲突直到今天仍然使美国人民深受困扰。《独立宣言》熟悉的开篇段落强调人人平等，大家享有"不可剥夺的权利"，其中包括"生命、自由和追求幸福的权利"。然而，在大家一般都会忽视的一项誓约中，《独立宣言》的签署者希望大家通过自己的合作和共同努力来维持个人的权利：

> 为了拥护这个宣言……我们用生命、财产和神圣的荣誉互相承诺。

从这个角度来说，《独立宣言》把个人主义和互助合作直接联系在一起。不过，重点仍在个体身上，互助合作和团队合作为保证个人主义提供了手段。

美国的政治传统还提供了对抗极端个人主义的解药，即承诺维护群体或团队的民主制度。美国这个国家处处是坚毅的个人主义者，因此美国人虽然学会了向合作与共事的偶像表示敬意，但或许只是一种敷衍。可是美国人很少会赞美那些依靠别人的帮助而成功的人。像马丁·路德·金这些努力想把他人带入领导圈的先驱，美国人敬佩他们的努力，但很少有人能完全理解那种做法。

喜欢与他人共事或喜欢通过他人来实现领导的美国人让人感到困惑。对于那些通过为他人的工作做出贡献，或简单地通过鼓励自己喜爱或崇拜的人而实现目标的领导者，会被质疑是否真的能自己独立达成目标。在公开场合，美国人会颂扬这些领导者的无私贡献，但私底下会怀疑这些支持行为是因为领导者本身较弱而并非自愿。女性通常会了为孩子、配偶、老板或同事做出牺牲，她们为群体做出的贡献会让人敬佩，却不会因此获得高级领导职位。如果一个男人也这样做，会被视为过于"女性化"，或太缺乏创造性的远见，而无法胜任比较重要的领导职务。

美国人相信，既然是个人主义就必定要坚持不懈地去追求自己的愿景。美国前总统比尔·克林顿通过咨询许多利益相关者的意见，和与对手进行谈判协商来扩大自己的视野，而这样一类人会被第二阶段的批评者视为靠不住、没骨气。美国人想象不出来，领导者怎么能在不失去自己的目标并保持正直的情况下，把自己的愿景和他人的梦想融为一体。

直到不久前，美国人还是把谈判者视为介于卖假药的江湖术士与背叛者之间的位置上，并认为他们会为了达成务实的协议或某些务实的行动而放弃自己的理想。美国人严重怀疑，那些有智慧、有勇气、能够单枪匹马实现目标的人会热衷于采用那种大家喜闻乐见的处事方式。美国人还认为，与整合领导力相比，他们宁愿选择谈判式的领导方式。整合领导力把个人主义愿景、竞争意识和权力与以群体为导向的行为结合在一起，那些行为包括贡献、协作、沟通、协商、期望、委托和指导。

移民和工业化：进入独裁时代

如我们所见，开拓边疆的经验唤起了我们对个人主义的迷恋。民主主义与个人主义相结合，开始重视群体和合作行为。最后，移民经历和 19 世纪的工业化由于引入了独裁主义而使问题更加复杂。

为了逃避工业革命的无情冲击，也因为农业改革使财富减少，大批满怀希望的人寻求其他出路，并迫切地想要去众所周知的"机会之地"追求更好的生活。先是来自欧洲，之后是来自亚洲的移民，分别带来了自己独立自主和开拓创新的传统，这些都有助于他们更好地适应美国的环境。只有那些能够自力更生，并具有足够耐力的人，才有可能冒险进入这个陌生的新世界，并在此发家致富。

后来的移民需要具备类似的品质才能和先前的移民竞争并获得工作机会，因为早期的移民已经熟悉了当地的情况，并能够更为熟练地使用当地的语言。如果新来的人想要克服巨大的障碍，需要具有坚定的意志和强烈的竞争意识，新移民将会在他们的第二故乡遇到许多障碍，例如语言障碍、偏见，以及早期移民者对新移民的仇视等。同理，坚强、自立的新人才具有优势。

美国工厂的景象

坚毅个人主义的移民景象恰好与工业革命时期逐渐形成的独裁主义正

面交锋。在工业化早期，美国的工厂主和欧洲的工厂主一样，就像统治封地（fiefdoms）一样管理工厂。[6] 在工厂里，领班具有绝对的权威。到了 19 世纪末期，领班已成为使用"威逼方法"（diving method）的专家，这种管理方法把独裁好斗和身体威胁相结合，以便最大化地榨取工人的劳动力。[7]

美国实业家采用独裁主义这个事实并不是什么秘密。他们也并不比欧洲的实业家仁慈。这些老板既沉醉于生产力，又有新教徒（Protestant）的工作理论作为道德支撑，因此要求工人更加卖力地劳动，延长工作时间。他们几乎不关心工人遭受的危险和不适。在工人方面，许多工人常常不来上班，就算露面，他们也往往故意放慢速度，以此来保护自己不至于因为透支身体健康而缩短寿命。工业的人员流动率很高，有时甚至达到了一年 100% 的流动。[8]

劳资关系动态呈现不断下滑的趋势。在雇主看来，全体员工都懒惰放纵。为了遏制这种情形，他们想出了各种方法来控制生产力，从雇用者身上榨取更多的生产力。独裁的老板甚至会因为极小的失误，例如和工友说话或离开自己的操作工位，就对员工进行罚款或直接解雇工人。[9]

蒸汽机和其他成本较高的机器的引进使得雇主更加随意地对工人进行罚款，或解雇那些不够努力、无法给予雇主足够投资回报的工人。但是机器并不能完全消除对人工的需求，也不能全面降低对体力劳动的要求。[10] 机器的作用在于引入了一种不同的工作节奏，这种节奏受控于设备的自动化能力，不再取决于工人的身体状况和社会反应。

这些新机器也催生了新的工作，比如炼铁工人，[11] 这对体力的要求更加苛刻。[12] 作为回击，工人精心设计了降低生产率和能缓解自己身体痛苦的计策，例如自己发明可以方便工作的工具，并暗中藏起来。

女工和童工领教工作中的独裁

第二阶段初期的独裁主义也影响了女工和童工。虽然美国劳工史的有关记载都没怎么关注他们，但是在类似的艰苦条件下工作的工厂女工和童工数量相当可观。甚至在工业革命之前，儿童就在农场主家的家庭经济小组工作了。对于许多采用"罗得岛体制"（Rhode Island system）的纺织厂主而言，他们只需要想办法让儿童和他们的父母一起进入工厂生活就行。[13]

在 19 世纪 30 年代，新英格兰的纺织厂招收女工，许多人都不到 15 岁。实际上，罗得岛上 40% 的女工都不到 20 岁。[14] 弗朗西斯·卡伯特·洛厄尔（Francis Cabot Lowell）是马萨诸塞州沃尔瑟姆市的一个纺织厂主，他建立了受到严格监控的宿舍，为了吸引美国北方的农户把女儿送去工厂工作。洛厄尔的做法被称为"沃尔瑟姆计划"（Waltham plan），不过还是少有女工能待满一年。然而，一波波的新移民继续涌入，雇主很容易就能找到想工作的妇女取代她们。[15]

在洛厄尔位于马萨诸塞州的工厂里，女工同样在极端独裁的上司手下工作。最后，她们被卷入了反对工厂主剥削的政治运动。正如一位社会学家所描述的：

> 她们处于一场工业风暴的核心，因为缺乏保护，因此被早期工业化冲突所殃及。久而久之，工厂主不再需要获得农业团体批准，他们想要降低工资，就真的降低工资；他们想让工作环境更加恶劣，就让工作环境更加恶劣。许多在最初的洛厄尔工厂工作的"洛厄尔姑娘"参加了 1834 年和 1836 年的集会或罢工。但是，总有一些住在家里的年轻女性因没有受到住在工厂公寓的影响，能够也愿意去替代原先的"洛厄尔姑娘"，他们也就真的取而代之了。[16]

在公司办公室工作的中产阶级妇女的遭遇，只比在独裁工厂环境下受罪的姐妹们略微好一点而已。对于对异乡习俗并不熟悉的移民女性来说，她们属于美国工人中最受压迫的人。

尽管条件苛刻，但还是有大量年轻女性源源不断地加入美国劳工的队伍。事实上，在 19 世纪初，年龄在 16 ～ 20 岁的女性有 1/3 是女工。[17] 到 1920 年，16 岁以上的女性有 24% 参加工作。据推测，大多数女工婚前会一直工作，直到婚姻把她们从独裁工头的严苛管辖中"解放"出来。[18]

工人的反抗

从 19 世纪中期一直到 20 世纪早期，受独裁主义病毒影响的齐啬的美国企业家一直大权在握。那些强悍独裁的企业家自己本身就是移民的后代，却剥削着一波又一波的移民工人。受教育程度低、英语不娴熟，再加上经济上陷入绝境，使那些新移民成为极度弱势的群体。

从一开始，对这些新移民施以残酷的手段就等于为他们撒下了日后反抗的种子。公开的独裁主义迫使工人私自想出一些计谋来抵制压迫他们的人。怠工、蓄意破坏机器、恐吓单纯的计酬员是最简单最明显的非正式方法，也都是工人限制产量以及为了保护自己不受工厂剥削而设计的。[19]

工会努力地想控制工人的工作时间和薪水，同时也尽力保住工人的工作。[20] 工会把工人用于自保的非正式策略变成工会合同的内容。[21] 非常讽刺的是，工会为保护不同工种的工人，要求仅仅将工人看作模糊种类的工人，而不是拥有独特才能和不同需求的个体。工人最先被美国劳工部（American Federation of Labor）混为一体，只按工种进行分类，后来又被产业工业联合会（Congress of Industrial Organizations）分为基于产业的不同群体。

工会对雇主的影响力取决于大量会员都遵守规则，以方便工会领导控制。在塞缪尔·龚帕斯（Samuel Gompers）的带领下，劳工部和雇主的谈判并非基于手艺工人的生产力，而是工会的权力。[22] 工人很快就意识到，工会也是以独裁的方式来对待被分门别类的会员的。

20 世纪早期的独裁主义：科学管理和流水线

到 20 世纪初，美式领导力的三大根源——个人主义、独裁主义和合作互助，已经深深地植入美国文化之中。尽管管理观念有了明显变化，但是独裁主义以及自上而下的老式个人主义领导思想仍在美国盛行，尤其在商业和工业领域。从经济角度来看，这种影响是有益的："到 20 世纪初，美国在工业生产方面超越了所有国家。到 1910 年，美国已经超过了最大的竞争对手德国，是德国的两倍。"[23]

能够完美诠释 20 世纪上半叶美国独裁主义的也许要数两位主要人物了：一位是弗雷德里克·温斯洛·泰勒（Frederick Winslow Taylor），一位机械工程师；另一位是亨利·福特，一位汽车生产企业家。有关这两个人的贡献已有长篇巨幅的记载。[24] 这里，我们仅仅叙述一些有关他们影响力的最精彩部分，这些事例不仅改变了美国工业生产的面貌，同时也强化了工作场所的独裁主义。

弗雷德里克·温斯洛·泰勒

泰勒最为人所知的一面是他发明了"科学管理"，这套管理方法是以他命名的"时间研究"（time study）的方法作为基础的，目的是"合理安排"并提高工作各方面的效率。[25] 泰勒的理念很简单，因为灵感来自对钢铁工人，尤其是生铁搬运工的细致观察。这一实验最早在宾夕法尼亚费城的米德瓦尔钢铁厂进行，后来在宾夕法尼亚的伯利恒钢铁厂进行。

泰勒在成长过程中被灌输了贵格教派的教义，使他充满对高效率的热爱以及对浪费的痛恨，因此他想找到"一种最佳方法"能使"一流工人"（既有能力又愿意工作的人）完成指派的工作。[26] 在泰勒看来，要确定对工人和组织双方都是最佳的方法，就必须把每一项工作都分解成可供工人严格遵照执行的精确动作，每个动作都有仔细设计的时间。[27] 在不浪费任何时间和精力的情况下，一个工人可以把工作做得更快更好，既可以防止疲劳，又能够提高工资水平。

泰勒认为这套极其合理的体系可以让大家都获益：雇主可以获得更高的利润；工人可以较为轻松地工作并获得更多的工资；消费者可以获得更低的价格；迅速发展的国家可以获得高效的生产率。泰勒的差额计件报酬体系使劳资双方能够共享生产率提高带来的回报。泰勒乐观地认为，这种双赢必然会引导劳资双方走向合作。[28]

泰勒对这个体系如此着迷不仅是因为它合理有效，还在于它保证了公平。做事勤快的人可以获得更高的报酬；如果工人由于身体或精神缺陷而不适宜从事复杂的高收入工作，也可以视其能力给予相匹配的工作。在这样一个合理公平的体系中，他们也可以拥有"一流工人"的表现。

讽刺是，虽然移民劳工受教育水平有限，语言也不相同，泰勒的标准化理论却能让他们有效地合作。泰勒的方法与当时盛行的多元化观点很相配：通过对苏格兰人、德国人、匈牙利人、爱尔兰人和许多来自其他国家并想要在他们的第二故乡寻找新生活的人进行同化，从而实现他们的美国化。[29]

泰勒对于效率的痴迷使他忽略了独裁主义可能带来的人性化缺失的后果，现在却被科学管理合法化了。这位充满热情的工业工程师也没料到，他的工作会因被错误解读而遭到工人、工会领导和义愤填膺的社会改革家的大规模反对。[30]

泰勒冷静地（当然也是理性的）为他在伯利恒钢铁厂生铁搬运工身上所实行的方法辩护：

> 首先，……生铁搬运工并非很难找，这样一个人只不过是个具有像公牛般健壮身体的人，他只需意志坚定、身体强壮。其次，这样一个工人做的工作并不会比任何普通的健康劳工做了一整天的工

作更累。（如果这个人因为工作而过度疲劳，那表明这个任务安排得并不合理，这与科学管理的目标相去甚远。）……实验……和……观察……已经说明了这样一个事实，如果分派给能力足以胜任的生铁搬运工的工作是仔细测算过的，需要忙碌一整天，那么他们将因为额外的努力获得比平常薪资高出 60% 的工资，这样一来，不但可以让他们更加节俭，还能使他们在各方面都变得更好。他们可以住得更好，开始存钱，变得更冷静，更加稳定地工作。当……他们获得更多收入时……许多人……会更不规律地工作，容易变得不思进取，大手大脚地挥霍……为了他们好，最好不要让他们那么快致富。[31]

泰勒同样没有意识到他这套系统的工作方法内部潜藏的危机。当工人开始追求前所未有的生产率，并成为一种机制时，他们也就很容易被其他工人替代。员工被单纯地视为"生产要素"，不能有任何关于怎么做事的想法，更别提思考怎么把事情做好了。这些人为"生产要素"也不能有合理的需求。与此相反，许多雇主坚持声称，他们要求这些"缺乏管教"、无差别的劳工毫无异议地服从其实并不残酷，反而是有益的。

泰勒的方法受到了广泛的批评，加上工会的群情激愤以及马萨诸塞州沃特敦最初执行泰勒模式的陆军兵工厂的工人罢工，导致了美国国会在 1911 年 10 月开始听证调查。经过五个月严谨和公开的激烈听证，国会委员会判定并没有虐待工人的事情，而该委员会也没有提出任何补救的立法建议。

然而，站在工会一边的国会议员在海军、陆军和邮政部的专款法案中引入了附文，不允许这些联邦运营基金在任何地点实行"泰勒主义"。[32] 这个规定将想要在政府引入科学管理效率的所有努力都付之一炬。然而，在接下来的几十年间，科学管理的基本理念在付诸实施后因为生产力明显增长以及低廉的成本，使私营老板大为倾心。

亨利·福特

亨利·福特是最知名的科学管理倡导者，他通过采用高效的大规模生产流水线进一步将这一理念发扬光大。[33]1908 年，福特汽车厂的 T 型车需求量大增，这位身价百万的企业家对工业效率专家沃尔特·弗兰德斯（Walter Flanders）许下承诺，如果弗兰德斯能使他的工厂当年的生产量达到一万辆，将支付其两万美元的奖金。弗兰德斯根据泰勒的方法将福特汽车厂进行重组，不但获得了那笔奖金，还比约定期限提早了两日完工。

到了后来，福特对生产过程的兴趣比对产品还大。福特使用全新的自动和半自动机器，改进了泰勒的方法，并大胆创新，把新机器和流水线结合起来。这样做的结果无疑是革命性的。在使用流水线以前，组装一辆汽车需要一名工人工作728小时，利用传送带、横移车和吊轨，福特把组装一辆的时间缩短至93分钟，令人惊叹不已。

如果工人无法适应这种高度机械化的环境，福特汽车厂雇有武装的守卫来强制执行公司规定。在福特工厂，"如果发现工人好像在磨洋工，领班就会直接把人打倒。工作中也严格执行禁止说话的规定。让工人缺乏安全感是至关重要的。'一个伟大的企业是容不下人性的。'福特自己曾经对历史学家艾伦·内文斯（Allan Nevins）这么说过"。[34]

随着用机器（或资本）代替劳动力，雇主进一步加强了对劳动过程的控制。[35]由于对工人的技能要求越来越低，工人学习新技能的机会越来越少，他们的需求也相应受到压迫。提高技能不再是生产工作的核心要求，因此通过技术岗位晋升到管理岗的可能性也就变小了。

管理层独断独裁的期望像浪潮一般，把工人以技术和知识筑成的防波堤冲垮了。据说福特曾向一位记者吹嘘，只要简单下个命令，无论要求多少人，他都能保证这些员工会在清晨四点出现在工厂前门，而且那些员工正是他想要的。[36]劳动力和管理层之间的鸿沟变得越来越大。

官僚权威的兴起

在20世纪的前几十年，管理层毫不留情的独裁主义对于蓝领和白领工人来说都是非常清楚的。在组织内部，独裁主义通过等级分明的组织结构与具体任务挂钩，让人一目了然。官僚组织是实现独裁管理的完美组织形式。

工业独裁主义合理化的途径很奇怪：学术界对于权力和组织产生了越来越浓厚的兴趣。德国社会学家马克斯·韦伯在1925年就"三种纯粹的合理化方式"发表的专著无意中成了官僚组织宣称其权力合法的主要支持。[37]韦伯把国王的传统统治，和充满魅力及英雄主义的革命性领导者的权力看作善变、毫无理性而且不公平的。在他眼里，与官僚主义者相匹配的合法权力是公平无私、有理性基础的："（官僚权力）基于这样一种信念，制定的规则和那些遵照这些规则选举出来发布命令（合法权力）的当权者，他们的权力是合法的……要服从于……行使职权的人……但只限于职权范围之内。"[38]

韦伯对于这套对象不特定而又有所限制的官僚权力很有信心，并把官僚制度描绘成实现理性而复杂任务的理想组织结构。与传统和魅力型权力形式的普遍要求不同，官僚制度能够保护工人在工厂大门之外是独立自主的。

韦伯认为工人确实愿意，也能够扮演他们在官僚体系内的角色，因此把这些更理性、限制更多的条件与充当其官僚体系内的角色的预期联系起来。他还写了大量有关工人独立性的作品。但讽刺的是，他有关官僚权力的作品被研究组织的学者用来辩护员工无条件服从的合理化。

韦伯把执行复杂任务时效率最高的（即官僚主义的）组织结构描绘成多层等级结构，由不同的"汇报层级"嵌套构成（工业上将其称为"分组"和"部门"）。把它放到工业背景中，"上级"（有权行使权力的人）发布命令，要求"下级"（在前者管理之下的人）服从。管理使用的特定词汇能反映出独裁主义、控制和不平等。

最终，毫无遮掩的独裁主义弄巧成拙，产生的不利影响很明显，士气下降，人员流失率急剧上升，工人怠工、罢工产生高昂代价以及产品质量低下。除此之外，工业项目的范围越来越大，而这些复杂的任务要求特殊的技术，同时随着流水线的引进，要求团队进行务实合作，如果在工人和管理者之间尚无法实现，至少在工人之间需要进行合作。

这种明目张胆、根植于官僚组织中的传统独裁主义思想，最终受到来自工人和管理者双方面的攻击。工人怠工不仅让工业操作效率大为受挫，还对管理层造成了很大打击。

较有远见的管理者认识到，把工人当作工业机械上的轮齿只会使他们产生敌对情绪，降低生产率。他们明白，泰勒主义和独裁管理无意中为美国工人运动、保护工人权利提供了新的动力。但这些管理者只是少数，这一点倒并不奇怪。

窘境初现：当个人主义遭遇参与式管理

管理者的声音并不是唯一听到的新声音。即使执行独裁组织、官僚制度和泰勒理念，他们制造的紧张关系也已促使人们寻找新的解决办法。早在 20 世纪 20 年代，法国的亨利·法约尔（Henri Fayol）和美国的玛丽·帕克·芙丽特（Mary Parker Follet）两位学者就针对恰当的工作本质提出了极为不同、更为人性化的观点。[39] 进入 20 世纪 30 年代，赞同的观点渐渐多起来，额外的证据也越来越多。整个论述最后变得非常清楚，可以用一个标签来概括：人际关系运动（the human relations movement）。

后泰勒主义：人际关系运动

人际关系运动出自一个以人为本的观点，而这个观点极有可能是由哈佛商学院的教授埃尔顿·梅奥（Elton Mayo）[40] 率先提出的，也是诠释得最好的一个。弗里茨·朱利斯·罗特利斯伯格（Fritz J. Roethlisberger）和 W. J. 迪克森（W. J. Dickson）出版《管理与工人》（*Management and the Worker*）后，人们对人际关系手段的兴趣猛增。这本书记录了在西部电气霍桑工厂的数年实验，[41] 这些研究影响深远，引发了后来数十年的讨论和研究，一直持续到 20 世纪 50 年代后期。

两个简单明了的核心概念构成了人际关系运动的框架：小群体的重要性和工人的参与。首先，研究者发现群体会在任何工作环境中自然形成，而且很快就能看出，小群体（除了具有管理层的权威）还是工人的忠诚度和纪律性的重要来源。群体成员能互相保证谨守本分——这是一种激发"合作"的"新"方法。虽然五六十年代的人际关系运动关注的是小群体，较少关注每个个体，但个人主义现在确实是静悄悄地退居配角了。

人际关系运动的第二个关键理念涉及工人的参与。原则很简单（很大程度上也是正确的）：人们参与决策制定过程就会更拥护这一决策，因此也更有可能愿意去执行决策。

最初，一些有创新头脑的管理者将这两个理念应用在蓝领生产工人身上。[42] 第二次世界大战后，高级管理人员向人数越来越多的中层管理者推广这个理念。传统的独裁主义对中层管理者而言渐渐不再奏效，因为他们的工作性质主要是脑力劳动而非体力劳动。参与式管理为这种局面提供了出路。参与式管理逐渐向中层管理者普及，但蓝领工人大多还在受泰勒主义者控制。

从诞生伊始，参与式管理就经历了兴衰沉浮。这种"人本观"有时被解读成"团队合作"或"合作"，最近一段时间又被说成是"授权"，它和独裁主义、个人主义一起形成了让人惴惴不安的三驾马车。

自我实现者对阵组织人

在 20 世纪 40 年代，心理学家亚伯拉罕·马斯洛（Abraham Maslow）提出了著名的人类需求有五个层次的理论，从最基本的生理需求逐渐提升到对于"自我实现"的需求。[43] 在满足了生理需求、安全需求、情感和归属感的需求，以及尊重的需求之后，马斯洛的"自我实现者"追求个人发展和自我实现。对于马斯洛来说，"一个人能够成为他想成为的人"。自我实现者的模型深受几代管理者的追捧，这个理念很容易就和参与式管理的观点结合起来，这一点都不让人觉得意外。人们认为，这个理念提供了根据需求层级向上发展成自我实现的一套机制。

然而，在纷纷攘攘的 50 年代，许多互相抵触的工作理念陷入激烈的辩论当中，"身穿灰色法兰绒西装的人"和"组织人"[44] 遭到了越来越多的批判和鄙夷。这些"现代的"中层管理者一般认为，在新式的"参与式"环境中工作，渐渐被当作没有成就感的悲惨人物，跟着公司的节奏亦步亦趋，遵照公司的着装要求，注意自己在公司的行为举止。这种参与形式打着团队合作的幌子，看起来更像是胡作非为的独裁主义，很多人认为它把受害者变成了新式的组织机器人。

进入电脑时代

人际关系运动带着它关于参与的思想走向中心舞台，而就在这十年间，信息技术也引入了完全不同的一组新观念。同样在 50 年代，电脑进入工作场所，给大家带来生产力能够大幅度提高的期望，更重要的是它提供了对工人进行控制的更严密的方法。对于小时工而言，新兴的信息技术取代了泰勒的秒表，不但工人的工作范围更狭窄，在**自动化**的标签下，还可能造成人工的全面替代。当然，大多数工会一开始抵制这种新兴力量完全可以理解，因为他们害怕会员会进一步遭受"非人性待遇"。

50 年代信息技术的到来虽然简化了管理生活，但同时也使其变得更为复杂了。电脑信息技术与员工参与不但成为奇怪的组合，电脑与经久不衰的分权理念结伙也显得很勉强。早在 20 年代，通用公司的小阿尔弗雷德 P. 斯隆（Alfred

P. Sloan，Jr.）就推出了分权概念，使各地的管理者对于自己的车间有很大控制权。[45] 但随着电脑的出现，有些人可能会说分权的概念已经过时了，我们之所以对大组织进行分权是因为我们没有进行集权的必要。电脑为总部提供其所需要的控制装置，使其拥有更好的办法来实时处理那些偏远小车间出现的操作问题。后面的几代电脑为这种推动力增添了无法想象的动力，一种自上而下的新式控制方式开始出现。在美国，参与式观点稍微有些衰退，独裁主义得以重整旗鼓。但是，对工人加强控制只会导致事情向另一个方向转变。

反抗等级制度：民权运动、越战、妇女运动和学生革命

动荡的 60 年代引起了对当权控制、当权价值观和当权制度的全面反抗。身穿法兰绒西装的人已经淡出，留长发的反越战示威者登场。民权运动的浪潮和一场不受民众支持的战争严重损害了美国民众对于公平和公正的设想。在 60 年代，许多人面临的是一种严酷考验的青春岁月，"吸大麻和参加罢工"，誓要"做自己的事情"，尊重彼此的独特性，在不分等级的"非精英"组织中一起工作。[46]

特别是女性主义理论家，她们分析了家长式统治的缺陷，这种缺陷最能在等级分明的组织中表现出来，因为它暗示不同等级的人的不平等地位。在六七十年代，妇女运动呼吁群体之间要更加平等，地位平等的人之间达成共识，不再由地位高的人发号施令。[47]

遗憾的是，这次对等级制度的反抗几乎没有对传统的公司和政府的等级制度造成结构方面的影响。它没能改变主流的官僚组织，主要原因在于，激进分子拒绝进入传统组织，因为这些人把传统组织视为无可救药地鼓吹"精英式领导"和"家长式领导"。与此相反，那些叛逆的 60 后创建了与他们自己"有共识"的组织，拒绝盲目顺从公司和政府，崇尚自主权和特立独行。

从某种程度上来说，60 后的反文化运动代表美式领导力中的民主根源取得了暂时胜利。在那个冲动的年代，"领导力"变成了禁忌词。很多群体坚决禁止官方任命领导者，其他群体的特色则是实行轮流领导制。具有讽刺意味的是，对等级制度和精英领导组织的反抗导致了一位政治科学家所称的"无结构性暴政"。[48]

最终，曾经让 60 后那一代人着迷的无结构性暴政将被证明是组织的一个致命弱点。最后，结构上的真空只会引起人的恼怒情绪，无法建立屹立不倒的新组织，也不会培养出下一代领导者。事实上，很多这种结构不清的群体四分五

裂，无力回天。

在 60 年代末期，世界范围内的学生革命要求更多地参与学术决策。虽然主流社会对于大规模学生暴动所造成的破坏和混乱深感绝望，但同时也吸取了一个深刻的教训：无论是在大学里还是公司内，参与组织决策（又叫作合作的近亲，cooperation's kin）或许势在必行，即便不是本质上，但至少形式上是很有必要的。

最初的那些学生革命的骨干分子最后都毕业了。由于缺少第二代领导者将学生革命的成果制度化，就业市场紧缩导致学生起义偃旗息鼓，但要求参与的声音还是传到了大学之外，传到了全世界各行业的会议室里，也传到了很多政府内部，而且，这个声音久久不能散去。

参与式管理的"精神分裂症"

几十年来，管理专家一直呼吁要提高员工的参与度，尤其要在白领工人之间加强沟通。由于感受到加强合作、提高参与度和加强沟通的呼声（除了表面上的服从）的确有可取之处，新一代的管理专家开始行动起来。他们在陈旧且有瑕疵的独裁地基上，砌上属于组织团队合作的砂浆。但是，在组织的前线得到的教训只是表面上的，有时会导致组织出现很危险的"精神分裂"，即自相矛盾的情况。

"精神病专家"通常把混合信息作为"精神分裂症"的主要症状。在组织背景中，意识形态和体验之间的不和谐传递的正是这样混合的信息。中层管理者被灌输的是参与式管理理念，而他们的实际工作体验却依然尝到了可疑的独裁主义。

如果一个人确实相信（同时也付诸行动）个人的意见在组织的决策中应该占有一席之位，那么如果这个人的地位在高层管理者之下，就会惹祸上身。回到20 世纪 50 年代，福特汽车公司的一个生产主管内尔·沃德（Neil Waud）就以惨痛的方式得到了这个教训。根据大卫·哈博斯塔姆（David Halberstam）的描述，沃德在公开场合质疑财政总监罗伯特·麦克纳马拉（Robert McNamara）关于缩短生产时间的方案：

> 工人要的是更新更好的工厂，麦克纳马拉要的则是现有工厂

加快制造速度。瓶颈……在于烤漆炉……老旧的烤漆炉、过时的技术，而且对于当代的汽车来说炉内体积过小。内尔·沃德是制造部门的人，在一次高级官员的会议上他告诉麦克纳马拉没有办法加快烤漆速度。麦克纳马拉随后建议底盘分成两片制造，分别烤漆再焊接成一片，听到这样的话，沃德目瞪口呆，他立即解释为什么这样不可行……但是麦克纳马拉坚持己见……他越坚持，沃德就越直接，他吼道："你的问题就在于，你对于我们到底怎么生产汽车一窍不通。"会议结束后，麦克纳马拉找到沃德的一位上级桑福德·卡普兰（Sanford Kaplan），对他说："我不想在任何会议上见到那人。"[49]

如此，在六七十年代，所谓的参与式管理的"精神分裂"持续对美国工业造成负面影响。

到 80 年代初期，只要稍微关注美国工业的人都会发现，这个行业已经陷入巨大的麻烦之中。国内的劳动力成本过高，生产率和质量在下降，成本低廉的国外竞争对手正快速涌入。美国人买的是价格不高质量却很好的国外汽车和电视机。新兴的消费者活动表明，大家对产品安全和质量问题深切关注。这些令人吃惊的事件引起了对美国管理措施的广泛再评估。

尤其是日本的经验，这个亚洲对手的参与式作风可以鼓励意见一致，培养追求卓越的使命感，更促使美国管理者对这套风格重新加以审视。[50] 受到日本管理范式的刺激，美国工业开始再一次推崇参与式管理。

许多管理大师甚至现在仍在宣传参与式管理的这个或那个衍生概念，把它们视作多数组织病症的解毒剂。至少在理论上，参与式管理要求管理者和工人互相沟通和协作。然而，"参与"和"团队合作"已经成了美国商界和经管教育中过时的概念，它们仍然隐约有要求服从命令的潜在内涵。

在实践中，美式的参与式管理仍然与真正的参与式管理不同，也更为复杂。它鼓励工人表达自己的想法，可是一旦管理层就某个具体做法做出决定后，工人只需要毫无异议地支持。实际上，要想获得"具有团队精神"这样珍贵的荣誉称号，毫无异议的服从绝对至关重要。

也就是说，与大多数美国商学院所教授的相反，早期，参与式管理仍**不允**许工人，甚至中层管理者参与高层管理决策，除非决策无关紧要且有足够的时间来决定。[51] 尽管"日式"的管理备受关注，但以共识为重的日本工作环境对很多美国人来说还是很怪异。日本的合作、质量研讨小组以及对公司和国家的奉献看起来很不真实，近乎荒谬和难以忍受。一致、合作、从众和服从之间的细微差别对日本人极为重要，但对美国人来说很难理解。

美国人一直认为，一致和合作意味着创新的灭亡，且只会产生模仿式的生产，直到最近才有所改变。但美国专利局收到的日本专利申请数量突增，表明日本独创技术的兴起，这迫使美国人改变对于共识和创新的看法，同时也促使美国人重新考虑合作和参与的定义。

许多有经验的观察家也承认，将日本的管理方式大规模移植到美国的组织内也不可能一劳永逸。圣迭戈一家陶艺电子制造商京瓷（Kyocera）的经历表明，这种管理方式的调整必须非常小心谨慎。在那家公司里，各种族的工人与采取日式管理方式的经理人小心翼翼地复制日式的管理办法。最初京瓷的经验取得了令人瞩目的成功，但最终非日籍工人醒悟了，他们发现，在经济困难时期，自己被粗暴地排斥在组织"家庭"之外。在美国背景下强制推行不熟悉的领导方式的效果似乎并不好。

如今，大多数美国人仍然在等级分明的组织内工作。必须承认，许多组织已经因为最近的经济紧缩导致的裁员而变得更加扁平化。新的结构因为重组和参与式管理的理念变得更为合理。然而，基层主管与高级管理人之间的差距进一步扩大，使得共同制定决策的希望变得更加渺茫。组织结构图还是反映了"汇报"关系：谁对谁负责。这些等级设置连同指挥链一起，随时能够发布和接收指令，这是权力和控制的熟悉领域。参与式管理在很大程度上仍然存在意识形态和现实的精神分裂式矛盾。

个人主义的反思：有形的报酬，无形的成本

尽管管理理论如钟摆般摇摆不定，但坚定的个人主义者依然是美国的自我理想形象。美国人向孩子灌输这种思想，流行文化则将其发扬光大。正如第 2 章中指出的，美国人对个人主义领导者的吹捧，孕育了每一个个体都能成功的信念。

美国的媒体在发扬个人主义方面起到了主要作用。媒体对个人主义的英雄

（也对反英雄）痴迷——在永无止境的电视访问、杂志、正规新闻报纸和街头小报的新闻人物采访中表露无遗。事实上，按照英国记者威廉·斯泰德（William Stead）的说法，对个人进行采访这种报道形式最早出现于 19 世纪中期，是一种"美国特有的发明"。[52]

这些个人主义领导者享受的回报有目共睹：他们赚到大笔财富，创建产业，挽救公司免于破产，赢得许多战役，甚至拯救了国家并复兴了民族，令人心动。可是这些英雄主义的成果包含的沉重代价——个人的、组织的、社会的甚至全球的却没有那么显而易见。净价（netprice）揭示了美国的个人主义自我理想的表面荣耀与其掩盖的痛苦现实之间令人沮丧的差距。

管理者和员工一致憎恶的个人绩效评估，每年总会在组织内造成苦恼和竞争。这种个人评估是纽约零售商罗德与泰勒百货（Lord & Taylor）在 1914 年率先引用的，而现在被许多管理者视为"必要的罪恶"。[53]尽管著名管理学教授道格拉斯·麦格雷戈（Douglas McGregor）早在 20 世纪 50 年代就悲观地预言了绩效评估，但 7000 万美国人现在仍然每年都在接收好、不好或是一般的绩效评估消息。[54]只有屈指可数的几个组织，如赛迪恩公司（Ceridian Corp.）和威斯康星州电力科技有限公司（Wisconsin Power & Light Co.），决定舍弃这种个人主义评价，但具有讽刺意味的是，那些受害人最多的公司（也就是绩效不佳的公司）反而不愿放弃使用。[55]

在个人层面，一份 1985 年的名为《心灵的习惯》（*Habit of the Heart*）的研究报告获得了广泛阅读。这项研究认为"美国文化传统所界定的个性、成就和人生的意义，使个人处于虽光荣却可怕的孤独隔离状态"。[56]这种个人隔离会产生孤独、异化和恐惧，于是很多人通过食物、毒品、性甚至自杀来寻求释放和解脱。我们不断以独立和个人主义的需求自欺，首先切断了我们与群体的关联，接着又切断了我们对精神生活的一致追求的关联。这种需求只留下困惑和寻寻觅觅的我们。

企业组织，甚至家族企业，由于这些拥抱个人主义的英雄总想出人头地，再加上创始人不能和他人分享权力更不肯放弃权力，被搞得四分五裂。就在不久前，位于马里兰州的达特集团（Dart Group）创始人兼主席，72 岁的赫博特·哈弗特（Herbert Haft）把他的妻子和 40 岁的儿子罗伯特（皇冠书屋的创始人）从家族企业中驱逐出去。据称，决裂源自早前一次采访，采访中儿子罗伯特向《华尔街日报》透露，他在规划宏大的不动产和零食企业发展路线。他有意领导公司，支持他的几位主管也同时被请出门了。[57]

除了这个例子，还有许多类似的例子都表现出个人主义的阴暗面。偏好个人主义的领导者想要实现他们愿景的决心，往往总是和令人不安的独裁主义捆绑在一起。个人主义领导者**期望**他人无条件地追随他们的梦想，并服从他们的命令。《纽约时报》的讣告如此形容传媒帝国哥伦比亚广播公司（CBS）的缔造者威廉 S. 佩利：**"既是才华横溢的高管，又是无情的暴君。"** [58] 民意调查显示，很多选民觉得罗斯·佩罗伪装之下的友好的独立性只是掩盖了他对于权力的渴望。

微软公司的比尔·盖茨是又一个例子。在一次演讲中，盖茨用自谦的幽默告诉斯坦福大学商学院的听众：员工可以任意选择一天当中哪 24 小时进行工作。[59] 无论幽默有没有舒缓效果，个人主义和独裁主义思想之间的关联是种危险的缺陷，会削弱第三阶段世界需要的领导力形态。

两个痛苦的矛盾

历史峰回路转，把我们带到当今这个领导力的危急时刻。尤其是美国人对个人主义的痴迷让我们在面对适应第三阶段的挑战时陷入两个让人痛苦的矛盾之中。

第一个矛盾：个人主义者和团队合作者

我们已经描述过第一个矛盾，那是民主生活方式所特有的：**我们宣扬团队合作，却又崇拜个人主义**。正如我们所见，个人主义是美国人主要的世俗信仰，是民主信条的一部分：每个人都有神圣的一票，而且每个人都能根据自己的需要来定义幸福。自立自强的成就是这个信条的核心仪式。

虽然略感困惑，但美国人也会尊重合作、团队精神和少数服从多数原则。事实上，合作和团队精神主要被拿来充当个人成就的**背景**。我们通常很容易识别出人群中的美国英雄，因为他们的家人和支持者为了成全这些坚定的个人主义者的梦想而牺牲了自己。为这个理想做出贡献的人是我们的目光所不能及的，所以我们没有注意到自我理想和英雄生活的真实情况之间的矛盾。我们钟情于英雄"单枪匹马"赢得胜利的这种幻想。

以棒球这项美国全民运动来比喻美国这个国家极为恰当。棒球这项运动可以集天下美梦之大成：既允许对个人的崇拜，也允许对团队的忠心与支持，同时对权威的矛盾心理只存在一点点。已故职业棒球联盟主席 A. 巴特利特·吉亚马提（A. Bartlett Giamatti）曾经写道："棒球非常适合美国人，因为它体现了美国人所爱的个人和群体的相互作用，也因为它表达了我们一方面对法律制定者不满，另一方面又对法治心存渴望……每个人必须要做的事（在）所有人看来都是清楚的，每个球员的主动性、姿态和技巧都受到了重点关注。"[60]

棒球让我们幻想在推行团队合作的同时也制造明星。明星的计分表上并没有肯定队友参与比赛的贡献。我们尊重的是个人英雄式的表现。我们将聚光灯投在唐·马丁利（Don Mattingly）们和奥洛·赫斯切瑟（Oral Herscheiser）们身上，而忽略了他们的队友所做出的重要贡献。投手或后一局打出本垒打的击球手成了每次世界职业棒球大赛的英雄。在赛后的庆功宴上，这些人的队友的卓越贡献完全被忽略了。

当然，团队的"集体舞蹈"会周期性掌控大局，让个人球员融入团结的群体中，更使明星光环的孤独、恐惧和狂喜都有所缓和。于是，在下一回合的为个人英雄欢呼之前，我们又再一次对合作和团队精神表示敬意。[61]

第二个矛盾：个人主义者和组织精神

虽然诱人，但个人主义式的明星也会遭人质疑。当成功使任务的艰巨程度超出了传奇英雄的能力范围，他们往往就会被绊倒。这就造成了第二个令人痛苦的矛盾：**我们的个人主义自我理想形象往往与我们不可避免的生活的人类制度格格不入。**

我们创立的组织——学校、工作群体、家庭、教会、政党甚至棒球队，都受到这种矛盾的困扰。我们教导孩子要做独立的个体，独自面对自己的问题，设置自己的目标，始终如一地全力倾注于这些需要独立完成的任务，直到他们历尽艰难达成自己的严格标准。同时，我们又期望他们加入群体，锻炼协作、合作、相互依存、谈判协商和劝说的能力。

组织要求我们分享目标、互相合作，为他人的任务做出贡献，与同事"社交"，为后辈提供"指导"，甚至培养接班人。这样会让困惑、挫败和愤怒的情绪交织在一起，也会让我们自我怀疑而进一步使这个问题恶化。标榜个人主义，同时往往不切实际的明星很难与人合作，尤其是在与同伴共同承担挑战、使别人相信工作不只是明星一个人的责任也是别人的责任、为他人的成功做贡献以及培养接班人时，就会遇到困难。英雄往往不是主动离去就是被驱逐出去，有时会以孤胆英雄的形象从头再来。

美国大地上再次出现了独行侠，或许现在成了孤独的游侠。史蒂夫·乔布斯（Steve Jobs）和他最初的创业伙伴史蒂夫·沃兹尼亚克（Steve Wozniack）在苹果公司崭露头角不久后就终止了合作，这是意料之中的事。随后，乔布斯聘请了约翰·斯卡利（John Sculley）来管理运营。在短暂的蜜月期后，乔布斯和斯卡利就开始发生争执。最后，斯卡利和苹果公司的董事会把富有个人魅力的创始人逐出了公司。后续的故事同样在我们意料之中。乔布斯创办了一家新的独立企业，他自信地将其命名为耐克斯特（NeXT）电脑公司。在苹果公司，斯卡利最后被强势独立的迈克尔·斯宾德勒（Michael Spindler）所取代，而后者也遭到了驱逐。最终，苹果公司又重新聘请乔布斯来振兴公司。

这类熟悉的情节引发了关于头脑敏捷又往往充满魅力的企业家的严肃问题：这些企业家除了启动新的创业冒险之外，还能走多远？一旦企业获得成功，他们能否突破原有创业团队的束缚，要求大幅增多的员工同心协力维持企业发展？他们一旦做到了，我们经常一边为他们的辉煌成就拍手称赞，同时又会质疑他们的独裁手段。我们不该忘记，据说超级成功的首席执行官佩罗的独裁手段成了其竞选总统时的致命弱点。

为了解决组织对团队合作的需求，美国的管理者付出了巨大的努力实行这种混合的合作形态。他们很少获得成功，然而又很难放弃合作的理想。同时，他们对独裁主义的渴望依然根深蒂固。活在现实中的管理者仍然希望员工能按照他们得到的指令行事，并且把事做好。

美国海军陆战队的奥利弗·诺斯（Oliver North）上校以服从命令为傲，他因电视广播伊朗门听证会一下引起了全美国的注意。在听证会进行得最激烈的时候，《华尔街日报》发起了一个民意调查，抽选了美国的一部分高管并询问他们：“假如奥利弗·诺斯走进你的办公室想要找份工作，你会雇用他吗？”国防电子设备公司阿尔法工业有限公司位于马萨诸塞州的沃本，其主席兼首席执行官乔治 S. 卡里奥蒂斯（George S. Kariotis）说出了很多首席执行官的心声：“毫无疑问，我会要他。我希望他能为我工作。诺斯是主管希望得到的那种理想员工。"[62] 大多数主管承认，诺斯会是一个理想的员工。

《华尔街日报》的一项对普通大众进行的民意调查显示，56% 的受访者表示，如果他们经营公司，他们愿意雇用诺斯作为主管。有趣的是，女性对于这种可能的结果并没有那么乐见其成，给出积极反馈的在当时只占到 49%，低于男性受访者的 64%。（男性和女性的领导价值观差异我们将在后面再讨论。目前我们不妨先认为，男性似乎仍然更喜欢那种命令下达后就毫无异议地去完成的情况。）

从小被教导个人主义高于一切的美国英雄，很难在需要进行真正合作的组织内取得成功。奥利·诺斯在媒体曝光的短短一周后就成为美国民间英雄，这一点都不令人意外。当"合作"只是用来掩盖服从，我们面临的困境将进一步恶化。

矛盾心理遗留的问题：对领导力的矛盾情绪与日俱增

我们在第 2 章中讨论过，美国人对领导力有种矛盾心理，而上述讨论的两组矛盾留下的问题使这种情绪呈现了一种美国所特有的解释。对生命的焦虑使我们对领导者同时生出仰慕、崇拜、向往与不信任的心态。这种对于领导力的矛盾情绪更因美国的民主传统而得到强化。在美国人的心中，英雄式的自我理想以及促使美国人抵制任何人统治的民主意识之间存在一场永不平息的战争。

"合作"所掩盖的其实是服从这个基本要求，而由于这个民主传统，美国人发现要拥抱"合作"实在会令人感到不安。合作和权力相混合，意味着发号施令的是被看重的个体，而执行命令的是无足轻重的个体。这种特殊的合作显然违背了每个人都同等重要的民主信条。

我们能否调和这些矛盾

这些模棱两可、往往互相矛盾的信息让信奉个人主义的美国人甚为苦恼。这些组织表面上冠冕堂皇地要求互相合作和民主参与，却又把无条件服从者标榜为好市民和具有团队精神的人，在这样的组织中，我们要怎么才能顺利发展？如果大家把升职和其他组织奖励都送给那些有竞争意识和积极进取的个人主义者，我们要怎么向团队无私奉献？

独特的个人主义是美国人构成自我价值的基石，那现在该如何应对呢？作为一个民主社会，我们怎样才能创建将个人主义、独创性、合作和服从整合起来的组织呢？

我们试图通过一种错综复杂的逻辑来调和这些互相矛盾的信念。第一，我们认为，个人取得成绩是获取荣耀的正确途径。第二，我们坚信，学会尊重权力间接教会我们如何行使权力。第三，我们认同，维持我们社会的大企业需要团队合作。第四，我们相信，合作会让人感到温暖舒适，我们喜欢与之合作的那些人，但我们不会选择他们作为领导者。

要找领导者，我们更倾向于强悍且有控制力的人，这些人对于自己独具个人魅力的愿景确定无疑，即使这个愿景后来被证实是有瑕疵的。我们也喜欢电视上友善谦逊的罗杰斯先生（儿童节目芝麻街上的人物），他总是敦促我们互相帮助。但是，他只是一个让人感到轻松自在的童年人物而已，我们不会雇用他来担任任何重要的领导职务。

对于多数人来说，调和个人主义、团队合作和独裁主义的境界远未达成。我们如何培养出能与其他领导者合作的可靠领导人，并能够将他们的目标托付给同伴，作为较年轻领导者的导师，还依然能保持领导人自己的愿景完整连贯？我们高度个人主义的领导力愿景是否会削弱我们在面对日益独立的世界所带来的挑战时的反应能力？或者，我们是否需要一个全新的领导力形象，最后能够把我们从充满矛盾的历史遗留问题中解放出来？

美国早期的拓荒历史、民主传统和移民经历互相结合，形成了对领导力的复杂期望，结果就出现了个人主义、独裁主义和合作互助这令人不安的三驾马车。美国的组织一直试图调和这些矛盾，但困惑和挫败感，连同对于领导者的矛盾情绪，仍然存在。

解决这些矛盾有助于我们在全球化进程日益加快的第三阶段环境里构建有效的组织并维持其发展。为了克服互依性和多元化的离心影响，我们不能简单回归到我们一直最擅长的东西。个人主义本身不会消退，简单选择竞争或协作也不足以解决这些让人痛苦的矛盾。在下一章，我们将检视社会变革的主要来源，这些来源刺激了对于新的领导者的需求。同时我们也会看到，有几位领导者在时机尚未成熟时就设法采用了新的领导方式。

第 4 章

新纪元：
新型领导力的征兆

技术发展史其实就是人类历史多元化的发展史。

——费尔南·布罗代尔（Fernand Braudel）[1]

领导力通用的心理学和存在主义基础与美国独特的经验相结合，使美国人更容易认为领导者要有独特的形象。在本章中，我们把焦点转向正在创造一个新时代的全球性力量，在这样的背景下，我们必须对旧的领导理念重新进行评价。

自 20 世纪中期以来，许多错综复杂的力量加剧了大范围的社会变革。这些变化彻底改变了组织，也改变了人际互动方式。在这个过程中，变化产生的影响力削弱了传统第二阶段领导策略的实用性。

没人能够保证我们迫切需要的、更为合适的全新领导形式是否会自动出现，同样，也无法保证新的领导者类型（尤其是整合型领导者）是否会受到欢迎。以前要求我们盲目服从的独裁式领导力很难撼动。实际上，对于那些在时机未成熟之前就试图按照整合方式行事的人来说，他们所遭遇的困难就是有力的证据，足以说明这些突破性努力所面临的残酷现实。尽管频繁失败，尚未成熟的整合型领导者仍预示了即将出现一种新的领导范式。

本章衡量了一些把我们推出第二阶段，带入新纪元的情境，同时还开始勾勒出第三阶段的轮廓。在分析完诱因后，我们会简单描绘四位早期的整合型领导者，他们的例子为新的领导力模型指明了方向。最后，我们要反思领导者和支持者需要如何重新思考他们各自的角色，以迎接整合时代的挑战。

加速变化进程：六个主要原因

许多巨大的变化预示着整合时代的黎明将要到来。有些变化推动全球范围的**互依性**；另一些变化则把我们推向相反的方向，反而促进了更多方面的**互依性**，并让社会更独立、更多元、身份地位更分明；更有一些变化则同时朝两个方向进行。为了说明这个问题，我们先简要回顾一下引起社会、政治和经济领域变化的六个原因，我相信这些原因已经在最广阔的范围内造成了最深刻的影响。

科学与科技：揭示关联性

在所有的科学与科技领域中，各项重大的突破性成果让大家越来越强烈地感觉到一种互相关联的感觉。核能、电脑、卫星电视、激光和生物技术、器官移植、太空探索以及正兴起的信息高速公路，所有这些以及其他方面都促使我们意识到人类系统和技术系统的相互联系。我们最终把世界看作一个单一而复杂的系统，由一系列相互关联的部件组成。

在这个全球化社区里，领导者往往必须频繁地衡量自己的决策对所有股东会造成什么影响，哪怕这些股东远在世界最偏远的角落。数百万个较小的团体互相关联，即使再微小的行动都会在整个系统中产生连锁反应，影响到距离遥远、看起来并不相关的部分。（混沌理论的科学家把这种现象称为"蝴蝶效应"。）[2] 在这个全新的整合时代，我们以前坚持的顽固的个人主义正逐步走向失败。我们所了解的独立自主实际上已经过时了。国家、组织和个人处在一个渐渐远离独立自主的世界。

原子弹：共同的弱点

半个世纪前，原子弹画出了一个分水岭，然而它所带来的启示，尤其是对全球范围的互依性的影响，持续了好几十年。最开始，原子弹打开了军事力量的潘多拉之盒，使美国得到了前所未有的控制力量。通过证明美国在军事上的卓越能力及拥有无穷的核能，原子弹将会极大地增加美国的独立自主能力——至少美国人是这么想的。

可是，美国人以非常缓慢的速度了解到一个非常令人不安的真相：核武器把美国和它想要摧毁的敌人背靠背地绑在了一起。同样的核能，在消灭对手的同时，还将毒害周围的环境，包括居住其中的人类。

即使是出于和平目的而使用核能，也无法保护美国的独立自主性。相反，世界上到处都发生越来越多的"正常事故"[3]。核能把我们连接起来，因为我们都一样容易遭受核辐射。最终，我们不得不承认另一种无法摆脱的联系：我们的军事立场、对能源的强烈渴望和生态环境之间互相关联。

生活中有这么多方面复杂地交错在一起，使得我们置身于前所未有的处境。面对这些处境和形势所带来的新抉择与难题，具有控制欲的个人主义领导者反而不擅长处理这些问题。奇怪的是，就在这样的情况下，一个全新的"整合性"时代悄无声息地诞生了。

通信和交通技术开拓的新前景

曾经被强大的个人主义领导者小心翼翼地保护起来的国界，在最近几十年被通信技术消除了。通信的进步把世界压缩成一个超级大都市，共享唯一一个复杂的地缘政治经济体系。在 1990 年的寒冬，东德的电视观众首次看到了西德经济让人难以置信的繁荣景象，还有波兰格但斯克市（Gdansk）的自由集会。技术使他们看到了闻所未闻的东西，想去尝试的愿望最终驱使东德推倒了柏林墙。作为控制型领导力的标志，存在了 28 年的柏林墙不到 28 小时就倒塌了。我们又一次目睹了技术为现实世界带来改变的精彩时刻。

技术还穿透了另一个重要边界，那就是地球和外太空之间的界限。才不过两代人之前，太空还是完全陌生的领域，而现在，我们已经把太空探索视为理所当然的事，很少有人会愿意为了看发射航天飞机而设置闹钟在凌晨时分起床。此外，宇航员让我们看到，我们的星球原来是一个脆弱的蓝白相间球体，由此把简单无边界的世界形象变成了真正的现实，而不是一个想象出来的比喻。

回到地球，信息技术开拓了新的市场，创造出广阔的通信网络。实际上，跨越整个地球，无论政治还是物理界限，可以随意操作的电脑网络就是互依性程度日益加深的有利证明。在这个领域里，不需要任何护照。

在电脑的帮助下，一个全新的全球经济体系已经成形。电脑创造了一系列的金融市场，这些市场中的任何微小行动都会立即从纽约传到东京、香港、悉尼、伦敦，并能再度传回纽约。电脑和市场的互动有时会产生严重的后果。几分钟之内，金融市场就会对几千英里之外的事件做出反应，巴西的干旱会突然造成洛杉矶的咖啡价格翻倍。

交通技术也同样掀开了文化的面纱。旅行变得出奇简单，我们能第一时间亲身感受不同的世界，我们可以发现异国美食、新的穿衣风格、陌生的音乐和古老又前卫的艺术。通过旅行，我们建立人与人之间的联系，弱化了原来的文化模式。没有了面纱的遮掩，这些新的遭遇让我们不得不承认别人目标的合理性，同时也让我们学会以新的方法来达成自己的目标。

这些技术同时也推动了联盟的产生。正如我的同事彼得·德鲁克所指出的那样[4]，不同的技术相互交叠，会产生一股进步与关联的狂潮。一个领域的技术会影响其他领域，生物技术领域研发的克隆技术就为农业和医药提供了新的可能性。

在开发出新产品和新技术之后，组织通常会发现，要将新发明销售出去，它们不但需要更多的技术，还需要更大的市场。他们也慢慢发现，这些都是无法独立做到的。于是公司更加频繁地寻求联网和结盟。德鲁克认为："连大公司都无法仅靠自己的研发实验室找到它所需的所有科技，甚至连一大半的科技都找不到。反过来说，一个好的实验室发明现在可以在许多领域中开花结果，所以吸引的对象远不止多元化经营的大公司。因此，制药公司必须得和遗传学家联手，商业银行要和保险经纪人合作，像 IBM 这样的硬件制造商必须和软件专卖店结盟。"[5]

美国的生物技术公司不再采用十年前的扩张方式，而是会为了推广突破性的发现去寻求联盟：

> 尽管美国的生物技术公司规模迅速扩大，销量增长迅猛，也不断有突破性的新产品，但这些公司刻意压制扩张的野心……它们并不试图成为像默克或礼来那样的跨国公司，而是专注于开发大型药物公司可以出售的产品……如今，形成这种"战略性联盟"的需求是生物技术主管最关心的事……61% 的生物技术公司想要开发适合合作公司推销的药品。40% 的总裁承认，他们的目标是"吸引别人来收购与合并"[6]。

新的难题和二级问题

然而，技术也是好坏参半的。技术创造出了新的解决方案，同时也引发了新的依赖性、新的问题和新的道德难题。从代孕到肾透析，药物（特别是生物技术）标志着进步和问题交织在一起，它带来的抉择令人揪心，而我们并没有现成的计算公式可用来做出选择。比如说，我们必须决定该挽救谁的性命，救首相还是救矿工，救孩子还是救母亲。事实上，由生物技术和医药进步引起的复杂道德问题导致产生了一个全新的领域，生物伦理。

在整合时代，我们发现自己必须寻求更新的技术才能解决以前的突破性技术所引发的二级问题。交通的进步产生了高速公路大拥堵，空气也受到污染，因此，我们要通过其他技术来寻找解决办法，如利用电脑系统来控制交通。这些新的"解决方案"往往反过来又会引起其他问题，依此类推。我们几乎总是无法预计，我们的发明和干预会产生什么影响。

技术虽然为我们提供了掌控我们环境的创新方法，但这些魔法也把我们束缚住了，甚至会让我们沉溺其中，无法自拔。依赖性使我们很容易就因为电脑故障而痛苦万分，那种痛苦是所有旅行社都能体会的，比如，就在周末假期前航班预定系统崩溃了。对当今的领导者来说，或许技术带来的最大挑战在于，如何驾驭技术而又不成为它的奴隶。

让我们简单的生活变得复杂，并且消除了单纯生活所依赖的狭隘领导方式，技术在这两方面都扮演重要角色。虽然技术增加了我们成长的机会，但它同时也要求领导者能够处理那些无法避免的情况，即错综复杂、模棱两可、不连续以及难解的道德难题。

日益增强的国际主义：从紧密的联盟转变为松散的全球网络

由经济和工业全球化引起的国际主义正在大步前进。组织网络遍布全球的市场，随着眼花缭乱的步伐，许多工业组织忙于借助合并与收购来实现重建：时代华纳（Time Warner）、特纳广播公司（Turner Broadcasting）、西屋广播公司（Westinghouse）和哥伦比亚广播公司（CBS）、华纳－兰伯特公司（Warner-Lambert）和葛兰素·威康制药公司（Glaxo Wellcome）。有些公司也和以前的竞争对手结成联盟，如丰田和通用汽车公司共同致力于推动新联合发动机制造公司（NUMMI）繁荣发展。IBM、苹果、微软和摩托罗拉曾经是为了争夺市场份额而激烈竞争的对手，现在它们在变化迅速的领域进行了有条件的联手合作。这个以前难以想象的联盟的第一个成果就是威力电脑（Power PC），一种具有多个操作平台的强大电脑，结合了 DOS 和 Macintosh 操作系统的优点。

新兴的合作企业就像野草一样蔓延，跨越了国界。许多早期的跨国企业巨轮因为资金不足、没有跨文化意识和基础设施不完善等原因触礁沉没了。然而，这些跨国企业的最大障碍可能在于，固执、独立的第二阶段领导者没法适应这些新的合作关系。

冷战时期结成的地缘政治联盟解散使国际主义得到了极大促进，形成了以民族为基础的国家，出现了由不同国家组成的松散的全球网络。稍微想一想过去几十年发生的社会政治变化就能发现，这些变化重塑了我们的世界。先是第三世界国家脱离殖民统治。接着，东欧开始解体。随后，东德和西德统一。最后，美苏和解，消除了顽固的第二阶段联盟的关键角色。实际上，苏联解体标志着旧的地缘政治力量平衡的终结。随着华沙条约组织的解散和北大西洋公约组织的重建，新的世界格局已在酝酿中。这是同时由许多新的领导者带领的组织，其中有一两个宣扬的主题是整合领导力，如捷克共和国的总统瓦茨拉夫·哈韦尔和南非总统纳尔逊·曼德拉。由美国发起并领导的沙漠风暴军事行动在科威特和伊拉克开始了反萨达姆·侯赛因（Saddam Hussein）行动，导致了多国间难以置信但效率极高的短期联盟，或许这个联盟就是整合时代所特有的松散的全球联盟模式。

在西欧，12 个独立国家的领导者克服阻力，建立了一个互相依存的经济共同体。欧洲共同体之父让·莫奈（Jean Monnet）展望了一个拥有共同目标和通行货币的新欧洲[7]。虽然莫奈有整合诸国的远见，第二阶段的领导者却没有能力应对这些整合时代的挑战，这早已通过于 1992 年发起的《马斯特里赫特条约》无声地给予了证明。不过，即便是试图建立一个整合性条约这样的尝试，在不久前也还是难以想象的。

在东南亚，10 个一向互相竞争的国家如今成了东盟（ASEAN）[8]的成员国。在整合时代到来之前，东盟就受日本经济力量的刺激，加快了在 2000 年前建立地区自由贸易区的计划。东盟成员国如今正考虑"截至 2010 年，通过协调外部关税、商品和服务的标准，以及交通和通信，建立欧式的经济一体化"。[9]泰国外交部部长是这么解释进程加速的："这是全球经济自由化时代，我们这些国家之间实现经济和谐发展不再是个选择问题，而是一个必要问题。"[10]东盟仍在寻求更大的发展空间，好让所有成员国不但超越各自的需求与习俗，更达到一种包容性广、共同繁荣发展的境界。在这样的背景下，中国日益激增的经济能量为东盟的活动增添了紧迫性和危机感，同时也带来了机遇。

在这样一个快速发展的世界，对于该如何对待变化中的国际盟友，美国也颇费心思。美国与欧洲朋友长久以来的关系即将发生变化，所以马斯特里赫特计划的主要目的就是把美国排除在外。发生在南斯拉夫共和国的波斯尼亚危机，是第二次世界大战同盟国之间关系恶化的证明，这是一段艰难的时期。在美国领导人努力适应苏联内部持续不断的变化之时，美国和日本、中国的关系也是问题不断。

国际盟友纷纷重组迫使美国重新审视自己的领导立场。美国努力从世界警察的角色转变成世界伙伴。美国这个最后的（或许也是暂时的）"超级大国"能否学会与全球大社区里的其他国家共同领导、共担责任、共享资源和目标，仍需拭目以待。这些变化不可避免地驱使我们从互依性的角度考虑问题，越来越多地选择短期结盟、千变万化的相互联系和临时的组织形式。

多元化的多个方面

尽管相互依存越来越普遍，但另一股对立的力量——多元化，既体现在全球范围，也体现在局部地区——从很多来源吸取力量。新兴的民族和重建的组织是培育多元化的强大温床，滋养新的个性和新的需求。社会运动也为培养组织内部的多元化提供了养分。

在美国，民权运动和妇女运动孕育了一个新时代，使美国不再以白人的、男性的、中产阶级的国家自居。20 世纪 60 年代后期和 70 年代的民权运动，拒绝再接受之前白人群体的大熔炉思想，开始强调黑人的独特性。[11] 美国的妇女运动从民权运动中得到启发，开始重新评估她们在社会中的地位。经过妇女运动的检查，很多原先被认可的父权式、压迫式的领导方式逐渐开始不再受欢迎，甚至被认为是不合理的。

然而，虽然迫切需要领导力，但第二阶段的领导者一直没能帮助非白人、非男性和非中产阶级的国民实现他们的美国梦。女性、黑人、拉丁裔、亚裔、同性恋者、残疾人、老年人以及无家可归者为了获得认可，不再简单地要新的领导者，因为与之相比，更重要的是要新的领导**形式**。他们指责领导者想要同化被领导者，以便符合美国主流的好莱坞式剧情（好莱坞本身就是早期移民出身的电影大亨实现梦想的地方）。相反，在 60 年代后期和 70 年代，这些群体往往讨论的是同盟、相互依存性和共享的领导力。他们关注每个成员的独特贡献，呼吁重新评估"规则"，因为在这些规则下，被旧派人士同化的人民得益甚多，而圈外不受蛊惑的人却完全被忽略。

其他的经济和人口方面的变化加剧了这两股背道而驰的力量。从 70 年代开始，女性、黑人、拉丁裔、亚裔和其他少数人群成为第二次世界大战后人数最多的劳动力，他们怀着明显各不相同但都很高的期望，想要获得更多的机会。[12]20 世纪八九十年代来自亚洲、非洲、拉丁美洲、东欧和中东的移民带来了异国风俗和与众不同的生活方式。但与早期的几代移民不同，这些新来的人不再寻求被"美国化"，他们为自己的多元化自豪，保留自己的文化，甚至引入全新的思想，为他们移居国的邻里关系和工作环境都增加了复杂性。

择友观、婚姻观、性观念、性取向、堕胎观念、育儿观和关于虐童的各种观念都在改变，使美国的生活方式增添了不少多元化。许多不同的选民群体，从未婚配偶，到为孩子、未出生的胎儿和无家可归者提供庇护的人，都坚持自己可以拥有与众不同但应该被接纳的权利。

面对如此多元化的群体，特别是在一个资源急剧减少的时期，领导者怎样才能实现大家的期望？哪里才能找到平等和机遇？领导者要推动这些事物的协商并非易事，尤其那些易犯众怒的热点问题。新的领导者能否为这些不同的群体构建一个统一的愿景，就像美国梦曾经为刚来到这片土地的人带来的憧憬一样，给大家带来希望和团体归属感？诸多南辕北辙的价值观与要务混杂在一起，领导者的任务就是从中凝聚共识。这些只是这个新时代的领导者必须要处理的一些重大挑战的其中一部分。

对意识形态、组织和领导者失去信心

随着整合时代的到来，我们正目睹政治意识形态的崩塌，对政府、公司、非营利性组织和领导者的信仰缺失使这个问题变得更加严重，甚至连一向很受尊敬的宗教领袖和教育领导者也从宝座上跌落下来。

传统意识形态的这种信仰缺失引起人们对人生意义和方向的普遍追寻，而人们往往会转投基本教义派（fundamentalist）的政治和宗教信仰体系。[13] 意识形态起到了很多作用，能够用来解释现实，也可以用作行动的指导方针。当意识形态不再控制我们的信仰时，信仰就会衰退，支持者只能向别处寻求指引。若出现那样的情况，领导者的角色就更加重要了。

组织的结构是我们人类许多行为发生的场所，为我们提供了表现意识形态设想的舞台。我们依靠组织来满足很多人类需求，从安全感和支持拥护，到滋养和挑战。然而，现在的传统组织正处于巨大的麻烦之中。阿尔文·托夫勒（Alvin Toffler）观察发现，从政府到教会的大多数组织，都是用来满足工业化时代的需求。[14] 从工业化时代向信息时代转型的过程中，这些组织气喘吁吁、满嘴抱怨，因为没有能力应付社会的新需求而倍感压力。结果就是，我们正目睹人们对组织态度的重要转变，到目前为止，那些态度已经影响了我们的生活。

政治和经济组织的信心危机

在美国，对传统组织的态度从 20 世纪 60 年代起经历了巨变。越南战争摧毁了美国人的政治清白，深入总统办公室内部的水门事件导致对政治领导人和政府的长期不信任。爱河地下水（Love Canal）污染事件、三里岛（Three Mile Island）核电站事故和挑战者号（Challenger）事故进一步瓦解了公众对政府的警惕性、能力和诚信的信任。伊朗门听证会、国会银行透支、信贷危机、华尔街的内幕交易和白水事件使公众对政治和金融组织的怀疑更加严重。同时，由于政客以及支持他们的有钱人和财团自成一个紧密的圈子，数百万选民感到自己被剥夺了选举权。动摇了美国国会 1994 年中期选举的政治地震清楚地表明了选民存在愤怒、失望和不满的情绪。

　　私人机构也没能躲过这股信心幻灭的浪潮。民调显示，公众对工商业的领导者非常失望，其中包括对不景气公司的首席执行官还继续领到七位数的薪水日益不满。此外，工业事故和有毒的产品严重削弱了消费者的信任。埃克森石油公司（Exxon）瓦尔迪兹油轮漏油事故、联合碳化物公司（Union Carbide）在印度博帕尔的有毒物质爆炸、雀巢（Nestles）在第三世界国家的婴儿配方奶粉受污染、嘉宝（Gerber）的婴儿食物含有杂质以及通用汽车公司的鞍袋油箱易漏油（美国国家广播公司对这些危险进行夸张处理后播出，使这一事件愈加严重），在那些最广为人知的事件中，这些只不过是其中的一小部分，引起了公众对企业缺乏责任感的强烈谴责。

　　但是，太阳偶尔也会穿过乌云。表现出企业责任感（比如 1982 年泰诺中毒危机中的强生公司）的一些模范组织能够继续赢得大众的尊敬。随着全球化进程加快，越来越多的公司领导者必须对远距离外的股东负责任。在整合时代，政治领导者也应该保护群体的长期福利，而不是仅仅关注眼前的选民。

宗教领袖的沦陷与基本教义宗教的反常崛起

　　甚至连美国的宗教组织也已经失去了许多吸引力。在工业主义的竞技场内，主流的宗教组织没有做好应对向整合时代转型的准备，而技术得以使全世界都坐在最好的位置上观看，只是这次观看的是在电视上被当作偶像崇拜的宗教人士的财务状况和性爱镜头。电视上播放的福音传教士金·贝克（Jim Bakker）带着镣铐、吉米·斯瓦格特（Jimmy Swaggart）流泪的画面太过震撼，让教民难以置信。

　　我们对宗教领袖以及他们所创建的组织的信心动摇了，不能简单地说是宗教电视商人的做法有问题。在主流的宗教组织内部，一些领袖也受到指控，说他们违背了自己正直守贞的誓言。根据社会学家安德鲁·格里列（Andrew Greeley）的调查，单就过去的十年间，罗马天主教就为解决美国境内的教民受到性侵害的诉讼案件支付了 5 亿美元。公众气愤难平的原因主要围绕于教会领导者不愿评论和处理去做礼拜的人，尤其是孩童受到信任的教区神职人员性侵害的问题，而此类问题并不局限于美国境内。据《国际先驱论坛报》(*International Herald Tribune*) 的报道，奥地利在一年内大约有 35 000 人脱离教会。其中许多人把他们的退教归咎于教会对一名男子的指控案件处理不当，这名男子称，在 20 年前自己还是学生时，曾遭到一名奥地利红衣主教成员猥亵。[15]

美国人的信心幻灭根源很深。民意测验显示，美国民众中很大一部分人认为，他们的宗教领袖存在行为不端正的情况。自 1980 年盖洛普民意测验（Gallop Poll）首次调查公众对电视牧师形象的评价以来，曾经多数美国人反应积极的情形已经大大恶化。不仅如此，从 1981 年到 1986 年，在电视上的牧师还没有被曝出让观众感到震惊丑闻之前，公众对有组织的宗教的信心已经从 64% 下降到了 57%。[16] 到 1991 年，这一比例下滑到了 33%。[17]

由于对主流宗教的信仰衰退，希望破灭的信徒开始把目光转向别处。与传统的天主教和新教（Protestant）人数减少相反，圣灵降临信仰（Pentecostalism），即基督教信仰的分支，正以前所未有的速度发展。在过去 20 年里，圣灵降临信仰的崛起已经使它的地位上升到在全球拥有超过 4.1 亿个信徒，到 2000 年可能会超过天主教。[18] 尤其是很多年轻人，他们加入基本教义群体，想从更为严格的宗教制度和宗教领袖那里寻求方向和意义。[19] 在某些文化中，年轻人由于拒绝接受父母的价值观和生活方式，不得不接受宗教带来的纯洁性，这种纯洁性能让人感到舒适自在。很多社会学家把这些趋势看作现有宗教组织已经没落的证据。

我们的教育界领袖也挂科了吗

美国的教育也同样遭受和信仰危机类似的考验。从小学到研究生院，教育领导力正在摇摇欲坠，愿景和责任感都很缺乏。一份又一份的委员会调查报告显示，学校并没有教育未来国力的两个主要来源人群：年轻人和移民。虽然每一年教育界的领导者都表示很关心（他们也有很多理由），但美国学生的测验分数与其他国家学生之间的差距还是越来越大。

与此同时，学校管理者被控财务管理不当，幼儿园则面临工作人员对幼小孩童进行性骚扰的控告。[20] 家长对学校的失望可以从他们参与家长 – 教师联合会的频率骤降看出来。

许多教育工作者也对学校失望了。在全美各地的学区里，教师逃离了教学岗位。那些留下来的则开始走上街头进行罢工，拒绝为了微薄的薪水在毒品、刀枪会危及他们生命的教室里工作。大学校长因受到失望的校董、教职工和学生的攻击而离开岗位，比例之高让人惊恐。[21] 而那些留下来的校长，不但不像中世纪的大学领导者会对一天内发生的大事公开发表意见，反而往往会回避有争议的话题，因为担心会失去潜在捐助者的青睐。

甚至连职业学校的领导者也遭到了批判。教育工作者和从业者忙于修订医学院、商学院和法学院的课程大纲，这么做的部分原因是为了调整它们第二阶段的传统做法，以符合整合时代现实情况的需要。批评家抱怨，以医学院为例，多数医学院还在教医生扮演专断的治疗者角色，无所不能，并小心谨慎地看守医学知识。他们严厉批评医学院对预防医学和营养学不够重视，而在其他方面，则让病人无法对自己的卫生保健情况有详细的了解从而参与其中。

为了避免毕业生狭隘地只关注贪婪和利益，商学院的批评家 [22] 正呼吁开设有关领导力、管理、全球化和商业道德的课程。法学院也遭到抨击，因为它们一贯传授给学生一种对立立场。康涅狄格大学法学院的菲利普 N. 梅尔（Philip N. Meyer）教授 [23] 指责传统的法学院把诉讼作为职业实践的常态和焦点，没有强调谈判、调解和许多其他更具整合性的技巧。[24]

我们的组织面临多种多样的危机，这表明第二阶段的领导力根本不适用于即将进入整合时代的世界。最近几年，我们经常听到一些把愿景作为良药的言论，但大谈愿景也不足以解决问题。[25] 有些组织构成了社会的基础设施，只有采取完全新颖的领导方法才有希望重塑我们对那些组织的信心。

组织结构与设计的改变

在大范围地发生文化和社会变革的同时，20 世纪八九十年代许多企业也在同步进行结构调整，这个过程非常艰难：大企业集团和跨国企业变为更加精干的结构；从纵向的层级制度转向较扁平、规模较小的组织；从权力强大的工会变为缺乏效力的工会，尤其在美国；从管理者与劳动者之间原本互相对立到尝试建立同盟；从收购与合并到合资与合作，并继续发展成组织网络，这些方面都出现了大规模的转变。

愈演愈烈的收购及合并

在 80 年代，企业界出现了一股疯狂的收购及合并热潮。规模巨大的公司犹如笨重的大鱼那样猛烈摆动，想要避开动作灵敏的鲨鱼那血盆大口。在新的金融交易措施之下，一些缺乏经验的人在寻找掌握领导权的机会。此时，技术又一次起到了至关重要的作用，把金融行业的人联系到一起，他们往往瞬间即可构成一个巨大的网络。原本是截然不同的业务领域的投资银行和投资商在历史性的金融交易中却成了合作伙伴，这是它们始料不及的。[26] 第二阶段的金融奇才想要加强对全球金融市场的控制，因此也引导了很多企业家的结构重组，导致了波及面很广的长期灾难性后果。

走下坡路的美国贸易工会

全新的组织时代使美国劳动力的面貌也随之动态地改变。在当代组织的生存战争中，由于低成本高质量的国外竞争对手已经逐渐占据市场，贸易工会流失了很多会员，也失去了从前的影响力。从 1955 年到 1994 年，美国工会会员在整个劳动力中所占的比例从 33.2% 下降到 15.5%。[27] 收购与合并造成工会数目减少，最近引起轰动的一次合并提案涉及美国汽车工人工会（United Auto Workers）、美国钢铁工人联合会（United Steelworkers of America）和国际机械师协会（International Association of Machinists），该提案于 2000 年生效。

与此同时，克莱斯勒公司（Chrysler Corp.）起死回生的经历对劳资双方同时敲响了警钟。因急于挽救公司，克莱斯勒公司的前总裁李·艾柯卡尝试了闻所未闻的与工会的合作关系。艾柯卡做出了一个革命性的举动，这一举动象征着一种新型伙伴关系，因为他邀请了美国汽车工人工会的领袖道格拉斯·弗雷泽（Douglas Fraser）加入克莱斯勒的董事会。截至 1994 年年初，克莱斯勒宣布公司获得了历史最高利润，但涉及如何分配重拾的利润，工人与管理者之间的友好关系仍然存在破裂的危险。

即便如此，克莱斯勒危机还是产生了重要的影响：美国的管理层和工人逐渐认识到（一个痛苦的过程）**相互**依存的必要性和艰难。尽管和管理层之间长期存在意识形态和务实之争，工会却渐渐开始鼓励在职工人，若不做出巨大让步就要接受工厂永久关门的现实。只有工人和管理层共同努力，才有希望拯救他们的产业，同时也是拯救自己。

这两个"天敌"之间的结盟在世界的某些地方已经发展了多年。在有些国家，工会和管理层之间长期存在比较融洽的关系，这样的环境对于组织领导者的新形态更为有利。特别是在欧洲和亚洲，经理人雇用和解聘工人的权力有限，因此经理人和工会会员更加深刻地意识到他们之间是相互依存的。

大多数美国人对于欧洲和亚洲的商业、政府与工会之间相互依存的模式仍然感到困惑。日本国际贸易和工业部（MITI）鼓励并引导企业的发展，对于大多数美国人而言还是无法对此有客观的理解。[28]美国的工业虽然欢迎某些形式的政府支持，它们在意识形态上对政府"干预"的一贯抵制却成了与政府合作的障碍。在这种情况下，还是需要能够洞悉未来的整合型领导者来消除鸿沟。

迷失的团体，失去的使命感

第二阶段版图里那些眼界狭隘的自治组织对工人造成了负面影响，引发了长期的严重问题。这些弊病包括因管理层对员工表现出人性关怀而产生的严重猜忌、对于企业领导者能力和品德持悲观态度，以及为了逃避这种社会价值观的崩溃，许多人沉溺于毒品和充斥着暴力的娱乐节目。许多人发现，他们和他们父辈那样希望在事业上飞黄腾达的期望裂成了失信的碎片。不顾员工长期奉献出力而进行裁员的行为重新界定了对组织、领导和同事的"忠诚"。不受骚扰的安全工作环境仍旧是难以实现的目标。不曾预料到的职业动荡使工人只好依靠自己，利用自己的个人资源。这种动荡使被剥夺了权力的工人屡屡到组织之外寻找目标和意义。

组织之间的竞争、裁员和持续不断的改组，割裂了工人之间本来的联系，只留下了空虚和疏离。[29]工人、组织和环境之间存在的微弱联系完全断裂了。

许多严重的问题仍然存在。如果我们的团体意识已经消亡，那么当因资源不断减少而心生恐惧的我们互相一争高下时，我们要怎样才能刺激生产率提高？随着以前根深蒂固的独裁层级制度逐渐衰弱，处在不断变化的合作关系和网络的背景之下，新的组织能否将团体意识和合作精神发扬光大？

第二阶段的美国商业领导者继续对他们所在组织的使命[30]和结构进行重塑。

提高最终效益和满足顾客需求这两个目标是否能让股东、顾客，特别是他们的员工感到满意，人们对此仍然存在严重的怀疑。为了实现这些目标，还有很多事要做，这可能远远超出了第二阶段领导者的能力范围。

新的瘟疫：艾滋病、毒品、犯罪、城市衰败和环境恶化

只要关注当代变革的力量，没有人会忽视艾滋病、毒品、犯罪、城市衰败和环境恶化问题日益严重的现象。[31] 上述提到的这些加上其他社会弊病对我们的日常生活构成了威胁，引起人们对生活质量恶化的深度关注。这些问题迫使我们共同努力来保护我们的家庭和个人健康，重新回归到社区、城市和海洋。但与此同时，这些问题还通过恐惧、怀疑和负面的刻板印象逼迫我们互相保持距离。有限的资源和随意制定的政策使这些问题变得更为严重，据专家预测，情况在好转之前很有可能会变得更糟。

这些当代的典型问题成了企业和政治领导者最主要的绊脚石。虽然问题产生的原因是全球性的，但对局部造成的后果是灾难性的。解决这些问题需要不同的政府、组织、行业和团体之间同时建立全球化和本地化的同盟。由全球化环境引起的相互依存应该会促使领导者在执行决策前再思考一次甚至两次。他们不能再只顾自己这个群体的狭隘利益任意行事，也不能不考虑长期的结果行事。

错综复杂的社会问题有待解决，但有一点似乎很明确，解决方案必然要整合科学、技术、法律和人文学科的**所有**分支最深奥的知识。简单来说，要建立包括那些经常被孤立的学科在内的知识联盟。[32] 这是一个浩大的工程，新时代的领导者需要具备强大的洞察力才能指引这样的努力方向。

六个趋势的综合影响

如果将我们前面讨论过的这六个影响范围很广的趋势分开来看，任何一个都会引起巨大的社会反响。把它们放在一起，更是动摇了我们对于这个世界、对于我们的组织、对于我们的人际关系和对于我们自己的基本假设。在这个过程中，领导规则也发生了巨大变化。

为了对抗这些一连串变化的力量，尤其是在经济不景气的时候，领导者必须想出创新的、互相都能接受的解决办法。此外，他们还得有把对手带到谈判

桌上的政治远见和敏锐度。我们的领导者是否能够迎接挑战，现在还不清楚。不过可以确定的是，整合型领导者一定会遭到旧派领导阵营的排挤与阻拦，因为那些人至今在思想上仍被困禁在个人主义和竞争领导范式中。

幸运的是，很多领导者努力想要挣脱第二阶段思维的束缚，在他们身上能够发现新范式的迹象。虽然这些领导者的事迹在很多方面都比较相似，但过渡到整合时代的转折期这个背景下看，就有了新的意义。

整合时代之前新生的整合型领导者：宣告新的领导方式

新生的整合型领导者时不时地出现。虽然新的领导者一般会在剧烈的社会变革或社会危机时期出现，[33] 但由于有益于那些领导者的整合领导力的范式转变还没到来，这些新领导力成果的影响经常就会因此大打折扣。结果，新生的整合型领导者的愿景和领导方式对他们的支持者既产生了吸引力又使他们感到困惑。具有讽刺意味的是，在时机未到之前以整合方式行事的领导者不但会受到敌人的折磨，往往也会被渴望成为支持者的人折磨。从短期来看，似乎没有人是完全成功的。在有些例子中，只有那些领导者壮烈死去之后世界才承认他们是先驱者，甚至直到那时，他们的理念还没完全被理解。

然而，也许是因为他们带给我们启示或是他们所采用的方法，我们时刻铭记那些早期的整合型领导者。活在第二阶段的莫罕达斯·甘地改变了英国和印度的历史轨道，在某种程度上，小马丁·路德·金受到了甘地的启发，在美国的民族意识里留下这样的画面：一排排的领导者挽手带领民众进行自由游行，而不是只有一个领导者孤身站在前方。

由于我们只是刚刚进入整合时代，成熟的整合型领导者目前还没有出现许多。不过还是有几个新生的整合型领导者走到了舞台中央，动摇了我们关于领导力的传统观念：除了刚才提到的甘地和金以外，还有米哈伊尔·戈尔巴乔夫、哥斯达黎加总统奥斯卡·阿里亚斯（Oscar Arias）、哈韦尔、曼德拉以及巴西的橡胶工人工会领袖奇科·蒙德斯（Chico Mendes）。尽管遭到困惑的第二阶段支持者的激烈反对，金、阿里亚斯、戈尔巴乔夫和曼德拉的多重成就还是为他们赢得了诺贝尔和平奖。或许这可以证明，虽然还是很困惑，但我们已渐渐开始理解整合领导力。

这些领导者身上能够代表真正全新的、能积极应对我们所处时代出现的危机的共同点是什么？我们可以从他们身上学到什么，能让我们了解到试图在前整合时代采用整合领导力的个人被什么约束？为了寻找这些问题的答案，我们不妨先来看看对四位特殊的领导者"更有深度的"[34]描写。

莫罕达斯·甘地和小马丁·路德·金：两个整合先锋

虽然受到第二阶段条件的严重制约，莫罕达斯·甘地（他的支持者授予他一个尊敬的称号"圣人"，或叫"伟大的灵魂"）以及后来的马丁·路德·金还是跟着整合的号角声勇敢前行。或许这两个整合先锋之间最不为人注意的相似之处在于，他们都不愿挑起领导重担。[35]他们都不贪恋领导职位，两个人也都没参加过政治职务竞选。

甘地和金都采取了不同的新式领导行为，那些行为往往会同时让第二阶段的朋友和敌人感到困惑。两个人都试图鼓励支持者和反对者要站在道德制高点上。两人都把自己的梦想与愿景和其他领导者的梦想与愿景联系起来。具有讽刺意味的是，他们为把心灵和政治整合起来所采用的策略表现出他们善用体制的悟性。两个人都是在第二阶段发挥影响力的第三阶段领导者。

甘地的激进愿景

甘地教义的核心——消极抵抗和无暴力（或零暴力），与传统的独裁领导力相抵触。对很多拥护者和对手来说，甘地的消极抵抗思想一开始似乎是一个矛盾而天真的白日梦。这样一个简单温和的策略怎么可能对抗得过大英帝国的军事力量？

许多后来成为甘地拥护者的印度人由于长期受到传统领导力模型的影响，不得不极力克服他们根深蒂固想要用传统的武力对抗传统的侵略的意愿。在实践中，他们发现甘地的这种看起来软弱、矛盾的理念却要求强大的自制力和勇气。甘地教导他的拥护者，寻找道德制高点能获得力量，并不会滋生无能。团体和人与人之间合作关系的肥沃土壤中也滋生出力量。

在某些场合，甘地采取极端的手段来传递他这份理想的意义。绝食曾把他推到死亡边缘，但利用绝食，甘地甚至迫使他最强大的对手都重新思考自己的立场。他用行动证明，让印度独立的目标不仅超越了政治和宗教差异，甚至凌驾于个人的生命之上。

对于依赖和帮助他人这样的手段，很多人只瞥见了弱点，而甘地看到了力量。因为他深信将责任交付给别人能鼓励他们去发现新的内在力量，也因此他把实现自己愿景的任务交付于同伴。他很少关心财务和物质资源，随意交由他人来处理复杂的行政安排。但甘地并不是用传统的方法来分派这些任务，不会频繁地检查细节问题，相反，他只是简单地把这些问题交给那些比他更有条理的人，其中甚至包括他自己的身体保健，而那些人也很少会让他失望。

令甘地较为着迷的是老师的角色，他采用最宽泛的课程表教导门徒：从世界政治到人际关系，甚至还有个人卫生。在甘地的修行处，他热心地教导农村门徒要喝煮沸的水，以及关于个人健康的林林总总，并指导他们组织各种活动。就一位政治、道德的领袖来说，这些作为一定会让传统的政客觉得怪异。有些人指责甘地，在严重的政治危机即将到来之时，他就装模作样或是利用琐碎的行动进行逃避。温斯顿·丘吉尔把这种行为解释为老谋深算、善于操纵，并对甘地大加嘲讽，语带双关地说甘地是他所知道的"最了不起的苦行僧骗子"。[36]

在日常生活中，甘地经常协助他人完成工作。只要是他觉得有用，他就会贡献自己的力量和别人合作；对于那些把他当作**巴普**（bapu，指父亲或老师）来寻求指导的人，他就像一个代理家长一样，说一些简单的鼓励之言。那些方式在其他人看来往往和娇弱无力联系在一起，但甘地正是通过那样的方式为他的支持者提供帮助——确切地说，为他们提供服务。

甘地把重心放在所有人民的共同联系上。在他自己的印度教团体中，他鄙视种姓制度，认为那是分化大家，而不是结合大家的险恶工具。他藐视古老的体制，因此吸引了全社会最广泛的支持者。为了表示对所有同胞的接纳，甘地公开为"碰不得"的人（印度教种姓制度中的贱民）打扫厕所。

在别人制造分裂的地方，甘地抓住了内在的整合需求。令他的印度教支持者感到恐慌的是，他甚至将友谊之手伸向穆斯林。虔诚地保持印度教信仰的甘地出人意料地把宗教禁忌搁置一边，与穆斯林同食，用这种带有象征性的热情方式让穆斯林和印度教徒相信，他们可以为印度的独立并肩作战。和他的国会党同事贾瓦哈拉尔·尼赫鲁（Jawaharlal Nehru）以及穆斯林领袖穆罕默德·阿里·真纳（Mohammed Ali Jinnah）不同，甘地坚决反对印度分裂。[37]甘地满怀悲伤地预言将会有流血与混乱出现，后来果然应验了。

甘地善于使用美丽炫目的天赋（les beaux gestes），并且善用能够点燃众人想象力、激发大众情感的象征。为了反对英国征收盐税，这位身缠朴素腰布的古稀老人，赤脚步行 200 多英里⊖来到印度洋。在甘地的坚持下，他和同伴没有携带补给，在前往印度洋的艰苦跋涉中，只靠沿途或友善或敌视的村落供给他们生理所需。

甘地朝圣之旅的消息传开后，吸引了一批国际记者随行。最后，在一个黄昏时分，他和一小拨随行人员，以及后面跟着的越来越壮大的记者队伍，到达了印度洋之滨。甘地很清楚早上的光线更利于摄影，于是一直等到日出。这位年老的领袖和他的信徒一起整夜祈祷，在黎明时分，甘地和他的信徒在新闻摄影镜头前蹚入海水进行宗教的沐浴仪式。一回到岸上，这位虚弱的领导者就弯腰将一小块盐握在手中。在人群安静的注视下，他慢慢松开手指，露出那块盐，这是印度争取独立的另一个象征。随后他安静地说道："这就是英国人要征税的东西。"[38]

甘地的动作虽然简单，但极具戏剧效果，全世界的注意力都被吸引到了大英帝国对盐征税的计划上，而盐本来只是自然为海洋创造的调味品。那个周末，在全球漆黑的影院里，数百万的观众瞬间明白了甘地的意思。一夜之间，这位印度爱国者的名字和他的伟业就成了家喻户晓的名词。

甘地一次又一次选择了恰当的象征和引人入胜的姿势来传达他的愿景。在英国殖民统治的衰亡期，他更出于刻意和讽刺，有意选择了一般不太可能想到的一个东西——木纺车，作为象征物。甘地用它戏剧性地表现了简单的本地技术在印度未来的独立过程中将会起到的重要作用。这个出人意料的选择让所有局外人感到困惑不已。然而，甘地颠覆直觉的象征物向他的印度支持者传达了深刻的寓意：印度的独立来自可以纺成衣物的农作物，这能把印度从依赖于代价高昂的英国进口商品中解放出来。

通过利用象征、服装、时间以及幽默，甘地对于意向的掌握能力由于经验的累积变得更加精准了。乘船赶赴与英国君主的历史性会面时，甘地拖着脚步走下步桥，大家看到的是一个弓着背、身缠标志性腰布、脚穿露趾凉鞋的虚弱老人。甘地抓着手杖，手牵一只山羊（羊奶是他唯一的乳品来源），向码头边正七嘴八舌议论的各国摄影师致意。后来，当他结束和国王的会面出现在大家面前时，记者问这位印度领导人有没有觉得在这种场合这样的穿着太过

⊖　1 英里 = 1609.344 米。

寒酸。甘地狡黠地回应说："哦，不会，国王穿的衣服和佩戴的勋章足够我们两个人的份了。"[39]

在临终前几年，甘地察觉到他的支持者被更为崇尚武力的领导者腐蚀了，他自己的独特领导力被第二阶段的传统观念压倒了。虽然全世界的很多观察家都感受到了甘地的事迹在情感方面带来的影响，但很少有人能完全了解他那革命性的深层意义。几乎可以预见，甘地遭到了自己人的刺杀。对于甘地和后来的金博士而言，要通过壮烈的死亡才能促使其他人对他们的支持者队伍进行重建和扩大。

追求民权的忠实信徒：小马丁·路德·金

另一位早期的整合型领导者比甘地晚 20 年出现。他同样宣扬将零暴力作为抵抗压迫的工具。小马丁·路德·金认为，占领道德制高点最终会改变国家的社会意识。他一直到生命的尽头都在坚持零暴力抵抗。直到预见穷人运动（Poor People's Campagin），金才明白有效的抗议必须是"引起混乱的，甚至具有破坏性的"。[40]新兴的黑人领导者明确推崇更为激进的方法，他们越来越多的批评让金深感刺痛，但金仍坚持初衷。黑人领导者也和其他人种一样，无法理解金的整合领导风格中的基本优势。

金是甘地意识形态的继承者，他也强调整合领导力的其他重要层面：共同承担责任、领导者的网络，以及个人对于生命意义的探索。金是一位天生擅长社交的领导者，并能自如地和成群的领导者及他们的支持者打交道。他与非传统支持者（白人自由党成员）交流时表现出的社交能力是美国有色人种促进会（NAACP）和蒙哥马利进步协会（MIA）都想要吸纳他让他成为其领袖的主要原因。[41]

金甚至以实际行动向他人展示引领别人进入领导阵营的重要性。在亚拉巴马州进行游行时，金不是单独站在队伍前面，而是和其他领导者、同事手挽手组成一个方阵，用身体语言展示他们对于种族平等的共同愿景。这是兄弟般的情谊在发挥作用，由领导团体共同承担领导者的责任。这是来自协作的动力和力量，这种协作超越了第二阶段领导者狭隘的以自我为中心的个人主义。

寻找生命的意义，并且探索其与超越个人存在的目的之间的关联是金的领导方式的核心层面。他思考"这样一个挑战就是要求我们忠于超越当下生活的某种东西"。[42] 在一次演讲中，他提醒听众"我们有责任努力去弄清楚我们为什么而生，找到我们终生的事业，听从我们内心的号召。等我们弄明白之后，我们应当不遗余力地为之奋斗"。[43]

金决定公开反对越战，并毫无保留地说出自己关于穷人运动的激进计划——这两个选择注定会为他招致更激烈的批评，会给他的人身安全带来危险。他坚信，要不惜代价与不同级别的邪恶势力做斗争，甚至牺牲生命也在所不惜。正是这个意识促使他做出了这样的决定。金和他的支持者因献身于这样伟大的使命而变得高贵。[44]

对金以及在他之前的甘地来说，第二阶段造成的阻碍使他们不能全面实现整合领导力梦想。在他们生命的最后阶段，两个人都感到他们受到的支持率下降了，因为有越来越多的喜欢武力的同事煽动他们的支持者去反对这种作用较不明显的反直觉的零暴力力量。陷入第二阶段思维泥潭的媒体宣称金的零暴力手段不起作用，进一步加剧了他被排挤而带来的痛苦。

对于这些先驱者的愿景，因受限于第二阶段领导力的环境，支持者并不能理解其重要意义。在他们遇刺几十年后，全球范围内对于这些早期整合型领导者的敬意与日俱增，对他们的怀念使大家渐渐忽略了来自第二阶段的批评者。有关这两位人物的神话传说进一步升级，这给第三阶段的到来提供了证据。在第三阶段的世界里，我们虽然还不能完全理解，但我们已经开始意识到，在这个阶段，这样的领导风格可以开启新的可能性。拓展领导新视野的机会不仅存在于政治领域和政府组织中，还存在于所有的领导力舞台上，包括公司企业以及教育、宗教和其他非营利性组织。

米哈伊尔·戈尔巴乔夫：过渡期的整合型领导者

在权力驱动型的个人主义领导人统治 70 年后，米哈伊尔·戈尔巴乔夫执掌苏联，他表现出明显不同的领导才能。在他之前的领导人把真理和开放看成对权力的威胁，而他则在这两个品质中看到了力量。他史无前例地呼吁**改革**和**开放**，使政党同僚和苏联民众猝不及防，他们的震惊反应不亚于感到难以置信的国外观察家。

我们在他身上也同样看到了颠覆直觉象征的影响力。戈尔巴乔夫对于改革开放看似简单的设想，实际上要求在对苏联进行公开自我评估的基础上，采取全新的态度和做法。大多数苏联成年人终生不得在政治范围内自我批判，使苏联传统的政治体系备受威胁。

改革最初使苏联民众迷惑不解。保守势力由于拘泥于意识形态和特权对此强烈反抗。广大的平民即使变得乐观，但还是小心翼翼，因为他们还是无法相信这等难以置信的好事。冰冷的记忆使得没人敢公开赞成戈尔巴乔夫的激进提议，很少有人站出来无条件支持这样一位让人疑惑不解的新领袖。

戈尔巴乔夫毫无畏惧地开始改革原有体制。他的整合领导作风获得了来自其他受压迫的东欧国家的支持和政治抵抗。

戈尔巴乔夫的举动震惊了整个西方世界。通过把传统第二阶段观念的弱点变成优势，戈尔巴乔夫跨越了和美国这个苏联主要对手之间40年的敌对鸿沟，寻求和美国之间的共同目标。他开始恢复与美国之间的友好关系，令苏联和美国政坛的内部人士感到出其不意。在一次电视讲话中，戈尔巴乔夫向全世界保证："我们知道我们的利益是什么，不过我们努力把我们的利益和他人的利益结合起来。"[45]

在这样一个让人无比惊讶的表态之后，这位苏联领导人迅速提出了同样激动人心的提议，即拆毁强有力的战争武器，即便这只是单方面为缓和冷战气氛迈出的第一步。他在这样一个令人震惊的举动中表现出反直觉观念的强大力量，与甘地和金的情况类似：在全副武装的对手面前放下武器有赖于极大的毅力，绝非软弱。

戈尔巴乔夫对冷战敌人主动示好让人始料未及，不但令国内感到困惑，也令其他国家将信将疑。我仍记得1987年到苏联访问的情形，那时还处于戈尔巴乔夫统治时代的初期。那次我和许多苏联学者及政府官员进行了交谈，每个人都对戈尔巴乔夫改革苏联的计划持保留态度。我承认我的样本很小，但我接触的人中没有一个人对这位新领导人表示全力支持。很明显，他们都持观望态度。一回到美国，我的同事和朋友都对我对戈尔巴乔夫的印象表现出很浓厚的兴趣，但他们的兴趣只是因为所有人都对戈尔巴乔夫的动机深表怀疑。

戈尔巴乔夫想做什么？如果他向资本主义敌人伸出友谊之手，他的人民怎么可能信任他？大家都知道，苏联的前领导人都靠储备的武器数量来衡量权力大小，对于否定苏联前任领袖做法的这位新领导者，北约国家怎么相信他?

对于这位新领导人惊人行为一开始的不信任，逐渐被西德、英国以及美国的广大民众变成了"戈尔巴乔夫热"。全球的普通民众和政治观察家都感受到这位新型领导者带来了世界急需的领导作风。民意测验显示，亲切友好的戈尔巴乔夫在他所访问过的大多数非共产主义国家都能轻松获得政治职务。但是，他自己的国家却对他表示怀疑。很明显，勇于创新的整合型领导者角色如果由其他国家而非本国的领导者担任，大家更容易认识到其价值。

由于被冷战中无休止的军备竞赛拖垮了经济，阿富汗战争又使苏联的政治和军事精疲力竭，苏联的经济陷入停滞，令人担忧。戈尔巴乔夫在改革时经常遭到不妥协者的蓄意破坏，改革者也因缺乏耐心而表示怀疑，这就给停滞不前的经济制度增添了额外的压力。在这个过程中，苏联的民族分离主义势力开始表达自己的意见，要求独立。当面临这样巨大的挑战，戈尔巴乔夫试图在原来合并的国家之间建立松散的整合网络，创建一个全新的苏联，其中的每个国家都能自己选择领导人。利用独立体，他把新的领导候选人吸纳进原来神圣的决策结构中来，而把叶利钦那样好斗不愿共享权力的人排除在外。

向市场经济转变的复杂过渡期还是不可避免地出现了混乱，排队等候食物的队伍变得越来越长，等候者的耐心却越来越少。戈尔巴乔夫夹在顽固的左翼分子和焦躁不安的改革者之间，又被仍持第二阶段思维、饥饿困惑的民众所误解，他最终下台了。

有些人可能会抱怨戈尔巴乔夫在政治和经济领域采取的行动不够迅速，或是改革的范围不够广，认为他的缺陷比他的支持者所承认的要更多。不可否认，戈尔巴乔夫存在失误和局限，但历史很有可能会认识到这位苏联领导人的丰功伟绩。戈尔巴乔夫在第二阶段的衰退期成为国家领导人，克服了当局者的短视，向新的领导力时代发出呼喊，新时代推崇的是合作而非斗争。

或许对戈尔巴乔夫举措的真实解读应在于，他在一个没有准备好接受这些新领导行为的环境中采用了整合领导力。由于没有支持者对其整合使命做出回应和支持，戈尔巴乔夫注定只能是一个过渡时期的领导者。然而，这位早期的整合型领导者所使用的策略，彻底改变了东欧的版图——事实上应该说是彻底改变了世界的历史进程。历史学家可能终会考虑这样一个事实，戈尔巴乔夫使他的国家一下子置身于整合时代，这要比他担任正式领导人的时间重要得多。

第三阶段的预兆：政治生态学家奇科·蒙德斯

弗朗西斯科·蒙德斯·费尔赫（Francisco Mendes Filho）自小就是从巴西热带雨林中的苦工逐步成长起来的，所以无论是忠诚的支持者还是坚定的敌人，都把他称为奇科·蒙德斯（Chico Mendes）。橡胶工人勉强依靠橡胶树为生，但橡胶大亨对橡胶工人和橡胶树肆意盘剥，1976 年，被激怒的蒙德斯开始将当地的工人组织起来。

种植园主对 seringueiros（特指巴西的橡胶采集工人）、其他森林居民和森林本身都无比残酷，但奇科·蒙德斯不为所动，仍百折不挠地在两条前线抗争：第一是保护受到威胁的橡胶树，第二是保护 seringueiros 的尊严。他领导了工会和亚马逊大种植园主之间的零暴力 empate[46]（僵局）抗争。他为了保护橡胶树而斗争，也是为了保证橡胶工人和巴西雨林的印第安居民能生存下去。

蒙德斯艰难地穿过大片森林，为他的橡胶工人工会招募会员。他向那些看起来不太可能的协作者寻求支持，其中包括政府官员和一个名字有点陌生、叫"环保人士"的群体。一开始，蒙德斯并不了解巴西雨林对全球生态问题的影响。温室效应、全球变暖和臭氧层遭破坏并不是他最初关心的问题。然而，随着和国内外的私人及政府组织就自己的事业进行交流，他开始把自己关于人类尊严和雨林保护的愿景和环保主义者的生态政治使命联系起来。到 1985 年，他已经把环保人士关于全球的梦想和自己的梦想紧密联系在一起。

蒙德斯不知疲倦地致力于构建一个由不识字的橡胶工人、小农场主、政府官员、政治家和环保人士共同组成的网络。最后，他还吸引了受过良好教育的贵族和善于表达的知名人士，他们能帮助宣传他的事业并提供资金帮助。蒙德斯身穿一套由美国教会组织捐助的皱巴巴的西服，坚持不懈地游说官员，一开始是在巴西，后来发展到向世界各国进行演说。他没有接受过外交礼仪教学，但能根据不同的组织进行不同的宣传，其中包括世界银行和美国发展银行，他想趁一切还来得及的时候寻求各方的帮助。

在一次具有讽刺意味的变数中，这位来自靠近秘鲁边境的巴西阿克里州的农村领导人经过努力，成功组织了由伍斯特侯爵夫人和伊姆兰·汗（Imran Khan）赞助的一场时髦的"热带雨林舞会"。在距巴西乡下 6000 英里的伦敦莱斯特广场剧院，社团艺人正为巴西的热带雨林筹款做宣传，他们身穿"热带裙子"翩翩起舞。

蒙德斯的贡献并不仅仅在于组建了一支非常多元化的支持者队伍。和他的橡胶采集工人伙伴及环保人士和人类学家一起，他逐步形成了"采掘保护区"（extractive reserce）的概念，将其作为森林居民的植物保护区，使其中种植的橡胶、巴西坚果与其他当地水果、药材能保证森林持续发展。1988年10月，在他的要求之下，政府最终宣布将沙普里附近原本用作采集橡胶液的一块61 000公顷的土地作为"采掘保护区"。政府一共建立了四块保护区。对于蒙德斯的事业来说，这是意义非凡的胜利，但对于他的敌人来说，这可能是一个终极侮辱。

就在环保人士在"热带雨林舞会"上和贵族名流翩翩起舞时，蒙德斯冷静地告诉他的农村支持者他受到的死亡威胁。土地大亨达利·阿尔维斯·达西尔瓦（Darly Alves da Silva）曾承认蒙德斯的活动严重危及了他的财产，扬言要杀死这位热带雨林的捍卫者。蒙德斯预言自己活不到带领大家再次进行另一场斗争。

1988年12月22日，在那场舞会结束的短短五个星期后，蒙德斯和保镖打完牌准备走出他家三居室的后门去户外的厕所时，刺客一连串的子弹击中了他的头部和心脏，给这位44岁的领导人造成了致命伤，也使他保护巴西雨林的努力戛然而止。[47, 48]

如今，蒙德斯未竟的事业由其堂弟瑞蒙多·巴洛斯（Raimundo Barros）和奥斯马里诺·阿曼修·罗德里格斯（Osmarino Amancio Rodriguez）及他们的同事一起继承。1989年的复活节那天，在里约布兰科举行的一次历史性会面中，橡胶采集工人和来自不同部落的印第安人之间结成了新的联盟。这些印第安人有的本以采橡胶为业，分别来自占婆（Campa）、卡克西那瓦（Kaxinua）和科瑞纳克（Krenak）的部落遗族，而他们都被大型的国有公司驱逐出了自己的土地。Ribeirinhos（南美靠河居住的传统人群，指河边住民，乳胶、树胶及天然热带药材收割工人）和橡胶采集工人、印第安人、教会领袖、环保人士以及巴西的知名生态活动家团结起来组成联盟，再次献身于他们先烈为之奉献的事业。

一份里约布兰科会议的报告表明，整合领导方式正广为流传，但同时也表明，抵抗仍然存在，抵制人群甚至包括那些出于善意的人，因为他们对这些巴西活动家在全球范围内建立的政治联系表示担忧：

在里约布兰科体育馆的舞台上，一名橡胶工人头戴 poronga（一种装有蜡烛的安全帽，方便其天亮前行走于森林道路），在人群的掌声包围中拥抱了一名占婆印第安人，这个举动象征结成新的联盟。正如奥斯马里诺对在场人士说的，自从奇科·蒙德斯被杀之后，情况发生了变化……他的死表明，需要加强整个亚马逊地区的领导，需要采用更宽广的政治视角，和建立一个有力的组织网络。但奥斯马里诺和另一位 seringueiro 领导者瑞蒙多·巴洛斯（奇科的堂弟）所指的更为宽广的政治视角也代表了新时代的到来，这个时代或许是里约布兰科第一世界的使者不太欢迎的。[49]

奇科蒙德斯的传奇故事仍为整合领导力带来了希望，预示第三阶段的到来。他的改变和成长标志着 20 世纪 70 年代以来环保运动发展的整个历程，反过来也和世界范围内从第二阶段向整合时代的变迁相呼应。[50]

进入第三阶段：对领导者和支持者都有新要求

在本章中，我们已经看到变革的引擎正推动我们同时向不同的方向发展，全球范围内的互依性增强，多元化又导致了更为严重的分裂。我们在甘地、金、戈尔巴乔夫和蒙德斯的事业中已经"隐约能从镜子中"看到一种新型领导力的轮廓，这是一种比第二阶段范式更有望能够经受这个新时代考验的领导力。

由于领导者和支持者密不可分地联系在一起，一个变化必然会引起另一个变化。虽然本书主要讨论的是领导者必须做出的改变，但领导者对第二阶段行为和思维方式的背离还是应该得到支持者的支持，因为他们彼此能够起到互补的作用。

成为第三阶段的领导者

能够有效处理好第三阶段问题的领导者，必然具有相应的远见和技巧，能平衡处理相互冲突的优先事项。他们应该努力找出一些新措施，能够把多种不同群体的经济、政治、卫生和教育方面的需求有机整合起来。这些领导者必须要把不同的支持者组织到一起进行对话，支持者不分城乡，不分贫富，也不分第一、第二或第三世界。第三阶段领导者面临的问题要求他们能够带有功利性地推动工作，但又不违背道德，建立一个由不同领导者和不同群体甚至不同的国家组成的松散网络，就此形成的解决方案能应付共同面对的问题。

第三阶段的领导者必须能让意见不一致，甚至以往互相敌对的群体相信，他们的命运联系在一起，为了共同顺利地发展，大家都要做出贡献，甚至做出牺牲。他们还必须能够在相互竞争的组织之间搭建桥梁。这样的领导者把领导者网络内部的人都视为同事而不是竞争对手，能从这种连接关系中看到长处。他们的领导力具有一个特点，那就是他们有能力把互依性和多元化从敌对的力量转化成共生的力量。

这些新生的整合型领导者已经采用令人眼花缭乱的整合技巧来进行谈判、劝说、协助、培育和合作，为更大的群体事业做贡献。他们投身于超个人的事业，并号召同事和支持者做出能让他们自己变得高贵的重要牺牲。安妮塔·罗迪克（Anita Roddick）和比利·肖尔（Billy Shore）（在第 1 章中初次提到）是我们所称的第三阶段领导者的典型。他们能够和利益不同的顾客、社区群体、员工、股东、公司、（非营利性的）第三部门组织、政府和金融组织轻松地进行谈判协商。他们能够在不损害将来利益的前提下在当下发挥作用。他们通常的做法是把不同的派别出人意料地拉到一起协作。他们在自己的生活中也同样追寻意义，同时也为他人创造机会，通过真实体验找到在组织和社区项目中的意义。（我们在第二部分对这些领导者进行了更为细致的探讨。）

从第二阶段的支持者进化成整合时代的支持者

整合时代的过渡期仍然存在很多麻烦，麻烦主要来自第二阶段支持者的抵制，他们不支持即将到来的整合型领导者。即便整合时代已经初现曙光，但各地的支持者还是很难体会到这个新世界的复杂性需要的是长期缜密的对策。

我们在第 2 章中考虑了所有心理和生存方面的原因，对于领导者，甚至对于熟悉的第二阶段领导者的矛盾情绪，从首席执行官的频繁变更以及对政治领导者波动幅度极大的支持率都可以看出来，甚至新当选的领导者也很难保证让民众持续满意。尽管支持者声称想要值得尊敬、体贴入微的领导者，但对于那些哪怕是最复杂的问题，他们仍渴望有快速的解决方案。日本新闻界报道称，商业领域的领导渴望能有一个"政治英雄"，一个强有力的领导者（哪怕他是个

"暴君" [51]）能够解决国家面临的困难。

　　哪怕是那些曾经深受公众尊敬、以压倒性优势当选的革命性领导者，也很快就会被支持者拒之门外。到 1995 年年底，曾被视为偶像的波兰领导人莱赫·瓦文萨（Lech Walesa）就被赶下了台。俄罗斯的鲍里斯·叶利钦眼睁睁看着自己在 1991 年高达 85% 的狂热支持率在 1995 年车臣战争期间下降到了 6%（甚至低于尼克松总统因水门事件导致的悲惨支持率）。[52]

　　即便支持者个人仍将领导者视为偶像，但对领导者的政策和下属的鄙视也显露出他们的矛盾情绪。诺贝尔奖获得者纳尔逊·曼德拉在 1995 年获得了 62% 的支持率，但支持者对于他领导的政府只有 40% 的支持率。[53]

　　对于新的领导者，公众借助媒体的报道才能看到他们，并对他们进行评价，但媒体仍然用第二阶段的标准来衡量新领导者。快速浏览政治专家的评论就可以看出来，自小马丁·路德·金时代以来，情况并没有多大改观，很多支持者宁可进行抗争也不愿转向第三阶段。

　　但无论我们愿不愿意承认，第二阶段老式的个人主义正渐渐消失。领导者和支持者的个人命运被迫和更大群体的命运拴在一起，需要借助全球化网络来解决这些共同问题。互依性应该超越狭隘的个人主义，然而多元化产生了往不同方向发展的各种新式个人主义。只有那些能够把有力的工具型方式才能和既独立又相关的技巧有机结合起来的领导者，才能处理好这些强大离心力造成的复杂问题和矛盾冲突。

　　整合型领导者要求支持者积极参与领导，而非以观望的姿态评价，而第二阶段的支持者由于不习惯这种方式，顽固地抵制新领导者的陌生策略。他们想要有发言权，却往往不愿意承担未来的责任，而那些责任是在第三阶段拥有重要发言权所必须承担的。尽管有些未来的支持者慷慨陈词，但他们还是倾向于保持原来的支持模式，被动地对家长式的领导者做出回应，由领导者承担压力。

　　第二阶段的支持者很难理解那些愿意花时间向其他领导者甚至还向广泛的支持者咨询意见的领导者。为了寻找办法平息他们存在的焦虑，传统的支持者一直欢迎能迅速有力地做出决策的领导者，哪怕那些决策考虑得并不周全。随着我们跌跌撞撞进入整合时代，"迅速"和"强硬"对于第二阶段的支持者来说仍然比协商式的、深思熟虑的整合式行为更加容易接受。为了做好迎接整合时代的准备，支持者必须培养一种习惯，抽样考虑其他人的观点，哪怕这样一来会延长决策过程。

要从第二阶段向整合时代转型还意味着，支持者需要改变对于他们所属组织的看法。这个过程要求支持者放松与他们自己所在组织的紧密联系，哪怕不能强烈支持，也使自己有余地支持其他组织甚至支持竞争对手。对于大多数员工而言，终生就职于同一家组织的可能性越来越小，这种做法只能说明这是朝着正确的方向前进。政治党派的顽固拥护者同样需要缓和姿态，欣然接受一个复杂社会中以往互相冲突的不同需求。在全球化时代，无论在哪里，各地的支持者都应该思考行为和态度上需要具备弹性，符合世界公民的要求。只有摒弃独裁领导者带来的安全感，承担起自己的合法责任，才能破茧成蝶，成为成熟的支持者。

随着第三阶段拉开序幕，那些曾经给第二阶段的领导者提供过指引的简单方案，虽也曾安抚过眼界狭隘的支持者，但新的变化趋势使我们不再相信那些方案。若想既能接受挑战又能收获第三阶段的馈赠，领导者需要有睿智的头脑，能够满足不同层次的互依性对于认同和表达的不同需求。我们也不需要缺乏独创性的支持者，而需要极具责任感的支持者，他们要能乐于承担自己相应的责任。

在本书的第二部分，我们将详细探讨一个领导力模型，这个模型有别于传统的观念，更适用于第三阶段的转型背景。整合领导力模型能将这种新式领导力的特点解释清楚。这个模型把我们所研究的早期整合型领导者体现出的东西变成了非常具体的设想，即他们的事例对于他们的后继者来说代表着什么。

Connective Leadership

Managing in a Changing World

| 第二部分 |

整合领导力模型

领导风格解析：
第 5 章 ‖ 直接型、关系型和工具型

实践之于政策，好比风格之于信仰。风格只是信仰产生的结果，是我们内心所想产生的结果。

——马克斯·德普雷（Max De Pree）[1]

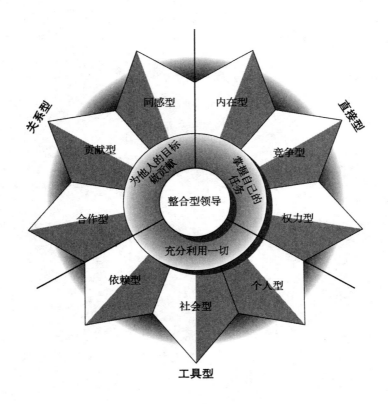

在前面几章中，我们探讨了构成我们领导形象的基础，也阐释了截然不同的新式领导力为何是第三阶段整合时代必不可少的东西。我们也看到，早期那些有预见性的整合型领导者采用的领导策略超出了跟随者的接受范围。为了让大家对整合领导力有一个更完整的了解，我们需要借用一个理念性的工具，以便更加详细地描述领导行为。

本章和接下来的三章提出了整合领导力模型这一工具。该模型帮助我们分析领导力，并根据领导者潜在的行为偏好分析这些领导人物，我们将他们的行为偏好称为**成就方式**。[2]凭借经验和直觉，整合型领导者学会了利用各种成就方式，使他们能够更为恰当地应对第三阶段的环境。当然，成就方式并非整合型领导者所独有，只要充分理解上述模型，其他有抱负的领导者同样可以学习如何利用这些方式。

有了整合领导力模型，我们对于领导力的研究不再局限于简单的描述，而是提出了一种方法，使领导者能有意识地采用多种方式进行系统性领导。该模型不仅能使领导者知己知彼，了解自己和其他领导者的领导风格，而且能知道特定情况下所需要的领导行为以及每个组织所看重的领导风格。

本章首先描述了该模型背后的学术动因，其次回顾了有关成就方式和思维过程的研究，正是思维过程把成就方式与整合领导力联系了起来。随后，详细阐述了这一模型，包括其实证基础和已经开发出来的三种测试和运用工具。接着，本章描述了我们为何会逐渐倾向于某些领导风格，以及这些个人倾向模式，或称之为成就方式，是如何使我们忽略对现实情况的感知，从而做出不恰当的应对行为。本章还说明了情境暗示的重要性，提示我们如何根据情境来确定不同情况所需的成就方式。

某些具体的行为能够反映出根植于组织文化中的价值观，因此本章在最后讨论了组织对这些行为（组织成就方式）进行奖励的方式。总体而言，本章介绍了领导力模型的概况，而接下来的三章则结合了现实领导者职业生涯中的真实例子深入探讨了构成这一模型的三种成就方式——直接型、关系型、工具型。

在开始概述之前，提醒大家注意三点。第一，这个模型主要用于阐述人们如何实现自己的目标，重点不在于目标本身，换言之，成就方式只是手段，不是目的，人们只是用这些方式来达成目标。我们或许可以将这些成就方式看作可实行的策略、个人技术甚至是人们早已熟知并一直采用的方法。

第二，多数人具备的成就方式都不全面，在追求目标时，他们只是反复采用同一种组合的行为方式，即使这些方式与目标并不契合。此外，他们总是会忽略那些在特定情况下可能更为相关的成就方式，原因只是他们会对这些方式感到不自在。多数人重复采用固定的两三种方式，但在解释九种成就方式时，为方便起见，我把人们**视为如同他们"纯粹"依赖单一的成就方式**。

第三，需要记住的是，这些成就方式通常是人们很早就学会，并在后续的成败经历中不断强化的。既然这些方式可以被学会，那么也就可以被遗忘、改变、完善和扩展。因此，领导行为是可以发生改变的，而多数人可以通过学习如何表现使自己在第三阶段成为更加成功的领导者。

从普通行为到领导力

从童年时期，我们就学会如何完成一件事，如何实现我们的目标。由于我们的父母和监护人各不相同，他们的价值观和对我们的期望也有所差异，所以我们并不会强调完全一样的行为。我们有些人学会了独立完成任务，而另外一些人则学会了寻求帮助；有些人学会知人善任，而另外一些人则学会选用不同的方法实现自己的目标。经过反复摸索，有成功也有失败，从中我们也会发现把不同的策略进行组合也可能是行之有效的方法。成就方式只是用来达成目标的行为、社会技巧或是用来处理生活和领导过程中所遇到的问题的个人方法。一旦要求我们承担领导责任，成就方式就是我们表现出来的领导行为。

然而，在非领导职位上能够起作用的行为策略因其局限性，可能不足以使我们承担起领导力所要求的更为重大的责任。无论是承担社会职务还是身处技术领域，要想实现目标，我们可能需要抛弃简单的技巧而选择较先进的方法，这就是创新的作用。[3] 例如，游泳运动员或许可以通过独自练习以及自己制定优秀的标准来学会跳水，但当跳水运动员晋升为团队教练，如果他们希望跳水队能变成一支一流、有奉献精神的队伍，就必须对自己原来不够全面的成就方式进行扩充。

从某种意义上来说，我们熟知的这些普通行为，也恰好是领导者用来实现目标的相同要素。它们是领导行为的来源，很少有领导者天生就掌握所有不同的成就方式。当然，有些人，比如甘地，似乎很有领导才能，甚至可以说是一种天赋。然而，大多数我们公认具有领导才能的个人，无论是正面还是反面的领导典范，在担任领导职务时都必须学习新的成就方式以扩展原有的方式，从而实现自己的目标。甘地最初不敢在公开场合讲话，他努力自学，通过使用激动人心的语言和信号来传递印度独立的愿景。

世界一流的领导者就好比世界一流的数学家，我们终其一生可能只会遇到一两次。但是，正如对于多数学生来说，在接受辅导时做数学题的效果总是比毫无辅导时的效果要好一样，大多数人也能通过练习从而更有效地运用领导力。如若不然，为何还要费力研究领导力，难道只是为了欣赏仅在伟人身上表现出来的罕见特性吗？由于整合时代下的组织和社团内各个级别都需要领导者，所谓的普通人就更有必要掌握领导力的动态变化。整合领导力模型及其包含的一系列成就方式，能够帮助我们解释领导者及其他人为实现目标所采取的行为。

成就方式的早期发展研究：和整合领导力的关系

为了更好地理解整合领导力模型，有必要思考追溯这一研究的原动力，正是这些原动力使我最后识别出这一模式，即现在所称的"整合领导力"。通过回顾关于成就方式的早期研究如何引起我对这一模式的关注，将有利于理清成就方式和整合领导力之间的联系。

早期研究动因

关于成就方式的早期研究始于 1972 年，由我与斯坦福大学的同事哈罗德·李维特教授主持，整合领导力模型正是在此基础上产生的。[4] 我们这项研究的契机源于我们发现女性和男性为实现他们的目标所采用的行为存在差异，这一现象引起了我们浓厚的兴趣。

在 20 世纪 60 年代，心理学家马蒂娜·霍纳（Matina Horner）在其著作中提出了女性惧怕在竞争环境中取得成功的假设，人们对这一观点的反响极为热烈。[5] 较早时期，心理学家戴维·麦克利兰（David McClelland）、J. W. 阿特金森（J. W. Atkinson）和他们的助理对女性的成就动机和表现进行过一些实验室研究，然而得出的结果并不明确，而霍纳的研究正是受其启示。[6] 根据霍纳的研究，女性似乎没有在设计的实验中做出预期的反应。在麦克利兰／阿特金森

（McClelland/Atkinson）实验中，针对以成功为导向的暗示，白人男学生表现出的成就行为明显增多，而女性却表现出不一致的行为模式，对于这一实验结果很难做出解释。

霍纳的著作表明，在竞争环境中，女性有"避免成功的动机"，在很大程度上是源于她们同伴的压力，个人的成功通常会在群体中产生负面影响。然而，同样的竞争环境完全不会抑制男性的积极性，事实上反而会极大地促进男性做出更多成就行为。

但是，我们认为，虽然女性对于竞争的抵触是确实存在的，但是她们并不比男性害怕成功，只不过采用的处理方式不同。因此，我们一直持有这样的观点：女性喜欢接受具有挑战性的任务，但不想自认为或被他人认为自己具有明显的竞争性。我们认为女性获得成就感的来源不仅包括独立完成任务，还在于通过协作以及帮助与她们有密切关联的人，尤其是她们的孩子和丈夫，来取得成功。

第二组研究与群体决策中的性别差异有关，这一研究也是使我们对人们如何实现目标这一问题产生兴趣的最初原因。组织行为主义者富兰克林·鲁本斯坦（Franklin Rubenstein）的工业污染情景仿真实验所得的一些发现令我们印象深刻。[7] 在那项实验中，受试者面临一个选择：是将所得的一部分投资用于环保以避免河流污染还是单纯考虑利用河流实现最大化收益？在全是男性的群体中，受试者倾向于第二种做法，而男性个体"实业家"为从河流中最大化攫取利益互相竞争，直到最后河流不能继续被利用。全为女性的群体则倾向于采用完全不同的策略。在女性群体中，所有受试者都把她们的一部分利润用于环保投资以防止过度污染河流，这种方式能使女性受试者持续不断地取得收益，虽然这一收益略低于她们充满竞争意识的男性对手产生的短期高额利润水平。鲁本斯坦的研究结果加深了我们的疑问，我们是否可以这样认为：男性以更为直接的方式处理任务，具有个人主义和竞争意识，而女性寻求更迂回的方式实现目标，注重互相协作及换位思考？

为了验证我们的想法，我和李维特开发了一个调查工具来监测个体的成就行为。我们把这个工具称为 L-BL 成就方式清单（ASI）。[8] 我们从 1973 年开始收集数据，数据的主要来源是公司高管及其他受试者，这些人既有来自美国的，也有来自许多其他国家和地区的，包括阿根廷和中国台湾地区。[9] 从 1984 年起，经过改良的 ASI 已经测试了 8000 多人。[10]

李维特在 1979 年之前就转向了其他研究，我也把关注点放在了公司和政治领导者身上。我们的数据库收集到的，以及全世界的领导者行为中体现出的不同成就方式组合，尤其让我感兴趣。正是这一原因使成就方式研究和后来被称为整合领导力的现象产生了明显的关联性。

从成就方式到整合领导力

从那时起，我开始注意到小部分领导者的行为存在一些特性，这些领导者似乎都能紧跟这个世界迅速变化的节奏。

首先，这一小部分人似乎不局限于采用那些被传统领导者或非领导层所偏好的狭隘的成就方式。第二，这些领导者频繁采用政治性、工具型方式，证明他们清楚群体和组织（或系统）的运转方式，他们往往偏好多种不同的工具型方式。他们时刻关注构建关系网，利用庞大的同伴关系网开展工作，用不那么专业的新方式把其他人带入领导圈；他们和其他领导者关系良好，拥有相似但不一定完全相同的目标；他们之间高谈阔论，交换各自的看法。如有必要，这些新的领导者也会像他们的前辈一样利用权力和竞争精神。但是，这些新一代领导者的政治行为似乎更注重为群体谋福利而非致力于扩张自己的权力。我开始把这种新的领导行为视为"整合型"，原因在于这种行为似乎形成于对生活中各种联系的认知和利用。

这些和其他类似的观察使我对成就方式和这种新式领导力之间的关系产生了浓厚的兴趣。直到很久以后我才意识到它们和领导环境的不同阶段的关系。最终，我认识到，尽管整合型领导者可利用的成就方式和其他人一样，但他们对资源的利用要更为全面、彻底，而且使用的方法完全不同。同时，我还开始注意到，多元化与互依性在社会层面增长得更快，多种不同的成就方式和这两个影响力之间存在相似之处。于是，我开始构思所有的成就方式，把它们看作整合领导力模型的重要基础。[11]

整合领导力模型概述

整合领导力模型描述了个人为实现自己的目标而大致采用的三组或三套行为方式（即成就方式）。对于这一模型的介绍，我们将从直接型开始，然后是关系型，最后是工具型。每一套行为包含三种不同的方式，共同组成九种成就方式（见章首图）。[12]

在社会层面，直接型与多元化的多种不同形式之间联系最为密切，这些形式容易让人联想到个人主义的种种表现。关系型注重对他人的认同，和社会互依性相似。工具型为根植于情感道德的行为提供了源泉，能够调和多元化和互依性这一对互相矛盾的影响力，直接型与关系型正好分别代表了这一对影响力。

为方便解释，九种成就方式被分成了三套，但并不是说这三套方式之间存在不可逾越的界限，从而把人们归为非此即彼的某一种类型。相反，相邻的方式大同小异，有些人还倾向于把两套甚至三套方式相结合。为了处理第三阶段的复杂问题，整合型领导者游刃有余地将各种整合领导风格以不同的形式组合起来。

直接型

第一套为直接型，主要关注个人为自己设定的任务。这些方式和多元化的影响力相关，聚焦于个人主义和多元化问题。偏好直接型的人直接面对任务或形势，很少需要中间人。他们特别关心在实现**自己的**目标的过程中表现得是否完美，主要关注对任务的精确把握度、自己的表现如何、是否足够卓越及拥有多大的掌控度。偏好这些方式的人紧紧把控着对于目标的定义以及实现目标的手段。

第二阶段的个人主义型领导者，如已故法国总统夏尔·戴高乐（Charles de Gaulle）就倾向于这种直接型方式。整合型领导者有能力合理使用这些方式，但和第二阶段的领导者不同，他们不必把这些方式作为首选，此外，他们也不愿被某一套方式的局限性所束缚。

直接型包含三种方式，即内在型、竞争型和权力型。

这些类型标签可能都很好理解，除了内在型。但即便是内在型，一开始也只是名称本身让人感觉陌生，而并非具体行为。这种方式的内涵或任务的内在本质能让个体为之精神振奋。正是目标所具有的挑战性和重要性吸引那些为这种方式着迷的人。往往一个清楚明确的愿景就能引起他们的想象，从而使他们的行为为之服务。

给定一个项目后，偏好内在型行为的人依靠自己而不是别人来着手开展工作。个人独自掌控局势，或个人独自负责某项任务或掌握某种技巧，这种挑战性能让这种类型的人激情勃发。攀登珠峰、开办新公司、组建新政党、发现新的星球、完成一幅壁画、研制出新的疫苗、设计出新产品和新的制造工艺、完成一场技艺高超的精湛演出、设计出简洁的实验等，这些都是内在型个人可利用的火石，从中擦出他们想象力和决心的火苗。

为努力实现自己的愿景，内在型的人对自己极为苛刻，往往会用最严格的标准来评价自己的表现，并和他们过去取得的成就进行对比。其他人如何看待他们挑战的本质和重要性，内在型的人对此并不上心。他们不会特别在意自己的表现是否让观众满意或失望。相反，内在型的人自有一套严格的内在优秀标准，他们用这个标准来衡量自己。"够好了"从来不是内在型的人会说的话。

艺术家迭戈·里维拉（Diego Rivera）、意大利电影制作人丽娜·维尔特米勒（Lina Wertmuller）和编舞者雅克·当布瓦斯（Jacques D'Amboise）等人都反映了这种内在型倾向，他们都更关注自己设立的而非观众的完美标准。戴高乐同样按照自己的节奏前行，虽然有时候会因此而失去人们的支持，有时候又会重获支持，但他一直为实现自己的个人愿景而努力，并从中获得直接的满足感，那就是要建设一个让人充满自豪感、自由、具有高度个人主义特征的法国。

另外两种直接方式非常相似：竞争型方式的名称取自具有竞争意识的个人想要超越他人的激情。做到最好是竞争型的人最在乎的事，竞争令他们保持活力。绿湾包装工队（Green Bay Packer）⊖有一句座右铭，也是其前主教练文斯·隆巴迪（Vince Lombardi）说过的一句话，即"获胜当然不是一切，因为获胜是唯一要做的事"。[13]

喜爱权力型方式的人会因为主持大局、负责协调及组织安排活动、资源和人员而热血沸腾。权力型的人可能会将任务分派给别人，但他们对于要做什么以及怎么做总是保持掌控，和第二阶段的许多首席执行官的行为如出一辙。受权力型方式吸引的个人会向别人指派非常明确的任务，提供详细的执行计划，设定执行标准和任务截止日期。

⊖　美国橄榄球队队名。——译者注

关系型

第二套成就方式为关系型，主要以他人的目标为导向。这些方式和互依性在社会中的影响力有关。偏好关系型的人很容易参与群体任务或为他人的目标做贡献。他们愿意放弃对实现目标的手段和目的的控制，通过对其他人的强烈认同——可以是个人（无论是家人还是受尊敬的历史人物）、群体（如足球队），甚至是组织（如军校），使他们或主动或被动地为其他人设定的目标做贡献。通过热情参与、支持别人获得成功，关系型的人从中得到一种强烈的成就感、自豪感和愉悦感，即使有时候他们和被支持者之间并无私交。

关系型包括合作型、贡献型和同感型三种方式。

采用合作型方式的人喜欢和他人一起在团队与合作项目中工作。群体的协同作用让合作者保持前行。他们共享荣耀，分担成功必经的艰辛，遭遇失败时也共同承担责任。友情的凝聚进一步强化了共同的努力，也构成了回报的一个重要部分，美国公共电视台的麦克尼尔－莱勒（McNeil-Lehrer）新闻团队表现出的正是这种方式。

贡献型的人有一些不同，他们主要从帮助他人完成所选的任务来获取满足感。虽然他们知道主要的成就属于对方，但仍能从自己贡献的那部分中获得成就感。我们会在下文提到一个令人触动的有关贡献型行为的例子：登山运动员麦克·科比特（Mike Corbett）帮助他的截瘫患者朋友、曾当过守林员的马克·威尔曼（Mark Wellman）实现自己的梦想——登上优胜美地国家公园的酋长岩。

偏爱贡献型的人不一定有帮助他人的动力，因为他们缺少自己去做的才干和决心。相反，他们通过为他人的成功做贡献获得真切的满足感。当然，一般来说，由于这九种成就方式中的每一种都是个人特有的优选组合（或偏好概况）中的一部分，在特定情况下采用贡献型行为的人在其他条件下可能会为了自己的利益而采用直接型方式。

那些首选最后一种关系方式，即同感型的人实际上不会直接参与他人的活动。相反，他们会鼓励或帮助他人取得成就。他们充当导师或是崇拜者的角色，为他人出谋划策或加油打气，并从他们所支持的人和群体所取得的成就中获得极大的自豪感。

　　所有父母，只要看到孩子上台表演，目睹他们在比赛中勇敢地得分，或是看到他们赢得梦寐以求的奖励，都会感同身受地体会到一种自豪和喜悦并存的成就感。哈德莉·海明威（Hadley Hemingway）是美国作家欧内斯特·海明威（Ernest Hemingway）的第一任妻子，她曾表达出对他人成就的强烈认同感，认为他人的成就满足了她对于成功感同身受的需求："是的，我不写什么小说故事，但厄内斯特写，那实际上就是一回事。"[14]

　　对于感同身受的人来说，即使他们和实现目标的人不存在私交，他们也可以产生成就感。这一点看看足球迷表现出的自豪感和他们与球队的"联系"，或是流行乐队迷自以为的和他们的摇滚歌星偶像之间的联系就可以发现。

　　西奥迪尼（Cialdini）、尼古拉斯（Nicholas）和他们的助理做过有关"通过联系展现自我"的研究，结果表明，有些人通过认同"优胜者"并与之产生联系来获取一点自尊[15]，哪怕他们之间的联系相隔十万八千里，就像足球迷坐在位于另一大陆的沙发上为球队欢呼一样。人们声称和成功人士有关联，但这种关联往往是比较牵强或微不足道的，比如同一天生日。通过多个设计独特的实验，西奥迪尼和他的助理向我们揭示了个人与成功人士相关联的各种方式，指出人们通过宣称和成功人士之间具有"细微的联系，从而沉浸在来自他人成功的荣耀中，由此来间接展示他们自己的公众形象"。[16]

工具型

　　第三种也是最后一种成就方式叫作工具型，因为偏好这些策略的人通常把一切（包括他们自己、他们的人际关系、情景和资源）当作用来实现目标的工具。喜欢工具型方式的人清楚地了解最为微妙的人际互动关系与最为复杂的群体发展进程或人类系统。在组织内，他们依靠友情和各种人际关系的帮助，在非正式系统的小道上顺利前行。人和政治让工具型的人为之着迷，他们对政治发展进程非常敏感，并能从最细微的东西中筛选出有价值的信息，判断出各种可能性。偏好这种方式的人把所有人，包括自己和他人，都视为实现目标的工具。他们保留对目标的掌控，但允许甚至鼓励他人去塑造实现目标的手段。

　　由于工具型的人充分将自己和周围的一切来为己所用，所以他们的表现往往类似于马基雅维利向君主推荐时的那种做法。但是，当整合型领导者采用工具型方式时，他们在道德上对于利他主义的考虑使他们不同于《君主论》中的马基雅维利，因为后者的策略带有利己主义的缺陷。这就是为什么我们在第 1 章中把整合型领导者采用的工具型方式称为"改造了的马基雅维利主义"。

工具型的三种方式为个人型、社会型和依赖型。

第一种是个人型方式，涉及如何利用自我，这个策略涵盖很多有意思的领域。为了追求成功，偏好个人型方式的人会利用自身拥有的每一项特性和个人资源。个人型的人利用他们的头脑和智慧来吸引支持者加入到自己的事业中来。他们善于利用个人魅力、极具戏剧性的天赋、外形上的吸引力、强烈的性欲、家庭背景和过去的成就，甚至他们母校的名望来吸引支持者，同时用幽默自嘲来抵消那些强大天赋给他人造成的威胁感。

个人型的人尤其擅长用戏剧性的手势和反直觉（预料之外或充满矛盾的）象征来传递自己的愿景，吸引他人加入到自己的事业中来。他们具有敏锐的戏剧协调感，有时甚至近乎怪异，却能让支持者为之兴奋、愉悦，有时甚至是惊叹。

个人型的人经常表现出细致的时间安排和平衡能力，并且能够在最恰当的时刻恰到好处地采取行动。他们总是能够正确选择合适的服装，具备得体的礼节，并据此向人们传递一种信息：他们的目标非常重要且真实可信。比如，英国君主为推动印度独立时特意挑选出的总督蒙巴顿勋爵（路易斯·蒙巴顿，Lord Viceroy Louis Mountbatten）在卸任时展示了英式盛大场面的宏伟气派，他这些个人策略的出发点是要使印度臣民相信，他们的总督大人仍具有影响力。[17]

个人型的人在向他们的潜在支持者传递信息时可能会因为魅力出众而大放光彩。他们扣人心弦的表现让观众着迷，观众随时愿意加入到他们的事业中去。甘地和戈尔巴乔夫的个人魅力与戏剧化的手势赢得了全球支持者的心。比尔·克林顿作为总统候选人时，采用城市会议的模式直接和选民交流，这是个人型行为的一个极佳例子。克林顿和另一位候选人艾伯特·戈尔（Albert Gore）在他们的第一次竞选活动中使用了象征平民主义的竞选大篷车，激起了选民的政治联想。

协商和劝说属于个人型的人得心应手的活动，他们能轻松地劝说他人达成一致的观点。偏好个人型方式的人把自己和他人以及非个人的资源看成商谈协议的工具。在谈判者这个角色中，个人型的人确切地知道如何展现自己，何时提出条件，如何充分利用戏剧性的时刻。社会环境中各个级别的多元化都会造成利益冲突，因此，利用自己和他人来跨越这些鸿沟的能力变得越来越宝贵。

另外两种工具型方式较少关注通过施展个人魅力来吸引支持者，而是关注利用关系来办事。偏好社会型的人结交并善于利用"门路"，他们总是清楚地知道每个新结识的人可能会在他们宏伟的计划中起到什么样的作用，如果现在不起作用，或许过些时候会有用。不论面对什么任务，社会型的人总能立即翻开他们脑中的名片盒，找到具有任务所需知识、才能、经验或其他门路的那些人。他们建立并维护伙伴关系网，根据形势需要加以利用。美国前总统乔治·布什以其在危急时刻善于利用多年的伙伴而出名。除了个人型方式外，比尔·克林顿还使用社会型策略，凭借广大的伙伴和朋友网络推进目标，其在就职前召集多年的伙伴及顾问进行高层经济会谈，这就是社会型的人的典型做法。对于偏好社会型的领导者来说，推进日程的关键在于你认识**谁**，而不是你懂得什么。

采用依赖型方式的人的表现略有不同。他们只希望身边所有人都能提供帮助，实现在他们看来属于大家共同的目标。他们不需要具体的才能或经验，但懂得仔细寻找有能力的候选人。依赖型的人对其他人的期望通常都会奏效，很大程度上是因为他们的预期和信任催生了他人的动机，激发了他们的创新能力，鼓舞了他们的信心。被领导者委以重任的人往往会产生自豪情绪，焕发起创新精神，产生主人翁意识。

直接型的人对目标以及实现目标的途径保持严密的控制，采用依赖型行为的人与其不同，他们只有一个很简单的目标，即希望他人能够分担任务，帮助自己实现目标。他们乐于咨询他人意见，通常会让他们的受托人自己选择处理问题的具体方法。采用依赖型行为的人完全相信他们的伙伴不会令自己失望。

依赖型的人的这种信念一部分基于他们对于选择有能力的帮助者具有全面清晰的判断，另一部分则基于依赖型的人自己对于托付过程的把握，因为把自己珍视的愿景托付给他人会引起持续的焦虑，需要有承担风险的能力。一家零售连锁企业的首席执行官曾说起过，他们公司赋予员工足够的信任，让他们制定涉及数百万美元的决策。尽管他承认人们偶尔会对这种风险极大的做法有所顾虑，但这位首席执行官依然继续这样做。

依赖型的人也明白，将一个人的愿景托付给他人就像给予对方一份珍贵的礼物，会使接受者对于赠予者心存感激。这种恩惠会造成一种紧张、不平衡的局面，令接受者不安，除非用一份相称的礼物作为回报：即实现赠予者的期望。[18] 这份珍贵礼物的接受者会深入挖掘自己的内在——找到创新能力、责任感和忠诚意识的源头，来满足赠予者的期望，并缓解自己的亏欠感。通过这种方式，依赖型的人促使受托付者产生新的想法，使他们成长并接受领导。有些家长将一致的价值观解释清楚后让他们的孩子自己去实践，这样的家长凭直觉知道依赖型行为所包含的特殊成长荷尔蒙。

我们如何形成优选方式

通过各种尝试，大多数人最终都会选择一种特定的组合方式，以此来实现他们的目标。一些人更偏向于直接型、关系型或工具型这三套方式中的一种，而另有一些人的优选方式则可能涉及两套甚至所有的三套方式。理解这些优选方式的选择原因十分必要，因为我们大多数人很难越过自己的思维模式去看问题。对优选方式不够了解可能会干扰我们的判断，使我们不能更广泛地去选择适合自己的领导行为。

了解我们的优选方式

我们很有可能在童年时期就开始了解成就方式了，那时的需求究竟是获得了满足还是受到了阻挠，这会对我们产生重要的影响。当我们需要帮助的时候，我们通常都会看父母或者其他监护人有什么样的反应，长此以往，我们就可以积累经验来学习如何得到我们需要的东西。父母、老师和其他行为榜样的行为不仅受到他们自己的成就方式和一般抚养方式的影响，也会受到当时所处历史时期流行的文化价值观的影响。正如我们在第 2 章所提到的那样，没有哪个时代的人是不受普遍存在的外力影响的，那些力量影响了我们最深层次的心理需求。在这样一种更为宽广的存在背景和历史背景下，我们主要通过反复试验来探究如何影响环境中的人和事。

了解直接型方式

有些家长认为，不应在孩子一有要求时就立即满足他们，他们担心这样会把孩子宠坏。而另外一些家长可能只是因为太不关心或太忙了，所以希望孩子能尽早独立，不用他们帮忙也不抱怨。这样的家长可能会培养出偏好直接型的孩子，这些孩子会通过内在型、竞争型和权力型等方式来实现自己的目标。

　　这样的家长会让我们感觉很不错，因为他们的孩子在很小时就已经非常独立成熟了。他们的孩子发现独立做事很有意思，对自己和自己的小世界负责也很有满足感。在这一类型监护人的监管下，孩子在很小的时候就学会自我负责，并直接依靠自己行事来获得乐趣，他们明白比起让其他人为自己做事，自己行动往往效果更好也更迅速。于是，他们喜欢上了那种自立、能干和掌控的感觉。

　　对于有些直接型的人来说，当自己掌握任务，特别是自己出色完成任务时所得到的满足感本身就是一种奖励。对他们而言，挑战智慧让自己更兴奋，而不是感到恐惧。

　　很多时候，内在型的人不需要别人赞扬他们的事情做得很好，因为他们早已形成了自己的严格标准，他们会用自己之前的成就水平来衡量自己所做的事，并总是希望能够尽善尽美。

　　其他自我依靠型的人通过把自己和周围的人进行比较来评价自己的表现，然后不断完善自己。他们比较喜欢充满竞争的环境，特别是在一群特别优秀的人中因表现最佳而获奖时，竞争的魅力就会显现出来，获胜能使人分泌肾上腺素，使人变得兴奋，也带来了别人的大量关注。

　　还有其他一些直接型的人，他们意识到除非自己能够控制任务涉及的各个方面，否则并不能真正掌握一项任务，所以他们逐渐利用权力来实现个人目标，进行协调、引导和托付，这样做似乎并没有对自己造成什么困难，而且作为领导者往往还会获得赞誉。事实上，掌控大局会让权力型的人兴奋不已，他们喜欢权力带给他们的操控感。此外，他们意识到，利用权力的策略可以帮助他们大大降低对他人的依赖程度，而这种依赖往往会造成延误。

了解关系型方式

　　尽可能满足我们需求的家长让我们认识到，协助别人一起做事能让人获得满足感。我们认识到人际关系是满足感和愉悦感的来源，甚至能让我们产生自豪感。以上这些都是对于合作行为的初步认知。

　　我们还发现，对他人的需求表示认同，是通往同感型行为的第一步，我们会认为他们的成就有意义并且有趣。

　　此外，我们还发现孩子每学会一项新的技能都会让他们的父母或其他监护人高兴。而监护人乐意满足孩子的需求，这样的反馈让孩子觉得协助他人，尤其是为他人的成就做出贡献并引以为豪（同感型行为），本身就是一种成就。

当孩子慢慢长大，很多人鼓励孩子分担家务并参与家庭活动。如果帮助他人的体验是积极的，采用贡献型方式合作或仅是在他人的工作中提供帮助就会让我们获得成就感。不仅如此，我们还会相信别人也会这么做。

这种类型的成人是让人感到舒适的行为榜样，是我们确信自己能够学习的对象。我们从他们身上认识到，人们能够共事和互相依赖，能够拥有共同的希望和梦想。总之，这种人与人互帮互助的人际关系让人感到满足和自在，而与他人共事、为他人做事成了获得愉悦感和成就感的主要来源。

了解工具型方式

有些孩子的家长不太乐意回应孩子的求助，当孩子需要什么东西时，他们的反应往往比较迟缓，这让孩子意识到，需要通过做一些特殊的事情来吸引他们的注意：像哭得更大声、屏住呼吸、大发脾气、微笑、逗弄、大笑、施展个人魅力等，以此来满足自己的要求。

我们很早就了解了个人行为的要素，通过做出特别的动作和穿奇异的衣服来使自己的需求戏剧化。另外，把握好时间也非常重要。我们会利用个人魅力和幽默或怒火和泪水，把自己的父母耍得团团转。他们的反应反过来使我们意识到，利用自己和利用他人这两者之间还是存在一些细微差别的。渐渐地，我们变得非常善于诱使他人加入我们，从而帮助我们实现自己的目标。

最终我们学会利用自己的一切——智力、魅力、智慧、幽默、仪态、外表、性取向、过去的成就甚至家庭背景，来吸引支持者参与到我们的事业中来，并且知道了如何利用自己来说服他人、与他人协商，从而使他们对我们想做的事表示支持。

我们还认识到生动形象地表达自我和自己的目标会让我们更有吸引力，别人会更愿意加入我们，讲话的时候再多利用一些夸张的手势就会让他们觉得我们更有魅力，就此把他们变成我们的忠实支持者。

除了把自我作为实现目标的工具外，我们也认识到可以用类似的方式把他人作为自己的工具。有些工具型个人培养社交技能，对哪些人适合哪些任务进行辨识并分类，把新认识的人归类于自己的潜在伙伴社交网络，这些都是社交型的人典型的做事行为。

有些家长则会非常迅速地满足孩子的需求，有时实在过于迅速，他们的孩子根本没有时间思考自己能做点什么。他们的孩子就会逐渐明白，他人一定会帮助自己满足自己的需求，于是学会依靠身边的每个人，他们就会慢慢采用依赖型行为。

成功会带来更多成功，有时也带来局限性

一旦我们形成了一套行之有效的成就方式，我们往往就会偏好只使用这一套方式，避免采用过去让我们失望或没能成功的行为方式。事实上，未经有意识地思考，我们就会反复使用让我们信赖、感觉可靠的行为方式，因为这样会让我们更加得心应手。

成功、自信、精进、自在，这些成功要素之间能够互相强化。当我们将某些行为方式组合起来使用并且成功次数越多，对于这些组合方式的应用就会变得越有信心；对于某些策略，我们越有信心就越有可能对它们产生依赖；而当我们更为依赖、更为频繁地使用某些组合时，也会变得更为擅长，同时更加轻松自在。最终，这样一个成功、自信、精进和自在的循环使我们倾向于依赖这些熟悉并且能奏效的方式，从而忽略了其他方式。

这个强化循环会使我们变得非常熟练，能保证很多时候会取得成就。然而，这种循环也很容易使我们陷于行为定式，限制我们的领导。我们赖以生存的长处甚至可能会成为我们的局限，这听起来似乎有点荒谬。

偶尔出现的危机或其他不寻常的情况，或许会促使我们采用其他方式。如果危机很严重或持续时间很长，而我们使用那些新的方式取得了成功，我们就可能会把这些有利于化解危机的行为纳入我们的标准行为模式中。但往往在危机过后，我们又继续采用原来那些更为熟悉的策略，所以我们倾向于总是坚持同一种选择，而对于我们一贯不考虑但有可能会非常喜欢的方式，我们一无所知。

成就方式简介：一个窥察世界的镜头

大多数人使用的有限成就方式可以充当一个镜头，用来窥察他们的世界，这个过程会产生一些问题。

最佳方式及其简介

有两三种行为方式是无论什么情况下人们都会采用的，我称其为"最佳"方式。从理论上来说，最佳方式可以来自模型的任何一个部分，而在现实生活中也的确经常出现这种情况。但是，最佳方式往往是一些密切相关的行为，或都来自某一套方式，或来自相邻的两套方式。从1984年起收集的8000多份受试者数据表明，很多人倾向于选择那些紧紧围绕整合领导力模型的方式。

优选方式和未充分利用方式的独特组合形成了一个人的成就方式"概况"。就好像我们的指纹一样，每个人的概况由明显的纹路组成，这些纹路代表了我们频繁使用的方式和刻意避免的方式。我们的优选方式范围越广，对不同情况做出反应的灵活性就越大。那些思想狭隘、局限于某些方式的人会发现他们的领导潜力受到很多限制。

整合型领导者之所以能够从人群中脱颖而出，是因为他们能够轻松驾驭九种成就方式，并根据不同的情况采用不同的组合。因为熟知完整的一套成就方式，所以他们具有极大的灵活性。尤其是他们采用工具型策略时的特殊做法，缓解了直接型和关系型行为的对立影响，使他们在复杂的第三阶段世界里如虎添翼。

透过成就方式镜头看：我们"制定"的世界

我们优选的成就方式不仅决定了我们如何应对不同的局面，还关系到我们如何看待一系列新的情况。一旦我们形成了明确的优选项，我们界定局面的方式就会发生变化，改为采用那些让我们感到轻松自在的策略，以便获得更多机会——有时可能是借口。透过我们的成就方式镜头观察这个世界，从而来"制定"这个世界或者对其进行解读，使它和我们的优选方式相适应。由于我们信赖的策略已经变成了我们的第二种天性，我们解读世界的方式往往遵循这样的原则，即要尽可能经常使用那些策略，哪怕有时候它们并不适用，甚至还有可能失效。

最近的例子是电视上推广某家银行的一个滑稽广告。广告中出现了一个宿舍的两位男大学生，其中一位的头发梳得一丝不乱，另一位则蓬头垢面。穿戴整齐的年轻人说自己在金融方面能力更强一些，因为他在该行有一个活期账户；

当发现室友跟他一样有账户时，整洁的男子一时很惊愕；不过随后他提起了自己的另一个竞争优势：他能找到自己的支票簿，而他那邋遢的室友正疯狂地翻找自己的支票簿。

通过"制定"世界和我们的最佳方式保持一致，我们能够轻松自在地应付大多数局面，即使无法每次做到。例如，竞争意识强烈的人一直把世界看成竞争舞台，就像电视广告中展现的那样。竞争型个人用充满竞争性的方式来界定多数局面，这样就为他们使用竞争性策略提供了理由。另一方面，合作者则把多数局面解读为需要团队合作的场景，当要求合作者自己完成一个任务时，他们的第一反应是打电话或发邮件组建团队，把别人拉到他们的项目中。

用自己很有把握的方式去"制定"世界，这样做一般不会有问题，因为在很多情况下我们的解读方式都是合理正确的。甚至有时当我们对局势做出了错误解读时，事情也会正常进行，原因在于，我们利用自己的言行举止把我们的解读转化成了自我应验的预测。正如社会学家 W. I. 托马斯（W. I. Thomas）[19] 提醒我们的那样，我们对于一个局面的解读促使我们做出相应的反应，好似那种解读是正确的。我们自己的反应会影响别人的反应，这反过来会把局面转变成我们最初以为的那种样子。

比如，在涉及多人的非竞争性情景中，竞争型的人通常把这一情景看成一场比赛，他们自己的竞争性反应就会激起别人类似的反应。通过这种方式，竞争型的人对于情景的解读就变成了一个自我应验的预测。讽刺的是，这种策略有时会给这些进行狭隘解读的"专家"一种优势，使他们比其他人可以先发制人；而其他人其实和他们有点相似，只不过依赖的是另一类狭隘行为，因此就要被迫使用竞争型的人所熟悉的方式。

尽管自我应验式预测的行为有时能取得成功，但也会产生一些问题。我们再来看一个竞争型的例子：在不适宜竞争的情况下，竞争型的人表现会很差，还会受他人排挤。此外，竞争型选手可能没法将他们的竞争型策略只用来针对对手，还可能会针对自己的队友。

强行对世界进行解读以使其和我们自己单一的行为方式相一致的做法，往往会导致灾难性后果。我们会在要求合作的情况下表现出竞争，或在仅需要提供帮助的情况下非要掌控，表现出以自我为中心和对权力的极度渴望等不好的行为。

或许你会想起美国前国务卿亚历山大·黑格（Alexander Haig）的例子。1981 年，时任总统的罗纳德·里根遇刺，在随后气氛紧张的数小时里，黑格陷入了困境。电视上播出了黑格的一条著名言论——"白宫由我负责"，这让全国观众大为震惊，因为他们期待黑格表现出在一旁支持而不是要入主白宫接管的姿态，由此造成了很大的负面影响。黑格意在让全国人民放心，结果弄巧成拙，这就是成就方式选择不当的表现，就像我的一些行政管理专业学生所说的，这是一个"CLS"（career-limiting statement），也就是"限制职业发展的声明"。

并非只有竞争型和权力型行为会让我们陷入麻烦，任何不恰当的成就方式都有可能造成这样的后果。比如，在一场危机中，我们本应该接手局面却等待别人来接手就会造成事与愿违的结果。在这类情况下，我们的成就方式因视野扭曲变形，会造成严重的短视。如果我们能够全面了解并使用各种领导行为，就可以根据不同局面的特殊要求选择更为恰当的方式。

当心，别受困

我们所有人，特别是领导者，都要面临复杂的情境，理智做出决策，然后采取行动，在所有的三个阶段都是如此。目前这个阶段与众不同之处在于局势的复杂性与日俱增。过去几十年已经发生了非同寻常的变化，而且整合时代的特点就是变化的节奏急剧加快了。面对越来越复杂、变化越来越快的局势，如果我们持续采用有限的领导策略，必然要遭遇失败。

处在一个互依性和多元化猛烈夹击的世界中，即便是那些一开始看起来比较简单的局势，也会随着时间的变化越来越复杂。有时，由简单向复杂的转变非常迅速，比如身处危机时，快速适应的能力就显得至关重要。

本节主要强调，领导者能够应用多种成就方式的能力非常重要。但是，领导者解读周围环境中各种相关**情境线索**的能力同样至关重要，因为那些线索可以提示选用哪些成就方式去应对。整合型领导者似乎就特别擅长把他们成就方式的长处和不同情境下对成就方式的要求相联系。领导者如果能够读懂暗含在每个情境中的成就方式线索，那么除了可以随时调整自己的方式外，他们还会获得另外一个优势：他们能够召集不同的人或领导者组成多种工作群组，这些群组可以互相重合或有序排列，以此来处理第三阶段的问题。对于那些不能读懂信号，从小就不能理解"有妖怪"为何意的人来说，一不当心就会被局势所困。

　　每个情境都有线索提示，有的很明显，而有的则较难辨别，甚至有时候还往往非常矛盾。对线索保持敏感，是一种在纷乱的事态中能够发现并解读重要迹象的能力，这要求具有灵敏的触角。我们多数人认为自己很善于读懂非常微妙的情境线索，但是即使是律师在试图猜测陪审员对于他们的论据会做何反应时也经常出错，所以在同一情境下，其他人有不同的理解也就不足为奇了。

　　对线索保持敏感是整合型领导者的另一个特点。整合型领导者的行为表明，哪怕他们最亲密的同事已经表现出对当前形势判断失误，他们也不会受影响，继续掌控整个复杂的局势。整合型领导者能够跳出身边同事所在的圈子，看清自己的需求和目标是如何与他人的需求和目标联系到一起的。他们审时度势，寻找联系，将看起来冲突的观点和目标结合到一起，为自己所用。

　　我们不妨回顾一下 20 世纪 90 年代中期关于反歧视行动的辩论。众议院议长纽特·金里奇（Newt Gingrich）是美国国会的政治和智力领袖，他曾发出一个具有联合特征的警告。他说，共和党"正花费精力宣传反对配额制度和小企业补贴制度，但和那个相比，其实更应该花费四倍的精力走进黑人社区宣传，确保黑人知道他们不会受到歧视。"[20] 与国会的很多同事不同，金里奇能够看到联系，读懂当时局势的复杂性。

用成就方式来评估局势

　　不论对于领导者个人还是领导者群体来说，任何局势至少有以下六个方面，对于判断应用什么样的成就方式极为重要。

　　1. **任务的性质**。比如，这是否是唯一事件，如是初次攀登珠穆朗玛峰，还是之前已有先例？

　　2. **任务的重要性**。如果任务没能完成，群体能否渡过难关？为能渡过难关，任务要以什么样的标准完成？

　　3. **核心资源的性质和所在位置**。比如，你是否需要进行协商才能获得资源，还是你已经掌握了需要的资源？

　　4. **执行任务的系统或组织的内部环境条件**。一切处于混乱中还是平稳顺当？

5. **外部环境状态**。外部世界是否处于急剧变化中，还是你预测到即将有危机出现？

6. **领导者在组织内的位置和在职时间**。你是知晓如何通过非正式流程完成任务的"老手"还是一个没有经验的新手？你在组织内的职位是否够高，能够直接运用组织权力还是得报请批准？

这些只是用作说明的一些问题。情境的每个维度都要做深入分析，同时考虑六个维度使领导者能够判断出应用哪种成就方式的组合会带来最大成功。为了组建高效的团队和组织，第三阶段的领导者必须要在特定情境下选择恰当的成就方式组合，还得评估情境线索和他们的支持者所代表的成就方式之间是否匹配。

同时把一个情境的六个复杂维度结合到一起不是简单的事，甚至那些意识到线索很重要的人也并不总是能百分之百确定从哪里或怎样开始。在给公司领导者开设的领导力课程中，我发现一开始就单纯地要求学员对情境线索更为敏感，要求他们把线索和自己的成就方式关联起来，这样似乎并没有多大用处。相反，我们需要直接简单的指导，使我们能够识别并分析那些强调环境之复杂，并且往往互相矛盾的线索。

这种方法要求领导者或其他使用者能够用成就方式来分析任何情境的多个不同方面，通过分析这个过程，得到的结果就可以和那一个人的成就方式强项相匹配。除了提高自己的个人技能外，领导者还应当能利用这种方法将合适的人召集到一起来处理任何具体的情境。第三阶段的组织充斥着并购和裁员等活动，为了更好地应对这些动荡局面，领导者需要掌握一种能够综合考虑成就方式和其他组织因素之间关系的技能。

我在彼得·德鲁克管理研究所有一个成就方式研究小组[21]，我和组内的多名研究生经过多次辩论和讨论，设计了一种工具，我们称其为成就方式情境评估方法（Achieving Styles Situational Evaluation Technique，ASSET）。[22]这个工具目录考虑了六个情境维度，为同时思考一个情境中所有互相矛盾的因素提供了一个常规指导。但是这毕竟只是一个学习模版，不能当作一个永久的支撑工具持续过度使用。简单来说，ASSET的结果显示，在关系型方式方面比较弱的领导者遇到需要利用关系型优点的情境时，就需要具有相应能力的人来提供帮助。在第三阶段的世界里，靠单枪匹马就能完成的任务越来越少，这个方法还可以帮助领导者判断什么时候需要其他人帮忙，若的确需要他人帮忙，又需要哪些具有何种成就方式的人来帮忙。[23]

组织的成就方式：文化的折射

正如个人有独特的成就方式特点，组织也有优选的成就方式，它们还会为此奖励自己的员工。有些组织招收并奖励具有进取心、个人主义和竞争意识的员工；其他组织则寻求团队合作者；还有一些组织希望员工有组织悟性、谈判技巧和吸引人的魅力。从某种意义上来说，组织奖励哪种成就方式就代表了组织文化推崇哪种价值观。

我们大多数人都遇到过和组织步调不一致的人。他们就像是被钉在方形洞孔的圆钉子，常常因为不匹配而备受折磨。成就方式和组织文化不匹配的领导者通常很难领导团队，更别说改变组织了。

关于这一点，我们在行政研讨会和咨询情景中积累的经验也告诉我们，需要有一种简单的方法来确定组织最看重的行为方式是哪些。这个方法还应该表明领导者（及其他组织成员）的风格和组织所奖励的行为相匹配。为了解决这个需求，在 1982 年我们设计了另一个工具并进行了检测：直接在原先适用于个人的 1973 版 L-BL 成就方式清单（ASI）基础上设计了 L-BL 组织成就方式清单（OASI），这在本章前面部分已经介绍过。

领导者通过把自己的成就方式特点和组织文化联系起来，能够评估他们自己和组织是否匹配。他们甚至还能确定由于自己的领导风格和组织文化之间配合不当所导致的冲突在哪个领域。领导者还会发现把 OASI 用来将其他组织成员的特点与合适的组织功能及组织部门进行匹配时非常有用。

在部门内部以及在组织的不同级别中，这个清单（OASI）能够用来评估组织内的行为是否一致。随着越来越多的组织面临并购的动荡局面，他们的领导者也必须越来越适应和不同的组织文化相匹配。在这一点上，OASI 能够提供有用的见解。

━━━━━━━━━━━━━━━━━━━━━━━━◦⚬◦━━━━━━━━━━━━━━━━━━━━━━━━

整合领导力的基础是整合领导力模型，是包含九种个人成就方式的一组行为策略，可分为三套方式：直接型、关系型和工具型。个人所使用的三套方式和多元化与互依性的社会影响力之间具有相似之处，这就使得利用这个模型来理解整合时代的领导力显得尤为重要。

用我们一直使用的固定成就方式组合来看待不同的情境，可能会让我们失去判断力，无法在特定的情境中应用恰当的行为。整合时代的领导者具有对情境线索高度敏感这样一个特点，这使他们能够根据条件需要，自由灵活地在九种成就方式之间进行选择。

有抱负的领导者通过将整合领导力模型和附属的多种工具运用于自己、支持者和组织，能大大提高他们在第三阶段世界的领导效力。在本章概述的基础上，接下来的三章将深入探讨构成整合领导力模型的每一套策略。

第6章 | 通往成功的直接路径：内在型、竞争型和权力型

我喜欢工作的原因——在工作中能有找到自己的机会。为你自己，而非为别人——找到你的真实内在，那是其他人无从了解的。

——约瑟夫·康拉德（Joseph Conrad）[1]

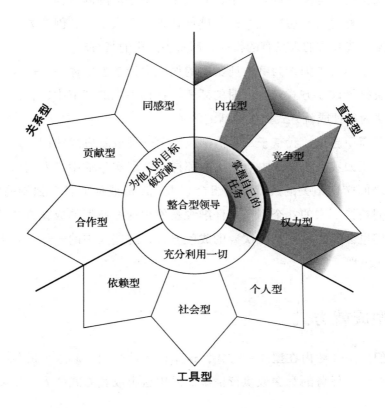

我们考察整合领导力模型中的成就方式时，要先从其中的三种直接型成就方式开始：内在型、竞争型和权力型。直接型成就方式就和苹果公司一样，具有典型的美国特色。

这几种成就方式代表了美国个人主义的核心，同时也会催生创新、创造力、多元化和独裁主义。从第3章我们得知，早期的美国边疆与世隔绝、地形崎岖，因此之后的移民更喜欢那些强悍、具有个人主义精神、自力更生的人。在那样的条件下培养出来的人喜欢直接且独立地处理他们自己要完成的任务，除非遭遇危机，否则绝不依赖他人的帮助。直接型成就方式的人更偏向于用自己的方式面对这个世界，他们乐于接受各种来自工作、竞争对手和不同局势的巨大挑战。

直接型成就方式的人一心关注他们自己的目标，他们既关心如何**执行**或**精通**任务，也关注**任务本身**，他们把任务看成对自己特别的挑战。对很多直接型成就方式的人来说，掌控任务所带来的快感和最终结果产生的美妙感受本身就是他们的目的所在。同时，直接型成就方式的人很重视自身的个性，因为正是那些特质使他们与众不同。当下，多元化在全球范围内蓬勃发展，在很大程度上是源于一种对直接型成就方式的感性认识。个人主义、创造力和创新精神这些直接型成就方式的人具有的特征，都是多元化的基石。

我们以现实中的人为例，现实中的很多言行都被媒体突出放大，使我们对周围的直接型成就方式产生暂时的感悟。在接下来的章节中，我们将采用这种描述方法为每种成就方式提供鲜活的例子。

为了简便起见，我基于每人仿佛只使用一种成就方式的假设对九种方式进行描述。正如我在第5章中所指出的那样，在现实生活中，人们通常会把不同却彼此之间密切相关的成就方式组合起来，以形成他们各自独特的成就方式。如果我们在接下来的几个章节中仔细观察使用这些典型的成就方式的人，就会发现他们也会使用一些其他次要的成就方式，这些人中的一部分将会在后面章节中再次出现。

内在型成就方式

我们先来介绍**内在型**成就方式，这里你应该会回想起这种成就方式主要关注的是个人对任务的掌握或执行情况。采用这类成就方式的人通常将任务视为一种需要，以尽可能完美的方式应对的挑战。对其表现的评判是基于内在的优秀标准，而非根据他人的判断或表现来评价。内在型成就方式的人会因工作本身的乐趣、其在任务中的出色表现及完成为自己设置的挑战而感到兴奋。实际上，他们本就把任务看成对自己的挑战。偏好内在型成就方式的人能在完美地完成任务的过程中体会到其中的乐趣。就像上面引述的约瑟夫·康拉德的名言一样，安德鲁·卡内基说的"我全身心地投入到工作"也常常被人传诵。[2]

成就的内在之美

对于很多内在型成就方式的人而言，一份成就的至美之处在于其中有让他们为之沉迷的东西存在。对他们来说，没有什么能和完成任务后产生的令人叹为观止的结果相匹敌。

阿瑟·科恩伯格，医学研究者

曾获诺贝尔医学奖的阿瑟·科恩伯格（Arthur Kornberg）是个不折不扣的直接型成就方式的人。如果你听他自述他在解决问题时的心情，他那兴奋和迫不及待的情绪将会让你感受到内在型成就方式的节奏。对于科恩伯格来说，杰出表现所得的成果就是至上的荣耀：

> 我开始喂食老鼠各种奇奇怪怪、缺乏某些维生素和矿物质的东西并观察它们。我发现，提出一个简单的问题——在老鼠表现出症状之前需要等上几个星期，然后得出结论，更令人满足。于是我就对生化产生了浓厚兴趣……我听过诸如三磷酸腺苷（ATP）和酶之类的东西……在国立健康研究院，你能够在几分钟之内看到酶发挥作用，而不用等上几星期……我认为没有什么能和阐述某个问题带来的满足感相提并论。每个问题都是一个谜题，让你对之产生兴趣，只要你能够想出方法，你就可以自由选择采取任何方法来处理它。如果你正确地解答出那个问题，你就是有史以来第一个能够解释一个基本的自然现象的人。随后，周围的人都会开始照做，很快，当这些零星的研究成果结合起来，某种令人油然生敬的成果就会赫然呈现。[3]

吉姆·柯林斯，攀岩运动员

内在型成就方式的人就像诺贝尔奖得主科恩伯格那样，会用充满诗意的想象来描述成就带来的精神满足感。他们会谈到伴随成功而来的、特别是当表现达到了自我设定的严格标准时的"兴奋感"。

被誉为 20 世纪 70 年代世界知名的十大攀岩运动员之一的吉姆·柯林斯（Jim Collins）曾这样描述这种兴奋情绪：

> 有些运动员把这种感觉称为"白色时刻"（white moment），那是一种特殊的状态，你体内的每一根神经都专注于此时此地，其他一切都被置之度外。就我所知没有其他任何感觉比这种感觉更强烈，而且在很大程度上我就是为了那个时刻而去攀岩。只有在那时我才感觉自己真正活着。[4]

罗内·门斯切，政治家

和典型的政治家不同，政界也有一部分属于内在型成就方式的人，他们极为关注任务。曾担任纽约副市长的罗内·门斯切（Ronay Menschel）如是形容自己："我就是对权力不感兴趣，我感兴趣的是把事情做好以及做出改进，当发现效率低下的地方并且做出改善时我会感到兴奋……"[5]

创造力之悦

创造力是内在型成就方式的另一个方面，令很多直接型成就方式的人振奋。对于需要全新的办法才能解决的艰巨挑战，创造力具有强大的作用。

兰达尔·多尔蒂，数学家

兰达尔·多尔蒂（Randall Dougherty）身上表现出一个心无旁骛的内在型成就方式的人所具有的特点，当工作能达到自己完美主义的标准时，他能够感受到发自内心的愉悦。但内在型成就方式的人并不只是追求把事情做好，他们还会深入自己的内心寻找创造力的源泉。还在少年时期，多尔蒂就会因为想出一道难题的简洁算法感到特别振奋。当多尔蒂就读于弗吉尼亚州的一所高中时，高中三年级的他在一次国际数学竞赛中获得了第二名。他在讲述自己解答数学题的常规思路策略时，间接提到了内在型成就方式的人那种特殊的满足感：

我通常想要找到一个有诀窍的解题方法，那会让解题变得非常简单。如果没找到，我就用自己的方式一步一步做到底，最好的解题方法几乎都是非常简单的。坚持找出答案让我感觉心情很愉快。[6]

个人主义、精通娴熟和创新求变

表达出个人主义、对工作精通娴熟以及研究出新的解决方案是推动内在型成就方式的人的动力，并且这几种力量能够互相强化。

威廉 M.布朗，发明家

威廉 M.布朗（William M. Brown）是马萨诸塞州贝德福德人，他发明了一种可以插进普通电源插座使用的电话。当自己掌握的这一发明受到证实时，他这样描述当时的兴奋感："当我明白自己能做什么，不能做什么，同时清楚自己有多大的耐挫性，由此得到的自信心让我觉得非常满足。"[7]

拉尔夫·西姆林，发明家

发明家往往是内在型成就方式的人，他们会从自己身上寻找新点子、新方法，这不足为奇。拉尔夫·西姆林（Ralph Shimlian）创立了自己的公司并担任主席，同时他也是空手道黑带一级、带水肺潜水者，他为我们展示了另一种内在型成就方式的形象。

西姆林设计的很多潜水推进装置在全世界使用，其中包括美国军方使用的驱鲨器，这个装置在电影《大白鲨》（Jaws）中也用到过。在尼克松出访中国的历史之旅中，特工处需要一个方便隐藏的无声致命武器来保护总统，这个武器就是西姆林发明的。西姆林喜欢自己一个人做事，不喜欢受到他人行为的干扰。

西姆林在加利福尼亚州的圣克鲁兹长大，曾参加过各种团队体育运动。作为一个内在型成就方式的人，如我们所料，西姆林最后放弃了团队体育运动，转而加入了武术和空手道这样的个人运动，他是这么解释的：

我对团队体育运动失去兴趣，因为我根本不喜欢依靠团队中的其他成员。我情愿靠自己一个人来完成。我不想因为团队中某个笨蛋的失误而输掉比赛。[8]

自立、自主、创新诚信和十全十美

内在型成就方式的人往往非常独立，有时甚至有些刚愎自用。他们喜欢独立做事，事实上，他们认为没有别人的帮助或干扰，自己能够做得更好。

对于那些喜欢从自己的内心寻求力量和指引的人，通常内在型成就方式最顺他们的心。他们渴望独立自主，成为自己命运的主宰。那些追求纯粹的成就感，希望能掌控自己而非追求控制他人的人，往往都偏向于内在型成就方式。自立、自主、创新诚信和十全十美对于内在型成就方式的人都是无比重要的。

独立自主：罗伯特·麦克法兰

学会独立自主通常始于童年时期。美国前国家安全顾问罗伯特·麦克法兰（Robert McFarlane）让我们对内在型成就方式的人早期的独立训练有了更深一层的认识：

> 从小就有人告诉我，犹豫和脆弱的表现都是软弱的行为，同样，哭泣也是不对的。如果有人要求你做什么事，比如洗车、做功课或者做家务，你都应该自己一个人完成，不能找别人帮忙。你应该依靠自己，而不是别人。[9]

自小便学会依靠自己的内在型成就方式的人在成年后或许就很难向他人寻求帮助了。

独立自主是一种生存状态：小说家索尔·贝娄

内在型成就方式的人往往都对外部的行为标准不以为然，不仅工作上如此，在涵括更广的生活上亦如此。这种对待工作的态度往往被那些内在型成就方式的人视为一种不可避免也无法撼动的生存状态。他们努力成为他们必须要成为的那种人，做他们必须要做的事。他们是亚伯拉罕·马斯洛[10]的"自我实现者"和戴维·麦克利兰[11]的"高阶需求成就者"的混合产物。

在一次电视访问中，一名记者向美国小说家索尔·贝娄（Saul Bellow）问道，当今在文坛为了争夺读者而产生的激烈竞争现象是否会对他选择写作主题和文学体裁产生影响。贝娄言简意赅的回答不仅反映出他对竞争的漠视，也体现了内在型成就方式的人对于存在状态的认知，而这也使他的形象更加鲜明。

他说："我只做我该做的。"

诚实创造，内在的完美标准：迭戈·里维拉、丽娜·维尔特米勒、雅克·当布瓦斯和诺曼·洛克威尔

很多领域内具有创造力的艺术家也同样对独立自主表现出相同的需求，并且这种需求往往和严格的内在完美标准以及艺术整体感交织在一起。E. B. 怀特（E. B. White）的诗作"我画我所见：艺术诚实之歌"（I Paint What I see:A Ballacl of Artistic Integrity）抓住了内在型成就方式的精髓。已故的墨西哥艺术家迭戈·里维拉（Diego Rivera）曾接受委托为纽约的洛克菲勒中心画一幅壁画，但纳尔逊·洛克菲勒（Nelson Rockefeller）抱怨其描绘的不是美国的政治领袖和资本家，而是社会主义英雄和工人领袖。这首诗描述的就是里维拉针对洛克菲勒的抱怨做出的回应。里维拉这样尖刻地（同时也正如我们所见，完全符合内在型成就方式的特点）回答：

> "我画我所欲，我画我所见，我画我所思，"里维拉如是说道，"在一个资产阶级殿堂里，对我来说生命中最宝贵的东西就是诚实。" [12]

内在的完美标准将内在型风格引导到工作态度上。内在型成就方式的人对于他人的评价或成绩无动于衷，他们的喜悦纯粹出自自己内心的成就感。依照自我的严苛标准来迎接工作本身的挑战并出色地完成，而非依照他人的准绳为评价标准，由此产生的强烈满足感就是对他们最根本的回报。

意大利的知名电影导演丽娜·维尔特米勒就是受其内在的审美标准所指引。她在执导了两部大获好评但又饱受争议的电影《清扫》（Swept Away）和《七美人》（Seven Beauties）之后，又连续执导了多部票房惨淡的电影，包括《命运的玩笑》（A Joke of Destiny）和《夏夜》（Summer Night）。尽管频遭打击，但维尔特米勒依然坚定不移地坚持自己的艺术准则："我的第一个观众是我自己。如果我讲一个自己喜欢的故事，我能睡个好觉。很遗憾观众不喜欢我的故事，但我也没办法。" [13]

是否被人以较低的满意度或者不同的看法评价某事，对于内在型成就方式的人来说一点都不重要。雅克·当布瓦斯是备受推崇的编舞者乔治·巴兰钦（George Balanchine）的门生，据他描述，他对完美艺术的痴迷超越了想要取悦

观众的欲望。在一部纪录片中，当布瓦斯坚定地说道："我从不关心观众如何想，我只追求将舞蹈做到极致完美。"[14]

内在型成就方式的人会对自己严格要求，从而容易变得急切，美国艺术家诺曼·洛克威尔（Norman Rockwell）的报道将这种特征表露无遗。一位采访者报道说：

> 洛克威尔在绘制他那些令人赞叹的画作时，常会对自己发脾气，并会因为想要尽快、尽可能更好地完成作品而非常焦躁。这时他就开始喋喋不休地贬低自己的才华，哀叹自己永远无法达到自己想要追求的完美境地。[15]

完美比获胜更重要：运动员里克·凯里、拉里·伯德、杰夫·弗洛特和演员哈维·凯特尔

相比胜过竞争对手，运动员往往更看重是否完美地做好了某事，这多少让人有点惊讶，因为通常运动员都被视为不屈不挠、争强好胜的人。其实，他们可能属于那种最精神饱满的内在型成就方式的人。对于很多运动员来说，超越其他人只是实现他们内在规范标准的一部分，但不是核心部分，那只不过是实现目标途中的一小步。

美国游泳奥运冠军里克·凯里（Rick Carey）就是一个极好的例子。凯里虽然在比赛中获得了金牌，但是他的表现没能创造新的世界纪录，因此他很沮丧，并且在媒体面前也没能隐藏这种失望的情绪。媒体对于他获得奥运金牌却表现得很冷淡感到很吃惊，于是在报道中批评他的"态度"。第二天，凯里向记者和粉丝道歉，因为他的内在型成就方式性格表现出的反应被误认为是消极的体育精神。

波士顿凯尔特人队的球星拉里·伯德（Larry Bird）在一次比赛获胜后的电视采访中也表露出同样的心情，他只关心自己的表现是否完美，并不关心竞赛本身："我不在乎其他人的表现有多好，我只希望自己能尽力做到最好。"

获胜是次要的，这是内在型成就方式的特征，并使之和竞争型成就方式区分开来，在竞争型成就方式中，获胜就是一切。另一位参加 1984 年奥运会的美国游泳选手杰夫·弗洛特（Jeff Float）是这样说的："获胜并不是最终目标，那

只是迈向最终目标的一小步，获胜，仅是冰山一角。"[16]

并不只有运动员才觉得完美的表现比获胜更重要。在《一代情枭毕斯》（*Bugsy*）中饰演歹徒米奇·科恩的演员哈维·凯特尔（Harvey Keitel）被提名为奥斯卡最佳男配角，但对他来说，角色的完美塑造才是最关键的，有没有获得奥斯卡无关紧要：

> 凯特尔一直说他既不因提名而兴高采烈（他讽刺地说"我高兴坏了，在马路上奔跑着欢唱迪士尼儿歌'Zip-a Dee-Doo-Dah'"），也不因输给《城市骗子》（*City Slickers*）中的杰克·帕兰斯（Jack Palance）而失望。他说："唯一能真正肯定自己的是工作本身，而不需要被提名奥斯卡奖来肯定自己的工作。"[17]

竞争是达到内心喜悦的阻碍：钢琴家布莱恩·甘兹

对于很多内在型成就方式的人来说，竞争实际上是一种阻碍，使人无法无拘无束地享受成就所带来的快乐。和与人竞争相比，协助或帮助对手实现他们的目标感觉要好得多。

据钢琴家布莱恩·甘兹（Brian Ganz）回忆，他在少年时代就对演奏比赛极为反感，并一直受这种情绪困扰。他讲述了1991年春天在布鲁塞尔举行的伊丽莎白女王国际钢琴竞赛中的一次体验。他和其他11位决赛选手封闭训练了一个星期，12位选手吃住都在一起，也一起练习当天新布置的钢琴曲目，以表现出各自高超的夺冠技艺。甘兹回想起，当时12位选手的心情都渐渐变得焦虑：

> 渐渐因一种相互支持的精神建立了密切的联系……我们互相分担彼此的忧虑，我们把彼此的演奏录下来，我们一起打乒乓球、玩飞盘……最终获胜的那个家伙那段时间睡不好，我就把自己的一盘录有海浪声的磁带借给他听。我们就像一家人一样。你可以专注于外在的成功表象，当然成功的确可以那样来表现，你也可以专注于表达你对音乐或是其他任何你所做的事情的热爱。对我来说，归根结底就是选择焦虑还是热爱，而我选择热爱。[18]

甘兹最后获得了银奖，实际上他收获了自己更为重视的东西。他最终理解了他的老师，巴尔的摩皮博蒂音乐学院的莱昂·弗莱舍（Leon Fleisher）的哲学信条。弗莱舍曾谆谆教诲学生的，我认为是一种内在型成就方式的情怀："在音乐的世界里，既没有成功者，也没有失败者，只有臣服于这门高尚艺术的人。" [19]

做的本身就是回报

内在型成就方式的人把成就本身看作目的，而非将其作为得到荣誉和名声的手段或是获取其他机会的途径。在这方面，他们和工具型成就方式的人完全不同。比如，我们可以回忆一下白宫表彰获得诺贝尔奖的芝加哥大学经济学家乔治·斯蒂格勒（George Stigler）后举行的记者招待会上的场景。头发灰白、一派学者风范的斯蒂格勒走上讲台，俯身对着一排话筒。一名记者问道："请问您对于当前政府推崇的供给经济学有什么看法？"斯蒂格勒没有片刻迟疑，从容答道："一个噱头罢了。"毫无疑问，当时里根政府骤然中止了记者招待会。本就对他人看法不以为意的斯蒂格勒解释说："或许他们本不该让我上电视，他们只不过想要利用我这个诺奖得主的短暂名声来占个小便宜罢了。我对政治毫无所求，我也未曾想谋个一官半职。" [20]

这些来自包括医学研究、政治、艺术和竞技运动等各个领域人物的一张张快照，都是内在型成就方式的人的剪影。除了共有的其他一些特质，他们最爱的就是专注于自己选择的事业，并且追求尽力做好一份工作所带来的美妙感受。

不可否认，内在型成就方式有助于个人挖掘自己，从而达到卓越的表现。然而，对于主要采用这种方式的领导者而言，他们若对于他人的意见漠不关心，就可能会失去重要的外部视角和机会。夏尔·戴高乐就经常因为这种态度遭受挫折。不听取他人的意见可能会导致严重的失误，这种失误有时可能会造成很不幸的后果。

对于过分依赖自己的领导者来说，即使任务超出了个人（无论那个人有多出众）的能力，他还是可能会放弃完成任务所需要的帮助。如果他们不能跳出自己的视野圈看到外部的优秀观点，就无法把与决策相关的其他人带入自己规划的行动圈内。在这个以互依共存为标志的世界里，忽略他人、不互相关注可能会导致在未来前进的道路上出现新的难题。

竞争型成就方式

竞争型成就方式根深蒂固地刻在美国人心里。善于竞争的人在美国人眼里备受推崇，因此往往能够跻身于名流地位。C. 赖特·米尔斯（C. Wright Mills）捕捉到了人们为什么对于竞争如此热爱的本质。他说：

> 在一个崇尚竞争的社会，其中的明星制度对称王封后具有至高无上的作用……一个人最擅长什么并不重要，只要他能够打败其他所有人赢得胜利，那么他就会被人们歌颂。[21]

击败竞争对手

和那些内在型成就方式的人不同，竞争型成就方式的人通过对照外部的规范标准，即通过比较竞争对手的成绩来衡量自己。竞争型成就方式的人心里最希望的就是获胜，却并没有想过自己要努力达到真正符合"完美"的程度。如果不能获得第一名，他们则不会满足。

竞争型成就方式的人即便身为团队中的一员，也会把自己和他人对于共同目标所做的贡献进行比较。尽管内在型成就方式的人可能也会想成为最好的那一名，但他们更关注的是在自己的能力范围内尽最大可能做到最好，而并不太关注是否比其他人做得更好。但是，对于竞争型成就方式的人来说，做到自己能力范围的最好显然还不够，只有当比其他所有人做得都更好时才会满足。

竞争型成就方式的人把世界看成一连串永无止境的比赛，对于他们来说，兴奋感和对生命的热情产生于充满竞争的环境中。当他们把所处的情境营造成和其他参赛者一争高下的竞赛时，就会表现得最好，这不足为奇。从谁获得了诺贝尔奖，到谁在宴席上吃到了最好的烤牛肉，再到谁卖出的保险最多，对竞争型成就方式的人来说，竞争无处不在。

麦克·巴罗曼，奥运会游泳选手

对于有些运动员来说，只有内在型成就方式并不够。通过奥运冠军、游泳选手里克·凯里我们看到，因为没有达到为自己设置的时间标准，他饱受挫败感折磨。把那幅画面和另一位同样是奥运冠军却对竞争充满渴望的游泳运动员麦克·巴罗曼（Mike Barrowman）进行比较，后者坚信如果只关注自己的表现，那就无法把奖杯带回家。巴罗曼这样描述在巴塞罗那奥运村中自己的经历：

> 时刻关注你的竞争对手，这才是最重要的……例如，在巴塞罗那的奥运村里，我数了数自己的房间距离自助餐厅的步数，然后又数了数竞争对手的步数，发现比我的要多。我把那些多出来的步数记在心里，总是想着怎么才能将那些步数变成我的竞争优势……游泳 99% 在于超越你的竞争对手。[22]

巴罗曼坚信，超越竞争对手的欲望能把获胜者和失败者区分开来："'最想赢的人才会赢。'是否有想赢的欲望能够区分出前 50 名和前五名游泳选手。"[23]

罗斯·佩罗，企业领袖

罗斯·佩罗在 1992 年时断时续地竞选总统之前，曾发起了一场"单枪匹马让通用汽车再现竞争力"的活动。据说，佩罗在他的办公室外间墙上挂了诺曼·洛克威尔的画作《返乡的海军陆战队员》（*Homecoming Marine*）。这幅 1945 年的作品描绘了手里拿着一面日本国旗的士兵坐在一个汽车修理厂内，身边围着两个少年和四个男人，听他讲述自己在战场中的英勇行为的故事。据说佩罗是这么解释的："我把那幅画挂在那，就是为了通过那个海军陆战队员提醒到通用来访的人，我们曾多次轻而易举地打败日本人，因此只要我们下定决心在汽车行业里再尝试一次，我们也一样能做到。"[24]

凡事皆竞赛

竞争型成就方式的人无形中把所有情境都看成一场竞赛，他们要和与之相称的对手一决高低。内在型成就方式的人对活动本身充满热爱，而游泳运动员巴罗曼则恰恰与之形成对比，他将竞争视为一种生活方式：

> 与其说我是游泳选手，不如说我是一位竞争对手。我只不过选择了游泳作为我的竞争手段。那是一种能量，而你最好要好好地引导它，否则，你将可能会被卷入你本不想进入的生活层面的竞争中，比如感情关系中。[25]

当被问到他是否在感情关系中也表现出竞争意识时，巴罗曼回答："有时的确会波及其他方面。当心里那种竞争的火苗烧得过盛时，就会进入你不希望它们进入的领域。"[26]

竞争型成就方式的人的每一个行为都会带有竞争色彩。在为一个志愿组织的各地主席开办的居民区领导力开发项目中，我一开始就向大家介绍了整合领导力和成就方式，并且告诉了参会者我钟爱的一个简单快速识别成就方式的方法，在菜品相同的情况下可以识别饭桌上属于竞争型成就方式的人：注意餐桌上是否有那么一个人，他偷偷地（或者甚至是公然地）查看每个人的盘子，来确认他自己盘子里的烤牛肉是否是最大最好的，蒜汁土豆泥是否是最蓬松的，豌豆是否是最绿最新鲜的。（顺便说一句，我有意用了**"他"**，因为研究数据表明，在竞争型成就方式上，男性一贯比女性得分要高。）凑巧的是，当天晚上大家的菜品就是一样的。当我们正在寻找餐桌上自己的名牌时，三名女子饶有兴致地宣称用我那简单快速的方法已经找到了目标。她们发现，餐会开始时，每个人的位置上都已经预先摆好了装有一块黑亮的巧克力蛋糕的点心盘。然后有一位参会者走到桌边，发现了自己的点心盘，随后观察了一下其他座位上的蛋糕，紧接着他毫不犹豫就伸手去拿蛋糕最大的那个盘子，将其和自己的换了一下，丝毫不顾其他人的眼光，随后他又把审视的目光投向了服务员正摆放到每位宾客面前的烤牛肉上。

詹姆斯·沃森，科学家

按照我们的一贯看法，学者和科学家都不受"真实"世界中盛行的竞争氛围影响，然而，有内部人士证实，竞争型成就方式是不分职业的。《双螺旋体》（*The Double Helix*）[27] 由于毫不留情地揭露了为解开 DNA 之谜而进行的激烈竞争，因此成了全国畅销书。该书的作者是诺贝尔奖得主詹姆斯 D. 沃森（James D. Watson），他虽然成了令数百万读者痴迷的国际名人，但在研究圈内成了一个对很多科学家来说都不受欢迎的人。沃森直白地呈现了他和同事及同为诺奖得主的弗朗西斯·克里克（Francis Crick）早期的对话，形象地描绘了竞争型成就方式的人喜欢把身处的情境营造成一场竞赛的倾向："我们的午餐谈话总是很快就集中到怎么把基因放到一起这个话题上。在我刚到没几天，我们就知道要怎么做了：效仿莱纳斯·鲍林（Linus Pauling）的做法，并在他的领域超越他。"[28]

在那个领域中，沃森相对来说只是个新手，鲍林也仅仅是众多被其当成竞争目标的科学家中的一个。后来，据沃森描述，他一想到如果能超越另一位诺奖得主乔舒亚·莱德伯格（Joshua Lederberg）在其本行领域的成就，他就感到心情非常愉快：

> 一想到乔舒亚可能拘泥于他的传统思维方式，而我要是抢在他前面对他的实验进行正确的解释，将取得不可思议的辉煌业绩，这令我非常愉悦。[29]

对沃森来说，竞争能激发他的雄心，而任何人只要在他的视野所及范围内，都会被看成他要超越的对象。

琼·贝兹，民歌歌唱家

竞争型成就方式和其他成就方式一样，在不同的情境中都能自然流露出来，无论当时的情况是否恰当。民歌歌唱家琼·贝兹（Joan Baez）回忆起一场慈善音乐会，那场音乐会上明星荟萃，很多音乐人为一项社会公益事业募捐，但当时的竞争性场面破坏了她的演唱：

> 我知道自己一向被称为麦霸，因此我把麦克风转向了克里茜，这时希娜在我们左方出现，我们还没来得及讲完自己的开场白，希娜就一把抢过了麦克风并往旁边靠远离我们俩，把麦克风当作刚发现的传家宝一样霸占着，把我们三个人的合唱变成了独唱。因为够不到，我只好尴尬地靠过去接近麦克风，而克里茜就完全在麦克风的传声范围之外……许多好争的明星都去抢麦克风，我不想跟他们争，于是转身退出了前面几排，到舞台上人多的地方去了。[30]

竞争型成就方式的人有一个高于一切的目标：比其他所有人出色，那就是最重要的。

比利·威尔逊，前足球明星

对于竞争型成就方式的人来说，要不惜一切代价来避免无法获胜的可能。如果有屈居第二的可能，那么他甚至宁可不参与竞争。前足球明星比利·威尔逊（Billy Wilson）想到他有可能会因为年纪太大而落选，就曾拒绝角逐某个热门的教练岗位。那时报纸上的头版大标题写着"想要保持第一的好人"，比利的决定被描述为："威尔逊说他经过了长时间的认真思考，但仍不愿报名参加角逐。因为他不能忍受看到自己的名字节节落后并最终落选。"[31]

美国的竞争力

我写这一章的时候，美国工业的竞争力正是各方激烈讨论的政治话题。经济学各门各派都争先恐后地涌入竞争的浪潮，并带动社会的其他层面一起前进。比如，美国的教育制度就声势浩大地采取了行动。最近的一个头条新闻宣称"使美国更具有竞争力对高等教育大有益处"。有意思的是，文章描绘了高等教育推动美国在全球范围内的工业竞争力中的作用，同时也对如何维持教育制度的独立性表示担忧。竞争和独立是美国典型的特征，甚至在公共事业组织内也是如此。

竞争是美国典型的表现，使美国人即使在描述娱乐的时候都会以竞争的心态来做衡量。最近一个炎热的夏日夜晚，一位电台新闻主播报道一群人在沙滩上进行太阳浴，享受着极大的"乐趣"。然而他紧接着说："但是，在游乐园里坐过山车的人说他们的乐趣更大。"甚至在沙滩上，"赢"仍然是美国人的一大消遣。

将竞争作为一种成就方式的反思

尽管竞争有很多吸引人的地方，但它也有明显的缺点。阿尔菲·科恩（Alfie Kohn）认为，竞争会产生焦虑，使资源无法被有效利用和共享。[32] 想要把事情做好和想要把事情做得比别人好是完全不同的两回事。想要把事情做好促使人们互相合作、交流想法，以及共享才华和其他资源，只为取得最好的结果。而想要比别人做得更好不仅会造成焦虑、猜疑和侵略行为，还使人不愿意共享手头的资源。最起码，美国人需要对一门心思想要竞争的激情做一下反思。很多研究结果也支持这样的结论，我们来仔细看一下。

科学家之间的竞争与精通

如果我们相信那些对不同群体做的研究所带来的越来越多的证据，那么就会发现竞争本身并没有像人们以为的那样是带来成就的重要力量源泉。事实上，得克萨斯大学的一个团队在心理学家罗伯特·赫姆瑞奇（Robert Helmreich）带领下的研究发现：竞争和成就并没那么相匹配。[33] 赫姆瑞奇和他的团队研究了103 位科学家和工程师，并且全为男性，主要考察他们的工作态度、专精程度以及竞争心理与他们获得的成就（以其他科学家引用他们研究的次数来说明）有什么样的关联。赫姆瑞奇和他的同事发现，最成功的科学家和工程师（也就是研究成果被其他人引用次数最多的人）在专精程度和工作态度测量中得分很高，在竞争性测量中得分较低。以心理学家、商界人士（把薪资作为成就的衡量标准）和大学生（通过平均绩点来衡量成就）为对象进行的类似研究所产生的结果也与上述结果极为相似。

对五六年级的学生、飞行员、预订专员等多个群体的研究再一次表明，成功与精通以及工作态度之间的联系比成功与竞争之间的联系更强。赫姆瑞奇和他的同事经过一次又一次的实验发现了同样意想不到的结果：竞争与较差的表现联系紧密，而非与较高的成就相关联。

我们在下一章会讨论到，竞争行为正在走下坡路，而多项林林总总的研究结果也表明，用竞争作为成就方式值得三思。

权力型成就方式

第三种直接型成就方式，即**权力型**成就方式，或许毋庸过多介绍。权力型成就方式的人以获得掌控权为乐。他们陶醉于从混乱中整治秩序，拨乱反正。喜欢控制和协调一切事物，无论是人、工作、资源和局势，他们全都引以为乐。他们天生有组织和指导的能力，不管是在董事会会议室中还是全家野餐时。他们很自然地希望获得掌控权，大到对公司预算、市议会和家庭教师协会的控制，小到对电视遥控器甚至加长型电热毯的恒温器的控制。权力型成就方式吸引那些喜欢主导场面的人。

权力型成就方式的人很自然地以为他们应该管理任务，并将某些任务分派给指挥链中的其他人，相应地，那些人应当执行他们的指令。当权力型成就方式的人分派任务时，他们把自己的行为看成对他们权力的合理表达，因此通常会保持全面的控制和领导。

具有强烈权力型成就方式的领导者在历史篇章里占了绝大多数。不同时代不同地区有很多这样的例子，马丁·路德（Martin Luther）、拿破仑·波拿巴（Napoleon Bonaparte）、V. I. 列宁（V. I. Lenin）、贝尼托·墨索里尼（Benito Mussolini）、温斯顿·丘吉尔、夏尔·戴高乐、乔治·巴顿（George Patton）、道格拉斯·麦克阿瑟（Douglas MacArthur）、哈里·杜鲁门（Harry Truman）、英迪拉·甘地（Indira Gandhi）和玛格丽特·撒切尔，在横跨各种时空，洋洋洒洒的权力型成就方式的名单中，他们只不过是其中的一部分。

掌控

哪怕并没有正式的层级命令制度，权力型成就方式的人的行径也总是如出一辙：发布命令、设定截止日期及协调其他人的活动。权力型成就方式的人往往会被领导角色吸引。他们把自己看成天生的领导者，也会在良好的协调表现中发现美感。

亚历山大·黑格，美国国务卿

权力型成就方式的人在每个情境中都能看到取得控制权的机会。正如我们在第 5 章中提到的，在有人试图刺杀里根总统后，国务卿黑格宣布"白宫由我负责"，这一表现令白宫方面大为震惊。

华盛顿观察员并没有感到特别惊讶。从黑格被任命为国务卿起，他多次想要扩大权力基础，这令里根政府感到焦虑，也使媒体给他起了个"外交政策沙皇"的外号。里根进行手术时，黑格认为他应该站出来主持大局，这或许给了政府内他的反对者一个完美的开端，以策划终止其国务卿职务。

事实上，有些观察员认为，黑格经常不恰当地表现出对权力的欲望，是公众反对他竞选政治职务的重要原因。后面我们还将回到关于恰当使用成就方式这个重要话题上来，因为正如第 5 章提到的，如果不恰当使用，我们的成就方式必然会让我们陷入麻烦。

权力的标志：司法部部长埃德温·米斯三世

通常，我们能够通过权力型成就方式的人所处的环境将他们识别出来：弧形转角的办公室，满墙装裱过的奖状和嘉奖令，甚至还有摆在墙面支架上闪着刺眼光芒的狩猎奖杯。《纽约时报》的一篇巧妙地命名为"权力先生"的文章介绍了埃德温·米斯三世（Edwin Meese III）担任美国司法部部长期间的办公室：

> 他在司法部的这间办公室，是有联邦调查局特工把守的私人

圣地，围绕在第 75 任司法部部长埃德温·米斯三世周围的是他运用权力的象征：一把边境巡逻手枪、一枚美国元帅徽章、微型警车和直升机。办公室显露着米斯看待自己的方式，因为办公室的主题并没有怎么反映出其律师身份，而是体现了其不讲情面的执法者形象：美国最高级别的警察。[34]

米斯的掌控策略、要让组织处于他控制之内的决心，以及他对权威和权力的表达，在这篇文章中都表现得清清楚楚：

> 为了"改善"拥有 62 500 名员工的司法部的管理，米斯把政策规划和制定预算的权力集中到了少数几个心腹副手身上。为了推行他的政策目标，他组织主要的执行官成立几个小组，他们的工作就是致力于政府的优先事项。米斯和六个高级助手组成了"指挥中心小组"，每天早上 8：10 开会来规划策略。[35]

从"指挥中心小组"这个用词中，米斯的做事风格已表露无遗。

重新构建关系

权力型成就方式的人常常把层级命令制度下的人际关系重新组合，把责任范围重新划分，从而加强对人和事物的控制，我们把这个熟悉的策略称为"重组"。在政府和行业的最高级别，这种行为随处可见。

亨利·基辛格，美国国家安全顾问

亨利·基辛格（Henry Kissinger）是尼克松政府时期的国家安全顾问。他喜欢权力，对此他的幕僚皆知，并会推波助澜投其所好。助手莫顿·哈普伦（Morton Halperin）起草计划使基辛格在政府内部的权力进一步扩大，一位内幕人士对此进行了生动的描述：

> 哈普伦主动揽责，负责起草一份足可以让几乎全部的权力都置于国家安全顾问手中的庞大计划。
> 哈普伦深知主子的需求，就像基辛格了解他的需求一样。哈普伦规划的制度赋予基辛格决定国家安全委员会日程的权力，还使

他成为评审组的主席，考察议定国家安全委员会准备的各种决策资料。在现行机制下，该权力由国务院掌握。此外，哈普伦的建议书还将使基辛格有权直接命令国务院和其他政府部门为某些特定议题准备提案……在这套制度下，哪怕是各地区较低级别的工作组也将直接向白宫官员汇报。[36]

资源的重要性：实际意义和象征意义

权力型成就方式的人深谙资源的实际意义和象征意义。从实际角度来说，控制资源能使领导者对事件的发展进行阻碍或促进，这种能力可以使需要资源的他人受制于控制者。[37] 从象征的角度来说，资源制造出权力的假象，马基雅维利在很早以前就认识到，这种假象比权力本身更重要。[38]

理查德 J. 戴利，政治大亨

理查德 J. 戴利（Richard J. Daley）长期担任芝加哥市长，是积累和利用资源的大师，善于凸显和强化自己的政治权力。正如迈克·罗伊科（Mike Royko）在他的自传中详细描写的那样，即便还是一个羽翼未丰的政客，他就对如何运用权力进行过深研细究：

> 经过多年的等待和努力，戴利终于攀上了他想要的位置。他终于成为库克县民主党中央委员会的一个成员，跻身掌管全美党务运作的 50 位城市行政区委，以及 30 位郊区行政区委之列。他绝不仅仅只是其中普通的一员，他的重要性要大得多。他曾经带领而且还将再次带领选区为政党贡献大量选票，因此他是委员会里核心集团的成员，该核心集团全是真正的"印票机器"选区的领导者，他们总是能保证绝大多数的选票。[39]

权力之美和权力的合理使用

权力型成就方式的人不只是那些因为权力能带来个人利益而喜欢权力的人。斯坦福商学院教授杰弗瑞·菲佛（Jeffrey Pfeffer）提醒我们，权力是完全合法的组织生活工具，事实上也是必要的工具。[40] 没有权力，组织几乎无法很好运转。

并非所有的权力型成就方式的人都是"权力饥渴"型的。有些人只是把掌权当作做事的最直接方式。他们承担领导或协调各方努力的全部责任，作为他们掌权姿态的一部分，他们自信地把任务分成不同的部分并分派给他人。因局势需要而掌控权力时，采用权力型成就方式的人很少会退缩，但他们掌权可能只是因为相信那么做是正确的。

诺曼·施瓦茨科普夫，将军

将军诺曼·施瓦茨科普夫（Norman Schwarzkopf）坚信，基本的领导规则分为两种：一种是"当你处于指挥位置时，就得掌管大局"，另一种是"做正确的事"。[41] 对于很多权力型成就方式的人来说，组织瓦解、出现混乱或危机会触发对秩序和控制的需要，他们的自然反应就是掌权。

莉莲·加洛，海军上尉

对于有些权力型成就方式的人来说，促使事情发生会有一种美感，协调良好的事件代表了审美和谐。我们曾提到过位于洛杉矶的一家电视制作公司，加洛娱乐有限公司，莉莲·加洛（Lillian Gallo）是该公司的主席，她回忆了自己在朝鲜战争中担任海军上尉的日子：

> 我喜欢的，同时也令我感觉愉快的事情就是训练。作为军官在预校受训时，我们轮流领导全连的人操练。我们学会了怎样管理一整连的海军陆战队员。在阅兵场练习时，我们学会了如何进行恰当的指挥，也学会了如何使整连的人执行命令。
>
> 发布命令、看到整连的人严格按照你的指挥行动有一种美妙的感觉。看着所有人就好像一个人一样整齐划一地行动真的是非常壮观。我记得那种感觉……我乐在其中（不知道我是否还有机会体验那种感觉）。[42]

米奇·斯尼戴尔，无家可归者的支持者

权力型成就方式并非只适用于军事领域的领导者、政治大亨和商业主管。一个把低收入社区的成员组织起来，呼吁为他们提供更好的住所或平等的就业机会的政治活动家也可能采用这种策略。虽然这位活动家利用权力来达到某些政治目的，但那些目的都是无私的：例如为穷人提供饮食、保护环境、为病人

安排治疗。事实上，尽管有些政治活动家明显大权在握，但他们哪怕牺牲自己的生命也要一直实现他们的政治目标。

最近的一个案例是关于米奇·斯尼戴尔（Mitch Snyder）的，他是华盛顿特区无家可归者的支持者。斯尼戴尔放弃了资深主管的职位，致力于改善美国首都所有无家可归者的生活状况。正如我们将在第 8 章中看到的那样，当斯尼戴尔采用的权力型成就方式不能帮助他获得一栋大楼来安置那些无家可归的人时，他迅速转向了工具型成就方式来实现自己的目标。

虽然我们可能会由权力联想到自私的目的，但事实上，对于心怀不同目的的人来说，通过权力来实现目标只是一种自然不过的生活方式。举个例子，我们不妨拿斯尼戴尔和阿道夫·希特勒做个比较，前者想要征用一栋大楼来安置无家可归者，后者想要征服世界来满足病态的自我中心主义需求。和其他所有成就方式一样，权力型成就方式受到林林总总的动机和目的驱动，行为可能看起来相同，但背后的动机和朝向的目标实际上可能完全不同。

追随自己的目标

天生热衷于权力的领导者，对于需要他人协助来达成自己的目标并不会感到不安。他们的掌权态度使他们能够推动支持者去实现领导者的愿景。事实上，在有些情况下，例如在某种危机下，的确需要大量使用权力。

如果领导者无法察觉何时需要以权力掌控（或者说无法察觉何时需要运用某种成就方式），则很有可能会让支持者失去信心。温哥华神学院主教雷夫·巴德·菲利普斯（Rev. Bud Phillips）回忆一次为中央教堂寻找高级牧师一职时，在面试完第三位候选人后，面试委员会感到很绝望。一名委员会成员说："他们看起来好像根本不愿意去领导！"为什么会这么说呢？原来是根据这位候选人对于某些虚拟领导情景问题的回应得到的判断。"他给别人的印象是，他认为自己要成为一个'促使'普通信徒发挥才能和技巧的人，但是委员会的人太了解这里的信徒了，他们认为此时'促使型'的牧师在这里是不适合的。"[43] 不用说，那几个候选人没有得到这个职位。需要之际却无法施展权力掌控，则可能会导致灾难发生，哪怕领导者的出发点再好也无济于事。

不恰当地使用权力也会有很严重的后果。有些领导者虽授权他人，却仍处处管控过紧，这样很可能会阻碍被授权者的成长。权力型成就方式的领导者如果偏爱过度控制，会使其他被授权者无法产生主人翁意识。

————————————◇◆◇————————————

内在型、竞争型和权力型这三种直接型成就方式就是美国式领导的核心，也是人们最爱走的成功之路。很明显，它们根植于美国的历史和国民心中，渗透到了人们的价值观和道德观里。他们在很大程度上是按照直接型成就方式的行为准则抚养孩子的，这些行为准则在危难之际效果卓著，因为那种情景下，或许确实得在混乱中求秩序。随着多元化和互依性在全球范围内持续大规模出现，理解直接型成就方式可以帮助领导者成功应对这两种影响力制造的紧张关系。

但是，直接型成就方式较适用的，是较为孤立的第二阶段情境。当今世界正逐渐进入第三阶段，如果纯粹运用直接型成就方式而不佐以其他成就方式，那是不够的。在一个互依共存的世界里，领导者必须要和很多来自不同文化背景的人共事，而不同文化可能偏重不同的成就方式。譬如，在中国、日本、意大利和阿根廷等文化中，直接型成就方式会形成极端个人主义、妄自尊大、自私和对他人的需求不关注的印象。

关系型成就方式更关注他人的需求和工作，为领导者提供了处理第三阶段环境中互依性问题的契机。在下一章里，我们把注意力转向这些成就方式，很多美国领导者在言辞中对它们赞赏有加，但在现实行为中并非如此做。

第7章 | 领导力的关系途径：合作型、贡献型和同感型

权力绝不能均分，只能共同拥有。

——伍德罗·威尔逊（Woodrow Wilson）[1]

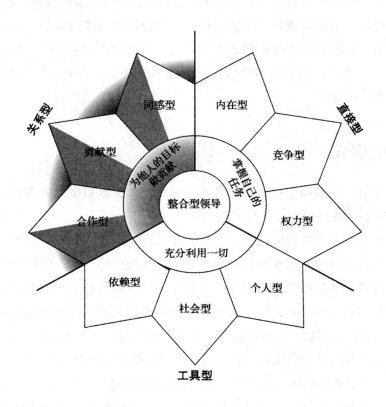

成就方式的第二种为关系型成就方式，它在许多社会中被视为最重要的，例如在阿根廷、新加坡和埃及。在第三阶段，领导者需要利用这些策略将自己与他人的目标和愿景结合起来。关系型成就方式与直接型不同，后者只关注自身目标，而前者强调实现团队目标及协助他人完成任务。

当然，不要被**关系型**这个标签所误导。在传统管理术语中，这个词表示欣赏他人，注重维护与他人的关系。当管理学者把"人际导向"和"工作导向"加以对比时，"人际导向"就有了注重关系的意味，表示这个人喜欢或需要他人。

在整合领导力模型中，**关系型**的意思大为不同。它**并不**表示喜欢某人，甚至不一定指和别人有私交。当然，**关系型**成就者**也许**确实需要或欣赏他人，只不过欣赏不再是其关系行为的重要动力。对他们来说，不论亲疏，认可他人、满足他人的成就需求才是最重要的。因此，团队成员之间无论关系亲疏，只要他们互相认同、共享成功的喜悦、共尝失败的苦涩，便是关系型成就方式。

高尔夫球童往往会因球手在比赛中最后排名的高低或得意扬扬或垂头丧气，这不仅是出于喜爱，更是出于认同感。体育迷享受偶像的成功，认同他们钦佩的成功者，因此也会为他们的成就而欢呼，为失败而沮丧。以上几种角色——团队成员、球童、体育迷，分别代表了关系型成就方式的三种类型：合作型、贡献型以及同感型。

合作型模式

合作型领导倾向于通过团队合作来完成工作，他们坚信人多智广，接到任务后的首要想法是组建或参与团队。

合作型成就方式的人认为，团队的互动可以激发个人最大的潜力，他们在与团队成员的脑力激荡中可以获得满足，甚至激情和动力。团队的协同对于合作型成就者的发展而言既是动力，又是回报。一般情况下，他们着力于团队成员之间和谐的工作关系，但当有必要就事论事地开展公开而热烈的辩论时，他们也并不会有所回避。一些高强度、短寿命的所谓的"救火小组"（hot groups）经常能做出非同寻常的成果，展现出合作型风格充满活力与可能性的一面。[2]这类团队非常能够适应第三阶段管理短时、高效的要求。

直接型和工具型成就者往往将重心放在自己的目标上，合作型成就方式的人则相反，他们更容易接受或帮助打造团队的目标。由于他们也愿意与团队荣辱与共，"我为人人，人人为我"自然成为他们的座右铭。

合作胜过竞争

要成功达到目的，就要合理分配资源，包括想法、人力和物质。比起合作，美国人更愿意单干和竞争，但越来越多的研究显示合作比竞争更容易成功。

竞争 vs. 合作 vs. 单独行动

明尼苏达大学教育学教授戴维·约翰逊（David Johnson）、罗杰·约翰逊（Roger Johnson）[3] 及他们的同事经过研究，发现了课堂合作的优势。他们回顾了过去 50 多年里以比较竞争型课堂、合作型课堂及个人主义型课堂为主题的研究[4]，他们发现：

- 协作比竞争取得的成就更高。[5]
- 协作相比独立，与更高成就的相关性可能更高。[6]

是协作还是竞争更有助于解决问题？这些教授对这一争论很感兴趣，因此查阅了 1929 ~ 1993 年间发表的 46 份研究报告，[7] 他们检验了四种不同的解决问题的方式，分别是语言（使用书面语和口头语）、非语言（使用符号、数字、肢体语言及动作）、明确界定的问题（具有明确具体的运作过程与解决方案）和界定模糊的问题（缺乏缜密的运作过程与解决方案）。在这四种解决问题的方式中，互相合作的团队成员的表现均优于互相竞争的个人，无论年纪大小。

学生在协作环境中学习，除了学习知识，还能：

- 学习的态度更积极。
- 更加自尊自爱。
- 更有胸襟去接纳他人出自情绪和认知上的观点。

无论学生的能力、社会阶层、性别、种族甚至身体状况如何，上面这些优点都能显现。如果指导老师技巧高明，在协作环境下的学生即使和其他学生曾因冲突而产生疏离和埋怨，也能够因此减轻。[8]

大受欢迎的团队仿真游戏"沙漠求生"是又一力证。这个游戏依靠团队解决问题，它一再证明团队决策优于个人决策。该游戏以危机情境为背景，假设参与者为飞机失事后留在沙漠的幸存者。4116 位参与者首先独立决策，然后分组决策。通过对结果的分析，研究者发现，总的来说，团体决策压倒性地胜过个人决策。只有 26% 的参与者得分高于其所在团队；"获胜队"（即根据游戏规则，得分最高的队伍）中，仅有 13.1% 的个人得分高于他们的团队。其他来源的证据也显示出，合作优于个人竞争。

解决冲突以及发展共同愿景

研究结果表明，合作是解决问题的有效方法，尤其在某些情境下。如果问题界定不明，或是当利益相关者在问题界定上产生分歧时，合作是解开症结的重要手段，特别是在这些人掌握的权力与资源各异的情况下。

宾夕法尼亚州立大学的芭芭拉·格雷（Barbara Gray）教授认为，合作是指"某一问题的利益相关者有意识地积极解决问题的过程。他们通力合作，共享信息，绞尽脑汁，建立多种方案，并最终达成一致"。[9]

为解决互依共存世界中盘根错节的问题，合作结合了两种互相关联的过程：化解冲突，发展共同愿景。在格雷看来，合作能促使有利害关系的当事人互相合作，在突破夹杂着诸多情绪的问题后，最终达成所有关联人士都能接受的协议。合作人各自做出部分妥协，同时保留某些权力。[10]

发展共同愿景能使利益相关者发现彼此共同的价值观，而后，这些价值观可以反过来使参与其中的人为未来的公共事务责任进行谋划。众多不同的观点因此得以整合，以解决企业、政府、劳工团体、社区之内和之间的复杂社会问题。

利益相关者分析彼此的分歧，从不同的角度思考问题，最终找到创新的解决办法，这种方法往往突破了个人眼界的限制。这种观点认为，通过合作，利益相关者可以"对问题有更全面丰富的认识，这是其中任何一个人无法独立做到的"。[11]另一方面，由于各相关者只有在深入分析后才能提出对策，也由于他们将相辅相成的观点和资源带入策略中，因此通过合作而产生的策略效果通常较好。通过合作去解决棘手的问题，可以为参与者带来额外的长远利益。首先，他们开始视对方为有血有肉、有真实疑虑的人，而不是把对方当成刻板印象中的对手。这种新的认知会带来认同感和同理心，为未来关系的发展和合作打下坚实的基础。

哪怕是最善变的合作者也开始发现，他们的共同点比之前预期的还要多。这种共性反过来增加了他们彼此的善意，他们可以用这份善意来解决其他领域的分歧。

三里岛核事故中的合作

1979 年 3 月在美国宾夕法尼亚州发生的三里岛核事故，提供了一个政府组织与技术专家及大众（担任民间领袖角色）通力合作的典型例子。核泄漏事件发生后，当地居民非常担心，受损的核反应堆释放出的放射性物质对健康具有长期的危害。而三里岛核电站的所有者大都会爱迪生公司认为，为了让专家确定反应堆的受损程度，他们计划将受损反应堆中残余的少量放射性氪气体释放到大气中，而此时正值民众的疑虑日益加深之际，民众的担心可想而知。

尽管核管理委员会（NRC）一再表示释放出的气体对市民的健康无害，市民却并不相信。市民对大都会爱迪生公司及核管理委员的信任处于低谷，讨论释放氪气体对环境的影响的公共会议上出现了激烈的争论。当核管理委员会建议启动社区监控程序时，与会者充耳不闻。接着，美国能源部指派了一个技术工作小组，成员由来自环境保护署、宾夕法尼亚环境资源部门、宾夕法尼亚州立大学、爱达荷州 EG&G 公司（大都会爱迪生公司的技术顾问）的代表共同组成。

该技术工作小组负责制订市民辐射监控计划，目的是在氪气体释放到大气的过程中，向三里岛区域的居民提供准确可信的辐射信息。该计划的设定是基于一个假设：由于大都会公司和政府代表在意外发生后早已信誉扫地，相较于由他们发布的信息，民众更愿意相信市民群体发布的信息。

三里岛方圆五英里之内，每个社区都提名四位居民来监测辐射程度。负责监测的人来自不同的职业、社会背景和年龄层。

这次监测由能源部负责提供资金，宾夕法尼亚州立大学负责提供设备及专业培训，EG&G 公司、环境保护署及环境资源部门负责提供技术专家和人员。居民为了追踪辐射程度，则奉献了时间、智慧和精力。

每个社区都有自己的观测地点和观测时刻表，监测小组每天报告由观测员记录的结果。不到五个月的时间，这项计划圆满完成，消耗的资金、人力及遇到的阻碍都比预期少得多。大都会公司也在市民的认可下，开始第一阶段的善后清理工作。居民及代表获得了他们认可的精准完整的信息。大家对核能及社区需求越来越了解，因此激烈的争论越来越少，以解决问题为目的的对话越来越多。

这是一次政府组织、社区及私营企业之间的复杂合作案例，它的结果给我们上了重要的一课：即使原本是对手，即使面对复杂的技术问题或敏感的社会问题，只要双方能够合作，在技术和社会成本的层面上都是更为经济的。对于众多有切身关系的人来说，互依共存环境下的复杂难题使大家难以逃脱共同命运的掌控，这时可以将协力合作的方式作为另一种选择，而它往往也是更符合成本效益的领导策略。

顶层的合作：共享领导

合作的用处远不止解决矛盾。由合作激发出的好感及对共同点的认识，有助于领导者之间保持长期合作，甚至在可能的分歧出现之前将其解决。

约翰·弗伦奇：企业合作者

约翰·弗伦奇（化名）是某家装业龙头企业的继承人，他讲述了家族企业合作管理的发展历程。20 世纪之初，弗伦奇的祖父开设了一家家具商店。他的儿子们接手后，轮流管理生意。在他们的领导下，小商店的业务蒸蒸日上，发展成以服务为导向的高档家装公司。最终，公司的领导模式正式变为首席执行官委员会形式。从 20 世纪中叶到 1990 年间，公司的员工数和营业额增长了近十倍。

约翰·弗伦奇解释到，家族的第三代经营者之所以能为企业做出长期的、重要的决策，是由于经营者之间具有一贯的共识。他认为管理层的合作之所以成功，是由于管理成员有共同的背景，尤其是他们在青少年时就被介绍进入公司，从基层职位做起的经历。弗伦奇认为，在项目中共享所有权以及尊重彼此的职权是合作成功必不可少的因素。

尽管如此，弗伦奇家族的企业管理层中也时有分歧发生。当发生分歧时，如果某位成员强烈表示反对，他坚持的观点通常会占据上风。尽管各管理者的股份有多有少，但弗伦奇解释说："我们从不因股份多少做决策。"

其他首席执行官委员会

首席执行官委员会在美国管理史上有一段悠久而充满波折的历史，几乎没有哪一种形式能真正代替首席执行官模式。1903 年，杜邦公司组建了一个六人执行委员会，希望通过精心协作，做出战略性的决策。1932 年，希尔斯百货，以及后来的惠普、卡特彼勒、海湾石油和天合汽车集团均成立了执行委员会，试图取代一人制的首席执行官模式。

20 世纪六七十年代，企业集团的发展掀起了执行委员会制度一系列的变革，有些委员会充当了首席执行官"内阁"的角色。福特、IBM、陶氏化学公司、大通银行等主流大企业也加入了这个潮流中。从 70 年代末开始，直到 80 年代，大批企业由于对成果感到失望，纷纷跳船离队，又回到传统的管理体制去了。[12]当然，其中一些企业没能正确使用执行委员会，委员会流于无休无止地开会，工作变得更加繁杂，而不是简化。

即使是在第三阶段初期，每个组织无论乐意与否，都必须和国内外其他组织所形成的庞大网络相连接，而组织内部各分支单位之间也是（或理应是）互依共存的。

现在是时候重新考虑合作的意义了，不光是企业基层的合作，也包括管理层的。以合作型的执行委员会取代单一的首席执行官虽不一定具有普适性，但它确实是增进组织效能的另一种方式。合作型的执行委员会不一定适合所有的企业，却值得我们认真审视。

合作与竞争：减少挑衅与暴力

合作还有许多其他好处，尤其在化解挑衅与敌意方面。多年的研究始终表明，竞争是挑衅和愤怒的前兆，而合作带来共识与友谊。[13]著名的罗伯斯山洞实验（Robber's Cave experiments）就显示，竞争型游戏会在昔日的朋友之间挑起敌意和攻击；[14]相反，协作则可以使敌意在萌芽状态就被化解。最近，有个以新加坡酒店的管理者和员工为对象的田野调查，结果证实，即使在非西方企业中，协作性和竞争性目标依然会影响冲突的互动过程与结果。[15]

乔治·布什：在宿敌之间奏响合作的乐章

在国际舞台上，合作型领导策略也可以消弭存在已久的敌意，美国前总统乔治·布什就深谙此道。在与伊拉克强人萨达姆·侯赛因的沙漠风暴对战中，布什利用合作方法成功获得了一批军队领导人的支持，其中许多人其实已多年互相不讲话。

这次合作的成功取决于一些并不友好的国家之间的外交及军事结盟。布什执政期间最成功的地方在于能够将原本敌对的人用共同的新目标（即使是短期目标）联合起来。这意味着将内部的敌意搁置一边，至少在沙漠风暴行动的关键时刻齐心协力。

创建和维护协作体系

昔日对手之间的短期合作固然重要，而在当今互相依赖的世界里，如何维持长期的协作体系更值得我们深入思考。既然协作如此重要，即使对于一个沉迷于复杂个人主义的国家亦然，那么我们如何才能促成协作并在长久维系的同时不放弃个人主义呢？还是说所谓的合作、团队、关系网终究只是理想的美梦而已？

关于如何让昔日敌对的对手在达成合作的同时不损害个人主义这一问题，我们从 1990 年以协作方式解决海湾危机的全球网络当中可以得到一些有意思的线索。然而，当今世界的相互联系日益增多，长期协作则是流通于网络的血脉。那么对于崇尚个人主义的美国人应该如何维系长期的协作关系呢？难道协作只在危机发生时起作用？即使在危机时刻，协作也只是暂时的吗？

协作的起源和维护可以用博弈论来解释。耶鲁大学教授罗伯特·艾克斯罗德（Robert Axelrod）做过研究，探讨除去敌意和报复，建立和维护协作的最佳途径是什么。[16] 艾克斯罗德设计了一个非常简单的实验：他邀请了多位博弈理论家为电脑游戏"囚徒困境"比赛编写程序。

"囚徒困境"游戏是实验室中常见的研究手段，选手可以选择为个人利益或是团队利益而战。选择个人利益的，胜利或惨败的机会都很大；若是选择团队协作，共同的收益相对较少，但输的概率也较低。游戏并不强迫玩家选择协作。事实上，它还允许玩家利用或是抵制互相协作。这个游戏同时也体现出，与现实世界一样，玩家之间的利益未必是完全对立的。

艾克斯罗德的研究集结了多位各行业的博弈理论家，他们设计比赛程序，并以循环赛的形式互相对抗。令艾克斯罗德大为吃惊的是，最终的赢家是最简单的程序——"一报还一报"（Tit for Tat）。（做法并不复杂，选手第一步选择协作，此后每一步都重复对方上一步的做法。）第二轮比赛中有 62 个程序参与，结果还是一样："一报还一报"胜出。

据此，艾克斯罗德就协作的必要条件，得出了七条重要结论。

第一，与实际工作或是家庭关系一样，要想协作就要建立长期的关系，双方之间的互动密度未必需要保持固定，但一次性的关系不起作用。

第二，第二个玩家的互惠协作可以为协作关系的养成提供良好的开端。

第三，对继续协作抱以期望很重要，同样重要的是认识到不协作会滋生出更多不协作，这对大家都不利。其中一个启示是：倾向于协作的人偶尔也要做好单干的准备，并准备好用竞争型策略或权力掌控型策略。

第四，一旦建立了协作，该团队的努力就能抵挡另一个充满敌意、不协作团队的攻击。但是，要想以个人之力与一个不协作的团队达成协作，成功的概率很低。

第五，成功的协作需要团结足够多的人共同努力抵御对手的攻击，而且这些人必须具备合作和乐于贡献的技巧。

第六，要想培育持续的协作关系，领导者就必须作风强硬；换言之，面对不协作时能以牙还牙。很显然，协作型关系需要直接成就型策略作为后盾。

第七，愿意把自己的工作托付给他人，乐意让彼此的关系发展成稳定的（即使偶有中断）互助关系，是维系持续性协作关系的重要因素。这里，我们可以看到个人主义与工具主义相结合的重要性，工具主义需要社交上的互动，对系统运作的理解，以及信任和帮助他人的能力，下一章将讨论这一话题。双方能够发展成相互信任的同盟关系，并利用这种关系达成目标，是达成合作的重要前提。

要想维持合作，需要有意识地培养和爱护合作关系。人与人的交情如果建立在信任、互惠和共同目标上，有助于创造出经久不变的合作条件，哪怕协作减少或时断时续，双方的关系仍能得以延续。虽然互惠互利是合作关系的重要因素，但在关系型的另一种模式——贡献型模式中，则不是那么重要。

合作的成本和收益

合作是美国工业史上不断出现的主题，只是以不同面貌出现。正如第 3 章中所说，合作（有时候被称作参与式管理）可能是虚幻不实的，形式大于内容。

独裁主义有时也会披着合作的单薄外衣，就像 M&M 巧克力糖，吃完会留下苦味。委员会是合作型企业的精髓，却常常陷入泥淖而无所作为。也难怪美国人在选择领导风格时，协力合作的名次虽位居第二，却远远落后于第一名。

在运用合作型风格时，如果能够意识到彼此的关联，就会产生真正的共同责任感；不单分享成功的喜悦，更要承担失败的责任。在整合领导力模型中，如果各种风格能够相互融合，它的弹性、复杂性以及微妙之处都能因此得到强化。合作吸收了成就风格的所有精华，被赋予了新的意义，为领导者提供了新的选择。

整合型领导者将合作深植到他们的管理行动中，他们了解通过集体行动领导他人有多困难，因为任何人都不具备权威性。他们可能会利用指导性技巧来解决自身和合作者之间的分歧，或者为一群意见不合的利益相关者化解争端。有技巧的整合型领导者不会因为合作本身的内在张力而将其视为无所作为的借口。

合作的成本，不论是实际的，还是想象中的，就时间成本和挫折度而言，通常低于持续对立或竞争产生的成本。合作的每一方只需要提供所需资源的一部分，而非全部。将资源整合起来对每一方都有利，因为单纯解决问题比一边解决问题，一边和其他人对抗所需要的资源要少得多。

一些服务费昂贵的中间组织，如律师、调解人、关键证人等，也许不那么需要了。研发成本可由从事相关行业的各团队有效分担。同时，面对一些问题而迟迟不能采取行动的成本较为隐蔽，但通常更高，如环境问题、组织问题以及政治问题等，这些成本需要一并计算。

贡献型模式

关系型中的第二类为贡献型。在家庭中长大的人对这一类型都不陌生，这种类型被认为是一种传统的女性处理问题的模式。女性通常能采用这一模式长期有效地协助她们的配偶和子女，如果是外出工作的职业女性，则是协助工作单位的上级和本职工作。

当然，许多世纪以来，束缚女性的温暖家庭就是互依共生的最佳例子。因此，女性早在男性之前发现贡献策略在相互依赖的情况下很有作用，这一点不足为奇。可惜，在这个性别成见深重的社会，由于贡献型行为和传统女性角色相似，为这种效果显著的风格打上了烙印，当女性努力想获得一线岗位时，情况尤为严重。不过，由于近来全球互依性不断增强，贡献型行为因此更具有战略性的重要意义。如果我们不用性别成见的有色眼镜来看待风险性风格，我们会发现这种有待我们去启用的策略，是威力强大而且效果显著的。

贡献型成就者将他人制定的目标作为自己的目标。了解贡献型行为益处的领导者乐于帮助他人实现目标。大家的共识是，整体的成就不是归功于领导者，而是归功于受助人。

贡献型领导者认为，认可他人的目标并积极帮助他人完成目标，可以铺就一条重要的成就之路。众所周知，莫罕达斯·甘地到偏远的农村普及卫生常识，清洗"贱民"的公共厕所。因此，甘地不仅满足了选民的要求，也展现了他对这个被打上烙印的群体的认同感。

助人者自助

帮助他人实现目标相当于种下了互惠互利的种子，这是长期合作的基础，这一点在艾克斯罗德的研究中已经展现出来。[17] 领导者帮助他人实现目标，既不控制他人，也不傲慢居功，便是铸造了善意和恩惠的蓄水池，未来随时可用。

贡献型领导模式不仅带来了长期的好处，也带来了眼前的满足，领导者得以观察被拥护者的需求，给自己注射了疫苗，使自己免于狂妄自大的侵袭。偏好这种模式的领导通过帮助他人获得成功而获得了真正的成就感。

为一个梦想做贡献：麦克·科比特和马克·威尔曼

美国的两位现代英雄麦克·科比特和马克·威尔曼的故事是贡献型成就方式的典型例子。让我们来看看科比特为了帮助好友马克·威尔曼实现梦想，做出了什么样的努力。

威尔曼是一名公园管理员，因事故瘫痪，但他仍渴望攀登世界最大的岩壁，位于优胜美地国家公园的酋长岩。

瘫痪后的七年里，威尔曼的渴望仅仅是个不可企及的梦想，是麦克·科比特的贡献型行为使得威尔曼的梦想成为现实。科比特本身是成功的攀登者，已成功登顶酋长岩 41 次。这一事实充分说明，贡献型成就者之所以选择这种模式是出于能力而非软弱。

为了帮助威尔曼实现梦想，科比特为威尔曼特制了一个滑轮，可将他的身体吊至 3600 英尺高的岩顶。为了能顺利使用滑轮，威尔曼在健身房坚持锻炼了 6 个月，每天做上千个引体向上。

接着，科比特设计缝制了帆布套裤以保护"老板"的腿不会被岩石刮伤，与此同时，威尔曼为了攀上顶峰，每天要做 7000 多个引体向上。在这次历史性的攀岩挑战中，科比特比威尔曼先开始攀登，为他固定好安装滑轮的支架，使这位瘫痪的攀登者能将自己往上拉。

在整个攀爬过程中，威尔曼每攀登过一个固定点，科比特就滑下岩壁，取下支架，再爬到威尔曼的前面并重新安装支架。科比特这种了不起的贡献型行为所需要的精力足够攀爬酋长岩三次。1991 年 12 月 8 日，两位攀爬者成功登顶，围观者都为这一壮举而感动：瘫痪的攀爬者把自己拉上了 3600 英尺高的酋长岩。[18]

大部分媒体的焦点集中在瘫痪的攀登者身上，科比特为之付出的努力仅仅被认为是威尔曼成功的助力，对此，科比特好像完全没有意见。非比寻常的是，美国参议院正式表彰了两位攀登者的英雄事迹。在高达 126 华氏度的高温中攀爬纯花岗岩的悬崖，不禁让我们回想起美国的英雄先驱的"直接"开拓壮举，只不过这一次，是贡献型行为让内心的梦想成为现实。

政治家的配偶：做到了你该死，做不到你也该死

许多与领导力紧密相关的职业要求灵活运用贡献型行为，政治家及企业家的配偶、演讲稿撰写人以及其他辅助性行业的专业人士都在贡献的角色下开展工作。

正如前面所说，家庭是贡献型行为的最佳场所。父母喂养子女，为子女沐浴，多年后还要帮子女做作业，就是贡献型行为的延续。丈夫或父亲在家庭中也会有贡献型行为，但相关的焦点几乎都在女性身上。[19]生活在超强聚光灯之下的政治家庭便是很好的例子，它们告诉我们贡献型风格的复杂性。

政治家的夫人都是贡献型行为的行家。政治家的夫人（比如美国的第一夫

㊀　1 英尺 = 0.3048 米。

㊁　约为 52 摄氏度。——译者注

人）会发现人们对其是褒是贬，取决于她们在贡献和控制之间的平衡。对于许多政治家的配偶来说，在重要贡献和低曝光率的幕后行为之间取得平衡不是件容易的事情。实际上，对所有人来说，精确地掌握贡献型模式及同感型模式（或其他成就方式）何时适用，对于我们每个人来说都是重大的课题，下文即有讨论。

埃莉诺·罗斯福

埃莉诺·罗斯福为她的丈夫——患有小儿麻痹症的罗斯福总统做出的贡献，大众的评价是毁誉参半。[20] 写有"不要埃莉诺"（Not Eleanor Either）的竞选徽章表明，人们意识到了她对罗斯福总统成就的贡献，但同时她的行为招人憎恨。

生性腼腆的埃莉诺·罗斯福在罗斯福总统的政治生涯早期一直竭力居于幕后。直到这位冉冉升起的政治明星患上小儿麻痹症并瘫痪之后，罗斯福夫人不得不曝光于镁光灯下，完成许多她丈夫再也无法进行的任务。她在丈夫的政治选区到处拉票，接受她原本抗拒的演讲邀请，就是为了维持丈夫在选民心中的形象。在罗斯福的总统生涯中，他依靠太太与选民的会面保持与选民之间的联系。他经常称太太为他的"耳目"。

罗莎琳·卡特

和许多政治家的配偶一样，罗莎琳·卡特（Rosalynn Carter）为第一夫人时努力营造"合适"的贤妻形象。同时，在重大问题上，她也努力地展现个人能力，支持务实的卡特政府。

罗莎琳·卡特还是佐治亚州州长夫人时，就在州务团队中担任要职。为了强调第一夫人这一角色的严肃性，她告知白宫的工作人员，不准向记者介绍她的衣橱。不论何时如果媒体坚持报道第一夫人的着装容貌，他们多半是自讨苦吃。[21]

最初，美国大众对罗莎琳·卡特的认真态度似乎颇为赞赏。然而很快，媒体报道了她定期参加内阁会议及插手白宫的人事调整。这位第一夫人发现，对她的反对声越来越大：

> 罗莎琳·卡特没有任何职务，不领取政府工资，但是她已经成为白宫的重要人物，本周亦不例外。
>
> 在过去的几天，就在卡特总统正在衡量白宫人员的去留之际，

> 卡特夫人一直与白官的高级工作人员私下会谈。
>
> 卡特夫人的新闻秘书表示，第一夫人将参与评估总统内阁及其他高层官员提交的辞职申请。[22]

类似的报道详细列举了卡特夫人对总统核心任务的贡献，给她带来了负面的评价，以及"铁娘子"这种不知道是褒是贬的称号。

希拉里·罗德姆·克林顿

到比尔·克林顿竞选总统时，美国女性的地位早就发生了转变。希拉里·罗德姆·克林顿的表现正反映了这种转变，她改写了美国第一夫人的行为规则。

在希拉里·罗德姆·克林顿的丈夫竞选总统期间，媒体对她的评价在赞赏和责难之间摇摆不定。媒体赞扬她作为律师及儿童权益倡导者的专业性，却质疑她是否忘记了自己未经选举而当上第一夫人的本分。

希拉里·罗德姆·克林顿的方方面面都被媒体仔细审查：她在韦尔斯利大学及耶鲁大学法学院读书的经历；头发的长度；她的头巾；她对时尚不感兴趣；她作为母亲的责任；她的许多朋友；她对竞选策略的影响。如果她站上讲台的次数太多，就会被众多媒体警告，因为她的光芒盖过了丈夫。于是在竞选后期，我们看到了一位更为端庄的妻子：站在演讲台上，在一个下雨的午后给对公众发言的克林顿尽职地撑伞挡雨。

克林顿政府执政后的前几周，电视台记者重点关注了第一夫人在国宴上以及和国家元首会面时的表现。他们质疑，第一夫人在讨论政策吗？第一夫人这么做合适吗？媒体好奇，为何这位总统夫人希望别人称其为希拉里·罗德姆·克林顿？这是不是意味着总统夫人在尝试得到一个不同的独立身份？

当克林顿政府宣布克林顿夫人将主导制定健康福利政策的任务时，媒体的各种猜测喷涌而出。有评论员批评说，总统将如此重要的任务交给妻子是不合适的。

在克林顿担任阿肯色州州长期间，希拉里曾出色地完成过类似的任务，但在评论家的眼里，两者根本没有可比性。

希拉里在国会上做出了专业的发言，不看演讲稿也能解释复杂的保健政策，这为她赢得了美国国会的赞赏。然而，媒体又一次发出并不轻微的警告，认为她抢了总统的风头。事实上，随后在全美进行的调查中，大多数受访者认为希拉里比她的丈夫更聪明。

这次调查还显示，大多数受访者认为这位第一夫人可以胜任总统一职，但是，他们中的大部分人同时表示她不应该竞选总统。后来保健计划的失败又为第一夫人及总统带来了如潮的恶评。

此次事件中，美国大众对希拉里的反应正体现了我们对贡献型成就者的矛盾心态。我们很难把贡献者看成"真正的领导者"，因此，贡献者只有在不进入领导圈子时才是可接受的。当希拉里在北京召开的联合国大会上发表关于妇女地位的演讲时，她获得了国内外一致好评。毕竟，她讨论的是妇女问题，这个领域符合总统夫人的身份，跟杰奎琳·肯尼迪翻新白宫，伯德·约翰逊夫人在国会山公园里种花没什么区别。但是如果贡献者"踩过界"，确实对领导过程有过影响，就会激起大众的矛盾心理。人们会以不同的方式表达不满：攻击贡献者，贬低她的贡献，贬损她为之贡献的领导人。当然，像克林顿夫人这样的贡献者也会赢得许多崇拜者的尊敬与爱戴，因为其对第三阶段的复杂任务能做出有力贡献。

我在写这本书的时候，白水事件及弹劾风波已经过去。讽刺的是，当希拉里克服内心的痛苦，端庄地站在克林顿身旁时，她的受欢迎程度急速上升。目前，她正在参选国会议员。坚定的贡献型行为为希拉里赢得了支持，这种支持能不能支撑希拉里赢得更倾向于直接、策略性行动的政治选举呢？我们将拭目以待。

五条重要启示

从希拉里·罗德姆·克林顿的例子中，我们可以了解与成就型模式尤其是贡献型模式相关的五条重要教训。

第一，贡献型成就者必须小心保持一种微妙的平衡，避免风头盖过自己的贡献对象，除非第三阶段的观念被大众广为接受，否则这种情况不会改变。

第二，尽管众所周知这位第一夫人有能力选择其他的成就方式，但她仍然愿意为她的丈夫贡献。这一事实表明，选择关系型成就方式的人未必是因为自己能力不足。许多关系型成就者（就算不是大多数）完全有能力靠自己直接或通过工具型成就方式获得成功——这种成就方式将在下一章中讨论。然而，在某些情况下，他们刻意选择合作、鼓励，或帮助的方式来达到目的，因为对方是他们所认同的人。

第三，正如对本书中其他人物的做法，我专门从希拉里·罗德姆·克林顿的成就类型范围内挑出一种类型当作讨论的重点。她参与保健计划可以被认为是贡献型行为，而很明显，她作为第一夫人的其他行为显示她与总统是团队，此时她采用了合作行为。当然，她与白宫成员及新一轮竞选工作人员之间的互动自然有赖于多种多样的成就方式。

第四，上述许多案例中使用的关系型模式与传统女性角色十分相像，因此，领导者们，不论男女，都不愿再使用这些有用的模式。矛盾的是，勇敢使用了这些模式的领导者，最终确实提高了领导能力，如莫罕达斯·甘地、马丁·路德·金以及保加利亚政治领导人艾琳娜·拉加迪诺娃（Elena Lagadinova，第 11 章将有介绍）。

下面这个政治家配偶的例子可用来强调第五条教训：根据具体情况选择恰当的成就方式很难实现。贡献型只是其中一个例子，对所有的成就方式而言，这种困难普遍存在。

1992 年的政治季，参议员罗伯特·多尔（Robert Dole）的太太伊丽莎白·汉福德·多尔（Elizabeth Hanford Dole）向里根政府辞去交通部部长的内阁职务，全力帮助丈夫竞选。北卡罗来纳州土生土长的她立刻被媒体戏称为"丈夫的南方策略"。

愤怒的女权主义者质疑她的决定。然而，《洛杉矶时报》却这样报道：

> 她（伊丽莎白·汉福德·多尔）将丈夫的事业放在首位，这样做提高了她在此地（亚特兰大）的声誉，人们认为她的话值得一听……她的丈夫把重心放在艾奥瓦州以及新罕布什尔州，而她则竭尽全力与南部 14 个州的选民接触，这 14 个州都是 3 月 8 日超级星期二总统初选的选区。[23]

1995 年，多尔太太请求休假一年，不再担任红十字会主席一职，以参加丈夫的总统竞选。而到了 1999 年，多尔太太已经开始着手她自己的总统选举。这就意味着她要放弃贡献型行为模式，转向主导型、竞争型、独立型以及工具型行为模式。

正如在第 5 章中所讲，因势选型是很复杂的，不但要对各种情况高度敏感，更要根据情况的变化灵活地重新组合模式。

同感型模式

关系型成就方式的第三种为同感型，使用这种模式的领导者鼓励和引导他人达成目标。他们乐于见到他人成功，仿佛成功属于自己；他们理解并认同其他领导者的梦想或目标，也对被领导者一视同仁，无论他们是公司员工、客户、选民还是政治人物。

同感型成就者会鼓励或赞扬他人，但不直接参与他人的行为过程。这一点与贡献型大不相同，后者在行动方面担有一份责任。

当然，大家都知道，贡献型和同感型紧密相关，因此我们希望有领导者可以将两者合二为一。奥运选手的父母在子女的成功中，通常同时展现出贡献型和同感型两种模式。爱国的公民、留恋母校的毕业生、为明星学生或运动员高兴的父母、为家乡队欢呼的忠实粉丝，甚至是摇滚音乐会上的乐迷，无不体现出同感型行为。他们体验的是深爱的人或所在组织的成功所带来的深入骨髓的满足感。

同感型成就者接受并认同他人的目标，也支持他人为实现目标选择的方式方法。

同感型类似于利他主义，愿意付出甚至牺牲自我去帮助他人，或者帮助比自己更为重要的事业。这种模式能同时激励员工和领导者。安妮塔·罗迪克将这称为"道德共鸣"的表现，领导者将这一观念灌输给整个企业及相关人员。[24]她认为领导力的重要性在于：

> 能超越（领导者的）自我膨胀，能从大局着想，不单单考虑（企业创造的）财富，并且专注于领导过程中的乐趣和共同体的理念。[25]

理解并认同他人需求的领导者能建立起他人的忠诚和赞赏。罗斯·佩罗在1992年的总统竞选中，将竞选基调定为"终身为大众服务"。在电器城的会面中，他实现了领导者和市民之间的双向交流，这令大众感到兴奋，在此之前，大众感到沮丧，因为他们的关切和愿景一再被置于政治领袖关切的议题之后。

同感型成就者善于培养和自己敬佩的成功者之间的真实（有时候是想象的）

关系。某些同感型成就者甚至不需要和其他成功者之间有任何私人关系，便可享受成功的喜悦。

亚利桑那州立大学心理学教授罗伯特·西奥迪尼（Robert Cialdini）[26] 做过研究，即人们如何利用与成功人士或亲或疏的联系来提升自身的公共形象，这一研究能帮助我们更好地了解同感型行为。[27] 西奥迪尼和他的同事发现，每逢球队获胜后的周一，大学生就会宣传和获胜球队的关系，他们会穿一件带有大学校徽的运动衫或夹克衫，或是戴一顶印有学校标志的帽子。[28]

尽管有充足的证据表明，人们很乐意用同感型行为分享他人的成功，但对于失败的同感型行为却不常见。球队失败后，着装带有学校标志的学生明显减少。实际上，球队赢球时，学生多用"我们"这个代词，比如"我们赢了"；球队失利时，学生却用更有距离感的代词"他们"，如"他们输了"。西奥迪尼将这种行为解读为试图"享受他人成功的荣耀，躲避他人失败的阴影"。[29]

足球迷可能会逃避或无视球队的失败，但父母或配偶通常能感受到所爱之人的挫败带来的痛苦。同感型成就者能否从他人的成败中抽离出来，抽离多少，实际上取决于双方关系的亲密程度。

同感型导师：解决领导者接班人问题

领导者是否有能力作为导师，激励自己的继任人，同感型风格是必备的要素。认同他人的成就，为他人的成功感到骄傲和成就感，能帮助领导者培养其他领导者，包括自己的继任人。处于第二阶段的领导者，由于视野的限制和对权力的追逐，很少关注继任人的问题。他们对导师的角色毫无兴趣；即使对此感兴趣，他们的指导也通常是采取一种否定的形式：将可能的继任人免职。

同感型领导者的反面例子：亨利·福特们

有些位于第二阶段的领导，比如亨利·福特以及与他同名的孙子，无法接受自己被替换的必然性，哪怕继任人是自己的血亲。[30] 李·艾柯卡曾经描述过这种痛苦，他与一些竞争者想进入福特公司的领导层，遇到了善变的亨利·福特二世，亨利·福特二世先提名几个有力的竞争者，然后全部除名。[31] 尽管这些处于第二阶段的领导饱受欠缺接班人之苦，却并没有在到达权力顶峰时增强对该问题的敏锐度，艾柯卡自己在克莱斯勒公司时也拒绝支持某位继任人，就是例证。

第二阶段的领导者热衷于固有的竞争型权力策略，这使他们很难放开对公司的掌控。哪怕自己枯燥无味的愿景已无法再为公司提供动力，他们仍然坚守领导地位不放手。他们盲目执着于过时的理念，所以不可能根据需求做出创新和改变。

老福特拒绝革新日渐衰退的 T 型小轿车，他的故事充满传奇色彩：

> 他的经销商看到了雪佛兰的日渐风行，并感受到雪佛兰愿意倾听经销商和客户的声音，而福特却没有这样做，于是向老福特请求革新，老福特对此充耳不闻。到了 20 世纪 20 年代，经销商的呼声越来越高，特别提出对点火系统进行革新，其中的一些人被请到了底特律与亨利·福特会面。
>
> "你们可以踩着我的尸体进行（改革），"福特如是说，"只要我活着，磁力打火就不会变。"几乎同时，几位经销商询问福特是否能改变 T 型小轿车的颜色，福特的回答是："你们可以选择任何颜色，小子们，只要它是黑色的。"[32]

看起来，对于某些第二阶段的领导者来说，为避免被继任人抢了风头，他们宁愿公司群龙无首。丹麦移民比尔·克努森（Bill Knudsen）被称为"公司最有能力的人"，却遭到了亨利·福特的粗暴对待，最终被逼得转投了通用汽车公司。[33] 把克努森赶出公司后，福特嘟囔道："我让他走，不是因为他不能干，而是因为他太能干了——我受不了。"[34]

当第二阶段的领导者无法指导：西和古尔德法律事务所

福特不是唯一不能面对接班人问题的公司领导，最近的例子太多了。许多家族企业，从菲拉格慕到古驰，将继任战争打到了法庭。

法律公司也不能免疫。纽约最大的法律事务所之一的西和古尔德公司（The Law Firm of Shea & Gould），成立于 1964 年，解散于 1994 年，也是继任综合征的受害者。尽管盈利良好（1993 年盈利 8500 万美元），该公司亦无法解决领导危机，据称这一危机始于 80 年代。当时，两位联合创始人——威廉 A. 西（William A. Shea）和米尔顿·古尔德（Milton Gould），开始将权力交给下一代的律师。但显然他们没有培训任何继任人，公司也没有准备好接受转变。30 年来，公司已经习惯了第二阶段的家长制独裁领导，无法适应领导的调整。

当西和古尔德放弃了执行委员会的否决权，公司就开始走下坡路。从各个方面来看，新的领导人杰罗姆·柯恩（Jerome Kern）及托马斯 E. 康斯坦斯（Thomas E. Constance）更适应于第三阶段，他们尝试使用关系型领导模式。然而，公司深陷独裁领导的泥潭，根本无法走出第二阶段领导者的阴影。

纽约法律招聘人琳恩·梅斯特尔（Lynn Mestel）这样剖析西和古尔德公司的问题："独裁时间太长，一下子又太过民主。"[35]

沉迷于权力会使领导者看不到公司长期的领导需求。要求自己的想法被尊重却不认可他人的想法，这样很难培养出继任的领导者。如果继任人被顽固的第二阶段领导者所钳制，他们自己的领导才能就会退化。

安妮塔·罗迪克：美体小铺创始人

无法为长远考虑是第二阶段领导者的典型特点，正如我们所知，他们没有耐心指导未来的继任人。与此相反，第三阶段的领导者使用同感型、贡献型以及下一章即将讨论的依赖型模式，将关键任务的重点放在对公司的未来成功至关重要的接班难题上。

我曾在斯坦福商学院遇到过安妮塔·罗迪克，她在那里住了几个星期。她的性格和价值观深深地烙印在美体小铺的公司形象中，因此我问她公司继任的问题，她显然有同感，回答道：

> 我现在要做的是将公司从这种处境上推开，不让它带有过多我的印记，削弱我是唯一有愿景领导者的印记。我需要花费十年时间来好好想想怎么把权力（转移给其他人）……这是我必须做的。不要去想"我做得到吗？我怎么做"，只要大胆去做！

罗迪克去美体小铺分公司视察时，并不总是住在酒店，她会住到员工的家里，与员工或他们的孩子秉烛夜谈，讨论他们对自己的希望，对公司的看法。她告诉我：

> 我希望分享信息。我想把与我共事的杰出人才请到我家，与他们共处共食，寒暄说笑，晚间同他们一起散步，像亲人团聚的欢乐时光一样。

发展继任人是保证组织长远成功发展的重要机制。对于第三阶段的领导者而言，继任人的成功也是导师的成就。

对于第三阶段的领导者而言，企业的长期稳定发展也是对他们的远见和自我能力的一种赞颂。对于旁观者而言，企业的发展既证明了领导者对自我需求之外的目标有种使命感，也证明领导者具有一种可以滋养个人、企业和共同体的博大利他情怀。

利他精神深植于同感型风格里。在同感型模式中，指导他人就是利他主义的体现。导师不再插手，却仍从自己门徒的成功中获得成就感。同感型成就感也不仅仅表现为导师对门徒模糊的成就感。事实上，最重要的指导，往往会成为双向道路。门徒对导师的不断成功做出贡献，他们将重要的新信息告知导师，保护导师的名誉和财产，提醒导师注意里亚尔托（Rialto）的新鲜花边新闻。

参与了某位研究生的博士论文答辩委员会的教授，也许会与该学生保持长期的联系，还会为这位得意门生的专业成就感到高兴。门徒邀请导师参与荣誉活动，同时提高了导师和门徒的地位，这样的例子也不少见。

走向共性政治

关系型成就方式没有被第二阶段的领导者充分利用，却与第三阶段有很深的关联，它让我们从差别政治转向共性政治。这种模式为我们提供了方法，来解决这个充满差异的世界里相互依赖的问题。因为关系型涉及认同行为：认同他人，哪怕他人与我们差异巨大，这样我们才有可能将我们的心灵和思维与他人的梦想联系起来。这种模式让我们想他人所想，理解他人的立场和目标，并有助于减少我们对不同之人原有的敌意。

就这样，关系型风格为我们和他人之间搭建了桥梁，在这个过程中，这些模式打开了另一条通往成就和社会的道路。在不齿于团队内竞争的国家，如日本，他人成功带来的同感型喜悦是领导者力量的源泉。

不幸的是，关系型成就方法明显让许多美国人无法适应。目光短浅的第二阶段领导者将关系型成就方法视为次佳的选择，认为只有那些太软弱、太年轻，或是老得无法独立掌控局面的人才会使用的选项。

也许美国人对这些模式感到不安，是因为关系型成就者愿意接受他人的目标而非推动自己的目标。美国的文化并没有教会人们在危机之外如何体验关系型带来的满足感。相反，它教育人们运用直接型成就方式，在个人行为中寻找荣耀，当然常常体验到的是痛苦。

全球互依性的日益增强使我们重新审视我们对合作及协作的理解，以及为同伴的成功而骄傲的意义。去除第二阶段的障碍后，我们开始注意到精神的提升，不再关注假想的虚弱，不再用"我儿子或女儿是医生"的成就以及类似的表达方式。

一个新的相关词汇表显示，我们对注重关系的可能性进行重新评估。我们开始将同感型成就方式解读为指导，即指引、鼓励他人，为他人的成就感到骄傲。我们慢慢开始对指导、员工参与、劳资双方任务编组有了新的认识，所有这些理念都体现了关系型成就方式。

我们甚至开始理解培养接班人和建立共同体的重要性。整合型领导者会展示如何将直接型、关系型与工具型成就方式相结合，我们可以从中学习一些重要的管理新方法。等下一章讨论完工具型成就方式之后我们会回到这一主题。

───────────────◦❦◦───────────────

合作型、贡献型及同感型模式让领导者或主动或被动地帮助团队及他人实现目标。在这个差异巨大的世界，因为关系型成就方式的存在，共性政治取代了差异政治。第三阶段的领导者非常赞赏合作在减少敌意和增加共识中的作用。

关系型中混合着利他主义、共同承诺和道德共鸣。这些模式让人们体会到为共同的目标合作，为他人的梦想做出贡献和培养下一代领导者的喜悦。有了这些模式，领导者将更有能力培养继任者，建立共同体，让一个多姿多彩的社会能够长期健康地发展。

第8章 少有涉足的工具型管理之路：个人型、社会型和依赖型

许多人肩负着重大的责任，我事事依赖他们，并把自己看成他们的资源。

——温迪·科普（Wendy Kopp）[1]

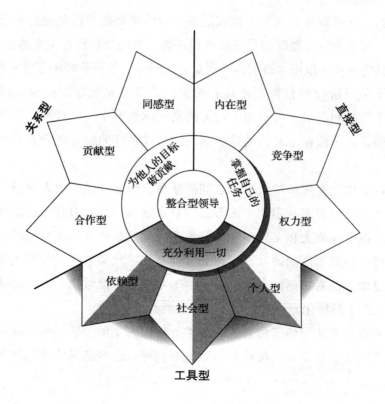

勇敢和谨慎，还是迂回和依赖？美国人从不同的角度探究第三种成就方式组合：工具型模式。对于这种事物，他们的反应有感兴趣，有怀疑，也有彻底的不信任。因为第三种组合的成就方式常常让人想起马基雅维利式的操控手法，总让美国人感到矛盾。

工具型成就者就像马基雅维利书中的君主，懂得如何欺骗我们。他们的智慧令我们着迷，吸引我们进入他们炫目的梦想中。但美国人通常对这类让人着迷的性格保持担忧，不知道他们是真正有洞见的预言家还是只是疯狂的空想家，或者有时候，就是骗子。

我们常常在想，工具型成就者的超凡自信到底是源自现实，还是彻头彻尾的空话。他们向我们保证，只有我们才能胜任这份工作，这不免让我们怀疑：他们评估我们的标准是我们能为他们做些什么。

工具型成就者善于社交。他们好像认识所有人，而且结交的对象越有名越好。是不是因为别人自然受他们吸引？还是因为他们就是老于世故，具有操控力，想靠关系攀高枝？

确实，马基雅维利向君主提议的许多政治策略的目的都是加强君主对子民的控制。时至今日，过时的马基雅维利式的行为仍带有利己主义的色彩。同时，善用工具的专长可以用来追求公共利益，这一点，第三阶段的领导者很清楚。

对于第三阶段的整合型领导者来说，工具型成就方式就像是领导力的聚宝盆，不仅对利己主义者有用，对大的共同体也有用。工具模式提供了非常重要的策略，能把使命不同、支持的选民也各式各样的领导者整合为互相支持的联盟。

工具型成就者更关注人与人之间的联系，而非分歧。他人只看到差异与不和，工具型成就者则在不同意识形态中看到联系，在看似有分歧的团队中看到共同点。在差异增大和文化多元的背景下，能注意到共同关切和基本价值观的领导者可以帮助不同的团队之间建立共同基础。此类领导者对在大型复杂的网络中构建联盟也有正确的直觉，由于对工具模式高度敏感，他们能够将引起分裂的独立自主性转化为能联合他人的互依共存性。

这类领导者认识到了信息的重要性。正因为了解团队，与团队互动，工具型成就者就像信息节点，接收和传递重要信息，这些信息将系统的各个环节连接起来。

工具型成就者有很高的政治敏感性。谁认识谁，谁主管什么，谁怎么做事，这些信息都储存在他们大脑之中。他们了解并能适应团队的微妙动向，这种能力使他们成为应对多元化所衍生的差异与复杂性的专家。社会科学家称他们为"加工人"、社会系统的专家。他们了解团队聚集在一起必然渗透的一些微妙动态。

要建立团队，领导者就需要具备工具型才能。他们知道如何精心安排团队与团队之间的对话。[2] 在实现共同目标的过程中，他们有足够的技巧帮助团队避开陷阱。

直接型成就者对工作本身近乎执着，而工具型成就者更关注自身、自己的关系网和他人，以达到自己的目的。他们以利益最大化为目的，善于将自己和他人的优点利用到极致；他们善于发现人或事物未被开发的潜力。他们竭尽所能利用自己的一切，如自己的关系、他人的才智，因此，轻易就能将人们聚集到一起并完成共同的目标。

为了达到目标，工具型成就者会计算每个人的可利用程度，包括他们自己的。根据他们青睐的工具模式（请记住，或许三种模式他们都会使用），他们将自己的个性、才智、个人成就，以及与家人、朋友、同事，甚至熟人的关系都转化成实现新目标的动力。

即使有他人的帮助，工具型成就者也与直接型成就者一样，依旧喜欢自己来界定目标。但是，相比直接型成就者，工具型成就者更愿意鼓励他人来设计及实施实现目标的过程。

个人型模式、社会型模式及依赖型模式三种策略是工具型领导者的鞘中利剑。由于这三种模式极其精妙，是身处复杂独立环境的领导者必不可少的，我们会比另外两种成就方式多花笔墨进行介绍。在本章中，我们会介绍一些领导人，他们非常擅长工具模式，有时也将工具模式与直接模式或关系模式结合使用。

个人型成就方式

工具模式中，个人型模式最易辨认。许多魅力超凡的领导者在到达第三阶段之前都采用了这种模式。个人型成就者利用自己的一切来追求成功，包括他们的才能、智慧（通常是自谦）、魅力、外貌、性感、口才、辩才，还包括些许的社会地位、过往成就，甚至是贵族血统。

第二阶段个人型成就者

约翰 F. 肯尼迪：卡米洛再现

美国前总统约翰 F. 肯尼迪是个人型成就者的典范。这位在候选时被围攻的总统，利用自身的一切来吸引甚至诱骗选民。肯尼迪年轻、充满活力，有古铜色英俊的相貌，哈佛口音，来自典型的美国家庭：时尚的妻子、洋溢着活力的兄弟、令人骄傲的母亲——如此美好的形象将犹豫的选民拉拢为忠实的支持者。他担任海军鱼雷艇艇长时的英雄事迹或许有夸张之嫌，但也反映了他的阳刚气概；而他获得普利策奖的《当仁不让》（*Profiles in Courage*）又显示了他的深谋远虑。他拥有个人型成就者特有的自我调侃式幽默感，让视他为卡米洛的记者团相当着迷。

肯尼迪最初追求政治高位和后来在总统任期内追求政绩都对他的个性特点与人脉关系依赖至深。与其他个人型成就者一样，肯尼迪懂得运用个人魅力来说服支持者助其实现政治目标。直接型成就者事必躬亲或按比例分配任务，个人型成就者则不同，他们有意将他人吸引到自己的磁场来完成一个需要众人心手相连的工作。

亨利·基辛格：外交政策大师

亨利·基辛格是第二阶段成就者的典型例子，他成功运用自身特点——超凡的智力、哈佛教授的名位、机智，从学术界一步步走到世界政治的中心。基辛格从政治学教授转为纽约州州长纳尔逊·洛克菲勒的顾问，之后跳到尼克松总统的国家安全事务特别助理，最后跳上国务卿的高位。他的回忆录记录了他完成这一跳跃式进步所使用的策略。[3]基辛格的智慧与魅力折服了各国领导人、政治盟友和各国媒体，连他陪同参与好莱坞盛会的多位电影明星也对他心醉神迷。有记者问基辛格，那些充满魅力的女星为什么对他着迷，他的回答透露了个人型成就者的敏锐洞察。"权力，"他心平气和地说道，"就是最强力的催情药。"

表示出戏剧性和符号象征的着装

在为成功做准备时，个人型成就者会探索着装、背景和道具的象征意义，以提升目标，吸引他人来到自己的王国。

罗斯福、甘地和尼赫鲁

披风和烟斗成了美国前总统罗斯福的得意标志，把民众的注意力从他罹患小儿麻痹症只能困坐轮椅的躯体上移开。在大萧条时期和第二次世界大战后期的艰难时刻，这些精心挑选的象征向大众传达了这位残疾总统的活力与自信。

前面已经说过，成就方式大师甘地是位于第二阶段世界的第三阶段领导者。他十分了解着装的象征意义，他脱下西装，换上政治犯裹的棉质腰布。这个象征性的举动传达了两个重要信息：他对被囚禁的爱国同胞的认同；印度依赖本土资源（例如棉花）和劳工的重要性。

另一位印度领袖，前总理尼赫鲁总是以一身高领夹克出现，那是国大党的制服，而他的个人符号是一朵玫瑰。当时全世界倾慕他的人纷纷效仿，争相购买"尼赫鲁夹克"，在 20 世纪 60 年代竟然掀起了时尚热潮。

以制服传达信息：卡斯特罗、阿拉法特和希特勒

其他几位偏好个人型模式的领导者则用军装来象征使命，彰显决心。我们很容易想到两个人物：古巴的卡斯特罗以及巴勒斯坦解放组织领袖阿拉法特（Arafat）。穿（或拒穿）军服还有其他作用，如显示自己不同于大众。史学家记载，希特勒为了凸显自己与众不同，在别人穿西装时故意穿军装，反其道而行之。

阿基诺、曼德拉和戴克拉克

一场不流血的革命是阿基诺（Aquino）夫人竞选活动的高潮，而她也因此当选菲律宾总统。她那一身朴素的黄色洋装象征着她毫不掩饰的正直感。同时在推翻腐败的马科斯政权的全民暴动中，黄套装也成为有力的象征符号。

在南非第一次多民族参与的民主选举中，时任非洲民族议会（ANO）主席的曼德拉为了赢取选票，穿的是一套象征着该党传承的非洲大喜吉装。为了不落下风，当时在位的总统德克勒克（de Klerk）穿着一件被《洛杉矶时报》形容为"斯威士齿轮"的服装吸引选民目光。[4]

个人型成就者通常能选择合适的符号传情达意，吸引支持者。他们还常常拒绝接受用一些被认为具有高度地位象征的方式来传达信息。阿基诺拒绝入住

前任总统的马塔兰皇宫，显示出要根除马科斯家族的贪婪腐败的决心（她把伊美黛的鞋子全部丢掉）。

魅力的种子：表演、象征、反直觉行为

个人型成就者超强的表演感不仅限于他们的着装，他们还采用各种形式的符号、仪式、姿势，甚至时机来达到强烈的效果。他们总能精确地找到最恰当的时间惊艳亮相、出招，或是优雅离场。这样，他们的个性就成了一块磁铁，足以吸引他人加入他们的理想行列。

弗朗索瓦·密特朗：优雅姿态的艺术

依赖个人行为的领导者很懂得戏剧性姿态的影响。他们都是优雅姿态的大师，能在顷刻之间摆出最合适的姿态。例如罹患重症的法国前总统密特朗为了凸显对波黑地区饱受战争摧残的受害者的关心，出人意料地在当地做了一天的私人露面。一位年迈的政治家，拖着病体为了和平事业奔波，这幅景象触动了全世界的心弦。

路易斯·蒙巴顿勋爵：印度最后一任总督

优雅姿态的一种特殊形式就是反直觉行为，这种行为令观察者感到惊讶。个人型成就者极度依赖反直觉姿态，而这种象征与姿态不但丰富了我们的想象力，也让我们永远铭记于心。

魅力型领导人以意外之举或象征让我们猝不及防，这些行为或象征有时引人注目，有时极致简单。通过它们，领导者点燃了我们的热情和想象。反直觉行为总是令人意想不到，它能让我们跨过理性的防御心理，直接击中支持者的内心深处。群众折服于魅力型领导人创造性地使用符号、表演以及仪式。

身为印度最后一位总督，蒙巴顿勋爵使用了多种成就方式，特别是个人型成就方式来推进印度走向独立。虽然他来印度只是负责代表英国向印度移交权力，但他的穿戴和仪式都故意凸显他总督身份的正统地位。

蒙巴顿巧妙地运用繁文缛节、卫兵、勋章以及制服，让印度臣民叹为观止并印象深刻。接着，他有意识地在非常轻松的氛围中，轻松低调地与人民打交道，借此打破王族高高在上的传统。通过这一简单的反直觉姿态，他在向人民表示：他选择成为人民的拯救者，而非独裁官。

（蒙巴顿）首先宣布，他与妻女早晨骑马运动时将不带随从。这时整个（总督）府里的人都惊恐不已……沿着他们骑行的路上，印度市民目睹到这幅不可思议的景象，如同看到海市蜃楼一般：总督和总督夫人独自骑着马经过他们身边，亲切地挥手致意，完全没有防卫……

他还做了 200 年来没有总督愿意屈尊的事情：他拜访了一位印度市民，这位市民并非有特权的王族。总督夫妇走进在新德里尼赫鲁住所举行的露天招待会。就在尼赫鲁的助手目瞪口呆，难以置信之际，蒙巴顿挽着尼赫鲁的手臂，缓步走入宾客中，握手并亲切交谈。[5]

这些出人意料的姿态让印度领导人猝不及防。蒙巴顿的行为打破了他们的逻辑预想，击中了他们感性的一面。

吉米·卡特：一位"人民总统"

美国总统的就职典礼通常华丽壮观，仪式感很强，新就职的总统与第一夫人通常乘坐总统豪华专车来到白宫出席招待会。可是吉米·卡特和罗莎琳·卡特这对来自佐治亚州普莱恩斯朴实的花生农夫妇，却拒绝了盛大的典礼和总统专车，举国上下因此而震惊。他们不坐礼车，而是手挽着手走过了宾夕法尼亚大道，举国民众为之欢呼。

十多年后回忆起这件事情，卡特总统披露了这一有意为之的反直觉姿态的想法：

我们私下决定，就职典礼之后会放弃专车，并且步行经过宾夕法尼亚大道，这么做就是想告诉大家，为美国塑造道德伦理圭臬，并且在苦难和磨难之时奉行不渝的，就是美国民众。[6]

日本明仁天皇

日本明仁天皇是反直觉姿态的又一个例子。这位新登基的天皇觉察到许多日本人在质疑皇室的用途，在第一次对民众的演说中，有意识地使用象征性语言，因而引起轩然大波。明仁天皇打破了传统，在演说中对子民采用敬语。

在日本皇室的宫廷中，具有象征意义的姿态才是行为的本质，这位新天皇在他的首次正式演说中摆出了革命性姿态。他在与日本民众谈话以及提及日本民众时，加上了敬语"桑"（意思是"先生、君"），这是他的父亲做梦也不敢想的。[7] 就是这一简单的行为，使新天皇立刻获得了民众的喜爱，也缓解了民众心里郁结已久的矛盾。

史蒂夫·乔布斯：具有领袖气质的企业家

魅力型领导人会选择独特的象征和令人叹为观止的姿态，以此展现出强烈的个人权威，使信服他们的群众难以抵挡。作为苹果电脑的联合创始人，史蒂夫·乔布斯的表演感在苹果员工中掀起了近乎疯狂的奉献浪潮。首先，乔布斯将一小撮年轻的黑客纳编为麦金塔（Macintosh）电脑的设计小组，让他们独立在公司的一栋大楼里工作。接着，他在屋顶上挂上了一面海盗旗。这位充满活力的企业家的梦想——"人人都能拥有的电脑"，吸引着这些典型"救火小组"式的年轻人。[8] 在 1994 年旧金山的麦金塔世界博览会上，曾经的小组成员乔安娜·霍夫曼回忆说："乔布斯是我们的灵感来源。我想我们所有人都会同意，他的天才无人能及。"[9]

1984 年的苹果股东大会上，乔布斯以一种有条不紊，但颇具趣味的手法系统介绍了麦金塔。他用悬念和幽默撩拨着观众，用戏剧般的口吻将苹果电脑形容为挑战 IBM 这个歌利亚巨人的年轻牧羊人大卫。这位年轻的勇士每投出一块石头，都让观众觉得深有共鸣。

在预定的那一刻到来之前，第一部麦金塔电脑一直安稳地坐在帆布提箱里，全身都笼罩着戏剧性的神秘。直到那时乔布斯才揭开了期待已久的神秘面纱。当观众听到电脑发出机器人一样的声音——"乔布斯就像我的父亲一样"时，都大吃一惊。

这时 3200 位股东和员工都站了起来，鼓掌欢呼，就像摇滚乐迷在户外音乐会一样。据媒体报道，就一位公司高管而言，这是场神奇的演出，或者用乔布斯自己的话说，他的表现"好疯了"（insanely great）。

当乔布斯推出他的 NeXT 电脑时，连他非常厌烦的媒体都来求票。进入发布会的媒体都期待乔布斯的华丽表演，他果然不负众望。

初期的第三阶段领导：马丁·路德·金和米哈伊尔·戈尔巴乔夫

马丁·路德·金在个人成就方式发展到顶峰时纵横于世界舞台。这位民权运动领袖凭借其个人天赋用多种方法吸引支持者参与到他的历史性事业中。

不同于许多第二阶段的魅力型领导者总想将世界的焦点集中到他们个人身上，马丁·路德·金打破了这一传统。这位早期的整合型领导人马丁·路德·金与民权活动家手挽手，在亚拉巴马州的塞尔玛举行反种族歧视大游行，来表明"兄弟情义"的重要性。金博士与游行者手挽手的景象不但抢眼而且威力十足。他的影响之所以深远，主要是因为他和偏重个人主义的第二阶段领导者的形象形成对比。数十年后的今天，马丁·路德·金的个人象征意义仍被人们传颂。

戈尔巴乔夫首次访问美国就吓了美国人一跳。成千上万的华盛顿市民在首都街道两侧列队，观看戈尔巴乔夫的车队浩浩荡荡驶向白宫。黑色豪华轿车突然停下来，车门打开后，面带微笑的苏联领导人走下车来，与年老严肃的前任领导形成鲜明对比。戈尔巴乔夫向人群挥手，走到人群中间，与群众握手，亲吻小孩，非常像典型的美国政客。

这一刻，戈尔巴乔夫让人始料未及的举动向正在看直播的谨慎的美国人传达了令他们安心的信息。这一天，戈尔巴乔夫同美国大众建立的情感联系为双方在那个动乱的年代里的信任打下了基础，也为双方的政策协商打下了基础，最终冷战因此结束。

利用自我的最高境界

愿意为理想牺牲自我是戏剧化手法所代表的一种独树一帜的风格。对于个人型成就者而言，这就是对自我的终极利用。在战场上，一些个人型将领很容易被区分出来因为他们愿意领兵出战，而不是躲在战壕里发号施令。

除了绝食至死以达到目的，我们还能想到比这种举措更戏剧化的利用自我的方式吗？甘地又一次为我们展示了这个典型的展现自我的范例。甘地决心为交战中的穆斯林和印度教徒取得和平条约力争到底的时候，这位体弱的爱国者进行了死亡绝食。交战双方看到甘地的绝食威胁到了生命，他们妥协了，满足了甘地的要求。

活动家米奇·斯尼戴尔

我们在第 6 章中提到了米奇·斯尼戴尔，很遗憾他的"权力掌控"策略没能成功。美国联邦政府根本就不可能捐出一栋大楼来安置无家可归者。为了让冷漠的政客和官僚看到华盛顿流浪者的绝境，斯尼戴尔效法甘地，誓言绝食。

随着气力的流逝，斯尼戴尔渐渐失去了意识，直到这时，联邦政府终于答应向他提供 600 万美元，为白宫附近的流浪者提供庇护。这位活动家在绝食 51 天后恢复了健康。[10]

斯尼戴尔的行为有力地证明了又一个重要的成就策略：如果一种行为无法达到目标，就应该重新评估已选的成就方式。在斯尼戴尔的案例中，两种权力方法——独揽大权及要求政府资助都不成功，他意识到需要新的策略来说服政府，于是选择了个人行为。我们可以说，斯尼戴尔识时务，也可以说他对环境暗号敏感，并有所反馈，而且这种敏锐和回应是同样重要的。

将友谊之手伸向敌人

将友谊之手伸向敌人是反直觉行为的另一种手法，同样值得关注。个人型领导者擅长与宿敌维持出人意料的和谐关系。他们与第二阶段的领导者形成鲜明对比，后者善于利用外部敌人在支持者中建立内部凝聚力。他人只看到了长期的仇视，而个人型领导者看到了潜在的同盟。他们无视种族、政党、宗教和民族的藩篱，通过共同的目标寻求伙伴和拥护者。

这种行为通常会让支持他们的民众感到不解。因此，这样做的领导者通常会发现，要让这些眼花缭乱的行径开花结果必须付出昂贵的代价。

安瓦尔·萨达特、伊扎克·拉宾、米哈伊尔·戈尔巴乔夫

1975 年秋天，埃及与以色列两国敌对胶着多年后，埃及总统安瓦尔·萨达特（Anwar Sadat）飞到以色列进行和平谈判，这一举动震惊了全世界。这一激动人心的反常之举不但消融了以色列的大半敌意，自然也促进了阿拉伯联盟的重新结盟。他的举动改变了中东地区的政治史，也为 20 年后巴勒斯坦和以色列的和平关系树下先例。当然，萨达特这么做的赌注巨大：疏离了传统的追随者，最终他也为此付出了生命。以色列总理伊扎克·拉宾也是如此，他的努力也是一个致命的大转弯。

在长达 40 年的冷战后，米哈伊尔·戈尔巴乔夫毫不客套，大方地向美国抛出了橄榄枝。这一缓和态度出人意料，全世界因此失去平衡，包括支持他的选民和美国政府。国内，批评戈尔巴乔夫的人担心他出卖国家；国际上，西方盟

友则表示不信任。然而，事实证明他的反直觉行为是真实的，而且是有效的个人行为。

主动伸出双手的比尔·克林顿

美国总统克林顿经常避开政治分歧，向他人寻求建议和支持。他任命里根的新闻秘书大卫·格根（David Gergen）在他的民主党政府中担任相应职位，并聘用共和党内阁成员，这些做法表明，克林顿运用反直觉行为得心应手。

幕后，克林顿寻求不同政党的智慧与支持，甚至求助于已退出政治领域的顾问。理查德·尼克松过世后，美国大众才发现，克林顿曾低调地向这位饱受非议的共和党政客寻求过好几次意见。

弗雷德里克·威廉·德克勒克

弗雷德里克·威廉·德克勒克出生于一个南非特权家庭，他们的荷裔祖先在 17 世纪时定居南非。怎么看他都不可能是个废除种族歧视的人选。事实上，1948 年，德克勒克的父亲贾恩·德克勒克（Jan de Klerk）是南非国民党内阁成员，该党的政纲就是将种族歧视合法化，以此来重新整顿社会。

1989 年，国民党核心会议选择德克勒克接替彼得·威廉·波塔（Pieter Willem Botha）就任南非总统，当时，德克勒克正担任不起眼的教育部部长一职，拥有无懈可击的保守派资历。早在 1982 年，德克勒克就宣誓永不放弃国民党“自己的事务”，这是种族隔离的委婉说法，用来安抚当时威胁退党的国民党右翼分子。

可是突然之间，这位白人精英出人意料地向由黑人组成的非洲人国民大会抛出了橄榄枝，不但让该国占多数的黑人不解，也触怒了他自己所属的国民党。圣公会大主教德斯蒙德·图图（Desmond Tutu）评论道，德克勒克保守派的名声“使他可以采取一些更具有自由主义色彩、别人想象不到也难以接受的行为”。[11]

一个又一个的反直觉行为之后，德克勒克宣布，南非未来不在于维持种族隔离，而是在于消除种族隔离。

下一个历史性举动将他的反常之举推至顶峰：他释放了非洲人国民大会领导人：被关押了 27 年之久的纳尔逊·曼德拉。德克勒克不仅伸手接纳了传统的反对意见，而且有意发起一场行动，让那位把他挤下台的人当选总统。当意料之中的选举结果成为现实，德克勒克有风度地致敬新任总统：

> 曼德拉先生长途跋涉，如今已站在山顶。游者会停驻欣赏美景，而主宰命运的人则知道，山外还有山，旅程永不止。
>
> 现在曼德拉先生准备攀登下一座山峰，我将向他伸出友谊和合作的双手。天佑南非。天佑非洲。[12]

幽默的作用：自嘲的智慧

幽默在个人型领导行为中扮演了重要角色。强势性格会吓到他人，引起他人厌恶；而自嘲式的幽默是强势领导者变得和蔼亲切的有效工具，它将被领导者的反对消弭于无形，否则领导者的权威只会令人害怕。

亚伯拉罕·林肯：政治还击

亚伯拉罕·林肯以机智著称，常常自嘲。在著名的伊利诺伊州参议员席位辩论中，参议员斯蒂芬·道格拉斯（Stephen Douglas）曾生气地指控林肯是双面人。林肯立刻幽默地反击道："如果我还有一张脸，你觉得我还会带着这张脸出门吗？"

罗斯福、肯尼迪、里根

许多受欢迎的第二阶段领导者，如罗斯福、肯尼迪及罗纳德·里根，善于利用自嘲式幽默来平息反对的声音，并赢得支持。三位总统都能用聪明的俏皮话巧妙避开记者令人不快的问题，让记者团发出赞许的笑声并放他们一马。

罗斯福曾发表过著名的"法拉"言论，冗长、搞笑，讨论了他的苏格兰野狗法拉的危害，这通言论取悦了美国的电台观众，也是对针对他的政治批评的绝妙反击。同样，肯尼迪在为他举办的国宴中谦逊地自我介绍："我就是陪同杰奎琳·肯尼迪到巴黎的那个男人。"这个例子说明肯尼迪具有熟练运用自嘲幽默来吸引他人的天赋。

罗斯·佩罗的朴实幽默

在 1992 年的总统竞选中，企业家罗斯·佩罗的直接风格中还带有各种"乡土"的幽默，以吸引不为所动的美国选民。佩罗以自己的企业规模以及个人财富作为竞选总统的主要资本。他的对手指控他拿钱买选票，这位亿万富翁聪明地回击："我当然想买。我想为美国人民买，因为我的对手已经把价格抬高到选民买不起了。"乡土的美式幽默以及实用主义成为这位淳朴候选人一种特别的魅力。

魅力与说服力：谈判高手的招数

"死人能说成活人"，这句话恰当地描述了个人行为的一个重要方面：说服他人的能力意味着首先说服自己。做到这一点，个人型领导者会看起来过度自信、自负，甚至野心勃勃。有些人无疑确实是这样的，但绝大多数人只是坚持用自己所有的一切来吸引他人，并说服他人参与自己的事业。

当然，谈判和解决争议需要的不仅仅是能说服他人的魅力，也需要特殊的同理心。前面我们提到，个人型成就者能在敌人中发现同盟；同样的能力使个人型领导者能理解对方的观点。

个人型领导者似乎很轻易就可以控制或改变立场。他们的灵活应变也有助于说服对手：向"对方"靠近一步并不意味着示弱或背叛。

在饱受战争摧残的中东地区，阿拉法特和拉宾也提供了以勇气解决纠纷的好例子。这两位中东领导人在面对国内激进分子的强烈反对时，在以色列总理希蒙·佩雷斯（Shimon Peres）的鼓励下，不断地转变立场。最终，他们的谈判为解决长期存在的国家争议建立了基础。在这个过程中，历来作风强硬的拉宾逐渐从第二阶段领导者转变为第三阶段领导者。拉宾被暗杀的悲剧告诉我们，并非所有第二阶段领导者的追随者都能完成同样的转变。

重塑南非：德克勒克和曼德拉

让我们说回德克勒克和曼德拉，他们是个人型成就者谈判技巧的典型代表：德克勒克有谈判到底的决心，而曼德拉充满说服他人的魅力。在签署曼德拉的释放命令之前，德克勒克就曾与这位强大的对手谈判过，手段高明。

被释放的曼德拉重得非洲人国民大会的领导权，他与德克勒克就一系列棘手事件进行了不屈不挠的谈判。在曼德拉的合作宣誓中，他回忆，在大选前的四年间，他与德克勒克"一起工作，争吵，谈论敏感话题，热烈交流到最后，握手，并一起喝咖啡"。[13]

终极说服者：林登·贝恩斯·约翰逊

林登·贝恩斯·约翰逊（Lyndon Baines Johnson）能说服最不愿妥协的朋友或敌人采纳自己的意见。在美国国会中，把自己当作说服工具的能力已成为他的标志。

作为新当选的理查德·克莱伯格（Richard Kleberg）议员的秘书，23 岁的约翰逊表现得好像议员是他，而不是克莱伯格。拿到第一份薪水后，约翰逊不是去买他急需的能抵抗华盛顿酷寒的冬衣，而是让华盛顿最著名的摄影师为他制作了正式的肖像。他给 100 张照片题了字，并寄给了得克萨斯州的选民，好像他才是议员，又好像是选民主动索要了他的照片。[14]

约翰逊是天生的工具型成就者，他善于奉承、诱导，甚至巧妙威胁选民把票投给他。他还是大学生时，贬损他魅力的人和支持者一样多。事实上，他的大学同学称他为"蛮牛"约翰逊，这是他的各种昵称的缩略版和简化版，含义有褒有贬。[15] 许多成就者执着于自己最喜欢和熟悉的风格，比如约翰逊，他非常依赖个人及社会行为，批评家认为是一种过分依赖。这两种行为将在下一章中讨论。

打动人心的口才：甘地、马丁·路德·金以及杰西·杰克逊

没有什么能比个人风格中的演讲说服能力更能打动人心。在煽动家手中，它是非常危险的武器（别忘了柏拉图对利用花言巧语蛊惑选民的领导者的怀疑态度）。个人型成就者常常磨炼演讲技艺，有时只是为了克服害羞心理。能让听众感动落泪的甘地，也是经过多年练习才克服了对公开演讲的恐惧。

有的个人型成就者在辩论俱乐部学习演讲艺术，有的在教堂学习。马丁·路德·金充满力量的演讲营造了一个建立没有种族歧视社会的梦想。同样，在浸信会的传统布道中长大的杰西·杰克逊，在 1988 年的民主党全国大会上发表题为"狮子和羊"的演讲，令全场观众起立鼓掌。

有天赋的演讲人会用有吸引力的理念打动听众，但缺乏演讲技巧的领导者则难以打动潜在的支持者。许多政治候选人因为缺少这些重要的个人技艺而无法在仕途上更进一步。

社会型成就方式

工具型模式的第二种——社会型成就方式，将焦点从领导的性格转向了领导者的关系网。这类领导者不再完全依赖自身，而是利用与他人的关系来完成目标。

　　社会型成就者是制图师，在脑海中有清晰的社交地图。他们遇到的每一个人在这张地图上都有一个位置；每个新认识的人都会被加入到大脑数据库中，包括新加入者的具体才能与社会关系。遇到新任务时，社会型成就者会搜索社交数据库，寻找才能与新任务相匹配的人才。

　　社会型领导者对人际互动有一种复杂的理解，即有了这些人际互动，事情才能够推动。他们直觉地知道什么能让团队进步；他们有系统的领悟能力，能调整各种细节，能够解读出组织推动事情发展的难以捉摸过程，并施加影响。他们十分理解人际关系能够软化组织结构和任务的呆板。采用其他模式的成就者无法像他们一样拥有团队发展的专长，以及在社交系统中的政治才能。

社交网络：成年人的乐高玩具

　　喜欢社会型模式的领导者很懂政治。正如你所想，社会型成就者注重个人与组织之间的联系。许多组织中存在非正式系统，就像一种影子结构，而社会型成就者因为有政治直觉，能在这种影子结构中穿梭自如。他们对微妙政治的感知能力让更习惯直接模式的旁观者既感到敬畏又觉得怀疑。

　　非正式关系网强调私人关系，它的出现不可避免，而且常会和正式组织的冰冷僵硬相抗衡。人们期待长期的互动，这种期待将两者结合在一起，相应的关系网可以因此获得意见、肯定和安慰，或获取独家信息。社会型成就者利用个人的关系网，或寻求或提供最新信息，这是在任何组织中都非常有价值的信息源。

　　与正式组织严明的等级制度不同，非正式系统由许多结构松散的网络构成，游离于正式的报告通道之外。它们比等级制度更灵活，各个部分可独立运行。它们甚至可以为了某种目的暂时分裂，再毫发无损地进行重组，有时组成新的形式——俨然是成人版的乐高拼装玩具。

　　非正式网络可在复杂组织之内或之间运行。社会型成就者往往自己组建广泛的盟友网络，随时提供鼓励和咨询。社会型领导者利用关系，从不感到尴尬、内疚或不适。他们了解非正式系统的作用是分配重要资源，如建议、传闻（这是即将发生的事情的重要情报来源）、白纸黑字的资讯、可自由支配的时间，以及接近重要人物和场所的机会。

　　由于重要的决定实际上是在非正式系统中形成的，社会型领导者其实是通过自己广泛的盟友网络完成工作日程的，所以他们重视并呵护组织内外的关系网，也愿意去细心维护，与多位盟友保持联系。

一般来说，社会型领导者很擅长打电话、发传真，热衷于写便条。例如，乔治·布什以善于联络著称。布什一到某个地方，哪怕只是他的泛泛之交，当然主要是前同事，都会收到布什的电话或便条。社会型成就者深知，保持联络可以建立人际关系资本，一旦有需要，就可以利用这些资本。

克米特·坎贝尔：关系网的赞赏者

赫尔曼·米勒（Herman Milles）公司的前任首席执行官和主席克米特·坎贝尔向我描述了他个人的导师和同事关系网，他经常向他们咨询，不是为了某个具体行为寻求建议，而是为自己的看法寻找共鸣。说起他早年在道康宁公司（Dow Corning）的事业，坎贝尔描述道：

> 我在道康宁一直升迁，过程中我开始发展关系网。1984年，当我遇到乔治·兰德（George Land，《成长或死亡》的作者）时，我第一次真正认识到，我是谁，我在干什么。本来只是偶然相遇，我们只是坐下来简单寒暄，原定五分钟的会面最后变成了三小时的细谈。因为我们共同点很多，我们的想法非常接近。无论如何，乔治·兰德成了我的导师，我们常常见面……我的关系网持续壮大，其中还包括麻省理工的彼得·圣吉（Peter Senge）。事实上，今天上午我刚与彼得·圣吉通话一个半小时，我们成了非常好的朋友。一件事情接着一件，我的网络逐步形成。它让我认识到，我的想法不仅仅是自己的想法，更是关乎未来的想法。[16]

说到关于米勒公司具体运行的决策，坎贝尔寻求的是公司内部的另一个非正式关系网。他聆听别人的意见，寻求他人的指导，但是最终的决定一概由自己承担责任：

> 肯定有些人是我特别尊重的。当然，我尊重公司的所有人，但在某些事情上，我认为有些人的贡献多过其他人。因此，我会与这些同事坐下来讨论事情……就特殊决策而言，我只是寻求支持的信息，但不要求提供与我无关的答案，以我的职务，我认为这些决定

一定要由我来做，因此，我尝试找到能帮助我做出决策的建议，当
然，最后是我说了算。[17]

首先，他们认识谁；其次，他们知道什么

社会型成就者从网络的角度考虑问题，谁能帮助谁，谁是某个问题的专家，
谁又是专家中的专家。遇到疑难问题时，他们解决问题的步骤通常是先考虑他
们认识谁，然后考虑他们知道什么。他们喜欢通过他人收集信息，比起用书本
或电脑搜索，他们更愿意向专家、朋友或朋友的朋友收集信息。他们沿着关系
网搜索，直到找到那个合适的人，这个人或许拥有解决问题的最佳技艺，或许
认识可以解决这个问题的人。

莉莲·加洛，电视节目制作人

内心的数据库是社会型成就者最完美的象征。在某些领域中，这是必不可
少的，电影制作正是这样的领域。该领域要求将作者、导演、演员、作曲家和
其他娱乐行业专家组成短期团队。因此，了解这个行业的人员以及他们相关的
才能可增加作品成功的概率。

前面我们提到了莉莲·加洛，介绍了她在海军陆战队的经历，并把她当成
了直接型成就模式的案例。但是，作为独立的电视台电影制片人，加洛更像是
社会型模式：

> 在我没到电视行业工作之前，看到喜欢的表演，我都会把字幕
> 中的名字写下来。比如，如果我觉得剧本写得很好，我会把编剧的
> 名字写下来。我现在还这样做，并把名单都保留下来。最近，我成
> 为一个奖项的评委会成员，可以看到最优秀的电视作品，我发现这
> 是一个绝好的机会，可以为将来的节目寻找潜在的工作人员。
>
> 制作人的工作是整合团队，监管每个步骤，从撰写剧本到计划
> 制作、拍摄、后期制作，一直到影片最后在网络或有线电视公司发
> 行。制作人要聘用关键岗位的员工，这些员工再聘请各个部门的员
> 工，因此，了解员工并熟悉他们的才能是做好这份工作的重要基础。
>
> 我发现有时候我很想推荐在其他制作人的节目中合作过的人
> 才。有人需要好导演、美术指导、服装师和摄影师吗？这不但可以

> 帮助需要工作的人，也可以帮助渴求人才的制作人，因为他们总是
> 在寻找有才艺的人。[18]

加洛讲了一件趣事，完美地表现了她的社会型本能。1994 年凌晨 4 点 31 分，北岭发生了地震。莉莲和她的制作人丈夫卢从床上一跃而起，抓起睡袍冲下楼梯，躲到后院。几分钟之后，卢决定冒险返回检查损失。莉莲还是不愿意返回房间，她在卢身后大叫："卢，把我的电话号码本带下来。"这才是一个真正的社会型成就者。

加洛是将社会行为与贡献型及权力型策略相结合的典型例子。当然，这三种模式与她制作人的身份是一致的。

分享网络

一般旁观者会错误地认为所有社会型领导者都喜欢"收集"人才。确实，有些社会型成就者会这么做，不是因为某种明显的亲缘关系，而是因为看得到的实用。然而对于大多数社会型成就者而言，在自己的关系网络中加入新的名单已经成为一种生活方式。

社会型成就者并不会因为嫉妒而保密朋友或同事的名单。对他们而言，关系网络是达成目标的最便捷方式，他们也动用同样的方式帮助他人完成任务。他们乐于彼此介绍人才，一旦发现谁有问题要处理，就立即将有类似问题或是有专长的人介绍给他。有时候需要好几道链条才能找到最合适的人才，但社会型领导者的关系网络通常是全方位连接的，因此能够轻易找到最合适的人选。

社会型成就者经常把你的问候带给重要人物（他们"亲近"的人），神奇的是，这些大人物总是知道你是哪位社会型成就者的朋友。社会型成就者与他人初次相遇时，会在脑海里扫描熟人的名单以寻找共同的友人，并以这种方式与对方拉近关系。

一位同事主动向我发来她的活动记录，虽然我没向她索要。不久之前，她给我传真了一封信，是她申请项目资金的一位基金会项目负责人给她的回信。信后面的一个手写注释说明了她找到这位负责人的社会路线："我的朋友南希说，她（即项目负责人）与基金会的董事会主席或首席执行官很亲近，她的推荐通常

会受到重视。"[19]

许多社会型成就者将所有人视为潜在的"联系人"，或联系其他人的中转站，可以借此联络更多的人。社会型成就者很少冷落联系人，他们总是通过别人达成目标。刚刚提及的同事还提到了另一个计划："我通过'玛丽·琼斯'将计划书寄给了'Q女士'。到目前为止，我还没收到任何消息。我想进行这个研究，但我觉得对于投资人来说，（同事的）名字比我的名字更有作用。"[20]

一般情况下，能被社会型成就者加入自己地址簿的人都有能力完成即时的目标。或者，这些熟人因为未来的用途而被加入关系网络。社会型成就者不甚关心关系网络成员的思想或社会差别，但对选择什么样的人完成什么样的任务十分谨慎。涉及特别立法建议的说客不是单纯想找幕僚，更需要这位幕僚的国会领导可以投出赞成或反对票。

超越老同学关系网：形成联盟

我们发现，老同学关系网就是由关系密切的老朋友组成的圈子。学校、俱乐部或是教堂内形成的关系将老朋友联系在一起。当有任务出现，那些名声在外的人只需要在圈子内探寻，他们的需要就会得到满足。

但是，社会型成就者不仅仅将关系网络看成老朋友圈。从某种程度来说，他们与个人型成就者类似，会出人意料地向反对者抛出橄榄枝，让或敌或友的人解除武装。社会型成就者会超越社交与政治的界限，找到各种类型的关系。对社会型领导者来说，不同的意识形态、种族以及老朋友圈里排他性极强的国籍都不如完成任务来得重要。对他们而言，人员越多元越好。他们可用的关系网络越多，就越能像串绳一样，将不同的人员串联起来。事实上，多样化的关系网正是他们天然的媒介。

温迪·科普：联盟创造者

温迪·科普是为美国而教（Teach for America）的创始人及负责人，她是偏好成立联盟的社会型成就者的典型范例；同时，她可以让我们看到，她采用的模式不止一种，甚至不止一套。确实，科普的领导技巧进步神速，一开始是内在型、权力型成就者，慢慢发展出更多的社会型策略，比如创建联盟。

在普林斯顿大学读大四时，科普设想建立国家教师队，要求其成员去城市或乡村"资源不足"的公立学校任教两年。科普这样回忆：

> 有件事让我个人觉得深受鼓舞，那就是教育（或许这是务实的理想主义）可以承担巨大的责任，对人们的生活影响至深。我自己的兴趣让我觉得别人可能也这么想……我坚信，大学生不仅仅是为了满足自己的贪欲——就像人们形容的那样（20世纪80年代）。这种想法相当荒谬……但是没有人要求我们做些有意义的事情使我们扭转形象。[21]

科普和普林斯顿的同学为学生交流基金会工作，这个组织意在为学生和领导建立桥梁。科普回忆，在组织一次基金会主办的关于教育改革的会议时，这个想法"跳到我脑海里"，她回忆道：

> 参会的同学都非常优秀。他们都是学生领导，并说……他们会去教书。所有人都这么说。我意识到我们需要一个全国性的教师团队。当时，我正在思考毕业论文的题目，我写了一篇关于建立全国教师团队的理论阐述与计划。[22]

科普提交论文之后，她将其浓缩为30页的计划书，并寄给一些大公司的首席执行官。她说："有几份给了正确的人。"毕业之后，美孚公司向科普提供了26 000美元的种子基金用于启动这一计划，联合碳化物公司提供了办公室供夏季使用。

接着，科普开始工作，召集她的天才朋友招募各行各业能够帮助他们启动国家教师团队的人才。科普说：

> 从我决定做这件事的那天起，我就百分之百地确定我能成功。能做这件事情我很兴奋，我花了一整个夏天面试各种人——教育界的、公司的、学区的；获得关于计划和筹资的各种反馈，同时向他们筹款。到了秋天，我开始聘用刚毕业的大学生，让我的计划成为现实。[23]

为美国而教，一个私人资助的非营利性组织，于1989年成立，之后开设了15个分支，有80位全职工作人员，1996年年均预算达到520万美元。科普作为一位年轻的创新企业家，认为为美国而教会有助于改进公共教育系统。除了面试更多的人，科普的社交能力从三个层面帮助她建立并推广了为美国而教：国家政策层面、地区教学水准层面以及大众认知水平层面。

在为美国而教成立后的四年中，他们从 12 000 名申请人中挑选了 2400 名候选人。科普表示："为美国而教在美国的 200 所高校招募，通过严格的选拔程序选择队员，由国家岗前培训组织对他们进行执教前的培训，然后将他们分配到全国各地教师短缺的教区，并且创立辅助性的支撑网络。"[24]

这些积极的新老师将鼓励学生努力学习，用科普的话说："不遗余力，努力学习。"为美国而教将老师分派到美国各地，包括纽约、洛杉矶、奥克兰、休斯敦、新奥尔良、巴尔的摩、华盛顿，以及佐治亚州、北卡罗来纳州、阿肯色州、得克萨斯州和路易斯安那州的郊区。

我们已经看到科普社会型成就者的天分，而她作为领导者的进化史则见证了她从亲自动手的直接型成就者成长为熟练掌握工具型和关系型策略的高手。以下是她所形容的自己从内在型和权力型到依赖型的转变（依赖型将在稍后具体讨论）：

> 组织经历了几次变革，同时我也改变了。一开始，我参与所有事，从筹集资金到设计课程，我事事亲力亲为，现在，我是为美国而教股份公司的主席。该公司是另外三个项目的控股公司，它们分别是教育、学习计划及为美国而教，这三个项目都有各自的管理人。可能有人觉得我什么都要管，确实是这样，我对各种事情都有自己的看法，只有我觉得事情做对的时候，我才会满意。

> 我们进步了许多，如果不把任务托付给那些能者并信任他们，我们是不可能成功的。

> 寻找能人是我们面临的最严峻的挑战。三个项目的主席，即理查德·巴斯（Richard Barth）、丹尼尔·奥斯卡（Daniel Oscar）和丹·波特（Dan Porter）已经在这上面花费了好长时间。他们能走到顶端，都是非常优秀的，他们现在的工作就是培训手下的能人。

> 许多人肩负着重大的责任，我事事依赖他们，并把自己看成他们的资源，除此之外，我一无所知。我不是那种擅长公开演讲的领

导，一旦我能找到人代替我公开演说，我就让别人去了。[25]

在还是内在型和权力型成就者时，科普喜欢事事自己处理，接着，她的社会才能崭露头角，并认识到，找到合适的人选才是关键。结果，科普越来越接近依赖型模式，将任务交给他人，并期待他人可以完成好。

互依世界中的社会型成就者

社会型成就者在互依世界中如鱼得水，事实上，他们在不同社交网络之间串联的能力更增加了这种互依性。在许多社会中，工作通常是由彼此信任的朋友或家庭成员共同完成的。美国人通常反对这种行为，认为这是趋炎附势、攀龙附凤甚至裙带关系，但社交能力强、有政治敏感性的社会型领导者从不这样认为，也未必抱有这样的意图。他们自如地运用这种关键的第三阶段策略，许多美国人现在才开始发现这种策略的好处。

依赖型成就方式

工具型成就方式中的最后一种是依赖型，与社会型模式密切相关。依赖型成就者认为全世界的人都愿意帮助他们完成任务。他们与社会型成就者不同，不太担心联系或关系网的问题，也不关心联盟的建立。他们总是假设每个进入他们轨道的人都想参与他们的任务并愿助一臂之力。

依赖型成就者不像社会型成就者，不会按照才能或联络关系将人分类；他们坚信，只要有机会，每个人都会迎接挑战，通常表现会远远超出预期，只要领导者给予足够的尊重和信心。

依赖型领导者将自己的愿景托付给被领导者、员工，甚至是志愿者，他依赖这些人的帮助，而且能激起每位受邀帮忙者的兴趣，并赋予他们权利，将最重要的任务分配给信任的同伴让他感到安心。依赖型成就者不像个人型成就者那么妄自尊大，认为尽管有支持者的帮助，但他们自己才是完成愿景的最佳人选。

权力型成就者在分配任务时会提出要求，而依赖型领导者则不同，他们将职责交付给被领导者时相当随意，不愿花时间考虑细节。他们概述一下任务，然后把剩下的全部交给对方。依赖型成就者非常尊重互依的成果。

从支持者身上获得最多

对于许多被分配了工作，却没收到明确指示的人来说，他人的委托行为会给自己带来极大的焦虑。但通常，他们不仅完成了任务，还会获得最为关键的附加值：摆脱领导要求的桎梏，深入挖掘自己的资源，并找到创造性的解决方法。面临陌生的挑战，他们创造的血液开始沸腾，而这一点是完成权力型领导分配的任务永远也无法激发出的。接受依赖型领导任务的人会发现，他们比原先预想的更能做好工作，表现出的远不止简单的自主意识和责任感，他们获得的惊喜能滋养从前未被发现的创造力和自信心。领导者给了受托人信任这一珍贵的礼物，反过来，受托人会尽心尽力地回报委托人，不仅对任务尽力，更是对领导者尽心。

克米特·坎贝尔：用信任激发灵感

前文提到的克米特·坎贝尔是依赖型行为的大师。在道康宁公司任职 32 年后，坎贝尔来到了米勒公司。10 周后，他解散了公司的执行委员会。他的这一措施是为了给人空间，让他们运用自己的创造力独立思考。坎贝尔这样形容他在这个家具设计公司的努力：

> 我认为我接受的不仅是米勒公司的任务，更是我个人的任务，那就是解放人们的思想，不仅是就米勒公司而言，我也希望能像父亲或朋友那样，解放每个人的思想。我希望帮助别人解放思想，不论他们置身何处，因为对我而言，做真正的自己，抛开我们从小到大受到的限制，释放自己，这才是生命的真正力量所在。我知道在米勒公司，我们做梦都不敢想的伟大成就正在发生。[26]

解散八人执行委员会后，有 30 人向他汇报工作。他在米勒公司时，我曾采访过他。他形容，他的这一安排是为了提升米勒公司管理团队的积极性、责任感和创造力：

> 他们都在做自己的事情，大部分时间我甚至不知道他们在做什么。但我给了他们在能力范围内做事的自由。我将现在的团队称为"流动执行委员会"。马克斯·德普雷在他的《领导的艺术》

（*Leadership is an Art*）中提到过"流动领导"。我采用了这一理念，只不过我不叫它"流动领导"，而是称它为"流动执行委员会"。实际上，任何时候都有好几十个这种小型执行委员会存在，我甚至不知道它们的存在。

我当然不属于这些特别的执行委员会。但身处一个 30 人的团队中……总（有些人）会发现，在某些事情上有共同利益。他们一旦发现有需求，就会团结起来解决问题，做出决策并立即实行，然后继续生活。

有的人身处多个这样的委员会，以前，他们所做的决策要经过组织从下到上逐级研究——从团队副总裁到高级副总裁再到执行委员会，这需要几个星期甚至几个月的时间，甚至有时候根本不会进行决策。而现在，我们只需要几分钟的时间就能做出决策，我甚至不需要知道。如果有人遇到麻烦或需要帮助，他们便可以打电话给我。[27]

坎贝尔十分清楚信任他人并赋予他人自由对领导力的重要性。这种信任建立在领导者和被领导者之间共同的愿景和价值观的基础上，因此领导者可以随意委托任务。反过来，精心挑选出来的支持者从领导者的行为中感受到了信任和自由。坎贝尔形容得很精确：

因此这是信任问题。要让人们普遍了解组织的大概方向，这是非常重要的中心价值。如果没有价值观做基础，这样的组织是无法运作的，因为没有价值观就相当于没有了北极星的指引。你必须赋予这样的自由。因此，领导者必须以价值观为导向，而整个组织也以价值观为导向。[28]

"彼得·艾伦"：用期望来领导

彼得·艾伦（化名）是一家以高标准著称的特殊商品大型专业连锁店的首席执行官，他这样形容公司的管理：

有人会说："哎呀，你们的培训做得真好。"我们不是培训做得好，而是挑选的人好，是他们的父母培养得好。看，这是很大的区别。我们的方式是让这些人成为自由人，遇到事情时，凭直觉做出反应而不是花时间去过多思考："这个问题规则手册怎么说的？"

基本说来，这是预期层面的问题。换句话说，你想要在这里工作，就必须做到这些。我们经常这样教他们："必须有礼貌地对待顾客，必须回应他们的要求。"他们也做到了。所以这是预期层面的问题，而非其他。[29]

艾伦并不会莽撞冒险，他曾描述过人们对这种冒险行为的反应：

这确实是一种冒险……事情会变得可怕是因为有太多的不确定因素：做决策的人；要投入资金；要投入做事。如果你停下来想一想，你会认为："哦天哪，这件事我得跟紧点儿。"这是非常正常的想法。我偶尔也会这么想。但是这么多年来，我们一直这样操作，我非常了解这么做所带来的能量与激励可以推动公司前进。因此，（我）会继续这样做。[30]

一个依赖的角色：乐队指挥

从某种意义来说，要求他人做贡献的人都有可能成为依赖型成就者。任务越广泛复杂，需要帮手的可能性就越高。管理复杂企业的人，如果处在创意为重并且无章可循的环境中，则难免需要依靠他人实现愿景。

让我们来看一个需要依赖行为的例子——交响乐队指挥。

两位音乐大师：内维尔·马里纳、迈克尔·蒂尔森·托马斯

尽管指挥家可以对交响乐曲有自己的理解，但他需要依赖交响乐队来呈现音乐的内涵是毋庸置疑的。最近，著名的英国指挥家内维尔·马里纳（Neville Marriner）爵士在一次电视采访中讲述了指挥家对交响乐队的依赖：

没有交响乐队希望演砸，但他们对不同指挥家的反应会不一样。有的指挥家能够向乐队表达自己的音乐愿景，同时表示自己会尊重并依赖于队员的才能和努力，他获得成功的机会比命令队员严格按自己的要求演奏的指挥天才要大得多。与乐队发展良好的关

系，明确告知队员，他们为他对音乐作品的理解做出了贡献，对此他很看重并尊重，这样的指挥家才是交响乐队乐于合作的对象。

迈克尔·蒂尔森·托马斯（Michael Tilson Thomas）在 1995 年秋季首次成为旧金山交响乐团的音乐总监。他坚持认为，交响乐团应该是：

> 一群有天赋的人集合到一起创造共同的愿景。蒂尔森·汤玛斯介绍了最近一次排练，他作为客席指挥，与芝加哥交响乐团合作，演奏第六交响曲。"当然，他们应经演奏《悲怆》（*Pathétique*）数百次了，但我想要的是一种全新的细腻脆弱的情感。当演奏到第二乐章时，我不再采用形似老式校长的典型动作，即一拍一拍地指挥，而是把手举到空中，暗示在这一章前面做一个停顿，像女高音歌唱家一样将这一乐章延长。一开始他们很疑惑。我要求他们在表现这一熟悉的乐句时，在精神乐理空间与我共鸣……'让我们共同呼吸，将第一个音符稍作停顿，然后让节奏缓缓流淌出来。'我一个人无法演奏音乐。我们需要分享我们的感受，需要一起找到那个表现形式。我们做到了，这太神奇了。"[31]

领导者将愿景委托给他人，他人助其实现——这种心灵的交汇也会发生在音乐与艺术以外的领域。我们看到许多技术或产业组织的领导者采用委托模式，也同样取得了成功。

依赖型行为的独特机会与成本

管理的整体行为被定义为通过他人完成工作。[32] 因此，只要需要合作或管理，依赖型模式就值得考虑。

有时，组织欠缺经济刺激和组织能力，比如志愿者组织或创新性企业，此时非独裁主义的依赖模式就非常有效。给人们提供成长或是投身有价值的事业的机会正是有力的刺激，而这也正是依赖型行为的本质——的确是强有力的诱因。尽管委托行为会给各方带来风险，但依赖型领导者并非有勇无谋，一味冒险。他们会选择合适的人选并以饱满的信心让他们自行做决策，包括重大决策。正因为被精心选择的人了解这种没有明说的赞扬，所以他们很少让委托任务的领导者失望。

尽管如此，依赖型领导者会被误解为依赖他人或懒惰。领导者如果将依赖模式和其他模式相结合便可极大地减少这种误解。

美国人对工具模式的矛盾心理

美国人热衷于能人统治和个人主义，因此通常在使用工具型策略时有格格不入的感觉。从美国人的角度看，工具型行为简直是自大狂、裙带关系、趋炎附势、操纵他人、马基雅维利主义、腐败以及依赖，无所不是。

尽管许多整合型领导者展示出了精湛的工具型技巧，但这些第三阶段行为还是让美国人感到心惊胆战。这正是我们的大难题，因为我们是透过自己热爱的直接模式来观察它的，所以这种观察通常会有失客观。

尽管我们自己在常规使用工具型领导模式，而且它给我们带来了多重的领导优势，但我们对这种模式的重要领导力知之甚少。比如，美国人不知道在申请学校或工作时需要证明人本身就说明了整合型风格的重要。尽管我们明确反对裙带关系，但我们还是在依赖亲友的推荐以评价未来员工、学生，甚至相亲对象。

对雇主来说，选择未来员工的信心来自对求职者的了解，如果他了解求职者与自己有相似的能力和标准，比如在同一个联盟中或毕业于同一所精英大学，雇主就会对这个选择有信心。团队就保证了队员的表现一定良好，如有必要，团队（可以是家庭，也可以是兄弟会）会在必要时发挥影响力。这些暗示的保证带来了非常重要的结果：即使是陌生人也可被另眼相看，因为我们知道，他们是团队的一员，他们的团队会站在他们身后。也许更重要的是，求职者不太愿意破坏团队的标准，因为打破标准就意味着会失去团队的进一步认可。

其他文化中的工具主义

其他文化对待工具行为并不像美国这样保守。实际上，如果从其他国家文化的角度来看，工具模式并不像美国人引以为傲的直接模式那样以自我为中心或狭隘，反而后者可能更显得以自我为中心。这种更为迂回、微妙的工具型成就方式注重团队而非个人，同时领导力与责任也较为分散。

在家庭和族群日益壮大的文化中，团队对成员的控制力很强，而成员需要团队帮助自己扫清障碍、打开门路，以及获得自己不可能得到的好机会。在差别巨大的意大利和日本，社会活动将共同体联合在一起。意大利的文化推崇通过他人工作；影响并建立亲友的大型网络即团队以实现个人的目标。在日本，一个人再有能力或魅力，没有中间人的介绍，也很难进入新的组织。日本人常将美国人的自力更生解读为妄自尊大、麻木不仁。同样，在中国，强调团队而非个人才会获得尊重。

直到最近，我们才开始认识到，紧密联系的全球性系统最能适应信任与依赖他人的互依性策略。美国人逐渐开始理解社交网络和支持小组的合法向心性。当今世界，日益升级的多元化使我们的目标不尽相同，创建联盟和谈判方法终于被认为是重要的组织技巧。实际上，这一新词汇的出现证明我们开始欣赏这个另类的策略。不仅如此，工具模式为我们打开了通往团体及共同体政治的大门。

将工具和关系策略与新生的充满活力的直接模式相结合，可保证第三阶段共同体的光明前景。然而，美国人现在甚至还不知道应该如何着手进行工具型行为。善用工具型领导的勇气令我们惊叹，但我们还是不太相信这些愿景者的梦想。

对于靠"收集"大型朋友关系网工作的社会型成就者，美国人也不太热衷，而依赖型领导者则是另一个谜团。他们是否通过将工作委托给他人来隐藏自己的依赖性？他们如果靠自己能够完成工作吗？

但是，从其他社会来看工具模式，如亚洲、欧洲，情况又大为不同了。工具模式为信任打下基础，而信任可以巩固关系。有的社会文化把工具模式当成生活方式，无法理解美国式的直接领导。因此，当我们努力建设一个互依共存且高度多元化的社会之际，国内外的整合型领导者面临的挑战是，应如何调停这些相互矛盾的潮流。

工具型成就方式这条路美国人还较少涉足，是我们学会走上这条路的时候了。

第 9 章 | 整合领导力：整体大于部分之和

领导力的效率（必须）超越自我膨胀，目光应该更长远……（和一种）团队感，懂得道德同情心的概念。

——安妮塔·罗迪克[1]

美国组织的未来，无论是企业组织还是政治组织，都取决于我们是否愿意丢弃第二阶段留下的支离破碎的领导遗迹。领导力的模式正在改变，即从独立变为**互依**，从控制变为**关联**，从竞争变为**协作**，从个人变为**团队**，从紧密联系的地缘政治同盟变为松散结对的全球关系网络。因此，需要能够有效应对新形势的新型领导。换句话说，要做到这一点就意味着要走出我们所熟知的第二阶段领导力的狭隘策略。

我们在前面的三章中已经具体描述了整合领导力的九种成就方式，并提供了多种领导力策略。然而，如果我们把这种领导力模式看成一个整体，而不只是九种分别不同的部分，就能开启更多的策略。简而言之，整体大于部分之和。

本章将简单介绍几位当今的整合型领导者（到现在这种例子也不多）作为序言，本章的第二部分将探讨整合型领导者与第二阶段的前辈领袖在运用成就方式上的差异。本章的第三部分将讨论整合型领导者如何超越这九种成就方式，并将这九种成就方式视为整体时，产生许多的合作可能性，以及整合型领导者如何参与这种合作。在这一部分，我将追踪第三阶段的领导者如何将自己的愿景变成他人的愿景，如何通过互惠原则和对共同未来的预期建立团队，如何将对个人主义的热情转化成对团队的热情，如何按照社会需要管理他们的自我，以及如何终其一生追求意义。我还会分析在将整合型领导者的反传统行为合理化的过程中，真诚和责任感如何起到特别的作用。本章的第四和第五部分会转向阻碍整合型领导者潜力发挥的两大障碍：传统的跟随者和媒体，两者都深陷于第二阶段成见的高墙之内。

稀少但依然可见的整合型领导者

尽管第三阶段渐渐进入大众视野，但成熟的整合型领导者还是很难找。一些横跨政经两界的领导者正在摸索一种模糊的形式，可是那是一种模糊不清、界定也不全的整合型领导；还有些领导者试图往整合型领导者方向努力，却因为各界的反对而踟蹰不前。偶尔会有第二阶段的领导者冒险采用第三阶段的策略，可惜很快又倒退至第二阶段的行为。由于经验丰富的整合型领导者比较少，偶尔我会将某些人的整合行为凸显出来作为单一例子，虽然他们并不一定能归于整合型领导者之列。

第 9 章 整合领导力：整体大于部分之和 | 193

第三阶段的领导者虽然稀少，但还是可以见到一些。他们之中有许多领导者因为采用与众不同的方法而受到媒体的抨击，而我们将在本章末再讨论这个问题。

安妮塔·罗迪克是美体小铺的前首席执行官（我们在第 7 章中提过她，并将在第 11 章中有更详细介绍），正是一位整合型领导者。她构筑了一个全球性的企业，以"和有需求的社区做贸易"为前提将第一和第三世界中的企业家与供货商连接起来。在此过程中，她将社会意识深深融入企业的各个角落，从生产线到基准生意线。员工和客户都被她富有争议的活动所吸引。这位第三阶段的领导者将自己、员工、代理商及客户都吸引到一系列的国际事务中，比如保护雨林、拯救鲸鱼、资助第三世界的人民和部落民族、帮助无家可归者、反对对女性施暴，这一切都将互依性和多元化推向更尖锐的焦点。

前面提过的比利·肖尔是"力量共享"的创始人。这个非营利性组织的总部设在华盛顿，致力于帮助 2000 万个忍饥挨饿的美国人。肖尔集合了一批不同领域的活动家，从食品行业领导者到作家、科学家以及政治活动家，共同参与反对饥饿的多种运动。

我们在第 8 章中见到的温迪·科普也是一位整合型领导者。她预见了一个结合个人与组织的庞大网络，试图重建美国的教育系统。她的非营利性组织为美国而教要求参与者贡献两年时间到资源匮乏的乡村公立学校任教。科普选择顶尖人才，并依赖他们完成为美国而教的使命，而她把自己经营成一种对她所信赖的员工的力量源泉。科普与各行各业的领导者联合起来，与他们探讨在不同情况下遇到的共同问题。这位年轻的整合型领导者事事亲力亲为，不断产生新想法以及发现新的关系，一直在前进。

投资界的罗伯特·弗希尔（Robert Fisher）是施罗德有限公司（Schroder & Co., Inc.）洛杉矶分公司的总经理，也正努力想要突破第二阶段的领导模式。稍后我们会在本章看到，他寻求更加复杂层次的意义及新的领导方式，说明他已经脱离第二阶段领导者的自我中心立场。

莫顿·迈耶森（Morton Meyerson）是佩罗系统公司的前首席执行官，在脱离第二阶段模式的过程中建立了一个健智中心（Intellectual Fitness Center），并向员工展示一系列令人印象深刻的经历，希望能够满足他们对真实体验的渴望。

当然，有些领导者比他人更善于运用这些不熟悉的策略。有些人能在某些问题上有效运用整合领导力策略，而在其他问题上却看不到成效。在国际舞台上，米哈伊尔·戈尔巴乔夫单边宣布放弃核武器，令他多年的老对手感到震惊，这体现出了他整合领导力的天赋。戈尔巴乔夫在美国的名气火速上升，让许多记者相信他甚至可以轻易参选美国总统。然而，这位初期的整合型领导者在自己的祖国却没有那么成功。对于大多数在第二阶段的独裁制度下成长的苏联人民而言，面对领导者反传统的整合型领导者作风，他们的反应更加迷惑和具有敌意。不仅苏联人如此，其实处处可见第二阶段的拥护者困惑不解，他们很可能将所有恶意动机都归因于领导者的整合行为。我们将在本章末探讨困惑的拥护者的问题。

整合型领导者成就方式的差异[2]

第三阶段领导者的行为与过去许多著名领导者极为不同。一般说来，这种新型的领导模式就它所包含的多元化和互依性来看，没有将重点放在领导者的个性上，而是更加注重团队。

与第二阶段的前辈不同，整合型领导者不需要别人视他们为独一无二的最高领导，或比其他人高一等级。他们的成功并不是因为超越他人或胜过敌手。他们既不必掌控公司的所有事务，也不必一手包办所有决策。因此，整合型领导者不愿拘泥于直接型成就方式所涵盖的内在型、竞争型和权力型方式。

具有差异性的特征：采用特定的方式

整合型领导者清楚地知道，领导行为包含了前面四章涵盖的所有行为，因此他们会组合各种策略来达成目标。他们对领导力的理解不仅超越了传统领导者偏爱的直接型成就方式，更超越了近年来领导力著作中备受欢迎的竞争与合作方式的简单混合。

我观察过的多位第三阶段领导者，他们最显著的特征是愿意使用道德性的工具行为。整合型领导者具有良好的洞察力，将周围的一切转化为解决复杂问题的工具。他们把自己当作全面型的领导工具，选择恰当的姿态和完美的符号来表达他们的意思。他们对时机把控精确，他们的戏剧感与仪式感令人难忘。

他们用心选择最佳人选来完成特定的任务。他们调整政治温度，在危险的政海中破浪前行。他们对权力没有自私的迷恋，他们的领导完全是为了团队的幸福感。

第三阶段的领导者凭借善用工具的风格，扮演了中介或媒人的角色，将目的相同但又风格迥异的个人和组织聚集起来。他们利用各种已有的关系网络，并创建新的网络，把它们当作连接各种不同组织的渠道。他们为自己或他人谈判并创建联盟。整合型领导者希望人人都能分摊领导的重任，往往将任务委托与他人，而这种行为展示了整合型领导者的自信心、创造力、自主权和忠诚。他们就像吸力强劲的磁铁，用戏剧感和符号象征将其他人吸引到自己的事业中。

整合型领导者认为互依性意味着人与人之间、组织与组织之间、国家与国家之间存在各种联系。因此，他们利用各种不同的关系完成领导任务。他们能在不同的身份间自由切换，既可以是团队成员、幕后助手，也可以是推手或导师。

如有需要，整合型领导者也会灵活运用直接型领导方式。他们冲锋陷阵，推行自己的愿景，为所有人制定精确的标准。他们会加入争论，成为有力的竞争者，但通常是为了对付外在的对手，而不是内部的队员。尽管整合型领导者一般使用工具型及关系型方式来谈判、调解和说服，但他们也不回避使用直接型方式将彼此对立的反对势力团结起来。

整合型领导者灵活运用九种成就方式的能力为他们赢得了非传统的支持者，包括曾经的对手。意识形态的差别并不影响追求共同的目标。一个典型的案例就是由约翰·斯卡利主导的苹果公司与老对手 IBM 之间的合作约定。

第三阶段领导者的另一个特点是善于终身培养私人关系，与不同行业、不同地方的人建立私人关系。比如，美国前总统比尔·克林顿早期有许多朋友，其中许多被昵称为"比尔之友"（FOB）。

整合型领导者也会建立庞大的非私人化关系，如合资企业、合伙企业、合并项目、团队、计划、网络，或其他形式的长期和短期合作模式。他们寻找并建立短期联盟来完成共同目标，随后再建立新的联盟以完成新的任务。加洛娱乐有限公司的莉莲·加洛每制作一个电视节目，就组建一支新的演职员团队，其中有部分是老伙计，另外的则是新同事。

第二阶段的领导者为自己而努力，第三阶段的领导正相反，他们通常扮演导师的角色，特别为他人的成就而骄傲，不论是同事还是门徒的成就，哪怕是他们个人不熟悉的人做出的成就。埃斯特·夏皮罗（Esther Shapiro）——电视制作人及久映不衰的电视剧《王朝》（*Dynasty*）的联合出品人，就很满意自己导师的角色。她和丈夫建立了夏皮罗娱乐有限公司（Shapiro Entertainment, Inc.），并鼓励许多年轻艺术家及家庭成员开展事业。

整合型领导者在好几个方面将魅力型领导力提升到新的高度。他们利用违反直觉或看似矛盾的姿态与符号来表达自己的愿景。他们用饱含感情的象征传达强烈的信息。这种象征，或抽象或具体，如戈尔巴乔夫的改革，又如甘地的纺车，令评论家惊讶，并穿透了他们的理性防御，达到了情感效果。一个人敏锐的戏剧感、仪式感、着装感以及时间感会抓住潜在支持者的感情和理性。整合型领导者会利用自身的各种条件，包括姓名和才智，来达到目标。

行为选择的灵活性

一旦这些早期的整合型领导者了解了各种成就方式，就可以创新地和灵活地执行他们的政策了。有时，他们委托旁人实施、改进或阐述他们的愿景。他们的委托激发了他人的创造力、责任心和忠诚感。因此，凯西–华纳公司（Carsey-Werner Company）的联席主席、执行制片人马西·凯西（Marcy Carsey）凭借此方法让《考斯比一家》（*The Cosby Show*）和《生死豪情》（*Grace under Fire*）等一系列获奖喜剧的主要人物保持创新。有些时候，整合型领导者干脆以放手不再参与的方式来协调或加速执行过程。在这方面，凯西也是很好的例子。

整合型领导者从来都不是绝顶聪明或者异乎寻常的善良。要想理解这种特殊的领导力作风，关键在于了解我们刚刚列举的他们行为背后的成就方式。

这些成就方式全都是可以通过学习获得的，并不是少数精英人士的基因中特有的。我们一边成长，一边学习这些行为。任何一群不同背景的儿童放在面前，我们都无法在他们身上找到这么多种成就方式；而在任何一群数目可观的成年人身上，我们都能发现每一种成就方式的存在。并不是说整合型领导者是特殊的人类，生来就掌握这些方式，或者他们的成长过程比别人更占优势。整合型领导者之所以与众不同，一部分原因是他们学会了运用所有领导策略——有时这个过程非常痛苦，而不是像我们一样，只会运用其中的几种成就方式。正如我们所见，害羞的甘地花了很多年刻苦练习，才成就了卓绝的演说才能。

整合领导力模型包含广泛的成就方式，对于每一位有抱负的领导者都有适用的可能，也有助于我们为自己的成就方式"把脉"。这个模型也为我们提供了一种框架，我们可以通过它来评估我们文化内的领导形式，因此可以自主决定学习哪种策略，或鼓励他人使用哪种策略。

目前，众所周知关系型和工具型成就方式在美国的文化中没有得到充分应用。想象一下，如果领导者打破直接型成就方式的桎梏，使用所有的成就方式，特别是关系型和工具型成就方式，会有什么后果？这个问题值得思考。

如果大部分领导者愿意拓展所运用的领导模式，把模型中的九种成就方式都收入到领导力锦囊之中，这本身就可以使领导行为发生巨大变化。确实，在我们对狭隘的直接型领导方式深以为然的情况下，拓展领导模式会大大改变我们对领导力这一概念的认知。不过，就完全实现整合领导力的目标而言，光是可以选择较多的成就方式去运用，只是迈出了第一大步而已。

整合领导力的协同效果：整体大于部分之和

如果一位领导者坚持使用所有的领导方式，这种坚持会打开领导意识和行为的新层次，一个整体大于部分之和的新层次。为了更全面地了解向整合领导力的模式转换，我们需要分析使用整体模式的协同效果。领导者不再局限于某些模式，而是整合运用，这会使他们更善于处理差异与带有各种伪装的相互依赖。

感受互依性

在协同层面，第三阶段的领导者获得了更敏锐的互依感，以及应对这种互依性需要的变化和创新。领导者有了许多策略可以选择，就可以以整合取代征服，以合作取代竞争，以依赖取代控制，以贡献取代索取。因为他们发现，领导者和支持者作为团队拥有强大的力量，因此可以自在地提出要求或给出建议。他们不插手却仍为成就感到骄傲。他们可以把各式各样的盟友聚集到一起，通过不同的整合形式（合伙、社交、结盟、合资以及并购）来达成目标。他们为实现互依性的行为，重新建立或使用已有的社会关系。

比利·肖尔告诉了我们这种方法的实际运作方式。曾做过美国国会议员助理的肖尔放弃了华盛顿政府内部的职位创立了"力量共享"这个非营利性组织，每年筹集数百万美元，希望有助于消除饥饿及相关的营养问题。在肖尔之前，还没有人发现食品行业的私人利益与饥饿问题的公益人士在公共利益这个问题上是否存在交集。他建立了一个庞大的网络，这个网络包括厨师、餐饮店老板以及供货商，而网络内的所有人都致力于缓解美国的饥饿问题。

在美国的 100 多个城市中，肖尔精心安排了一系列筹款晚宴——舌尖上的美国（A Taste of the Nation）。5000 多位厨师代表着具有不同种族特色的地方美食（自费）为 6000 多位宾客准备了许多佳肴。肖尔在筹款和举办这一系列的活动过程中还发现了新的关联，并能够吸引更多人加入他不断壮大的企业之中。这位创新的整合型领导者将"舌尖上的美国"晚宴筹集到的资金全部投入一个具有竞争性的资助项目里，并让另一批专家和团队成员制定并实施不同的缓解饥饿问题项目。

肖尔相信他挖掘出了厨师以及食品行业内部人士的潜在愿望，那就是回馈社会。肖尔强调，说服一位厨师捐赠价值 1500 美元的食物与相应的时间远比让同样的人每年开出 150 美元的支票容易得多。他相信，诀窍就在于这个人因参与而感受到的人际关系，让这个人感觉有价值。"人们总是在等待，"肖尔对我说，"等着有人指明参与社会和回馈社会的途径。"[3]

肖尔将"意见领袖的圈子"（circle for opinion leaders）和其他相似的圈子整合起来，深入他们的网络，欢迎各个行业的领导者提供帮助。他以过人一等的整合感吸引了许多不可思议的专业人士加入，其中有科学家、作家，来支持他为饥饿人士而战。在这次整合性的集体脑力激荡活动中，那些作家捐出最好的短篇小说的所有权，科学家则为"力量共享"写文章，再将文章卖给杂志社或出版商，拿到的版税可以充当"力量共享"的运作资金。

肖尔工作的前提是"你可以告诉大家，每个人都有角色可以扮演，都有办法对社会有回馈"。他能从整合性的视角清楚地看出个人需求和公益事业之间的关系："我告诉我的员工，我希望我们的每个活动都举办在公共利益和个人利益的交集上。"[4]

双向通道的整合

整合领导力最明显也最重要的一点是它的**整合**作用。它将领导者与下属连接起来，将领导者与其他领导者连接起来，形成一个共享行为、价值观和责任的社区。第二阶段的领导者强调领导的独立性，而第三阶段的领导者则强调互依性。这就意味着领导者与一大批行动者相互关联，包括这位领导者的下属、其他领导者以及他们的下属。整合型领导者擅长独立行动，但更愿意与他人一起，或通过他人、代表他人工作，以完成共同的目标。

传统的第二阶段领导模式是个**单向**通道，箭头的方向是从领导者的愿景通向拥护者的支持。阿道夫·希特勒和夏尔·戴高乐正是这样的领导者，他们不但对自己的愿景坚定不移，而且会以不同的形式将其强加给自己的拥护者。

整合型领导者则完全相反，他们采取的是双向通道，箭头从领导者的愿景通向拥护者的支持，然后返回，再从拥护者略有不同的愿景出发，反过来获得领导者的支持。整合型领导者会寻求自己和下属愿景的交叉点。他们还会积极支持那些重合部分，并设法调节差异部分。整合型领导者为了让下属理解并接受他们的愿景，会让下属参与领导过程，共享荣誉、共担责任。

一旦整合型领导者让自己去理解他人的愿景，便可以在不牺牲自己的目的和原则的情况下，让所有人都有坚持信念的空间。奇科·蒙德斯便是个好例子。我们在第 4 章中介绍过他，他把对雨林工人的关心与全球环保人士的重要议题连接起来。与其他整合型领导者一样，蒙德斯善于将所有人的愿景和价值观融合在一起，因此能够为他和全球支持者建立一种充满活力的目标感。

双向通道还将领导者的**关系网络**连接起来。这些关系网络有共同的使命和责任感，这些不同网络的领导者因此得以齐心协力来克服共同的问题。当强生公司的前首席执行官詹姆斯·伯克（James Burke）遇到泰诺（Tylenol）危机时，他的解决办法是建立医药领导者联盟，制定行业标准以阻止药品损坏再次发生。

整合领导力的另一个协同效应是能使许多愿景完全不同的领导者携手结盟。乔治·布什用第三阶段的策略对抗萨达姆·侯赛因第二阶段的夺权手段。布什建立了一个难以置信的共同努力的国际领导者阵营。但是，在沙漠风暴行动之后，布什又退回到了他习惯的第二阶段模式。布什的例子提醒我们，遇到危机时，即使是第二阶段的领导者也有可能暂时性地使用超越自身限制的领导策略。只有对整套成就方式有更深层次的认知，并且持续运用，领导者才能到达完全实践整合型领导的境界。

第三阶段的领导者使出浑身解数，将有分歧的观点融合起来。为了完成更全面的目标，他们向曾经的敌人抛出橄榄枝，以建立更大的团队。戈尔巴乔夫便是震惊世界的例子，他奇迹般地打破了苏联和其冷战敌人之间的分歧鸿沟。

对整合型领导者而言，团队凝聚力的关键是共同的问题和目标，而不是共同的敌人和恐惧。因此，温迪·科普将美国学校的困境看作大学毕业生和大企业的聚集点。她建立了联盟和合作关系来解决大家共同面临的问题。

面对这个互依的世界，运用整合方式的人做出的决策能代表整个团队的利益。在组织中，这意味着站在"组织的""机构的"或"系统的"角度看问题。整合型领导者并不偏爱某一个部门，也不操控部门之间相互作对，相反，他们会寻求大家都受益的解决方法。

哪怕只是系统中正式代表某些部门的主管亦可采用整合领导力。他们将自己部门的利益放在整个组织的整体利益之中。他们不和其他部门的领导者玩一些竞争性的零和博弈，反而是推行积极的团队或集体价值观。他们保留传统价值观中最好的部分，并将它们同新形势下出现的价值观融合起来。例如，本和杰里（Ben and Jerry's）冰淇淋公司将创始人的理念与当地人的价值观融合在一起。这些企业领导者以不同的形式体现他们的价值观，表现形式有企业的产出模式，也有向股东及当地居民表示答谢的新英格兰式的年度庆祝。

同辈团体重于非等级关系

由于整合型领导者了解个人与组织之间的复杂关系，因此他们的重心并没有放在上下关系和等级制度上。事实上，他们将工作环境视为与同辈共事的网络而非上下级关系。注重平等的扁平化结构更吸引整合型领导者，没人下命令，也没人想成为焦点。

整合型领导者希望与其他领导者建立长久的关系。他们以合伙人或合作者的身份开设合资企业，双方的关系时断时续，也可能稳定发展。他们更愿意将另外一方当作"同事""伙伴""搭档""支持者"，而不是"上级""老板""拥护者"或"下属"。

由于整合型领导者与同辈之间很容易相处，他们往往会向同事和专家寻求帮助。他们重视别人的建议，不像许多政治家那样，把顾问当作处理工作日程的政治小卒。例如，科恩姆·坎贝尔（Kerm Campbell）召集了一大批首席执行官、研究人员和哲学家来帮他解决新理念和组织问题。

互依、互惠、共同的未来

正因为整合型领导者认识到互依的重要性和必然性，他们把必要性变成美德就不足为奇了。他们从不放大自己可以做出决策的尺度。相反，他们努力营造长期与他人相互依赖的氛围。他们还严格遵守公认的礼尚往来原则，也就是我们收到了别人的礼物，心理上就有义务给予回赠。[5] 信任、合作、赞助、鼓励以及幕后的协助，正是整合型领导者给予的回礼，使得互惠的礼尚往来原则能够实际运行。他们的行为给互依环境中的其他人树立了榜样。

礼尚往来的互惠关系对互依极为重要，其之所以经久不衰是因为人们期待长久的关系。整合型领导者从最广阔和最长久的角度考虑合作，因此鼓励人们期待共同的未来。正在发展的团队需要强烈的认同感和对共同未来的预期，这些反过来会滋养互惠和利他行为。[6] 一旦团队开始运作，互惠行为、认同感和对长期关系的预期就成为建立共同体的基础。一旦队员感到与团队有了持久的关联，长期合作就成为可能。

就整合型领导者的角色而言，他们在培养一种对社区价值观的根本信念，以换取长远的社区发展。有了这种信念，团队成员愿意为了群体的长期发展牺牲个人的短期利益。带着这种信任，社区成员在临时性组织结构或联盟之间游走。在他们眼里，自己是这千变万化而相互连接松散的社区群体的一部分，也是众多互相关联且关系持久的团体和组织的一分子。

面向未来的资源

用现在的资源去阻止未来可能出现的问题需要一个长远的团队视角。由于整合型领导者在建立合作关系时已经做了长远安排，所以他们自然很乐意这样做。他们将目前拥有的资源的一部分投注在未来资源的保护问题上，虽然深知如果把这些资源拿去支持短期的成就更容易赢得荣誉。整合型领导者很了解现在与未来的关联，这种了解促使他们去评估现在的选择能为未来提供多少可行性。"如果我们现在这么做，"他们会问自己，"未来的航道有没有修正的余地？"

美国旧金山市前市长黛安娜·范斯坦（Dianne Feinstein）在任期内曾划拨资金翻修烛台公园（Candlestick Park）以提高抗震性。范斯坦的继任者上台几个月以后，可怕的洛马普列塔（Loma Prieta）地震横扫旧金山。不巧的是，地震袭击烛台公园时，一场世界棒球联盟冠军赛刚刚开始，60 000名观众因为范斯坦富有预见性的决策免于死伤。

在佩罗系统公司，莫顿·迈耶森为包括健智中心在内的多项公司计划播下种子，而他并没有指望这些计划在一到两个季度之内就有收获。他的时间范围比大多数西方企业高管要长远得多。迈耶森说：

> 目前还没有陪审团给予审判。我认为我们已经做了许多事，足以让我们准备好去迎接未来的成功。可是现在你在我们的轨道上看不到它的踪迹。之所以如此，部分原因在于现在的时段。我生活在一个长达20年的时间段里，这期间一切皆有可能。[7]

迈耶森对这种长期思维的风险心知肚明，尤其是与财务分析师交涉的风险，因为这些专家着眼的时间段顶多到下一个季度的财务报告。

整合型领导者了解现在与未来之间的互依性，因此可以找出不阻碍未来决策的短期解决方案。美国女童军前执行董事弗朗西斯·赫塞尔本（Frances Hesselbein）看到了组织长期发展的必要性，以多元化的方式让这个传统上属于白人中产阶级的组织恢复活力，以反映出当代美国社会中多元化的特色。在"为使命而管理"（managing for the mission）中，赫塞尔本坚持用适应未来的标尺来衡量短期策略。内在的梦想家能够以这种方式有效地经营组织，因为他们对于大型组织应该如何运作自有洞见。

对多元化的鉴赏力

除了对互依性的敏感性以外，整合领导力模型带来的第二个协同效应是对多元化有更高的鉴赏力。整合型领导者与前辈不同，他们将多元化视为通往更多机会的大门，而不是潘多拉魔盒的盖子，这里的多元化是广义的。他们调查了隐藏在年龄、性别、种族和少数群体中的人口多元化。同时他们对于组织的多元化也深有共鸣，这些多元化体现在临时结构和随意连接的联盟中，也体现在不同的组织背景中，如公共部门的官僚组织、营利性公司及非营利性组织。整合型领导者深知，他们需要多种不同的资源来满足大家对创新的需求，因此，他们欢迎各种形式的多元化，以储备新的契机。

从人类的多元化角度，整合型领导者创造出了一种由多条线连接成的人际关系纽带，可以支持最复杂的企业。他们利用自己善用工具的才能，把有差异的团体连接起来，在人与组织之间编织和修补连接的经络。在这个方面，整合型领导者与第二阶段的领导者也是截然不同，因为第二阶段的领导者害怕多元化会稀释他们同质性高的支持者，因此任何他们认为是异类的人都会被排挤在外。

由整合型领导者创建的人类连接最后会产生一种社区意识，在这样的社区中，尊重个人差异以及对团体的责任感是相互关联的。整合型领导者借助多元化的力量建立社区，并且把领导的重要责任托付给不同领域的人共同承担，尽管其中许多人与他们不一样。

由于整合型领导者经常轻松地改变领导方式，所以他们欢迎所有新旧组织形式中产生的新契机。他们不但对关系网络、任务小组等临时组织了如指掌，对寿命较长的结构安排也能应付自如。这种灵活性使他们能更加敏锐地发现根植于公共和私人部门中的事务、想法及目标之间的相互联系。

对权力的不同理解

整合领导力运用的行为多式多样，使第三阶段的领导者对权力的理解不同于第二阶段的领导者。对于整合型领导者来说，权力不是一块大小有限的馅饼，它具有神奇的伸缩能力，将其切分之后也不会缩小。运用各方资源只会让这块馅饼的味道更好、保质期更长。整合型领导者知道，他们将权力授予他人，其实他们自身的权力反而会增大。对于整合型领导者而言，权力就是谈判的过程，不是个人特点，更不是可以储藏的商品。[8] 因此，他们更愿意通过谈判和说服来解决冲突和威胁。

从整合的优势来说，谈判意味着各谈判方会将不同的资源拿到谈判桌上来。整合型领导者意识到，持有实质性资源的人就可以掌握大权，会占上风——至少就目前而言是这样。在谈判时，多样化的贡献者带来的不同才能、技巧和知识不但重要还会被赞赏。与第二阶段的前辈领导者不同，整合型领导者乐于接受一个事实，即没有一方能够永远独揽大权。

与喜欢独揽大权的前辈相比，第三阶段的领导者在许多奇怪的地方都看得到权力：在与他人分享中，在妥协与谈判时，在提供帮助与寻求帮助中，在合作中，在委托他人时，在利他行为中，也在自我牺牲之中——反倒是在独裁以及以个人为重的行为中，很少看到权力。

驾驭领导者的自我

第三阶段的领导者知道何时、以何种方式驾驭自我，以实现团队的目标，甚至在卸任之后，为了团队的生存，控制自我。由于整合型领导者重视团队的未来，因此会认真考虑对继任人的指导与培养。他们"培养"各个层级的领导者，因为这是组织壮大的必要条件。[9] 老亨利·福特把每个可能的继任人都铲除了，然而整合型领导者与他不同，他们愿意给有经验的候选人机会，一旦时机合适，便让他们接过领导的担子。

安妮塔·罗迪克便是这样的第三阶段领导者。她有意识地选择继任人，这样有助于缩小她在组织中与其他人的社会距离。她平易近人地对待美体小铺的同事（及其家人），这样做消除了当前与未来高层管理者之间的隔阂。

许多传统魅力型领导学习者指出，强烈的自我意识在领导过程中很重要。将领导者个人的自我意识同社区目标捆绑起来并不会让他失去自我，成为无足轻重之人。事实上，在超越自我的目标当中，如果适当地加入自我和个性，可以造就一个非常有效的领导配方。整合型领导者经常用这种配方来处理与跟随者相互关联却又互不相同的需求。温迪·科普并不缺乏自我意识，她十分坚信自己的洞察力就是最好的证明。但是，她的自我意识并没有让她成为为美国而教的唯一官方代言人。只要有可能，她希望由别人代表组织去进行公开发言。

对意义的终身追寻

在我访问过的一些整合型领导者当中，还有几位具有第三个耐人寻味的共同点。他们孜孜不倦地追寻着某种东西，我只能称之为追寻意义。因为他们将长期的眼光，与对无处不在又复杂的连接的敏感度相结合，这些领导者认为，他们的一生就是不断寻求更深入、更完整的意义。可想而知，他们会往不同的方向寻找意义，搜索出被他人忽略的连接。有些人对意义的追寻始于对创伤或损失的回应。也有人是为了回应挑战。

无论是什么促使这些整合型领导者追寻意义，他们都会不断地寻求对自己，以及对他人更深入的了解。他们寻找自己难以理解的挑战。他们寻找新观点以及新旧观点之间的联系。他们通过阅读、学习、旅行、运动和对话的方式，积极尝试用各种方法拓展自己，也借此发现创新的存在方式以及行动办法。正如我们将看到的，他们还邀请别人一起寻找，并开拓视野。

罗伯特·弗希尔：不断的变革

罗伯特·弗希尔是施罗德有限公司洛杉矶分公司的总经理。他自从中学时代肩部受伤终止了他职业棒球手的梦想以后，便开始了一生的追寻。弗希尔这样形容这个过程：

> 我一向对运动很在行。但是，如果你是运动员，别人就会把你看作头脑简单、四肢发达。成长期间我一直都这么看待自己，一个四肢发达的笨运动员，直到我的运动生涯因为受伤而结束。我面临着……全新的思考方向。思考我是谁、我未来的学业，以及我将来要做什么……我认为这是一个渐进的过程，而这个过程也是必然的……本来我从来不曾怀疑过我一定会投身职业（运动员）生涯，当然，当你的梦想破灭，你知道只有学习才能给你带来收获，所以你只能半推半就地（往那个方向）前进。
>
> 不过，我并不认为变革到今天为止就结束了……我也不认为变革……会有停止的一天。这就是生活的真谛，正是变革促使我去我们初次见面的研讨会，因为我想要学习。我认为这是我从我的记忆当中吸取的教训，是这场经历最重要的教训之一。我让它深深映入脑中。我因此借助不断追求更多的知识将其内化。[10]

整合型领导者不满足于当领导，而是刻意去探索领导力的意义和实践，希望达到理解和操作的更高水平。在我的采访过程中，弗希尔从手提包里拿出罗伯特 K. 格林利夫（Robert K. Greenleaf）的《仆人式领导》（*Servant*

Leadership），并阅读其中的一个章节。他还影印了瓦茨拉夫·哈韦尔 1994 年在《纽约时报》上刊登的文章。弗希尔花了一些时间询问我对《仆人式领导》和马克斯·德普雷的领导理念的看法。同样地，科恩姆·坎贝尔与学术界、企业界内外的许多同僚持续讨论领导力与组织创新的话题。

莫顿·迈耶森：终生的旅程

迈耶森也一样不断地追寻，寻求更好的方法管理企业，寻求创新产品，寻求更具创意的方法来服务客户，也寻找生命最深的意义。在佩罗系统公司，迈耶森致力于提升自己与同僚，并把提升的重点放在历史学家路易斯·马丁（Luis Martin）管理的健智中心上：

> 方程式都有两边……如果你参与戒烟计划、减肥计划，等等，如果你开始进行预防性保健，最后你在健康医疗方面就会少花点钱……关于健康，这是大家一般都会接受的观点。但是在智力或心灵方面却缺乏同等的观点。所以，你可以去健身中心做有氧操或练举重，可是却没有类似的机制来改善智力和心灵。因此，我们建立了健智中心。[11]

迈耶森参加了健智中心为一群佩罗系统的高管举办的一个为期三天的静修活动，地点在新墨西哥州的陶斯镇。参与静修活动的人在一位地质学家的指导下，在小溪的河床上寻找化石，在雕刻家的帮助下，制作黏土面具。在分组讨论中，他们分享了各自对越战及类似敏感话题的看法。迈耶森这样形容这一经历：

> 我和公司的三个同事一组，但我没有跟他们共事过……只是对他们有个大概的了解。到了活动第三天，我对他们有了新的认识，在别的任何场合都不可能产生这种认识。我坐在业务室或会议中心都不可能了解到……我怎么也不可能猜得到。总之，这其中有一位我认识 18 年了，是一位极度顽固的实用主义经理。他在做工作计划时就像兰博（Rambo）在打仗。在以越战为主题的几次讨论中，有一次他开始谈论他的观点……在某一瞬间，我看到了一个真实的人，完全没有盔甲……他并不只是穿戴盔甲的骑士。[12]

这样的追寻过程使充满自信的迈耶森变得谦虚。他谦虚地发布了关于领导力的声明：

> 让我把话先说在前面：我觉得对你和你的书很抱歉，因为我发现我经历得越多，尝试过的事情越多，我了解的却越少；这让人不安，因为在我生存了大半辈子的科技世界里，哪怕是新建立的不确定系统，都有相对确定性。起码你会知道什么有效果，什么没有效果。换句话说，我职业生涯的大部分时间都是在那些技术人员居住的地方度过的，无论有效果与否，都是二进制的，其实大多数人根本就不是这样运作的。这里有上千种输入，直觉的输入。你大脑的两边根据不同的输入工作，而我或多或少地在这两个世界之间游走。我尝试过许多类似（健智中心）的事，我能说的就是我没有明确的计划……对我而言，做出改善、质疑传统和现状的多种可能性非常有趣……不断有人提醒我，这是一份进行中的工作，永远不会停止。[13]

迈耶森并不是一位盲目乐观的梦想家。他独特的体贴实用主义组合在许多顾客和产品至上的方法中有所表现。同时，他认为人们"本能地要求真实的体验，拒绝一切不真实的事物"。给别人参与真实体验的机会是迈耶森不懈追求的。整合型领导者对深层次意义的追求让支持者感到，他们参与的是带有目标的使命，而不是毫无意义的"苦差事"。

真诚、责任感以及领导者

迈耶森提醒了我们，人们会对真实的经历产生共鸣。同时，人们也会对真实的领导者做出回应。真诚（authenticity）难以定义，却可以被支持者一眼看穿。大多数情况下，人们未必是耳闻目睹，但一定会感受到真实。领导者的真诚传达的是，领导者投身到某项事业中，而这项事业超越了领导者本人的自我需求，对大社区更有益。这项事业可以有多种形式，可能是高质量的电视娱乐节目，也可能是预防致死疾病的疫苗。

如果领导者全身心地投入到某项事业中并且要求支持者也这样做，他们的真诚会吸引支持者，并调动起支持者的奉献之心。真诚给领导行为增加了可信度和激发性的力量。这种特殊的成分有助于支持者破译领导者行为背后的动机。缺少真诚，支持者便无法确定领导者是否无私与投入。相反，他们会将领导者的行为解读为可疑，甚至是欺骗。当潜在支持者侦察到任何不真实行为的一些迹象，他们就会谨慎、冷淡、踟蹰不前。

真诚对任何时代的领导者都有重要意义，它对整合型领导者的意义尤为特别，因为整合型领导者可用的策略更多，导致其领导行为更为神秘、复杂。与第二阶段的领导者相比，整合型领导者的决策和行为看起来有别于传统。为了保持信任与支持，支持者需要感受到整合型领导者基本的真诚。因此，真诚可以让整合型领导者自由前进，而不至于引起支持者的嘲讽或愤怒。

此外，由于整合型领导者将整个组织或团队当成自己的责任，因此他们的行为无法总是对他们最亲近的支持者投其所好，事实上，整合型领导者的支持者偶尔会发现，他们处于领导者决策中劣势的一端。正是在这样的时刻，整合型领导者的真诚为整个团队提供了重要的壁垒，隔绝了团队可能产生的被抛弃和被背叛的感觉。

真诚对整合型领导者特别重要还有另一个原因。由于整合型领导者经常要做一些不寻常的事情，这使得他们看起来不择手段，而领导者的真诚则给支持者提供了一个校正镜片。透过真诚的镜片，支持者可以看到，他们领导者的不择手段是善意的：是为了大家好的无私的工具型方式。这样的工具型方式如果是出自欺骗他人，或许对某些人偶尔会成功，但不可能长久欺骗所有人。没有了真诚，这种工具型方式就会退化为自私控制的暗流。

这并不是说领导者的利益就不能得到满足，既然领导者的利益与团队的利益总是保持一致，领导者以及团队成员就肯定能受益。我们后面也会提到，这一点总是被密切监督的媒体误读。但自我利益既不是整合型领导者行为的主要效果，也不是他们的动机。

真诚与整合领导力模型之间存在一种复杂的关系。首先，我们对操控行为非常不信任，因此一剂真诚的灵药才能帮助工具型方式获得支持者的信心。然而，如果缺乏有效的沟通和十足的魅力这两股由个人风格产生的力量，真诚或许会赢得我们的帮助，但是不一定能赢得我们为其奉献。其次，整合型领导者很少施展个人主义式的竞争型和权力型领导行为，因为那些行为通常只会在遇到危机的时候施展出来。如果一位**真诚**的第三阶段领导者只是暂时施展这些方式，支持者会认为这样的行为还是可以接受的。简而言之，光靠真诚打不了胜仗。真诚需要极具整合性的领导方式来加强，才能向支持者证明它的不同凡响。

罗迪克谈道："领导必须具备一种效能，它超越个人的自我膨胀，将财富、乐趣的远景和团队意识以及道德的同情心包括在内。"[14]

罗迪克回忆了她从与不丹国王的谈话中学到的一课，这位国王在被问及不丹的国民生产总值时，这样回答："不要和我谈不丹的国民生产总值，和我谈谈不丹的国民幸福总值。"已经开始考虑人类精神高层次需求的整合型领导者常常以同样的方式思考。

领导者的行为动机是失控的自我主义，还是虚伪的机会主义，抑或是软弱无能，精明的民众都能感受到。他们还知道领导者的行为动机是否出自有价值的伟大目标。比如，甘地的印度支持者完全理解，他看似不合理的行为、运用的各种战略（为获得对手的同意而绝食、打扫贫民的厕所、会见国家元首）都是为了实现他的伟大目标：推动印度的独立和自由。

然而，真诚无法避免误解产生。我们稍后会看到，媒体经常会错误地解读整合型领导者的行为。同时，第二阶段领导者的行为仅限于直接型成就方式，他们很难理解工具型行为也可以具备道德动机或利他动机。

真诚与牺牲：为自我增添荣耀的机会

整合型领导者通常积极投身到自己的事业中，有时甚至会牺牲自己。这激励着拥护者给予他们超出常态的支持。整合型领导者还要求他人做出牺牲，因此支持者有可能让自己变得更高尚。这种自我牺牲是展现自我模式的极致，最典型的例子就是米奇·斯尼戴尔，他通过几乎送了性命的长期绝食方式促使里根政府出资为无家可归者建立避难所。

领导者对自我牺牲的要求存在一个重要的矛盾。当人们受到激励去为某个伟大理想做出牺牲时，通常会感到所放弃的东西不减反增。当我们为超乎自我的理想牺牲的时候，我们本身有了改变与成长，而由于面对了这种挑战，我们让自己变得更高尚。无怪乎要求我们付出最多的人，例如几乎势必会做出此要求的整合型领导者，事后总会让我们感到更加充实。这样的领导者能帮助拥护者发挥最大的潜能，用马斯洛的术语来说，就是完成了"自我实现"。[15]

在理想的状态下，整合型领导者对自我牺牲的态度可以充当一面棱镜，让真诚的特质更加光彩夺目。他们可以毫不愧疚地要求拥护者为伟大的事业做出牺牲。他们之所以提出这样的要求，是因为他们自己已经准备好做出巨大的牺牲。

还有，只要整合型领导者提出的牺牲要求是明确且真实的，拥护者本能地就会知道，他们会因此获得提升或拓展自己的机会。整合型领导者给了他们品尝为伟大事业奉献的成就感的机会。

反之，如果领导者要求牺牲被认为是**不真诚**的，那么就要当心了。各位读者或许还记得，克莱斯勒公司的前总裁李·艾柯卡曾经宣布，他仅收取 1 美元作为年薪来表示"大家的牺牲是公平的"。[16] 他的这一举动激励了克莱斯勒公司的员工，他们接受大幅减薪，以帮助公司渡过难关。后来有消息传出，艾柯卡其实暗地里安排了盈利丰厚的股权和其他形式的福利以补偿正常的薪资。这一事件曝光后，克莱斯勒公司的员工均感受到了背叛。这个例子说明，不真诚会严重损害领导者看好的前程。

真诚的整合型领导者在个人利益上鲜少表露出兴趣。除非特殊情况，他们一般拒绝领导者身份带来的致富机会。有时领导者由于做出整合型行为而赢得国际的关注，而如果他们无法抵抗致富的诱惑，整个团队会因此否定他们的全部。

因此，埃及总统安瓦尔·萨达特豪放的生活方式，以及据称在位时积累了大量的财富，导致埃及民众看轻他杰出的国际成就。在他被刺身亡之后的几十年，尽管他获得了诺贝尔和平奖，但许多埃及人还在继续诋毁萨达特对和平的贡献。一些人冷言冷语，甚至怀疑他与以色列恢复邦交的动机。

责任感的重要性

由于第三阶段的世界让每个人、每件事都产生关联，因此很少有秘密能够永久埋藏。到处都有人愿意通风报信，而新闻媒体就依靠这些人的帮忙，对领导者的生活和事迹一探究竟。而整合型领导者的反传统行为很难解读，因此他们必须为自己的行为负责，即使这些行为或许早在他们正式登上领袖宝座之前就已经发生。

当领导者致力于责任感，他们就能勇敢地走向困难。在这个具有互依性的环境里，哪怕是早期故友的行为或与其勉强相关的行为都会给领导者的名声蒙上阴影。有责任感或许不足以保护整合型领导者不受任何指责和误解，但再加上真诚，或多或少可以起到一定的作用。

真诚与责任感是第三阶段的领导者必备的要素。尝试整合领导力模型的领导者发现，如果他们在管理时做到真诚，愿意为他们的领导策略负责，他们的领导效果就会更好。

有什么障碍

如同任何新技术的使用者一样，采用新领导方式的先驱注定会遇到困难。各行各业的先锋总是冒着风险，而创新也注定会遇到一些痛苦与失败。因此，我们很难指望身为先锋的整合型领导者会航行在平静的海洋中，尤其是在第三阶段的初期，无数的障碍会不断出现在整合型领导者前进的道路上。其中被动的跟随者和重要的媒体环节，因为受到第二阶段思维的负面影响，是最难跨越的两道障碍。

困惑的跟随者

我曾在其他章节提到过，那些在第二阶段长大，同时深陷于生存恐惧之中的老派跟随者，不知应该拿整合型领导者如何是好。传统的跟随者只想到要服从、等待指示，以及执行领导者的愿景。然而，在这样一个以互依性和多元化为特色的环境中，跟随者也要改变行为模式，加快前进的步伐。他们需要挑战自我，完成从被动到主动的飞跃。

由于受到传统领导观念的束缚，跟随者经常要求新晋领导者回归到他们更为熟悉的领导方式。即使要以失去自由为代价，恐惧的跟随者也愿意向他们**认识**的"恶魔"寻求庇护。曾经前途光明的菲律宾总统科拉松·阿基诺正是落入了这样的陷阱。企业界同样如此，一些整合型领导者受到员工和咨询委员会的热情拥护，但一旦遇到问题，他们就立刻被要求回到传统模式。

在向第三阶段转型的过程中，我们看到，不仅美国的跟随者感到困惑，其他国家亦是如此。几个世纪以来，我们一直在掌控大局型的领导者的统治下，因此绝大多数人并没有准备好承担第三阶段的责任。从菲律宾到波兰，对新领导模式的矛盾心理无处不在。

国家一个接一个独立，这些新解放的民众因为生活饱受摧残而责怪那些守旧的领导者。他们希望老的领导者下台，但是，一旦他们下了台，民众并不知道希望哪一类型的领导者上台，于是又把老的领导者请上台执政。他们寻求的是直接型的领导，因为那会让他们有种宽心、认为一切尽在掌控之中的幻觉，即使领导者的控制又让他们回到被压制的状态。一位控制型领导者不可避免会带来动乱，支持者也会质疑，新人所带来的痛苦是否真的比旧人所施加的折磨要少。戈尔巴乔夫也成了这种矛盾心理的牺牲品。

公认地，第二阶段的领导者对自己的愿景极为确定，这种明确感可以安抚跟随者，并在危急时刻给他们力量。与之相反，整合型领导者愿意吸纳不同的愿景，与他人协商合作，将他人纳入领导过程，因此显得弱势。但并没有证据表明，整合型领导者不强势。实际上，有研究表明，一个有强硬名声的领导者，恰恰更能吸引对手与之合作。[17]

阿富汗国防部部长艾哈迈德·沙阿·马苏德（Ahmad Shah Masood）被誉为"赢得冷战的阿富汗人"。作为世界级的游击队领导者，与胡志明（Ho Chi Minh）、切·格瓦拉（Che Guevara）以及马歇尔·提托（Marshal Tito）相比，马苏德的第三阶段领导能力更为出色。根据《华尔街日报》的报道，马苏德"最大的成就就是让阿富汗北部几百年来相互猜疑的不同种族，为了同一个目标而通力合作。"[18] 虽然，不得已时，马苏德会选择开战，但他明显倾向于通过谈判达成共识。

我们想让跟随者主动参与，而不是被动支持，这还需要付出更多的努力。考虑到寻找领导时的生存根源和心理因素，我们自然很难找到实现这个转变的捷径。但是，理解这些深层次的阻力有助于跟随者实现从被动依赖支持到主动担责支持的转变。要求支持者达到与领导者一致，都必须达到真诚和有责任心的标准，将是这个转变中的重大进步。由于整合型领导者将更多的支持者纳入到管理过程中，越来越多的跟随者将不得不从被动支持转变为主动参与，或许还可以再发展成整合型领导者。

媒体：持续抵制第三阶段的领导者

周而复始，跟随者对整合型领导者的困惑感，是被依然受到对第二阶段的期待所束缚的媒体所影响。媒体始终沉醉于无所不知、大权在握的领导方式，因此它以自己的担忧去分析政治或企业领导。1995 年《国际前锋论坛报》上的一篇文章中，一位分析家这样抱怨比尔·克林顿：

> 很久以前我们就放弃了克林顿先生的领袖形象。他这位总统像是一位有天赋的青年，将自由散漫、不完善和不断探索的性格带到了管理之中。这位总统的问题在于他一直在学习。[19]

媒体对于狭义的直接型领导方式的热爱让他们在遇到任何有新观点的领导者时，都会质疑后者的成熟度和男子气概，甚至会怀疑他们的愿景。克林顿因在行动之前会广泛征询意见而遭到了猛烈的批评，媒体站在第二阶段的角度，将克林顿的这一做法视为弱势，不再为他原来的立场辩护。媒体看到克林顿用同样的方式制定保护政策（umbrella policies）以容纳不同的组织也作如是观。媒体还抱怨国会僵局。第四等级（即新闻界）渴望独裁式决策带给他们的安全感，他们将协商、合作及妥协误读为优柔寡断。

领导者向对手寻求合作以达成目标，这让媒体无法理解，这种工具型方式很容易被误读为不择手段的纯机会主义，或懦弱无能。美国众议院前议长纽特·金里奇就因与"敌"为盟受到抨击。他成立了共和党特别小组，重新考虑共和党关于湿地、濒危物种及其他环境问题的立场，这样做给他招来了许多怀疑的声音。亚西尔·阿拉法特（Yasser Arafat）首次尝试与时任以色列总理的伊扎克·拉宾协谈时，记者持嘲讽的态度，这也不令人意外。媒体早期的分析重点是阿拉法特缺少资源，巴勒斯坦人民对他的支持减少，却不关心阿拉法特跨出整合型领导者的第一步时，需要拿出多大的勇气来面对支持者的愤怒。

为团体的利益而努力的领导，不见得因为他们想尽办法与团体共同发展壮大，就一定不真诚。当媒体急于评判创新的领导者时，通常对这种特性视而不见。尽管我们强调整合型领导者愿意为了伟大的事业牺牲自己，但领导者可以帮助团队实现目标显然才是更有用的结果。

由于媒体对尝试第三阶段领导方式的领导者还是持嘲讽的态度，因此，许多正想大展宏图的新手感到沮丧，不愿坚持。整合领导力并不适合于那些胆小怯懦者。整合型领导者尚在形成阶段，而在我们还没将这些理念发展成足以支持他们的概念工具，以及给予他们更多的勇气之前，他们会一直承受不确定、疑惑和矛盾感。

尽管有这些阻力，但整合型领导者的前景远不会这么黯淡。我们已经看到的新晋领导者的例子在后面章节中还有更多，这些例子足以证明整合力量的活力。多元化与互依性的效果持续影响着我们的生活，这些领导者的定位与才能将会更加合理。

───────────────◦⟢⟣◦───────────────

第二阶段的领导者将自己局限于直接型成就方式中，而第三阶段的领导更愿意运用所有的方式。他们打破了直接型领导方式的窠臼，运用关系型和工具型的新视角，将各种领导策略结合起来。整合型领导者运用这九种成就方式，就可以在互依的第三阶段世界中创新地自由行动。然而，这仅仅是真正成为整合型领导者的第一步。

第二步，同时也是最关键的一步，是获得这种领导力的协同效应，发现并完善其他人看不到的联系；把多元化看成资源的重要来源；为了更高的目标和团队的抱负，控制自我意识；将个人的热情转化为对团队的感情；鼓励自己和他人毕生追求真实的体验和更好的理解力。而这，正是整合领导力模型整体大于部分之和的原因。

| 第三部分 |

搭建通往第三阶段的桥梁

第 10 章 ||| **整合组织：**
领导力与组织风格的匹配

　　人类所有的追求都是相互关联的，然而，我们甘冒危险，却无视这种关联。

——沃伦·本尼斯（Warren Bennis）[1]

在动态的第三阶段世界中，组织的形态也开始新颖多样。20 世纪 60 年代，本尼斯和斯莱特（Slater）曾预测，饱受兼并收购、精简裁员、企业重组折磨的传统大型组织，将迎来新兴小型组织的挑战。[2] 为了建立组织，使其恢复活力，并且能够在互相依赖和复杂多变的第三阶段世界中有效工作，领导者面临许多挑战。

在第二阶段勉强有效的传统领导方式无法为此提供新的方法。新的领导方式应该能够拓展我们的思维，让我们找到应对组织挑战的创新办法，但新的领导方式不应该只带给我们理论和希望。如果缺乏经验数据，所谓的方式不过是纸上谈兵。针对这个问题，与之前章节有所不同，本章以及下一章将重点介绍整合型领导模式的研究成果。

基于实证研究，本章阐述了男性和女性在担任企业领导者（中高层管理者）和创业者时的成就方式。研究结果将告诉我们整合型领导者全面的领导方式是否能被不同层级的管理者有效利用，创业者的相关数据则向我们揭晓他们具有的整合型领导力潜能是否能在大型企业里发挥作用。在本章的最后，我将把重点从对整个组织的成就方式的讨论转移至被组织看重并吸纳进企业文化的行为上。届时我将探讨当个人技能或成就方式与组织推崇的行为相符或不相符时，分别会出现什么样的后果。

第三阶段的组织挑战

第三阶段的组织领导者所面临的挑战令最无所畏惧的人都望而却步。组织重组不仅打击了员工士气，降低了员工忠诚度，同时减少了管理层级，以及数以千计的工作机会。始料未及的裁员打碎了许多员工在一个企业效力终身的期望。员工与组织之间的联系减弱，对企业的满意度降低，流动率提高。精简裁员继续进行，无论是组织管理的家长制作风还是员工忠诚度都不太可能回到原点。

异化性和多元化之中的激励与归属感

在快速变化、充满不确定性及异化因素的背景下，为了安抚和激励员工、鼓舞士气，也为了明确表达有意义的组织目标，领导者需要付出艰辛的努力，而员工的背景、价值观以及个人才能的多元化和差异化使上述任务变得更加艰巨。如果想要避免企业多样化的组成部分间产生相互矛盾的需求，领导者还必须充当文化差异的桥梁；他们必须建立团队意识，让不同的组织成员有归属感，认为自己有义务为整个企业做出自己特有的贡献。

在全球经济一体化的背景下，答案可能就在问题当中。精明的组织领导者能够发掘多元化中的固有力量。不同员工的各种观点、语言、知识以及价值观都可以转化为组织的长处。这就要求领导者对多元性有敏锐的洞察力，也能够感受到互依共存的力量。在第 1 章中我提到的语音处理公司，它的员工使用的语言超过 30 种，企业的工作就由以多元化为基础的策略推进。同样，如果某个组织的客户与股东构成具有多元化，领导者可以根据其对多样化员工的了解与认知，进而掌握客户和股东的成就方式。由于少有员工的行为可以涵盖全部方式，因此通过结合各成员的优势整合团队，领导者能够灵活有效地完成多种组织目标。这就是多元化与互依性在组织管理中的应用。

新型组织结构：应对多元化组织

组织的设计需要创新求变，这就考验着领导者是否有能力超越传统的层级架构，把组织带向新的形态。在第三阶段，领导者必须处理好组织多元化的问题，具体表现为组织内部与组织之间的网络、一次或连续的外包事务、中短期联盟以及与竞争者的合作。其中的挑战不是在于恢复组织以往的力量和成就，而是在于重新设计传统组织，使它们可以应对未知的未来。这正是整合型领导者的互依意识和长远意识发挥作用的时候。

尽管我们的重点放在了变化的短期联盟上，但这绝不意味着将长期联盟像第二阶段一样抛到脑后。第三阶段的领导者已经意识到组织的包容性越来越高，他们比前辈更有能力建立长期的联盟，且不觉得被侵犯。

美国运通公司意识到这一点经历了漫长且充满艰辛的过程。在失去越来越多的市场份额之后，美国运通公司才宣布跟随潮流，发行"联名卡"。这是一种营销手段，目的是吸引喜欢用光卡里所有钱购买好东西的客户。[3] 一开始，美国运通公司将联名企业限制为美国电话电报公司；通过其子公司雷曼兄弟银行及美邦银行，仅为开立了经纪账户的客户发行卡片。这种做法使美国运通公司失去了在消费品零售业获得更多发展的可能。等到美国运通公司开始考虑加入整合型领导者的行列，万事达卡和维萨卡已经通过花旗银行（Citibank）、居民银行（Household Bank）、联合银行（Associates National）、化学银行（Chemical Bank）及美国第一银行（Banc One）发行了超过 2800 万张联名卡。

积极寻找这种关联的领导者很善于组装乐高拼装玩具。酷爱乐高游戏的领导者知道，这个游戏的目的是将一个组织的某个部分与另一个组织的某个部分关联起来，任务完成后，再将它们拆分开来，增加新的部分重新组合，从而创造出不同的结构。他们还了解如何在组织中重新构建延展性好的结构形态，以应对客户、委托人以及股东等相关人士不断变化的需求。领导者如果能做到这一点，就具有了反应迅速的能力，可以适应多变的环境。

远距离的多元化：海外员工、隐形的利益相关者

多元化和互依性是组织的领导者面临的又一挑战，主要源自母公司与其海外员工之间薄弱的联系。还有一些被忽略的组织之外的利益相关人，比如关心安全和健康的社区居民，他们也是潜在的问题。忽略了文化差异和互依性的领导者要自负后果。

美国联合碳化物公司（Union Carbide）在印度博帕尔受到了惨痛的教训，付出了高昂的学费。[4]1984 年该公司在博帕尔的工厂发生毒气爆炸，2000 多人丧生，另有 30 000 多人受伤，其中许多伤者终身残疾。该公司对本地员工及利益相关人的漠视是这场悲剧发生的主要原因。

化敌为友

在这个相互之间联系紧密的世界，我们应该从不同角度看待竞争对手。苹果公司后来发现，越来越多的事实证明竞争者是宝贵的合作者。在苹果公司发展初期，它的联合创始人——不按常理出牌却充满创意的史蒂夫·乔布斯，做出了一个战略性决策：麦金塔系列电脑平台将是独一无二的，不与非苹果电脑兼容，也不可复制。这一策略在短期内获得了成功，尤其是在苹果公司原先的目标市场教育界，师生们能够独立工作，也能够与其他苹果或麦金塔的品牌使用者联络。在当时，麦金塔电脑的粉丝的确因自己独一无二而自豪。

短短几年内，科技的发展和连接的需求使苹果公司在第二阶段采用的个人主义策略落于下风。许多原本偏爱苹果电脑这一特点的用户，因其无法与同事

的电脑相连而感到沮丧。一些第三方销售商提供了一系列暂时性设备将苹果电脑与其他电脑相连，但这都并不理想。等到苹果公司最终认识到连接的问题，华尔街分析家及苹果用户都认为，苹果公司的改变来得太晚。（索尼公司在录影机的贝塔格式上也有类似的经历。）

后来，苹果公司与 IBM 签订了一份具有历史意义的合作协议，这一举动既象征着互依背景中客户的功能需求，也象征着苹果公司的重新定位。这一协议直接导致了威力麦金塔（Power Mac）和威力电脑（Power PC）的诞生。哪怕是几年前，也没有行业分析师能预测到，这对竞争对手之间会产生这样一次合作。华尔街也在推测，这一滞后的战略定位能否保证苹果公司独立稳定地发展。

组织领导者的初衷很简单：把对手转变为合作者会降低威胁力，也会对自己更加有利。运用正确的关联方式可以将对手转变成可靠的合作伙伴，而不是可怕的敌人。问题的关键不是规避竞争，而是结合其他策略来提升竞争力。采取关联行动后，曾经的竞争者相互合作，双赢的可能性得以提高，这为双方提供了新的思路。

领导者的接班：新版本与旧版本

领导者的接班难题让许多组织苦恼。传统意义上，接班问题的关键在于如何让年轻的新领导者取代即将退休的领导；或在于如何避免企业明星跳槽带来损失。

在第三阶段领导者的接班问题中，上述两种情况都会发生，此外，还会有新的情况出现。多元化的背景意味着组织形态的多元性，想解决领导者的接班问题就需要建设可以领导这些形态的骨干队伍。这些新领导者在职业生涯中很可能会领导多种形态的组织结构，如短期联盟，或更为稳定的合伙企业及合资企业。

约翰·加德纳[5]认为，未来的组织不但要求顶层领导，也要求其他各个层次领导的行为。如果领导权不够分散，会导致大多数人依赖极少数人，并且，由于无法培养下一代领导者接班人，组织也无法稳定发展。

两类领导者的接班问题都使组织中的领导者面临挑战，第三阶段中的领导者接班问题亦然，那些采用整合型方式、具有长远目光、能感知团队未来需求、将个人目标置于团队目标之下的人就是绝佳的领导者接班人。

创新：创业家、内部创业家是否能发挥作用

到了第三阶段，创新的需求会逐步增强。如果组织的领导者有能力创新地领导，鼓励同事进行创新，他们就会进一步将自己与第二阶段的领导者区分开来。

创新是创业家的特点，然而，这种特点在处于第二阶段的组织中难以被接受。通常，处于第二阶段的企业把他们定义为麻烦制造者，认为他们无法成为团队里的好成员而将其驱逐。富有创业激情的员工通常被鄙视为内部竞争者和掠夺者，他们是在寻找组织的战利品。一些员工如果建立了内外部的支持者关系网，他们就可能被贴上"善耍手腕"甚至是"吃里爬外"的标签。很大程度上，人们排斥具有创业精神的同事是由于他们使用的工具型成就方式令人不安，而非他们采取的第二阶段常用的竞争型和权力型方式。

直到最近，"创业家精神"才在大型企业中被正名。实际上，**内部创业家**这个术语是特意创造的，目的是摘掉其善耍手腕的标签，并强调这些富有创业家精神的人为大型组织注入了活力。[6] 这一新词也反映了人们越来越适应工具型行为。

一些管理者担心激励作用和创造力的减弱，鼓励以小组为单位发扬内部创业家精神，许多内部创业家尽管受到官僚体制的压制，但依然争取到一些士气高昂或是凝聚力强的团队，立志开创新格局。[7]

有趣的是，有关独立创业家成就方式的研究显示，创业家，尤其是女性创业家，其领导行为具有明显的整合特点，与我们看到的企业管理人员水平高低不平的成就方式不同，这些创业家的领导力异常平衡，几乎九种成就方式都有所涉及。

基于创业家的出发点，他们采用的成就方式就非常好理解。创业家就是各行各业的普通人，他们努力完成必须完成的工作，将成就方式当作个人技能，并利用不同的方式组合以解决不同的问题。创业家利用自己的聪明才智与活力，掌控每一个步骤，从预想新产品或新服务，到筹集资金，再到营销成品。而且他们并不止步于此。他们创立庞大的社交网络，参与社区项目，例如当地学校的董事会和商会。由于了解政治，他们赞助重要的公共活动，让他们的创业行为大放异彩。换句话说，企业家用尽一切合适的成就方式来争取成功。他们调

整个人的创新方式，以适应创业家角色的各种需求。因此，他们非常享受让任何整合型领导者都引以为傲的全面的成就方式。

这样是不是能说明创业家就是真正的整合型领导者呢？很遗憾，答案是"未必是"。因为大多数企业家过于关注实现个人目标，无法达到我们在前面的章节中提到的超越自我的协同层次。

我们还是想问，如果创业家有发展为整合型领导者的趋势，能否有方法找到对企业的好处？简单的答案是"能"，只要创业家能超越自我导向，使整合型领导者的协同效应发挥作用。在创业家还有资金溢余，不会被组织提供的资金诱惑的时候，就早早掌控他们，这对于创业家和组织双方都有好处。这样一来，他们就可以在组织内部实施领导才能，而不是单纯追求财富。有些公司让充满活力的年轻创业家负责需要创新力、灵活性以及对人际关系敏感的新部门。这样可以达到两个目的：为企业创造整合优势；给创业家足够的成长时间。

创新与间断性：科学技术和个人技能的改变

然而，创新太过重要，不能全权交予创业家或是内部创业家。更为复杂的第三阶段世界的要求更高，一些分析家形容我们现在的时代是间断性时代。[8] 因为一切的变化都是彻底的，曾经的行事方法无法奏效。我们也的确很容易回头去依靠屡试不爽的老方法，使得我们无法尝试更适合所面临现实的新方法。

理查德·福斯特（Richard Foster）是麦肯锡管理咨询公司的主管，他认为创新可以作为更新组织和员工的基本办法。[9] 他提出警告，创新具有风险，令人恐慌，因为创新意味着放弃已经给我们带来现有的成功并依然可行的方法。尽管如此，福斯特称，哪怕这些技术依然可行，但是如果我们还想要谋求更适合未来的创新发展，我们必须放弃最成功的技术。这种说法很让人信服。

坚持采用旧技术，直到不能再用；或只投资渐进性改进——这么做，最后肯定落后于时代。可惜，有太多组织由向来规避风险的第二阶段的领导者管理，他们顽固地坚持着他们深信不疑的组织方法和个人方式，因为这些方式曾经让他们成功过。

美国农业部：老人下台，新人上台

例如，具有百年历史的世界知名的美国农业部，它扶持的农业专科学校遍布美国。[10]20 世纪 60 年代，美国农业部开始了一场绿色革命，使用化学杀虫剂和除草剂，建造了大量水坝蓄水灌溉干枯的土地。农业科学家的发现极大地提高了亩产量，因此消除饥饿的问题有望实现。全世界都在为这种奇迹般的成就欢呼，美国农业部也坚信，自己正走在正确的道路上。

然而，很快，消费者和环保主义者开始注意到一些始料未及的副作用：[11]化学杀虫剂与除草剂的使用、滥伐森林、水土流失以及盐渍化已经污染了河流与土地。[12]一开始，传统严谨的美国农业部无视这些批评，它秉承一个基本格言："东西没坏，不必修理。"当民怨鼎沸，四面楚歌的农业科学界不知所措，只能严阵以待。

在美国农业部坚持它的看起来行之有效的技术时，其他行业也没闲着。化学、生物及物理专业的非农业科学家开始将注意力转向农业问题。农业科学家沉迷于长期以来所取得的成功经验，输给了这些具有奇怪的新思想和新技术的"跨学科"的人。1972 年，美国国家研究委员会[13]发表了对传统农业科学的尖锐抨击，导致农业研究部门为了再现卓越，努力奋斗了 20 多年。

这里面传达的信息再清楚不过。一个组织，如果总是沉迷于过去的技术，那么将来就会发现自己处于严重，甚至致命的追赶模式之中。[14]这些信息告诉我们："成功传递的都是错误的信息。"

个人技能的创新：管理高科技项目

美国农业部的经验也适用于个人领导力的问题。在第 1 章和第 5 章中，我提到的成就方式是用来实现目标的个人技能。无论是曾依靠直接型成就方式还是关系型成就方式获得成功，领导者都会发现，要想领导 21 世纪的组织，上述个人技能完全不够。

虽然听起来可能有些冒险，但是运用工具型及关系型成就方式可以让我们更为熟悉的三种成就方式，即内在型、竞争型、权力型焕发新的活力，这三管齐下是获得创新的方法。采用新的成就方式本身就意味着创新；这些新的领导方式反过来，会激发被领导者及曾为竞争者的合作者的创新意识和责任感。

新的个人领导技能是非常重要的，高科技行业就提供了一个很好的例子。高科技的研发部门需要经常处理复杂且不规律的项目，这些项目处处需要创新。E. C. 威廉姆斯（E.C.Williams）[15]的研究结果阐述了在上述情况下，新的领导技能如何发挥作用。他研究了获得美国国防部合约的七家企业，并发现，管理人员能按时完成大型的科技项目并不超出预算，其中有100多个因素在起作用。

传统的管理方法认为，必须严格管控大型项目。但是，威廉姆斯发现，项目的规模越大，以管理层控制来保证项目成功的效果就越差。相比工具型控制，领导方式更能促使复杂项目获得成功。威廉姆斯的研究表明，事实上，个人型领导方式及依赖型领导方式才是成功的重要保证。（通过这两种方式，管理者可以以个人魅力吸引和激励团队成员，并把执行项目的任务留给他们去完成。）

还有一个让人乍看之下感到意外的发现：管理者的代理行为通常对项目结果有积极的影响；鼓励和赞扬比直接的控制管理更容易成功。

威廉姆斯还有一个出人意料的有趣发现：尽管电脑软件很复杂，但是专业的技术培训与成功的电脑操作效果负向相关。换句话说，整合型领导者比技术型领导者更重要。面对复杂的大型项目，依赖型管理者信任员工，让他们自行处理项目，不进行细节指导和监控，反而更容易获得成功。

对于大型项目而言，事无巨细的管理是一种徒劳的尝试，因为其中涉及太多的人和太多的细节。相反，激发出全体人员的责任感和创意更有可能成功。让一线员工有主人翁意识和自豪感可以增强他们的动力，也激励着团队成员在未知领域寻找创新的解决办法。威廉姆斯发现，使用第二阶段的权力型方式的管理者事无巨细、严加管控，最后反而不太可能成功完成项目。

竞争型管理方式也不起作用。管理者总想证明自己的能力高于众人，并把自己的需求置于项目之上，因此很难得到团队的支持。事实上，运用竞争型和权力型两种领导方式很难完成复杂的大型高科技项目。上文提到的七家企业，领导者均使用了整合型领导方式，因而获得了成功。

总之，第三阶段的领导者面临强大的组织挑战，要重新点燃支持者的激情，要应对新员工、新组织形式和新海外员工及利益相关人所具有的多元性。各个层次都需要创新，而技术迅猛发展带来的革新本身又为组织的领导者带来了新的问题。

为了应对这些挑战，领导者需要对他们的个人技能进行适当的改进，也就是要改变他们为了达到目标而选择的成就方式。创业家和内部创业家虽然具备跨入第三阶段的能力，但前提是他们可以融入整合型领导者必要的协同层次。

美国的组织能产生整合型领导者吗

美国的组织有没有可能在高层或其他层级激励出整合型领导者呢？组织的各级成员有没有可能学习到整合型领导者的技能呢？他们能否至少将直接型、工具型、关系型中的一些策略结合起来呢？高层管理者是不是比组织中的其他人看起来更像整合型领导者呢？

在 1984 ～ 1995 年，我们在克莱蒙特研究生大学的德鲁克管理研究生院做了一项针对成就方式的大型研究，其中有些线索值得深究。我们收集了超过8500 名企业员工的数据，有高层管理者，有非专业、非管理层的普通办事员。所有人都填写了"L-BL 成就方式调查表"，[16] 其中包含 45 个问题，旨在了解他们使用九种成就方式的频率。这里我们讨论的是针对美国 5100 多名 [17] 中高层管理者的研究发现，其中包括 3126 名男性，2041 名女性。

高层管理者的成就方式

首先，我们来看看关于高层管理者的好消息，他们的成就方式组合给了我们些许鼓舞。第二阶段的领导者大多限于直接型成就方式，（即内在型方式、竞争型方式和权力型方式），这些高层管理者则与之相反，他们将高层次的内在型方式、权力型方式与低层次的关系型成就方式（即合作型方式、贡献型方式和同感型方式）结合起来。简言之，这些高层管理者完全可以大权在握，但是他们更知道如何分配权力，如何提供技术和政治上的帮助，以及如何鼓励他人。他们认为，相比传统的绝对权力和竞争，协作更有助于完成任务。

事实上，关于竞争的发现既有趣又出人意料。这 1100 名高层管理者的竞争层次高于组织内六名较低层级的员工，但是他们给竞争型方式的打分却出人意料的低：在九种方式中位列第八位，仅略高于社会型方式。如果事实如此，我们应该担心，这些领导者看起来非常反对竞争型方式。

合作型、贡献型和同感型三种方式的得分几乎与内在型和权力型方式的得分一样高。在工具型的所有方式中，依赖型是这些高层管理者最为偏爱的。尽管他们将这种能有效激发责任感的方式排在第六位，但高层管理者的投票数明显超过其他层级的员工。

坏消息则是，高层管理者对个人型及社会型的评分远低于内在型及权力型，他们也把这两种方式排在三种关系型方式之后。实际上，高层管理者以下的三个组织层级（中层管理者、一线主管和非管理专业人员）对个人型的评分都比他们高。

这些研究结果显示，如果高层管理者想要激发同事的积极性，更多的是依靠他们的职权以及人事关系。遗憾的是，他们忽略了个人型包括的魅力、戏剧效果等巨大能量。

更糟糕的是，在这些高层管理者看来，社会型方式是最不受欢迎的选项，尽管他们给出的分数比低层级的人员高。虽然该方式是整合型领导者建立关系网络、经营非正式系统的关键，但这些企业领导者并不喜欢。可惜的是，社会型方式在所有的组织层级都不受欢迎。

总而言之，企业的高层管理者与他们的前辈一样，更喜欢"我说了算"的管理方法。但是，他们似乎能够抑制自己的竞争欲望，提高自己帮助他人实现目标的能力，因此，我们有理由持乐观态度。

这些高层管理者非常适应团队合作的方式。该研究中的高层管理者表示，他们花了相当多的时间帮助别人完成任务，有时扮演幕后英雄，当然也发挥导师作用。但说到工具型时，如我们所见，这些高层管理者都比较犹豫。而正是这些方式能帮助领导者吸引支持者，发展关系网络，并处理复杂的非正式关系。幸运的是，对于能够激发员工责任感和忠诚度并释放其创造力的依赖型方式，这些高层管理者似乎愿意尝试。

中层管理者的成就方式

中层管理者的成就方式与高层管理者极为相似。他们与高层管理者一样，将内在型方式和权力型方式排在其他成就方式之前，为第一等级；第二等级为贡献型、合作型及同感型方式。有证据显示，在关系型成就方式中，中层管理者喜欢贡献型多过依赖型或合作型。也就是说，比起充当导师或组员，他们更愿意帮助他人完成任务。他们会觉得自己没有时间、能力和经验，更没有正式地位来充当他人的导师。

传统观点却这样认为，中层管理者对合作型缺乏兴趣是因为他们还在组织的阶梯上向上攀爬，努力让自己在小组中脱颖而出。据此可以推断，与高层管理者相比，中层管理者倾向于采取较为自私、有利于竞争的方式，然而研究结果却并非如此。实际上，中层管理者的好胜心低于高层管理者，更令人意外的是，中层管理者对竞争行为表现出的厌恶更甚于高层管理者。

在我们考虑性别影响时，研究结果具有巨大差异。在第 11 章中我将会谈到，男性和女性对竞争的看法具有较大分歧，高层和中层的女性管理者都将竞争型方式排在最后；中层和高层的女性管理者拒绝竞争比男性管理者更彻底。

在男性管理者这一组中，中层管理者对竞争的喜好远低于高层管理者，却远高于他们的女性中层同事；这种差别仅在男性组中存在。也就是说，女性组极度不喜欢竞争，以至于在中高层领导者之间没有任何差别。

另一个有趣的差别体现在已经到达管理层顶端的领导者和正在奋力向上攀爬的领导者之间。中层管理者使用个人行为的频率远超过高层管理者。中层管理者通常通过个人技巧，而非竞争来获取组织中的地位。他们尽力展现自己的魅力，利用自己的才智、人际交往能力、教育背景以及曾经的职位谋求认同。

这里也同样存在性别差异，女性中层管理者使用个人型不如男性那么自如。但是，比起高层管理人员，不论男女，这些女性中层管理者明显更愿意使用个人型方式。

中层管理者使用依赖型的情况显然与高层完全不同。与高层管理者相比，他们不太可能把重要任务全权交予下属完成而不加以监督。或许可能由于这些管理者仍在升职路上，他们很难将一些影响自己升职的重要业务委托给他人完成。

这些研究结果展现了现代企业里中高层管理者选择成就方式的异同点。中高层管理者愿意使用内在型、权力型方式以及关系型方式中的合作型、贡献型和同感型方式。另外，他们也一致抵制竞争型及社会型方式。

高层管理者更愿意使用依赖型，将任务委托给他人完成；中层管理者则偏爱工具型，而非将任务交予他人。我们或许可以这么理解这种偏爱：由于没有组织权威可依靠，中层管理者认为自身的内在资源更可靠。一旦被组织赋予了足够的权力，升级为高层管理者，他们可能会不再依赖于自身资源。

或许我们可以将高层管理者减少使用个人模式的行为解读为"身份象征"，至少一部分可以这样理解。一旦获得"晋升"，一个人就会使用新的职权来彰显地位，而非个人影响。想要验证这种说法是否正确，方法之一是观察没有监督职责的人，比如非管理岗位的专业技术人员。这群人在专业上备受好评，但缺少组织权威。有趣的是，专业技术人员将个人型方式排在第三位，比中高层管理者的排名都要靠前。如果我们再顺着组织层级往下看，办事员、非专业非管理岗位员工对个人型方式的排名均高过管理者。办事员将其排在第四位，非专业非管理岗位员工将其排在第五位。

这些研究结果显示，随着人们在组织阶梯上越爬越高，他们越来越少依靠自身魅力来获得帮助。显然，整合型领导力中个人型成就方式所需的技能存在于组织底层中。随着职场地位的提高，人们开始把个人技能丢在一边，转向高级职位所带来的更为正式的职权。

不可否认，仅依靠个人的非凡魅力具有一定的风险。在组织层级比较低的时候，由于利害关系不明显，人们更愿意，有时候也不得不冒这个险。当组织实行紧缩政策，收入可观的高级职位开始减少。不要忘了旧的企业标识——灰色的法兰绒套装、恭谨顺从，在传统意义上都象征着对管理风险的规避。[18]

我们的管理者有成为整合型领导者的资质吗

我说过，整合型领导者需要运用所有的九种成就方式，特别是工具型。鉴于上面的研究结果，任何组织层级的管理者都有成为整合型领导者的资质吗？如我前面所说，好消息是至少各层级的领导者能灵活使用直接型中的两种方式及关系型中的所有方式；对于较为生疏的依赖型和个人型方式的使用，则取决于管理者的层次。

人们似乎能渐渐学会使用依赖型，可惜的是，他们会放弃使用个人型方式。但最令人头疼的是，人们对社会型方式的应用严重不足，而这种模式在互依共存的背景下绝对重要。它是建立关系网络的最好方式，有了关系网络，就可以建立各种联盟。

尽管美国社会大力推崇竞争，但竞争型方式已经不再受欢迎，有较大可能性是因为组织更推崇团队合作。在第三阶段的世界里，可能，只是有可能，不会有太多的人关注和在意竞争行为，当领导者能够将工具型方式与已经形成的直接型和关系型方式结合起来，这种可能性会有所提高，当然，这仅仅是可能。总体说来，使用整套的成就方式是整合型领导者的最好选择。

总之，根据我们的研究结果，企业要想在发展整合型领导者，特别是在工具型策略的使用上取得成功，还有很长的路要走。从我们的研究结果来看，内在型、权力型、合作型、贡献型和依赖型方式的使用情况良好。工具型成就方式非常适用于互依共存的环境，其中，依赖型似乎是高层管理者的特权；个人型是职权不多的普通员工的首选。很少有人承认，他们愿意使用或确实使用了竞争型或社会型。我们同时进行了观察研究，观察者可以确认受访人的报告属实。[19]

为了在各个管理层级推行这些模式，我们可以考虑利用组织文化和奖励制度来鼓励使用新策略。否则，一旦人们在组织中达到较高的职位，他们就会放弃从底层中学到的知识，特别是关于工具型成就方式的知识。

虽然企业高层管理者已经开始使用依赖型成就方式，但若没有激励机制，这种方式很难在整个组织里推行，而个人型中的领袖魅力、刺激及灵感也无法进入高管层。也许随着向第三阶段转型的要求越来越迫切，组织重视工具型成就方式的好处就会突显出来被广泛认可。高层管理者更愿意运用他们在中层职位上使用过的成就方式进行管理。

组织的成就方式：文化、价值观、奖励和间断性

到目前为止，本章都是在着重讨论个人特点及其成就方式。不过，组织也有特别的成就方式，它们或有意或无意地将组织的文化灌输给组织成员。也就是说，组织奖励某种行为方式，忽视或惩罚其他的行为方式。[20]

除了传统、信仰和惯例，组织的成就方式是组织文化的一个重要组成部分。这些内容反映了组织的价值观，组织成员也因此形成对自己行为的预期。这些预期的行为反过来又形成了组织的奖励制度，即鼓励成员的某些行为，否定其他行为。组织成就方式的组合可以让我们迅速了解组织的文化和用来推行文化的奖励制度，还可以指出对于不同的个人技能所给予的奖励过高或是过低。

成就方式偏好的间断性

从组织成就方式的组合中，我们可以看出四种可能产生的间断性。

1. 个人行为与组织规则不一致；
2. 个人与组织角色不一致；

3. 个人偏好的方式与现有团队成员或有望加入团队的成员的偏好方式不一致；

4. 组织领导者下达的信息在不同部门之间的理解不一致。

通过分析这些成就方式的不一致，我们可以修正或至少了解这些方式。

组织文化和个人成就方式

组织文化既可以安抚成员又可以控制成员。[21] 组织为成员建立良好的环境，让成员适应组织生活，承认他们的身份，这是安抚作用；同时，明确组织认可及鼓励的做事态度以及行为范畴，这是控制作用。组织里的新人很快会发现，破坏文化规范无疑是自绝后路。

组织文化影响力大、渗透性强，却很难说清楚。文化就像空气：它就在你身边，可你却抓不住它，但它是真实存在的。一踏进组织的大门，我们就能感受到它的文化。某个高科技组织可能有一套明确的着装和行为准则，它为传统的规则行为而骄傲；而另一家企业则可能执着于无规则的氛围。这种文化的差别都可以体现在组织成就方式的组合中。

新进入组织的成员很快就会了解新文化中明确的和暗含的价值观与规则。他们很快就明白，融入组织文化的人比标新立异的人更可能获得回报。从成就方式的角度来说，如果个人的成就方式无法融入组织，即使不被开除，也必定会遇到巨大的困难。

一些组织只看重少数成就方式，而有些组织则看重多种成就方式。一些组织重视竞争行为和追逐权力行为，有些组织则重视团队精神、协商协作、关系网络和指导。而有的组织却会或许主动或许无意识地对有上述行为的员工施以惩戒。甚至，员工有时候虽然察觉了他们的行为不符合组织的要求，却不知道为什么不符合要求，也不知道应该怎么做才能符合。

我曾经在斯坦福商学院组织了名为"管理你的职业生涯日"的校友研讨会，主题是领导力和成就方式。研讨会开始之前，每个人都会填写"L-BL成就方式调查表"。接着，我们讨论了基础的领导方式，以及个人的成就方式和他所在组织看重的方式之间的契合程度。

之后，一位我不记得名字的女性找到我，她是一个大型卫生维护组织的总裁助理。她向我吐露了一个秘密：

> 你知道吗？我一直觉得自己融不进企业，但不知道为什么。现在我知道了。他们希望所有人都与别人合作，不要与众不同，或者在任何方面脱离管控。如果你想要表达不同的意见，他们就会觉得你缺乏团队精神。但是我喜欢尝试，不喜欢等到整组人步调一致才行动。我不能畅所欲言，一直为了相处融洽而努力，这一点让我感到窒息。

几个月以后，我听说她离开了原来的企业去寻找更适合她的组织。如果她能先明确察觉自己的成就方式与组织的成就方式并不匹配，她本可以和老板更有建设性地解决这种矛盾，这个组织可能还有其他人也感受到这种矛盾。因此，使用整合型领导力可以明确组织的价值观与预期，对组织成员及领导者都会产生有益的效果。

个人成就方式和组织角色

上述例子中，由于个人的成就方式与组织认同的不一致产生了间断性，而个人的成就方式与其在组织中的角色不匹配也会引起类似的分歧。一个合作型的人可能很难完成一份比如销售经理这样需要竞争的工作。由于对角色的预期通常通过组织文化表现出来，因此很难确定谁应该做什么。由于角色预期与组织文化相互融合，很难区分，因此，包括其中所有单个成就方式的整合领导力模型则是阐明两者区别的良好方法。

个体间的间断性：当前与未来的团队成员身份

整合领导模型突出了个人与同事之间成就方式的异同。举个例子，假设一位中层管理人员约翰·琼斯的成就方式与现在所在团队的集体方式相矛盾，该如何处理？再有，如果他想跻身高层，而他的成就方式又与高级管理者的方式相矛盾，这又该如何处理？

就个人成就方式与集体成就方式的匹配而言，女性中层管理者的研究数据体现了一种矛盾。相比男性同事，女性的关系型方式得分更高，竞争型方式得分较低。她们的成就方式通常被认为不适合于高层管理岗位，因为竞争性不够。因此，女性中层管理者很难被提升到高层职位。矛盾就体现在这一点：一旦被提升为高层管理人员，她们的男性同事就开始学习减少使用竞争型方式，倾向于使用关系型中的技巧。结果就是，这些获得晋升的男性最终成了企业中的"变装者"，行为上更像被他们淘汰掉的女性。

组织信息：混合信息和误读信息

组织的某些间断性源自领导者给他们的下属发布的信息。领导者有意或无意地持续向下属传递各种信号，内容是他们所期望的成就方式。然而，这些信号必须通过下属的感知过滤器，这些过滤器是强大的现实解读工具。最终决定我们行为反应的不是领导者发出的信号，而是过滤后的信息。

不幸的是，领导者发出的期待某种成就方式的信号总是被误读，因此又造成了新层次的不一致，这一点也不难理解。不同层级的领导者表达的信息也是不同的，信息接收者的理解或许也是不一样的。另外，不同部门的人也会根据他们对奖励分配的了解对所接收到的信息有不同的解读。因此我们可以在整合领导力的框架下，看看如何处理这种组织的间断性。

比如，首席执行官发出了赞赏团队合作的信号，而不同的团队，特别是要处理不同任务的时候，对这个信号的解读也不同。销售部门会将这个信号理解为鼓励团队成员共享与客户的合约，即增加使用社会型成就方式；工程部会将信息解读为支持他们高度协作的头脑风暴会议。

当该信息顺着组织层级向下扩散时，可能会得到各种不同的解读，情况就会变得更加复杂。下面这个例子或许可以解释这种沟通问题。

在一所文理学院，校长和副校长都填写了组织成就方式调查表（OASI）。他们的回答显示，首先，该校看重合作型行为和依赖型行为。[22] 这种行为体现在教职员工间的高度合作以及学生间的亲密切磋上。行政级别再低一级的院长也同意，团队合作值得鼓励，他们也认为依赖型行为和为他人的任务做贡献同样值得表扬。

然而，教职员工对这一组织信息有不同解读。他们相信，校方希望他们通过发表论文，在会议上展示研究成果来建立学术声望，即采用内在型、竞争型及个人型等方式。他们还认为学校鼓励个人行为及追逐权力的行为，比如，在专业协会或学校委员会中谋求职务。

秘书或其他办事员对高层管理者期待的成就方式又有另一番解读。他们认为学校鼓励他们使用社会型建立关系网络，并通过个人关系网络完成任务。结果，大多数秘书确实通过相互的私人联系摸清了门道。实际上，他们也没有别的渠道学会如何准备学术论文，如何处理出差收据。

仅有学生组织的领袖同意正、副校长的观点，支持其赞赏的成就方式。原因或许是这些年轻的领导者将高层管理者视为偶像，全盘接受他们的价值观。另外，学生领袖还觉得获得控制权，及采用权力型方式也是被高度认可和鼓励的，他们在大学里获得的成功就是证据。

从某种程度上说，这些解读都是正确的。正如盲人摸象一般，身处不同职位的管理者也应该"触摸"不同的现实。顶层管理者认为他们的奖励制度在组织内部是通用的，实际上，不同领域和层级的奖励是由不同的成就方式标尺来衡量的。另外，第三阶段世界的多元化使沟通问题加剧。性别差异、种族差异、民族差异，以及背景差异形成了许多文化过滤器，而组织信息需要通过这所有的过滤器才能到达每个人。

组织领导者需要同各层级的领导者协商来处理这些不同的解读。此时，整合领导力框架非常有用，可以不带偏见地审视组织所有成员的需求及已有的选择。整合领导力框架专注于行为而非个人特质，还有助于鉴别哪些成就方式应该被推行以完成组织任务。

间断性：诊断线索

一旦确认，这些不同形式的间断，特别是存在于整个组织的间断，就可以成为有用的诊断线索。比如，体现了员工与组织之间的严重差异的"生产力"问题或"士气"问题。究其原因，可能是由于整体的个人成就方式组合与组织本身的成就方式存在差异。再经过细致分析，我们会发现组织领导者用了不合适的人选来完成组织任务，或错误传达了他们认为重要的行为和价值观。另外，组织也许并没有让新员工适应组织的预期。或者，尽管个人和组织看重同样的行为，但个人带给组织的收益已经远远超出组织能给予的奖励。

在某些情况下，领导需要知道，这些间断所导致的差异到底有多大？这意味着表现太好还是太糟？这种差异是普遍存在的，还是只在某些团队内部存在？如果任其发展，组织还可以持续多久？如果团队与组织的成就方式存在巨大或多种差异，则员工内部的士气常有问题。

对个人的影响

我们的研究结果表明，成就方式对个人和组织都会产生影响。前面说过，如果个人的成就方式与所在组织看重的方式相差甚远，那么很有可能他难以得到正式的奖励，如升职、加薪和任务选择等。

与组织的成就方式不一致的人有如下几种选择。第一，他们可以学习改进自己的成就方式，以更好地与组织提倡的成就方式相匹配。要做到这一点需要培训，更需要改变的强烈决心。当然，有的人只是"屈服"或"摸清了门道"。第二，他们可以试着改进组织的奖励制度，这就意味着改变整个组织文化以满足个人的需求。许多首席执行官想这样做，结果惨淡收场。第三，一些"分歧者"会选择离开，寻找奖励制度更适合自己的组织。

还有一些与组织有分歧的人非常享受自己的与众不同，认为这是一种主观的奖励。这些分歧者能感觉到他们不被组织重视或不被欢迎，但还是为自己独特的态度和风格感到自豪。实际上，一些人和所有团队都格格不入，他们通过这种方法证明自己的存在。从社会心理学来说，这些人被称为"惯性偏常者"，这个说法本身就隐含强烈的价值观信息。

这些组织的分歧者通常认为自己是组织的"良心"，因此，他们的表现可能非常优异。但他们的表现无法得到组织的奖励，因此他们通常有自己更为主观的一套衡量标准。

遵循本心：玛丽露的案子

我到达克莱蒙特研究生大学的那一周，一位公共政策专业的女生（我称她玛丽露）想与我谈谈她刚刚完成的暑期工作。玛丽露 27 岁，聪明活泼，显然遇到了麻烦。暑假中，她在一家专注少数民族教育问题的非营利基金会做领导力实习生。

玛丽露告诉我，一开始，想到能用公共政策的专业知识帮助"弱者"，她感到非常兴奋。然而，情况迅速恶化成了一场灾难。玛丽露描述，工作一段时间之后，她发现，该基金会做出了许多虚伪不当的决策。当她试图推动基金会实现目标时，她遇到了冷漠甚至十足的敌视。

就在与我谈话的时候，玛丽露正努力想要摆脱痛苦的困境。基金会将她的实习期延长了六个月，而她正在为如何选择而痛苦。她该不该留下来继续推动基金会完成其崇高的目标，并且忍受其他人的敌意和故意拖慢的工作效率？还是找到"更好"的组织，更适合的职位？最终玛丽露决定换到另一家社会服务组织，她相信，这家组织更加正直，更有同情心。

大约四个月之后，我又接到了玛丽露的电话。这一次，她发现，这家组织不比之前的基金会强多少。玛丽露再一次被视为异类，她也又一次把自己看作了组织的良心。

你大概可以猜到后面的故事了。多年以后，当地报纸报道过一个冲突事件，冲突的一方是一个少数民族群体聚居的低收入社区，另一方是当地的一所私立学校。这所学校表示要驱逐社区居民，占用社区的地方。正是玛丽露领导着社区居民与学校对峙。虽然她不是社区居民，但她选择站在他们这边，为他们的事业出力。我们可以想象到，玛丽露对学校计划拆除社区感到愤慨，鼓动社区居民反抗驱逐。这一次，小大卫打败了巨人歌利亚，成功打败了私立学校，打败了争强好胜的校长，打败了一群律师。

我常常想起玛丽露不屈不挠的精神和为他人需求考虑的爱心，她努力推动她到过的组织，希望这些组织能提升到我们在第 9 章中讨论过的协同层次。她终其一生可能都在寻找，她所要找的组织有着她信仰的目标，但是没有她的参与难以实现。

在这个案例中，关键的问题不只是玛丽露个人的成就方式与她所在组织的成就方式难以匹配。在玛丽露看来，组织可以，或必须转向新的层次，使得整合型领导方式的协同效应发挥作用。所以玛丽露自然会将注意力集中在组织转变的弱点上。由于玛丽露总是充当讨人厌的角色，所以她基本不可能获得组织的正式提升和奖励。但是，玛丽露会感受到尊重和喜爱，这来自那些富有同情心却缺乏果断的同事，和欣赏她无私奉献精神的大型社区，她可能会觉得，自己已经得到了恰当的回报。

组织内部的另类分子：标新立异者和激进分子

不是所有与组织成就方式有分歧的个人最后都选择离开。实际上，一些组织将此类另类分子视为批评和创意的重要来源，早年的 IBM 就曾经这样做过。据说，年轻的托马斯·沃森读过克尔凯郭尔（Kierkegaard）写的一篇关于丹麦鸭子的文章。当鸭子最早进入丹麦时，许多人给它们喂食，照顾它们，鸭子就再也不想离开丹麦了。由于得到了良好的照顾，鸭子慢慢被驯化了。但是有一部分鸭子没有被驯化，它们遵循自己的本能，到了时间便向外迁徙。沃森对此印象深刻，认为IBM也需要驯服不了的"野鸭子"——他们不会因丰厚的组织奖励而噤若寒蝉。于是，沃森最终决定在公司安置一些"野鸭子"。为了做到这一点，沃森开始了IBM院士计划，目的是给予某些杰出个人充分的自由，让他们可以做自己喜欢做的事情，不受组织控制。

在IBM这个案例中，组织给予的是象征意义上的奖励。另外，有些人的成就方式与组织不同，但仍然对组织做出贡献，他们可以获得非正式奖励，如同事对他们的智慧或能力的尊重，这种奖励对他们而言也是一种认可。

还有一些个人或团队的成就方式与组织的完全不同，他们将自己视为"内部激进分子"或者"特立独行者"。有时候，这些特立独行者被视为麻烦制造者或者"**麻烦分子**"。在组织（或更大型的团队）中的某些时刻，这些个人主义者被公开追捧为英雄。他们不服从权威，开辟出一条成就方式的新路，引得许多人纷纷效仿——如果够胆量的话。

还有一点很重要：一些个人主义者明白，为了适应组织的规则重塑自己可能既不讨好也没有效果。他们认识到，按照企业形象改造自己会让他们失去最重要的两个品质：创造力和正直。

对组织的影响

组织正如其成员一样，当成员与组织的成就方式不匹配时，也面临着选择。其中一个选择是，组织是否要尝试消除这种差异。容忍这些与众不同的个人或团队有什么利与弊？换句话说，培养遵从者的成本和收益孰高孰低？

无论是成就方式还是其他行为，一致性可以保证组织的稳定，使混乱得以控制。背离传统的思维方式与行为方式会威胁受到严格控制的同质组织。这样的组织具有遵守组织规则的成员，按照预期的方式做事，提供的商品与服务也在意料之中。在这样的组织里，领导继任相对容易，因为继任的标准和机制都非常清楚，候选人众多。

另一方面，强调成就方式统一的组织不太能容忍新想法。这类组织为了减少不一致，可能要承担创造力流失的风险。

如何激励成就方式与组织不一致的人才是个复杂的任务。也许整合型领导者能理解多元化给组织带来的优势，他们可以帮助有创造力的与众不同者在组织中找到合适的职位；更好的办法是创造出受保护的职位，这样，与众不同者和组织都能从创造行为中获益。

追求一致性的组织除了要为创造力付出高昂代价外，还要承担其他风险。许多人会从不同的角度看问题，如果组织忽视这些人给出的警告，就要承担风险。因为或许只有那些人能够预见到即将到来的是危机还是机会。他们与众不同的成就风格一旦被组织接受，便成为抵御"团体迷思"思维的有力武器。[23]

随着时间的推移，任何组织都会产生文化的惰性。组织文化依然根深蒂固，但组织成员与外部环境都已焕然一新。多元化和互依性给组织带来了压力，这种压力将组织文化撕裂，领导者需要新的理念作为工具来解决这一问题。对这些差异进行明确的研究之后，我们就可以重新评估，组织和成员到底需要什么样的成就方式。组织也许因此可以找到方法来接纳玛丽露们，尊重他们的贡献，并从他们的观点中获益。

第三阶段的世界为领导者带来了诸多挑战，我们在本章的第一部分中列举了许多例子。整合领导力的理念或许可以帮助我们应对这些挑战，当然前提是组织愿意将这种领导力纳入它们的架构。

研究结果显示，整合领导力正慢慢渗透进美国的企业职场中。对超过 5000 名企业管理者进行研究的数据表明，他们离企业家还有一段不小的距离。这些企业管理者有成为整合型领导者的潜力，前提是他们不再只关注自己的愿景。

工具型方式正以十分缓慢的速度被接受。研究数据显示，在第二阶段的企业管理中最经典、最受欢迎的竞争型方式，意外地慢慢失去了阵地，尤其不受女性的欢迎。

敏锐的领导者如果能突破（当然也要考虑）个人成就方式的特点，去评估组织本身的成就方式，那么在这个过程中，领导者可以了解很多信息。组织与个人之间成就方式的不一致性既有隐性的利，也有显性的弊。这些复杂的间断可以反映出多元化与差异性，要求领导者的管理既有创造力，又有自己的模式。在下一章中，我们将看到女性领导者如何迎接上述及其他组织挑战。

女性领导者：
第 11 章 || 是矛盾还是性别差异

布匿战争（The Punic Wars）将城市的大部分事务交给了女性。她们接受并做得很成功。

——杰西·伯纳德（Jessie Bernard）[1]

在本书的第一部分中，我谈到了美国的领导者形象代表了我们的自我理想，即在可能的情况下我们**可能**达到的理想状态。我认为，这种自我理想采用了一套非常有限的行为方式，正是现在大家了解的直接型成就方式。

这些直接型强调权力、竞争、自立以及对自己能力的自信，同时还强调控制、创造力以及严格内化的高标准。对于许多人来说，这些素质几乎就是领导者的定义，也正是对阳刚之气的传统理解。说到领导者便想到阳刚之气，这种联系提出了这样一个问题：女性如何进入领导世界？

直到最近，女性领导力才开始受到这种矛盾的负面影响。一个研究领导力[2]的纲要这样总结：在领导力的特点与效果方面，男性和女性并没有明显的区别，只不过有的环境会推动女性领导力，而有的则压制女性领导力。[3, 4] 许多研究证明，在相似情形下，男性和女性的领导行为之间不可能有很大区别。[5, 6] 但是，最近一项对 162 个性别差异研究的综合分析认为，女性更愿意共同决策，与他人合作管理。[7]

一些关于女性领导力的研究认为，任务的性质可能会导致男女间的差异。一项此类研究发现，女性领导的创造性工作团队表现更好。[8]

还有研究表明，即使男性与女性领导者的表现类似，外界对他们的评价也不同，通常男性会被认为更有效率。[9, 10, 11] 回顾 800 多个对女性领导的研究报告，可以得出如下结论：

- 大众对女性领导者的看法和态度逐渐开始发生转变。
- 尽管偏见长期存在，但几乎没有行为差异长期记录在案。
- 关于女性领导者工作效率的看法不一，并相互矛盾。
- 下属对男女领导者的不同看法多是来自模拟实验，而非来自真实的组织，在真实的组织环境中，同事与女性领导者的持续关系可以打破偏见。[12]

最近几十年，女性领导者的社会和政治背景发生了巨大变化，一位学者甚至建议放弃早期关于领导力性别差异的研究结果。[13] 本章中，我们先看一看女性领导方式的几次转变；接着，我们将探讨目前美国内外政治界和企业界的一些女性领导者的案例；最后，我们为了搞清楚这种行为动态，研究了 5000 多位企业界人士的成就方式，并得出了结论。

整合领导力模型提供了研究女性领导力本质的新方法。提到直接型便立刻想到"男性"特质，这一现象提出了一个问题：是否女性偏爱其他成就方式？如果答案是肯定的，在整合时代，女性领导者有没有与众不同的特色？她们偏爱的方式能否成为整合型领导者必要策略的补充？还是现实中，女性领导者与男性领导者并没有什么不同？本章将探讨这些问题。

女人是根深蒂固的"他人"

女性领导者与 21 世纪有着特别的关联，其原因主要与互依性及多元化的问题相关。多年来，女性的角色一直**根深蒂固**，已经深入到了社会的方方面面。正由于这种根深蒂固的特点，女性充当了其他角色之间的桥梁，两代人之间的桥梁，组织之间的桥梁，甚至公私领域之间的桥梁。

在家庭内部，女性将有敌意的兄弟姐妹结合到一起，把他们和溺爱他们的父母或祖父母联合起来，和表兄妹、叔叔、阿姨联合起来。女性还能走出家庭，不但让父母和子女走进教堂与学校，甚至走进更大的社区。正如心理学家琼·贝克·米勒（Jean Baker Miller）所说，女性的生命是由关系和人情构建起来的。[14] 社会是一张大网，其中经络交织、相依相存，而女性的诸多角色是这张大网上的节点。相依相存是女性的第二本能。

根据西蒙娜·德·波伏娃（Simone de Beauvior）的深入理解，女性总是被称为"他人"。[15] 在一个由男性创造，一切为男性服务的世界（我母亲常说"这是个男人的世界"），女性代表差异因素。女性的性别被认为是最突出的吸引力，人们这样赞美：**差别万岁！** 而最近，有人用这种差别来满足特别的需求（如要求弹性工作时间，请育婴假，或其他要求），却引起了反对与愤怒。

当代女性运动的再现，给女性的多元化带来了个性化、独立性及合法化意味。女性日益为自己的多元化感到骄傲，决心为自己争取应得的社会资源，这么做将自己推入了社会风暴的漩涡中。她们要求社会接受她们的多元化，为少数群体树立了榜样——可以提出类似的要求。女性经常与其他差别团队联合起来，共同解决"他人"身份带来的压力。

因此，互依性和多元化带来的复杂情况中，女性并不是新人。她们的经历，不论好坏，使她们独特地与复杂的第三阶段世界保持高度同步。因此，女性是未来领导者的重要候选人。

战后的女性领导者

　　第二次世界大战后，女性领导者的出现预示着第二阶段向第三阶段的转变。这次大战成了美国国内和国际事务处理的转折点。战争中，空前数量的美国女性加入了有偿劳动力的大军。不但有更多的女性从事传统的女性工作，她们还从事传统的男性工作，特别是在军工厂中制造飞机、坦克或其他战时武器设备。[16]虽然没有公开，但女性确实从事了军事工作，在前线参与护航、破译敌军电报等工作。[17]

　　随着复员机会的临近，尽管许多研究证实女性愿意继续工作，但她们仍然被抢走了返回的机会。事实上，美国联合汽车工会（United Auto Workers）的调查显示，85% 的女性员工愿意在战后继续工作。另外，该调查中，98.5% 的单身女性、100% 的寡居女性，以及 68.7% 的已婚女性表示，"只要有工作机会"，她们愿意出门工作。[18]无论怎样，早在 1944 年 8 月，大量女性员工失业。以飞机零部件工厂为例，虽然女性员工只占 42.2%，但是失业员工中女性的比例高达 60.2%。在飞机引擎工厂，39.2% 的员工为女性，而失业人口中，86% 为女性。在卡车及农具制造业，女性员工占 13.1%，而失业女性占 51.6%。[19]

　　历史学家参阅了保存在韦恩州立大学（Wayne State University）的劳工与城市事务档案馆（Labor and Urban Affairs Archives）的资料，得出结论认为："大多数女性战争工作者**不讨厌**甚至**期待**失业，因为削减人员就意味着战争的结束。她们真正讨厌并感到不满的是，这些战争导致企业战后重新投产时——有时只需一两年，不能按照她们已获得的资历雇用她们。"[20]

　　在巴尔的摩的造船厂，工会领导向妇女承诺，如果她们从爱国角度出发，将高薪工作让给前线归来的军人，就会重新雇用她们。[21]那些照做的妇女后来发现，这个承诺永远不会兑现。媒体力劝女性回归家庭，回到灶台上，回到丈夫身边。

　　战争结束后，女性获得了特别的相聚时光，又被困在家庭的茧中。她们的领导才华被束缚在家庭中，或者最多展现在志愿活动里。一直到 20 世纪 70 年代末，经济学家才开始衡量女性的志愿工作对国家经济的巨大贡献。

战后的很长一段时间内，无论是企业会议室还是国会长廊，女性领导者都是很罕见的。在比较有限的领导者中，几乎没有女性的身影，而这一点，很少有人注意到。100 年前，废奴运动使女性意识到选举的重要性；现在，她们在人权运动中的经验让她们把注意力投向自身的社会地位。1963 年，正当女性开始质疑自身生活的局限性时，贝蒂·弗里丹（Betty Friedan）具有里程碑意义的《女性的奥秘》（*The Feminine Mystique*）催化了女性意识的觉醒和一系列女权政治运动。[22]

在接下来的 30 年里，学术家和辩论家的工作给女性主义政治活动增加了燃料；领导位置上女性人数之少引起了热议。"真遗憾，"那些当权派的答复是，"没有合适资格的女性来当领导者。"他们对其他人数不多的弱势群体也是这么回答的。据他们说，领导者的道路一直都是畅通无阻的。

年轻男性乘着教育的洪流驶向代表权力和卓越的领导职位，而女性在同样的教育洪流中却遭遇激流险滩。直到 20 世纪中期，美国大学的毕业生中仅有 20% 是女性。同样，企业、政治及学术界高级职位的女性也很少。到 1960 年，女性律师人数仅为 7500 人，占行业总人数的 3.3%；美国仅有 16 000 名女性内科医生，占整个医疗行业的 6.8%；7400 名女性工程师（0.9%）。[23] 美国国会议员中女性不足 4%，其中，大部分是继承了职位的政治遗孀。女性领导者还是被看作异常现象。[24]

有些女性靠自己的能力进入了男性领导者的魅力圈子，比如在乌克兰出生，在密尔沃基上学的果尔达·梅厄（Golda Meir），她为此牺牲了自己的女性形象。以色列前总理本·古力安（Ben Gurion）将梅厄称为"内阁唯一的男子汉"。最终，梅厄成为以色列第一位也是唯一的女总理。她和她的男性对手一样，用的也是第二阶段的威权策略，这并不令人惊讶。

在战后的最初几十年里，大众对女性领导力整体还是持否定态度。许多研究结果显示，男性和女性都表示不愿意为女性老板工作。研究者发现，人们虽然没有明确表示反对女性老板，但他们对理想领导者的描述与男性形象一致，与女性形象大相径庭。[25] 1972 年美国开展了对男性和女性管理者态度的调查，结果显示，美国人最看重企业管理者的五种个性，分别为：分析能力、果断、坚定、客观以及情绪稳定——都是固有印象中典型的男性特征。[26]

20 世纪 50 年代对大学男生的实验室研究间接但普遍地影响了人们看待女性

领导者的态度。哈佛大学心理学家罗伯特 F. 贝尔斯（Robert F. Bales）研究了大学男生在实验任务小组的表现。[27] 在哈佛大学的社会关系实验室里，贝尔斯和斯莱特[28] 观察到，这个全男性的实验中出现了两种领导者："最富创意人士"或任务领导者，帮助队员将注意力放在团队任务上；以及"最受欢迎人士"或社会情感领导者，帮助修复工作团队遭遇的情感伤害。

哈佛大学社会学家塔尔科特·帕森斯（Talcott Parsons）根据上述实验结果及男性和女性的家庭角色推断出，男性担任任务领导者，而女性担任社会情绪领导者。[29] 帕森斯的推断简单而富有结构性：男性负责养家糊口，女性负责全家的情感需求。帕森斯认为，这样就可以避免两性之间令人不快的竞争。

这种解释与现行的性别角色的思维定式一致，很快成了社会科学的教条。正因为如此，这种解释产生的影响远超出了学术范围。后来，有研究将男性和女性分别放在**同性**小组中，但没能从男女性任务驱动的行为中看出他们的差异。[30]

女性和男性在同性小组中的任务行为没有区别，这一事实令人疑惑，因为在混合小组中，两性的表现确有差异。一些分析家后来认为，这可以证明女性也可以履行领导职责，只是她们被教育要在男性面前隐藏这种"不女性"的行为。这种解释印证了社会学家米拉·科马罗夫斯基（Mirra Komarovsky）[31] 1953年对大学女生的研究结果，该研究认为年轻女性故意表现出无助，并在体能上输给年轻男性，以保护可能的浪漫关系。

许多非实验室研究重点关注职位相当并参与类似活动的男性及女性领导者，结果并没找到两性之间在领导效果、动机、个性或领导模式上的任何差别。[32] 甚至还有研究表明，成功的女性管理者展现出男性行为或雌雄同体的特征。[33] 当代学者简·格兰特（Jan Grant）[34] 和安·格雷戈里（Ann Gregory）[35] 将这些结果归因于成功女性领导者对男性榜样，而非女性榜样的模仿。

这些研究中出现了一个令人困惑的问题。通常，女性被认为偏好不同于男性，更倾向于与女性特质相关的社会情感类型。同时，像果尔达·梅厄这样的女性确实在男性主导的环境中获得了领导职位，她们被认为是有"男子气概"趋势的领导者。她们属于例外，不仅证明了传统领导观点的正确性，也证明了对女性成为领导者的"典型能力"根深蒂固的怀疑是合理的。而对女性在同性团队中的表现的研究表明，在社会背景下，性别差异可能确实有影响。

经过学者、活动家和政策制定者 20 年的努力，人们对女性领导者的看法开始发生巨大的变化。阿斯廷（Astin）和利兰（Leland）对参与美国女性运动的两代人进行了研究，他们发现，这些女性看待权力与领导力的角度与男性不同，与她们之前的女性领导者也不同。[36] 她们通过关系网络进行创造工作，将工作委托给他人，因此她们相信集体行为。女性领导者与其他女性为共同的目标努力，她们认可这些女性的支持。对这些女性领导者而言，权力是一种能量，而非控制，与他人一起获得，也与他人一起分享。阿斯廷和利兰这样评价这些女性领导者曾发起革命性社会改变的过程："她们能识别问题，将复杂的情况既看成挑战也看成机会。她们将志同道合的人联合到一起，为改变体制而共同努力。她们的素质与策略强调明确的价值观，倾听他人意见并授权给他人，完成她们的任务。她们的管理模式主要依赖于自我意识、人际交往技巧和沟通技巧。"[37]

这个描述呼应了我们所说的合作、贡献、同感三种成就方式以及有意识地使用工具型方式。这与第二阶段的领导力强调的个人主义和使用的直接型完全不同。这是性别的区别，还是其他问题？要想解答这个问题，我们先来看最近的几位女性领导者。

近代女性领导者的肖像

近几十年来，政治激进主义和意识觉醒为女性成为领导者扫平了不少重大障碍。社会环境发生了很大改变，促使少量值得尊重的女性在许多行业走上了领导岗位。在美国，杰罗丁·费拉罗（Geraldine Ferraro）参与了主要政党的副总统竞选；桑德拉·戴·奥康纳（Sandra Day O'Connor）、鲁思·巴德·金斯伯格（Ruth Bader Ginsburg）在美国最高法院占有一席之地。同时，一大批女性主管和企业家出现在企业界和非营利性行业。

美国自 1983 年以来，女性就业最大的成就在管理行业和专业职业上。截至 1991 年，成为主管、行政人员及经理的女性人数达到历史最多，为 6 064 000 人，占行业从业人员的 42%，比 1983 年增加 9%。美国的非白人女性同样取得了进步，只是她们的进步缓慢许多。高级官员、执行人层次的官员中只有 1% ～ 2% 为女性，但是财富 500 强企业的样本显示，这些女性中有 83% 为副总级别，甚至更高。女企业家也做出了自己的贡献，在 1982 ～ 1987 年，拥有企业的妇女数量增加了 57%。[38] 美国的这些数据比全球数据要乐观得多。国际劳工组织（International Labor Organization）表示，全球的管理与执行人员中，只有 14% 为女性。[39]

在国际舞台上，越来越多的女性成为国家首位女性元首。冰岛、爱尔兰、尼加拉瓜以及斯里兰卡都选择了女性作为首脑，在撰写本书时，挪威、卢旺达以及斯里兰卡的总理均为女性。还有一些女性领导者，如印度的英迪拉·甘地、菲律宾的科拉松·阿基诺以及法国的伊迪丝·克里森，在国家领导岗位上取得了有限的成就。巴基斯坦的贝娜齐尔·布托在总理职位上有起有落，而坦苏·奇莱尔（Tansu Cillar）也在土耳其总理的位置上下数回。还有一些女性元首，如加拿大的金·坎贝尔，领导生涯并不长久。

总体来说，根据各国议会联盟（Inter-Parliamentary Union）的数据，1995年，全球参与议会的女性人数比 1988 年减少了 7%。这一变化主要归因于苏联的加盟共和国女性国会议员的减少，因为这些国家在冷战（Cold War）后减少了女性领导者配额。[40]

这些 20 世纪的女性领导者是什么样子？她们喜欢哪种成就方式？我们可能在她们中间还是男性领导者中间找到整合型领导者？

政治领导者

女性政治领导者的研究结果最为复杂。一些女性领导者，如玛格丽特·撒切尔使用直接型甚至比男性同僚还要极端。[41] 而其他领导者，如科拉松·阿基诺，一开始确实采用了整合型领导方式，但由于缺少支持，她们很快退回到男性同僚惯用的直接型。还有一些知名度较低的潜在女性领导者则另辟蹊径，尝试了新的策略。

英国首相玛格丽特·撒切尔

英国第一位女首相玛格丽特·撒切尔本人就是传奇，这一点应无人反对。作为 20 世纪任期最长的英国首相，撒切尔开启了一个带有鲜明个人印记的政治时代。撒切尔卸任之后，仍在幕后影响着英国的政治事件，有时候甚至走到幕前。[42]

托利党（Tories）认为，如果撒切尔不得人心，就会付出代价，会失利于全国大选，于是发动了宫廷政变。讽刺的是，在撒切尔卸任后，托利党党员却不得不向她寻求支持，以保护继任者约翰·梅杰（John Major）脆弱的候选资格。在竞选的最后日子里，撒切尔不遗余力地为梅杰宣传。许多人将梅杰的当选归功于撒切尔经久不衰的说服选民的能力。

尽管后来撒切尔在公开场合批评过梅杰的表现，但她还是出乎意料地提供支持，许多人认为正是撒切尔的支持将梅杰从没有胜算的选举中挽救了出来。后来，在自传中，撒切尔没有再批评梅杰被"伟大的想法"所束缚。[43]

我们如何定义玛格丽特·撒切尔的成就方式？她是整合型领导者吗？不能算是。事实上，撒切尔更接近于第二阶段领导者的原型：控制大局，发布命令，"了解事实，做出决策"。卸任后，撒切尔曾接受美国记者芭芭拉·沃尔特斯的直播采访，她强调的不是欧共体成员国之间的共同点，而是"无法逾越"的差异，这么做揭露了她的第二阶段立场。沃尔特斯提问这位前首相，是否还是认为她反对欧盟成员国发行统一货币有道理，撒切尔回答："我完全，完全正确。与美国如此不同的欧洲国家能使用在美国成功的系统，这是完全不可想象的。"撒切尔的话有力地证明了她的第二阶段立场：强调互相依赖的潜在盟友之间的差异而非共同点。

从自传的第一章起，撒切尔就表现出她对直接型的偏爱：权力、竞争、单独行动。据她回忆，在当选首相的第一天，她将组建内阁视为"首相行使政府管理权力的重要方法之一"。[44]她不无遗憾地评价了她做决策时的政治限制。更多的权力才更适合她。

在回忆录的许多章节中，撒切尔都表示将获胜放在首位。她引用了丈夫丹尼斯·撒切尔（Denis Thatcher）的演讲中她特别喜爱的几句话："我们生来就有赢的欲望。赢的意志可以训练；赢的方式关乎荣耀。"[45]

撒切尔夫人一再表示她偏好自治——内在型和权力型成就方式的象征。与其他第二阶段的领导者不同，撒切尔非常享受权力顶端的孤独感，认为权力和自治自然有孤独为伴。她写道："首相是孤独的职业。从某种意义上说，它应该是孤独的，你不可能在人群中治理国家。"[46]

印度总理：英迪拉·甘地

英迪拉·甘地是印度的第一位女总理和国大党主席，也是第二阶段领导者的范例。冷战期间，在最好的情况下，甘地选择中立；在最坏的情况下，离间美国和苏联以巩固自己的地位。

一开始，甘地似乎在跟随她父亲贾瓦哈拉尔·尼赫鲁的政治脚步，她父亲是印度第一位民主选举出来的总理。1966 年，甘地接任总理后，很快就形成了自己的管理方式。

许多人为甘地早期永久分裂国大党的政治成就而欢呼，国大党就是"老派的国会造王者"，是她父亲一生致力打造的政治家联盟。她插手 1971 年的巴基斯坦内战，最终导致孟加拉国的成立，这一事件展示了甘地的外交手段和军事力量，也标志着印度成为南亚地区的主要军事国家。甘地的第二阶段领导力最终削弱了她代表印度民主的努力，也破坏了她的国际影响力。甘地领导 7 亿多印度人民超过 15 年（1966 ～ 1977 年；1980 ～ 1984 年）；在 1975 ～ 1977 年，甘地采用了独裁的紧急权力治理国家，最终导致她下台。

所谓的紧急状态是因为法庭审判甘地的选举舞弊行为。甘地拒绝辞职，继续独裁统治：她作废了法庭针对她的判决，将数以千计的政敌关进监狱，封锁媒体言论，破坏独立的司法制度。类似的独裁行为最终导致甘地 1977 年的政治失败。

在甘地的第二次任职（1980 ～ 1984 年）期间，她再一次展现出独裁的倾向：权力与控制。近期有一位传记作者形容甘地与她的父亲截然不同，看重冲突而非共识，一旦有人提出并发表不同意见，甘地就视其为不忠，并进行打压。[47]

20 世纪 80 年代早期，甘地采取严厉的措施以控制人口增长。在她处理旁遮普邦锡克（Punjabi Sikhs）教徒的水权冲突时，冲突升级为全面的叛乱，甘地镇压了这次叛乱，下令印度军攻入神圣的金庙。许多政治观察员认为，甘地之所以被她的两个锡克教徒警卫枪杀，就是因为这次金庙屠杀。

爱尔兰总统：玛丽·鲁滨逊

爱尔兰前总统玛丽·鲁滨逊的领导行为是典型的整合型领导者行为，她的行为遭到了被领导者的猛烈批评，因为这些被领导者仍深陷第二阶段的泥潭之中。她首先接触英国的伊丽莎白女王，然后很快接触爱尔兰共和军发言人、新芬党主席格里·亚当斯（Gerry Adams）。这一联合做法惹怒了统一党以及伦敦和柏林的政治领袖。

鲁滨逊总统并没有因为爱国者及英国首相梅杰的强烈谴责而感到苦恼，并且声明："我来到这里（西贝尔法斯特）是因为我已经知道这个社区的活力、自我发展、精神和力量。这是我来观察、聆听、学习，并且评估西贝尔法斯特（West Belfast）这个社区的机会。"[48]

让评论家懊恼的是，鲁滨逊关注的是反对者的特别天赋，而不是他们之间的分歧。鲁滨逊为"人们只看到西贝尔法斯特的政治意义"感到遗憾，她做出了自己的评价："这里有一个资源丰富、充满智慧、温暖且关爱他人的社区，我是真心这样说的。"[49]尽管受到批评，但鲁滨逊的联合式拓展为后来英国和北爱尔兰恢复邦交树立了榜样。

保加利亚的艾琳娜·拉加迪诺娃

艾琳娜·安塔那索娃·拉加迪诺娃是前议会成员及保加利亚妇女运动委员会主席，在整合领导力还未得名之前就已经实践了这种领导方式。作为一名受过训练的农业生物学家及植物遗传学家，这位学者本来是学习理论和撰写论文的行家。尽管在第二次世界大战期间，她曾是有名的青少年游击队员，但她最终还是低调地选择了自己的初念：科学。

保加利亚共产党认为，他们需要拉加迪诺娃的人际技能和名气，于是，他们在拉加迪诺娃拿到博士学位后不久找到她，希望她竞选1965年的议员。拉加迪诺娃形容，想到要放弃深爱的科学，她痛哭多日。尽管个人偏爱学术生涯，但这位年轻的科学家还是勉强开始了新的人生，开启了20多年的领导生涯。

拉加迪诺娃的家庭奉行爱国主义和为共产主义理想献身的价值观。她的父亲曾是受人尊敬的共产党党员，母亲于1934年去世，那时她只有四岁。童年时的拉加迪诺娃跟随着父亲和三个兄弟加入了游击队，与地下组织一起度过了第二次世界大战时的艰难时光。这段与纳粹敌人打交道的经历让这位年轻的爱国者看到了领导的黑暗面。法西斯为了报复她们全家的游击队行为，烧掉了她家的房子。不久之后，纳粹分子折磨并杀害了她的二哥。然而这样的打击都未能阻止12岁的拉加迪诺娃向保卫保加利亚的战士骑马送信。

虽然是勉强进入共产党的领导层，但拉加迪诺娃很快赢得了同僚的尊重。1966年她进入了议会；1968年，她当选为保加利亚妇女运动委员会主席，并在该职位上服务了 20 年。

1980 年，在索菲亚美国国家科学基金会承办的一次会议上，我第一次见到了拉加迪诺娃。当时冷战形势还很严峻，拉加迪诺娃表示不会容忍阻止合作的政治障碍。她向与会者保证："不要担心意识形态或政府壁垒。相比之下，我们为两国妇女做出了努力，这一点更为重要。我们一定能做到。"美国来访者一开始都持怀疑态度，提防着共产党党员对他们的操控，但他们很快发现，拉加迪诺娃的话和她的愿景一样真实。

我第二次见到拉加迪诺娃是在 1985 年内罗比召开的联合国世界妇女大会上。会上，拉加迪诺娃当选为大会书记，这足以证明政策制定者、政治活动家及学者对她的敬重程度。

会议期间，由于酒店客房不足，许多非政府组织的代表被迫要打包离开，引发了危机。拉加迪诺娃悄悄插手了，她不动声色地做了一些工作，为大会官员及其他重要决策者扫清道路，她与被围困的代表取得联系。事情解决之后，拉加迪诺娃愉快地邀请曾经的对头——带头逐客的肯尼亚政府部长，及被逐代表的两位发言人共进和解午餐。

1987 年夏，我作为科技部和妇女委员会的顾问，又一次来到索菲亚。结果我发现，拉加迪诺娃是我的官方接待者。尽管我的行程安排得非常紧，但这并不妨碍热情的主人不停地在我的日程上"加上一个约会"。新加的约会对象包括政府部长、诗人、艺术家和牧师。

一天上午，几个会议完成之后，拉加迪诺娃通知，保加利亚高级教士和保加利亚正教会领导成员希望下午两点与我们会面。鉴于该党和该国对宗教的压迫，这个要求让我无法理解。拉加迪诺娃说，教士希望我们能早到一些，见见来自罗马的教廷大使。这种不太可能的组合正是典型的拉加迪诺娃的风格：将共产党领导、保加利亚正教会的精神领袖、罗马天主教的高级代表以及一位美国专家聚合到一起。

高级教士的解释消除了有关他与拉加迪诺娃关系的谜团。拉加迪诺娃能与坚持虔诚誓言的年轻牧师产生共鸣。牧师视她为朋友，双方之间的私人联系远比发出党派指令的机会要多。作为年轻的党员，她静静地回应了他们的求助。许多年前，高级教士还是牧师时就经常向她寻求帮助和建议。多年来，尽管党派不同，但双方的友谊有增无减。

企业领导：私有企业和第三部门

在过去的 20 年里，尽管有许多障碍阻挡女性进入会议室，但女性企业领导者的数目还是不断增长。就她们传统的领导模式而言，她们与男性同僚的区别甚小。

在《华盛顿邮报》这个精挑细选的团队中，它的首席执行官凯瑟琳·格雷厄姆（Katherine Graham）历经艰难，成了直接型成就方式领导者——她的出版人丈夫意外身故，将她推上了领导职位。最近一本传记详细描述了她从胆小的家庭主妇到依赖型新手出版商，再到利益驱动的竞争型首席执行官的过程。[50] 化妆品界极负盛名的雅诗兰黛，及唐娜·卡兰（Donna Karan）——她的设计王国帮助形成了美国的时尚圈，是另外两个使用直接型成就方式的女性领导者范例。

那么，女性整合型领导者是企业特例而非常态吗？要回答这个问题，让我们先看看另外三位大型组织企业的女性领导者。

安妮塔·罗迪克：美体小铺

前文中，我们谈过安妮塔·罗迪克，她是美体小铺的创始人和前首席执行官，受到了媒体的广泛关注。[51] 许多分析家将关注重点放在她的"有争议的"价值观和"非正统的"经营方式上。相反，我们将用整合领导力的标准来衡量罗迪克。

罗迪克的父母是意大利到英国的移民，1976 年，罗迪克成立了一家小公司以帮补家计。很快她决定在公司采用整体模式进行管理。（无独有偶，这种整体模式，加上对他人的关注与奉献，正是六七十年代女性运动的基石。[52]）罗迪克这样形容：

> 我们采用整体的管理模式，不仅要为股东创造利润，还要为我们的员工创造福利，为社会创造福利，最终为人类的未来创造福利——这是我们永远的动力。我们相信，我们可以将只关心利润增长的价值体系转变为另一种核心价值观，更关注人文和社会问题，建立的基础是女性价值观，如爱和关心。[53]

罗迪克更关注社会问题，但这并不意味着她无视艰难的经济现实。她本人表示："当然，有了富足的收入，我们才能追求社会和环境行动主义的激进政策。我们（指罗迪克和她的丈夫戈登）全心支持所有的活动，哪怕我们没有资金再支持，或者哪项活动威胁到公司未来的发展，我们都不会取消任何一个活动。"[54]

罗迪克的整体管理模式并不意味着她不给员工、经营者或工作人员制定高的标准。有些员工称自己"感恩而死"，即，感恩安妮塔，但死于工作努力。[55]我们听到了对一位充满自信的依赖型领导者的呼应，她的高标准推动支持者到达自己都没有预料到的高度。公司的餐厅内贴满了海报，鼓励员工"自由思维""打破常规"。当一个企业的领导者鼓励员工抛弃传统思维方式时，很难不感受到创造力的巨浪。

罗迪克将自己的价值观融入企业文化中。她声称在寻找"现代版的贵格会教徒，他们之所以赚钱，是因为他们提供好的商品，友善对待他人，努力工作，开支有度，正确看待金钱，付出多于获取，诚实从不撒谎"。[56]这是一种要求很高的内在秩序，而罗迪克坚持长期遵守。

罗迪克有明确的个人愿景和核心价值观，这是一种内在的素质，同时，她也有认可他人价值观的包容力，无论这种价值观和她的是否一致。以下这个例子可以看出罗迪克如何将自己的愿景与他人的愿景相关联。美体小铺有一条规定：每位员工每月可以花四小时进行社会志愿服务，可以自己选择社会志愿服务的内容。志愿服务在工作时间进行，公司支付相关的费用。在这个过程中，罗迪克相信自己的判断力，认为员工一定会实现她的愿景，甚至将其拓展到超出她预期的高度。

在罗迪克访问斯坦福商学院的一个午后，她向我强调企业需要道德领袖。她在"意想不到的地方"，在普通人群中寻找领导者。她悲叹："我们缺乏赞扬（道德领袖）的机制。在团队中，总是像长颈鹿一样高昂着头的人不会被认为是领导者，他们会被视为是叛逆者或无政府主义者，他们让人恼火。只要有人对企业、教育界或任何停滞不前的组织的现状提出问题，或质疑一些神圣不可侵犯的人，这个人就会被轻视，被认为是愚蠢的或卑微的。"[57]

在由首席执行官向非经营角色转变之前，打不倒的安妮塔·罗迪克并不允许组织发展顺其自然。例如，尽管经销商有相当的自主权，但为了让全球的美体小铺门店具有辨识度，企业对经销商仍有一定控制权。为此，美体小铺总公司要求所有门店要与总公司的环保意识保持一致，比如将店内刷成深绿色。最后，罗迪克也担心，允许各个门店自己选择社会活动会破坏企业的形象和活力。因此，她决定由总公司决定全公司将要进行的社会活动。总公司将给门店提供传单和宣传画册分发给顾客。但是，对于单个员工选择的公司资助的任何社会或政治服务项目，公司采取放手政策。

在商界，罗迪克通常被认为是特立独行者。这个称号实至名归，因为她坚持将政治理念和社会价值观融入每天的工作决策中。在斯坦福大学，她谈到了对权力、利益相关者甚至是阴茎的看法。这让有的听众感到震惊，有的感到有趣，也有人感到不快。她对一位感到震惊的听众说："这个社会的问题就在阴茎的权力上。"

在罗迪克看来，媒体对领导者的预期存在一定的问题。

> 我认为，媒体是削弱英雄和领导作用的主要因素……听我讲企业犯罪、授权或是新经营模式，媒体感到很不舒服，它们更愿意听我丈夫讲。这种怀疑论贯穿一切。在我看来，如果一个人直率坦白，在一个不推崇人性的环境中毫无私心，同时企业也没有扮演富有同情心的角色，那么媒体就不知道这个人到底是个什么样的领导者了。[58]

带着"个人成就者"的光环，罗迪克的穿着和言行都很特立独行。她的满头黑卷发毫无章法，她也拒绝"为成功打扮"。相反，她经常穿着大号 T 恤、牛仔裤和靴子，偶尔会穿裙子。看起来，她更像是 20 世纪 60 年代的花孩儿（flower child），而不是 90 年代的企业巨头。她用穿着打扮表达自己的价值观。她的外表和一言一行显示了她的承诺，她有意识地将美体小铺的价值观传达给顾客、经销商、工作人员、股东和媒体。从成就方式的角度来说，应该给她的个人策略打高分，因为她吸引了全球的支持者，使他们不但热爱她的产品，更支持她从事的各项事业。

罗迪克的整合型领导者倾向还体现在她与第三世界国家供货商的关系上。她与第三世界国家需要帮助的组织的贸易关系靠的是与它们订立契约，然后进行合作，而不是简单用公司利润进行捐赠。有些公司为了降低人力成本，将生产部门转移到海外，罗迪克有意选择了这种不寻常的方法。她在第三世界国家寻找可以提供天然产品和服务的当地公司，与它们签约，并按国际市场价给付。

利用这种合作安排，罗迪克在发展中国家（她称为"世界上绝大多数的国家"）培植了许多小型生产单位，多是家族企业。

有了新身份之后，罗迪克还是每年花费大量时间到处奔波，探访商店，在绝大多数国家的企业中寻找天然产品。她去往热带雨林，拜访当地的部落专家，讨教天然配料的知识。接着，她促成美体小铺与第三世界国家合作伙伴成立合资企业。罗迪克执着地将社会策略和个人策略结合在一起。

在纷繁复杂的国际市场，美体小铺也经历过起伏。为了消除美国市场的仿冒竞争者及销量减少带来的影响，美体小铺重新定位，昂首走进 21 世纪。

媒体总是怀疑使用整合型方式的企业领导者有经济收益，它们质疑美体小铺的道德。关于公司是否用动物对配料进行测试，争论四起。罗迪克意志坚决，她想证明一个成功的组织可以一边发展得很好一边做好事，既可以是企业的属性，也可以是整合的属性——她做到了。罗迪克运用了所有的成就方式，执着地将自己的第三阶段愿景与员工、客户的愿景相关联，也将公司的发展与全球化社会联系起来。

马西·凯西，凯西 – 华纳公司

马西·凯西也许是娱乐业最有权力且低调的女性。她是凯西 – 华纳公司（一家位于加利福尼亚州影视城的独立制片公司）的共有人及执行制作人。她被形容为"史上最赚钱的电视制作人"。[60] 这种赞誉并不能完全说明她的成就，她的成就远不止经济层面。

凯西与合伙人汤姆·华纳（Tom Werner）一起制作了一系列热门网络电视剧，包括《考斯比一家》《罗斯安家庭生活》（*Roseanne*）、《另一个世界》（*A Different World*）以及《生死豪情》。凯西 – 华纳取得了前所未有的成就，横扫了 1988 ～ 1989 年度的前三名。《考斯比一家》第一名，《罗斯安家庭生活》第二名，《另一个世界》第三名。

或许凯西与华纳是因为公司出版的电视剧中体现出来的平等、创造力和艺术的完整性而为人们熟知。行业对他们的尊重都体现在他们获得的奖项中：艾美奖（The Emmy）、金球奖（The Golden Globe）、人民选择奖（The People's Choice Award）、有色人种促进协会形象奖（The NAACP Image Award）、皮博迪奖（The Peabody），以及人道主义奖（The Humanitas Prize），这一系列奖项表彰了他们制作出有责任心的电视节目。

凯西非常能适应第三阶段的环境，她主动追求而不是回避多元化。对她而言，多元化是创造力的生命力。

> 对我而言，有一种应对单一性的力量，为了克服单一性并获得多元化，你必须一直努力……你依赖谁执行想法？你依赖谁想出点子？你靠谁养活自己，你周围有谁为伴？总是有人向你要求一致性，而这正是我们竭力反对的……多数人会本能地雇用熟悉的人，与他们相似的人，或是与他们在背景、心态上有共同点的人。这是一种本能，而我们一直在与这种本能斗争，也在与员工的这种本能斗争，因为他们也将要雇用别人。（我们尝试）找到尽可能多的观点、性格和背景。[61]

如果找不到多元化，凯西就自己创造。她在自己位于影视城的办公室接受采访时进一步解释了这一点："比尔·考斯比（Bill Cosby）教导我们，如果你想要的东西不存在，那就自己创造。如果你找不到背景不同、种族不同或性别不同的作者，那么很明显，对于你正在制作的节目而言，最好的选择就是自己培养；或者，你也可以找一位剧作家。这是我们爱做的事情：从其他媒体或行业寻找人才，如果他们愿意，（我们）让他们参与我们的节目，看他们能不能慢慢地爱上这种形式。"

作为一名整合型领导者，凯西非常了解将人们联合起来建立合作企业，让员工表达创意的催化效应。在经营事业时，她采用社会型方式，运用演出经理人的直觉将人才聚集到同一个目标里。但是，她对直接型给创造型任务带来的刺激感也有共鸣：

> 我知道我之所以热爱经营事业是因为我喜欢将人才聚集起来去创造好东西。这就是本质。我喜欢人们聚到一起并贡献自己的技能，共同努力。然后从无到有，有所成就，每个人回家都为之喜悦。这当然很难，有时甚至很痛苦，但我们一直盯着目标不放手。你想做什么？这一切是为了什么？这是为了优雅地生活、优雅地做事……这是为了最终的结果，对我们来说，通常最后是为了优秀的

> 电视节目。对我而言，这是最棒的。与你喜欢的人一起工作的感觉
> 太好了！

尽管工作成就引人注目，但凯西仍然是个谦逊朴素的直脾气。凯西的简历和公司的宣传册保持了这种谦逊的态度，丝毫没有反权力或是高姿态的影子。她公司的简介就印在一张普通白纸上，没有信头，也没有设计图形。

凯西饶有兴致地谈起了她在马萨诸塞州韦茅斯的童年生活。她与一位哥哥一起长大，父亲在造船厂工作，母亲非常想工作却未能如愿。简历中介绍了她以优等成绩毕业于新罕布什尔大学英国文学专业，1980 年开设了自己的制作公司。寥寥数语，以新英格兰式的简洁介绍了凯西的背景。这个公司成立的第二年，汤姆·华纳成为合伙人，于是成了凯西－华纳公司。公司宣传册也低调朴素，只有简单三页纸。在这个大肆宣传炒作的社会里，凯西似乎对形象毫不在意。

凯西对事物的控制也是整合的。她可以在不同的领导方式之间自由游走，从内在方式到权力方式，再到社会、依赖及合作方式，然后再回到内在方式。她形容自己的工作时充满了内在成就者的激情：

> 你从事的工作以及你工作的过程就是关键。工作的乐趣，以及
> 努力、失败、成功、再失败、再成功这个过程带来的正面影响，还
> 有工作本身，我都觉得有趣极了。

凯西的话反映了内在成就方式的特点。内化的严格标准（内在成就方式的中心要求）正是凯西－华纳公司的目标：每个节目"都使它的播放时间有价值"。有趣、激情、热爱这样的词经常从凯西嘴里蹦出来，形容她和华纳对工作的感受：

> 我们热爱正在从事的事业。我们会一直热爱，因为我们所做
> 的一切都是前所未有的。如果你每次的节目都是不同于以往的新体
> 验、新事物，那么你肯定不会为所做的事情感到厌烦。

作为内在型成就者，凯西对多元化及互依性深有共鸣。同样，她对许多事情都有很深的感触。凯西不但觉得工作有意义，她也觉得生活的方方面面都充满乐趣。她在完整的多维生活中看到了艺术创造力：

> 你知道吗？我就想早早回家。我有孩子要养，我有丈夫，我
> 想要我的生活……我希望所有人都早早回家，因为我觉得如果人
> 们……他们不会感到高兴。当然远不止这样。我还认为，如果人们
> 没有好的生活，他们的工作就没那么出色。如果他们的生活不令他
> 们满意、没有创意、不开心、没变化，那么他们将什么投入到创造
> 性的工作中去呢？

凯西早期在美国广播公司（ABC）的时候，到了下午 6 点 30 分，就在大厅上下奔走，大叫："回家！你还在干什么？回家！"并因此而出名。如今经营华纳兄弟（Warner Bros）公司的彼得·罗思（Peter Roth）还经常提起凯西在美国广播公司的搞笑行为。

与其他整合型领导者一样，凯西深知人才、目标和过程之间的关联。为了更高的目标，为了具有创造力的企业，必须要创造出不同的关联。我询问凯西，是否更注重创意，不理会争议，她的回答强调了更高目标的重要性：

> 不，我们感到很适应。在美国广播公司，我们在合伙之前就
> 一起工作，在那里我们学到……争论与创意过程并不矛盾，两者是
> 相互关联的。我发现，争论就像两个人，他们的追求有时重叠，有
> 时相左，但一定会聚合到一起：你奉献这些，我带来另外一些。那
> 么如何聚合到一起，同时保证你我都高兴，又都不觉得损失很大
> 呢？如果这样能行，那么你就开始，将观点付诸行动……关键是这
> 个人能帮你接受什么样的观点。关键是更大的目标，这对每个人都
> 适用。

作为整合型领导者，凯西非常信任他人，认为他们会很自然地达到她的预期标准。当他人表现不佳，她承担领导者的责任，而不是责备他人。凯西认为，她的领导角色是他人的"催化剂"。尽管凯西没有明说，但她希望她身边的人和她一样，出于本能地工作：

> 有时候我总是期望过高。我忘了告诉人们我对他们的期待是什
> 么，尤其是我期待他们成为主动工作的人，期待他们独立。我希望
> 他们乐于独立自主，冲劲十足。有时候，人们意识不到我的期待，

是因为他们曾在不同的公司工作，而我忘了告诉他们。有时候，他们确实不喜欢我的预期。有时候，我认为人们理所当然知道如何工作，因为我认为工作就应该用这种方式去做。

与一些第三阶段的领导者不同，凯西承认对培养接班人接管公司没什么兴趣。任何组织，包括她自己的组织，都应该居于产品之后。这个非常有创意的企业认为："我们以产品为中心，我们创立这家公司的目的不是为了让它流传千古；我认为我们的目的是创造能流传下去的产品。"凯西秉承同样的理念去寻找新的合作，创造新的产品，永攀新的高峰，创造新的奇迹。

到现在为止，我们讨论了盈利企业的女性领导者。我前面曾经提过，非营利性组织是产生整合型领导者的重要环境。我们已经提过温迪·科普创立了蓬勃发展的非营利性组织"为美国而教"，比利·肖尔创立了"力量共享"。下面我们说说弗朗西斯·赫塞尔本，一位将整合领导力引入大型非营利性组织的领导者。

弗朗西斯·赫塞尔本及女童子军

媒体分析了弗朗西斯·赫塞尔本领导力的方方面面，却遗漏了最重要的一个因素，那就是她的整合领导力。20 世纪 80 年代，作为美国女童子军（GSUSA）的执行董事，赫塞尔本运用整合型领导者能力激励了这个组织的形成。在这段时间里，对手组织致力于保留自身的参与者，甚至抢夺美国女童子军的白人中产阶级会员。赫塞尔本没有将这种差异看成灾难，相反，她看到了多元化中的关联，她有意扩大会员范围，吸纳来自低收入家庭和少数民族家庭的女孩。

1976 年赫塞尔本接手了女童子军的管理工作，决心要终止八年会员制带来的巨大损失。她立刻着手"为了目标而管理"，管理的成果成了传奇。

在赫塞尔本接手以前，美国女童子军主要的客户群是白人中产家庭："目标对象"为年轻女孩，以及她们的母亲。母亲们既是义工，也是被视为掏腰包出会费的成年会员。另外还有一小撮支薪的专业职员，这些都反映出该会会员的组成人员为中产阶级白人的人口特征。

现在，美国女童子军遇到了成队的竞争者，其中之一就是男童子军，他们急切地想要招募女队员以弥补不断萎缩的会员数量。尤其重要的一个对手是公立学校，学校为了让职场母亲放心，为孩子准备了越来越丰富的课外活动。更雪上加霜的是，越来越多的母亲加入职场，美国女童子军可以招募的义工越来越少。

赫塞尔本思考出了具有革命性意义的整合愿景，非常智慧地解决了会员缩减的问题。她打算将美国女童子军设置成多样化组织，按照起初的宗旨为所有女孩服务。在这个过程中，她扩充了存在已久的女童子军项目，原来的项目强调恰当的仪容、缝纫技术、烹饪技术和举办宴会的能力，现在加上了数学与电脑培训，这些以前都被认为是男性的领域。赫塞尔本为女童子军拓宽了职业的视野。

赫塞尔本还设计了吸引低收入家庭和少数民族家庭的特别项目。她给美国女童子军的出版物做了一次升级，这正迎合了年轻新会员的兴趣和渴望。

赫塞尔本并没有就此停止。种族和民族的多元化成了她招募成年义工和有酬员工的新目标。她告诉我，她可以注意到女童子军和某些人之间的被人忽视的联系，这些人"从未被（女童子军）考虑为义工：比如，非女童子军的母亲、没有子女的年轻男女、年轻的生意人、年长的美国人以及关注青少年成长的退休男女等"。赫塞尔本扩大了义工的招募范畴，新招募了大量的成年义工。从1976年到1990年，她将义工人数从650 000增加至788 000，女童子军会员人数从200万增至250万。到她卸任去担任纽约彼得·德鲁克非营利管理基金会的首席执行官时，来自少数民族的成年义工约占10%，少数民族女童子军约占15%，少数民族的参与度比过去的十年增长了300%。

赫塞尔本将多元化及互依性转化成义工组织的优势，这种成功将她置于媒体的镁光灯下。1990年的一期《商业周刊》（*Business Week*）[62]利用封面故事向她致敬，认为她作为非营利性组织的领导，可以向盈利企业的领导者传授新的管理之道。但是，她从哪里学来的这些整合管理方式呢？

最近，在加利福尼亚州的克莱蒙特，某个春天的午后，赫塞尔本回忆起了她的童年，她出生于宾夕法尼亚州的约翰斯敦附近。她母亲的血缘可追溯至查理·卫斯理（Charles Wesley）的宗教反对者，而父亲也可追溯至神职人员（她的祖父是基督牧师的信徒）。但对她性格影响最大的是她的祖母：她是故事（其实是道德小戏剧）"宝库"。她从祖母身上学到了多元化的秘密："不要偏爱，认识到每个人都有价值。"[63]

与其他整合型领导者一样，赫塞尔本并不渴望成为领导者。事实上，少年时，她梦想成为诗人或戏剧家。22岁时她嫁给了约翰·赫塞尔本（John Hesselbein），并加入了家庭影视制作和新闻报道行业中。在家庭事务中，她学到了非常简单的合作和奉献经验：每个人都能帮上忙。

这次春日午后的谈话传播了赫塞尔本的激情，她将领导力定义为"如何成为一种状态，而不是如何做事"。她补充："这由你自己的素质和性格来决定。你把自己的特点融入工作，在工作中表现自己，并一路完善自己。"

我问赫塞尔本她认为领导者最重要的素质是什么，她用典型的整合性语言回答我："诚信、全职工作的职业道德，以及与你的所有工作伙伴或下属交流（的能力）。"她还提到了真诚：

> 组织里的所有人都在看着你，看你是不是言行一致。你必须对所有人一视同仁；作为领导者，必须有道德指南针。做决策的时候，领导者必须诚信，致力于该目标，并始终如一地传达清晰的信息。
>
> 领导者应该是目标的体现、组织的代言人。你必须对目标保持长期的忠诚——不是今天比较忠诚，明天非常忠诚。高度引人注目就是领导者的价签，你必须完全适应它。

赫塞尔本担任德鲁克基金会的总裁兼首席执行官时，沿用了这种整合理念。虽然她非常了解这个年轻组织的任务，但她不认为必须由领导者来实现愿景。她相信，领导者可以献身于已有的愿景。她这样描述：

> 领导者一直在寻找一家企业，其使命足以让他们全心投入才停止；有了使命，一切水到渠成。这是我生命中的第二次，如此专注于某个组织，热切地相信它的目标。

赫塞尔本的例子说明，有了对使命的投入，整合型领导者可以将一群互不相同的支持者联合起来，共同完成统一的使命。她还讲道，整合模式中有一点很重要，那就是："为不同需求的人提供不同服务；（他们）都必须为目标联合起来。领导力最令人兴奋的地方在于能找到沟通愿景与目标的方法，将人们聚集起来的方法和认可他人贡献的方法。"这里，多元化与互依性的作用相互影响、相互加强。

许多企业领导者发现很难激发有偿员工的积极性。在美国女童子军这样一个组织里，788 000 名成年员工中只有不到 1% 的有偿员工，赫塞尔本很了解，激发"义务工作者"的动力更不容易。[64] 德鲁克基金会的大部分工作还是依赖于义工，赫塞尔本继续使用预期管理法。赫塞尔本会明确表达对依赖型成就者的高期望值，她形容她的策略适用于培养有奉献精神的高产义工："非营利性组织的领导者对待义工的标准与有偿员工的标准是一样的：一样明确专业的工作描述，一样的工作定位及培训，一样的专业认可以及业绩评价。你必须尊重他们。"

非营利性组织对领导者提出了许多挑战。依赖义工付出的努力、时间和金钱有点冒险，而赫塞尔本作为董事长，为了发展整合优势而不懈地努力。

女性的成就方式：是否确有差异

杰出的女性领导者当然有，其中很多采用了整合型领导方式。然而，这些是典型女性领导者吗？这些处于领导岗位的"新"女性怎么样？她们的成就方式与男性同僚相比如何？她们与男性相比，更可能还是更不可能成为整合型领导者？

到 20 世纪 80 年代初期，从成就方式计划中获得的企业领导者数据与其他研究者的发现一致。在美国，女性领导者与男性领导者惊人地相似，只有一个明显的区别：女性领导者采用竞争方式的可能性小得多。这种不同性别差别对待竞争的情况在各种文化中都存在。比如，中国台湾地区整体的竞争程度高过美国，但使用竞争方式的女性数量远不及男性。

情况从 1984 年起发生了改变。在第 10 章中我们提到对美国企业领导者进行了成就方式的研究，这个研究显示，原来的对性别的固定思维出现了断层。我研究的 2041 位女性和 3126 位男性之间的变化与我的预计并不相同。

直接型方式

在任务取向上女性超过男性

首先，过去的研究认为男性比女性更以任务为取向，如帕森斯和贝尔斯的理论，[65] 与之相反，我发现女性领导者无疑更倾向于本能派。（回顾一下，内在直接型成就方式强调掌握任务的挑战及完美表现。）确实，男性和女性领导者都比较偏爱内在方式。但还是出现了一些变化：使用这种方式的女性领导者渐渐占据了主导地位。

由于这一发现与以往的研究结果大为不同，我仔细地研究了这些数据，将女性和男性领导者分成了高层领导组和中层领导组。不但女性高层领导比男性高层领导更以任务为取向，而且女性中层领导者也比男性中层领导者更偏爱内在型行为。对 13 个国家的管理者分别进行的成就方式研究结果也证实了这一点。

竞争还是一块难啃的硬骨头

前文提到，1984 年之前的数据显示，男性和女性之间唯一的成就方式差异在于竞争，男性明显将女性远远抛在身后。在最近的数据中，竞争的性别差异仍然比较明显。事实上，男女企业领导者之间最大的成就方式差异会继续固执地体现在竞争上。

我们再一次将数据按照管理层分开。中高层的男性领导者认为自己比同层次的女性领导者更具竞争性。第 10 章中提到过，高层男性领导者明显比中层男性领导者更愿意竞争，而高层与中层女性领导者之间几乎没有差别。也就是说，无论哪一层级的管理人员，男性都比女性更易受竞争驱动。实际上，女性领导者将竞争排在她们喜欢的九种成就方式的最后一位。

男性的研究结果令人惊讶。尽管男性比女性更偏好竞争，但他们并没有把竞争放在最偏爱的三种方式的首位。事实上，我们在前面看到，高层男性领导者将竞争排在比较靠后的位置（在九种成就方式中排第六位），而中层男性领导者将竞争排在了倒数第二位（在九种成就方式中排第八位），可能男性领导者正在慢慢放弃这种方式。美国的商学院最近强调团队合作，这或许起到了一定的作用。

权力：什么对男性适用

谈到权力风格，本来对男性有利的权力方式正逐渐转变成对女性有利。看起来，权力对两性领导者同样重要。

企业的最高层领导者，不论男女，使用权力方式的频率相当，都比较高。双方都将权力方式排在第二位，仅次于内在方式。他们的自评报告显示，他们使用权力方式的频率高于中层领导者。看起来，权力与职位是连在一起的，高层女性领导者使用权力方式不比高层男性领导者少。

关系型：男性侵入传统的女性领域

关系型方式是互依的中心，它让我们理解他人的愿景和梦想，参与企业合作，鼓励和指导他人，为他人的成就发自肺腑地感到骄傲。总的来说，男性和女性企业领导者对关系型方式的喜爱与内在型及权力型方式差不多，仅次于内在型和权力型方式，但同样，数据当中出现了一些令人意外的情况。性别定式会让我们觉得女性更愿意使用关系型来完成目标，那么研究结果是不是真的说明整合领导力的优势呢？很不幸，答案是否定的。女性并不愿意使用她们的关系优势。

根据这些研究对象的自我报告，在三种注重关系风格的运用上，男性采用的次数全都多于女性。而且，高层男性在运用这些风格上，比小主管更为频繁。

男性获得合作优势：地位盾牌

总的来说，尽管男女领导者，尤其是高层领导者，都将合作排在第四位，但男性相比女同事而言更具有合作优势。男性高层领导者表示他们使用合作方式的频率比女同僚略高一点，差别不是很大。

但是，男性高层领导者对合作方式的排名明显高于男性或女性中层领导者。我们可将这一点与女性高层领导者进行比较，后者的合作行为仅仅比女性中层领导者多。

这些关于合作模式的数据告诉我们，比起中层领导者，高层领导者使用合作方式更加得心应手。由于管理地位高和性别角色不同，处于高层的领导者更愿意与他人合作，而不会被认为性格软弱或能力不足。然而，地位不够高的领导——管理地位不高或性别不同，合作相对较少，可能是担心被别人认为能力弱。

最高层领导的贡献型行为

关系模式中的第二种——贡献型，在男性和女性领导者中都比较受欢迎，他们都将贡献型排在第三位。这里又一次出现了上述的情况。我们分析领导者使用贡献型行为的频率时，发现了与使用合作方式相同的情况：高层男性领导者使用的贡献型行为明显多于中层男性或女性领导者；高层女性领导者使用贡献型行为的频率也超过了中层领导者。然而，只有两个女性领导者组别之间的差别具有统计意义。

前面提到，地位盾牌可以保护合作行为，这里也同样适用。也就是说，管理人员认为，他们被提升到高位后再运用合作行为，便不会被认为能力弱。

实际上，如果高层领导者选择了合作与贡献方式，他们会因此得到下属额外的赞赏。下属意识到，他们的老板本可以选择利用权威要求他们顺从。因此，选择关系型的高层领导者更可能被下属当成"好人"。

高层领导者与同事合作，为同事做贡献，而不是与同事竞争，可能会给他们带来相同的回报：善意与赞赏。以前总是遭遇同僚无情竞争的高层领导者一定非常看重关系型带来的减压效果。

同感领域：被男性占领的领域

同感成就方式的成就人一直都是女性。女性鼓励她们的子女和配偶取得成就，并为此而骄傲，这一点已成为传奇。女性对子女和配偶的支持为后者提供了许多感情或政治营养，却还是因为为他人的成就高兴而遭到嘲笑。

同感型行为被认为是女性的专利，因此被诋毁为无力独立完成任务的被动行为。有了这样的偏见，同感型成就者超越狭隘自我中心的能力很少获得认可。

如果同感型行为历来是女性的专利，那么组织中的女性在面对男性同事时能不能保住霸主的地位？显然不能。男性慢慢侵入了传统的女性占领的领域。男性高层领导者对同感成就方式的应用远远超出了女性中高层领导者以及男性中层领导者。

根据他们的自评报告，男性高层领导者使用同感成就方式的频率远超过同级别的女性。女性高层领导者运用同感成就方式的频率远高于同性下属，但令人惊讶的是，男性中层领导者比女性高层领导更适应同感成就方式。

这些变化很难解释。它们是不是意味着男性最终摆脱了社会与组织的预期，可以自由跟随自己的本能？或者这些变化是否暗示男性认可了这些传统的女性行为，并利用组织影响力采用这种方式而安然无恙？

需要注意的是女性中层领导者的负面表现，她们对同感成就方式的应用少于其他三个组别。高等的性别地位（即男性）会在组织中促进这种模式的应用，地位盾牌在这里也能起到作用。

尽管女性的社会化普遍强调各种关系模式，[66] 但女性领导者明显在组织中放弃了同感型方式。我们只能这样推测，之所以有这种情形，是因为女性领导者不希望被当作传统女性来看待。而男性由于性别地位较高，发现这种方式本身带有指导力，使用时负面影响较小。另外，我在前面提到过，如果女性在升职的过程中没有导师的指导，那么她们也学不会如何指导他人。或者说，她们没有强烈的责任感来做到"己未有，施于人"。

由于企业和组织越来越多样化，越来越复杂，新晋管理人员希望能从资深高级管理人员身上获得建议和鼓励。如果身居高位的女性领导者不愿意或者没能力运用同感型行为，或与他人合作，或乐意为他人的成功做出贡献，那么她们就剥夺了中层领导候选人获得培训和支持的权利。她们也放弃了一种可习得的优势，而男性同僚已经开始熟练运用这种优势。

相比之下，男性高层领导者在淡化竞争的同时，将内在方式与权力方式及关系型的三种方式结合起来。这些男性高层领导者还未能完全接受工具行为，他们对个人及社会两种模式尤为谨慎。个人及社会模式有助于将互依性与独立性、多元化结合起来；前者体现在关系模式中，而后两者体现在直接模式中。

工具模式：还是少有人走的路

在前面的章节中，我注意到多样化的互依社会急需三种工具模式——个人型、社会型，及依赖型，其价值被美国组织低估。我们的研究结果也表明，尽管不同的组别之间有着有趣的差别，但（我们下文会看到）美国的管理者排斥这三种模式。

拒绝个人型

大家可能还记得，个人型是魅力型领导者的标志，他们用戏剧性的手势、反直觉的符号、仪式，以及着装来吸引支持者加入他们的事业。他们的领导专业知识将个人魅力放在最核心的位置。但是，参与我们研究的男性及女性企业领导者对这种有效的第三阶段策略均不感兴趣。

对于个人型，最让人惊讶的发现是所有领导者给它的排名都非常低，在九种成就方式中排第七位。这种方式得到的最高排名不过是九种中的第六位，是由中层领导者给出的，男性和女性的排名一致。女性高层领导者给它排出一个冷漠的第七名，而男性领导者的排名则更冷漠：第八名。很明显，女性领导者并不比男性同僚更有意发展这种整合领导力。

社会型的意外

关于社会型方式的研究结果更是出乎意料。在这个相互依赖的社会，建立网络已成为必然条件，我们本来预计这些管理者会对建立企业网络充满热情。正相反，我们的数据显示，男女性企业领导者都认为社会型甚至还不如有魅力、有戏剧性的个人型有吸引力。

女性领导者或许试图证明女性通过关系获得进步这一偏见是谎言，因此表示排斥这种方式。她们尤其反对社会型，将其排在第八位，只比她们最排斥的（竞争）方式高一位。中高层男性领导者均将其排在末尾位置。很明显，男性领导者与女性领导者一样，不愿意使用这个整合领导力中的关键一环，虽然这种方式可以帮助领导者建立互依环境中必需的联盟和关系网络。

女性使用依赖型比男性多，但勉强为之

最后一种工具型，依赖型的研究结果也是始料未及。回忆一下，依赖模式是指期待你周围的人自发地帮你实现目标。这种行为可以鼓励创造力和所有制，甚至可以使那些原本以为自己准备不足的人能够完成任务。

第一个没有预料到的结果是，我们研究的女性企业管理者，特别是高层领导者，使用依赖型成就方式的频率远高于男性。[67] 这一结果完全不同于关于女性管理者的定式：下属完成任务时，女上司总是在旁边监督。这对女性和整合领导力而言是好消息。

坏消息是，这些女性高层领导者给这一重要的整合型领导者元素的排名仅是第六位。其他三个组别，即男性中、高层领导者以及女性中层领导者对依赖策略的排名略低，为第七位。

女性高层领导者之所以使用依赖型较多，一个可能的解释是，这与她们在组织中往上攀登的经历有关。男性高层领导者是组织中最有可能也是最有价值的导师，他们通常会选择男性徒弟，同样渴望升职的女性只能靠自己。老板只是希望她们完成本职工作而已。[68]

因此，跟男性同僚相比，女性不得不后退，依靠自己的资源。许多女性必须依靠自己，她们深知通过预期进行领导的方式可行。那些最终成功登顶的女性领导者更可能相信：其他人也能或也应该做得到。

下一代的女性领导者

到目前为止，我们一直在讨论已进入企业领导岗位的成年女性的成就方式。我们可以在下一代的女性领导者身上期待什么呢？我们的研究员在学生领导者的身上发现了有意思的性别差异。[69, 70, 71]

我们研究了 62 位女班长，发现这些年轻的领导者偏爱内在型、权力型和合作型方式。[72] 另一个针对年轻的女性学生领导者的研究发现，她们最喜欢掌控（即权力型方式）及单独完成任务（即内在型方式）。另外，这些年轻的领导者喜欢合作方式，这种方式与其他一些领导行为联系在一起，如"实验并冒险""展望未来""提高他人的能力""做好榜样"以及"计划小的成功"，[73] 都是整合领导力的关键因素。

这些年轻领导者为他人的成功做贡献，她们也很信任地期待别人加入进来，出一份力。与我们研究的女性企业领导者很相似，这些学生领导者也不喜欢竞争型和社会型。通过一个被领导者评价女性领导者的研究我们发现，那些被认为愿意依赖和变革的领导者更强调合作型领导策略。[74, 75] 看起来，下一代已经走上了整合型领导者的道路。

现在让我们回到这个问题："性别差异到底重不重要？"答案是"重要"，但其中隐含的意义却非常复杂。回顾关于女性领导者的文学作品，我们会发现情况确实没有那么简单。总的来说，如果环境保持不变，女性真实的领导行为与男性在本质上很难区分。有时，目标的性质会对此产生一定影响；但在大多数情况下，变化的是人们对女性领导行为的感知，而不是领导行为本身，同时这种变化大多发生在实验室里，而不是在真实的组织环境下。

在采访女性企业领导者时，我们发现有许多迹象表明她们的整合敏感度，而这种意识体现在她们的领导行为中。然而，在第三阶段开放性的背景下，美国企业领导者在整合型领导者道路上还有很长的路要走。目前，很少有人将工具行为的技巧用于工作，尽管女性管理者比男性同僚更愿意信任和依赖他人。

我们没有女性政治领导者成就方式的海量数据可比较，只有一些特别案例（如玛丽·鲁滨逊及艾琳娜·拉加迪诺娃），她们受到了媒体的广泛关注，但相较于男性同僚，她们受第二阶段影响更多。这种结果提出了一个有趣的问题：企业女性，不需要竞选候选人，不需要广泛的选民，她们是否更易于使用整合型领导方式呢？或者换个说法，为了证实约翰·韦恩综合征，选民是否对政治领导者有更高的期待？

安妮塔·罗迪克和弗朗西斯·赫塞尔本的经历让我们思考女性企业领导者的问题，这个问题值得讨论。或许，她们的主要领导对象（客户、会员、义工以及工作人员）大部分为女性并不只是简单的巧合。[76] 但是马西·凯西是公司的整合型领导者，该公司既有男性员工，又有女性员工。她的创造性作品所面对的观众没有性别、种族或民族的限制。也许，比起政治圈，企业和非营利性组织更容易让女性走上成功的整合型领导者之路。要想找到明确的答案，我们还有大量的工作要做。

尽管女性领导力的数据给我们提出了许多新的问题，但我们还是对下一代的女性领导者寄予希望。对她们的研究显示，这些年轻的女性领导者似乎了解如何将依赖型与内在型和权力型结合起来。整合领导力的未来大有希望。

被领导者开始发现，整合型领导者可以既严厉又温和，既勇敢又自在，领导者会受到鼓励，将工具型和关系型纳入到自己的领导方式储备中。无论性别如何，整合型领导者真正的挑战是如何将九种领导方式相互结合，并根据具体的情况组成恰当的组合，表现真诚和责任感。

对女性领导者的研究，特别是对年轻一代的研究，让我们几乎进行了一个循环。在最后一章中，我们将完成这一循环。我们会回到整合型领导者与其他领导者一样需要面临的问题：生命、死亡以及寻找意义。

第 12 章 | 整合领导力与人生的严肃课题：
生命、死亡以及对意义的追求

人是易消亡的。或许如此，不过，让我们抵抗下去吧。另外，如果前路等着的不是我们所期待的，且莫袖手认命，以为那是我们应得的宿命。

——艾蒂安·皮韦尔·德·瑟南古（Étienne Pivert De Sénancour）[1]

几百年来，领导力这个话题总是让理论家和实践者深感兴趣也深受困扰，我们其他人也是如此。到了现在，很多人都以为这个问题应该已经被挖掘殆尽，并且被透彻理解了。但是，十年复十年，百年复百年，对于领导力这个话题，我们仍然在思考、辩论，继续为领导力著书立言。

我们对领导力有着永无止境的兴趣，这背后的原因非常复杂，远非简单说明就可以解释清楚的。但我们鲜少想到这种无穷无尽的好奇心背后的根本原因：不断深入挖掘领导力相当于对生命意义的不懈追寻，也就是寻求我们这些凡夫俗子该如何在这个世界安身立命。从混沌的历史之初到第三阶段方兴未艾的当前，我们一路上不断通过分析心理学、考古学的成果来寻找解决人类情境之谜的线索。

早期，尽管我们像奥德赛一样不断探究，但领导依然是一种内在而主观的神秘过程。领导力问题一再地出现，证明这是一个严酷的考验，逼着我们修正对自身以及这个我们寄身其中的多变的世界的理解。

整本书我都在暗示领导力的这一深层含义和目的。早在第 2 章探讨领导力的心理和存在基础时，我们就讨论过这一问题。在第 9 章讨论整合领导力的协同效应时，我们又再次谈论到这一问题。在描述几位领导者的事迹时也多次遇到过这个问题，这些领导者在言语间经常会提到他们宏大的目标，并且以此为基础形成了自己对组织或政治生涯的观点。现在，让我们再次回到领导力的主题，把它作为有关人类生存的严肃课题来讨论，不过这次是以整合型领导所带给我们的好处为出发点。

回到根本：人的两面性及其指向

多年前，当我开始构思这本书时，改变之风还只是温和的微风。我从没想过，这股风会如此迅速地演变为飓风。在这本书的写作过程中，这股全球性的飓风不仅吹走了东欧国家老旧的边界线，也吹垮了许多地区权力结构的坚实地基。同时，从亚洲兴起的这股改变之风不断蓄积力量，影响着全球各地。

在这场全球风暴势头最猛时，有些国家解体，有些国家诞生，还有些国家的政治结构和意识形态发生了巨大的变化。在这之后，组织的框架也发生了改变，新的组织形式产生了，与旧的形式共生共存。

矛盾的是，这种彻底的变化并没有带来新的东西，相反，它展现出来的还是旧东西，即我们现在认为非常古老但又不可避免的问题：人类的双重本性。贝克尔以及在他之前的克尔凯郭尔提醒了我们一个已存在的矛盾：人类是"半动物，半象征……是一种具有有限性的独特个体"（强调人的本源）。[2] 贝克尔解释得很清楚：

> 人类有一个象征性的身份，能使他和他的本性截然分离。他具有象征意义的自我，有名字，也有身世来历。他是一位创造者，有一个能够探究原子和无限性的头脑，可以想象自己置身于太空中的某一点，疑惑地凝视自己的星球。这种广阔的思维驰骋，这种敏捷精巧，这种自我意识，都使得人类成为自然界中小小的神……但同时，人类既是蠕虫也是蠕虫的食物。这就是矛盾：他能脱离自然却又得置身其中；他有双面性，理想飘在空中，却又住在一个心脏跳动，会呼吸喘气的身体里，这个身体曾经属于鱼类，从他至今还保留有鳃的印记就可以说明……人类其实是一分为二的：他意识到自己有种独特的神奇，可以以君主的姿态脱离大自然，然而最后还是要回到地面几英尺以下……腐烂，最终永远消失。这是让人惊恐的困境，人类就处于这个困境中，而且无法摆脱。[3]

我们每个人都是一个有象征性的生命，人都能感受到我们是独特存在的个体，但生命也有涯，这种存在是有限的。我们想要表达我们象征性的那一面，尤其希望具有成为英雄的最崇高的能力，甚至还想表达贝克尔形容的敏捷精妙。同时，我们无法摆脱生理的限制。我们以及其他所有物种，最终都不能逃脱死亡。即使我们已经进入了第三阶段，依然无法逃避。

每当我们有所行动，都要做出选择。这些选择来自不同的欲望和考量，在我们发展的不同时期，这种选择可能会在自我利益和他人利益之间摇摆。我们还要在预期结果和值得追求的志向上做出选择。斯坦福大学教授詹姆斯·马奇（James March）认为：

> 有两个伟大的传统可以理解、激励和证明人的行为，并将之合理化。第一个将行为建立在结果预期上；第二个将行为建立在实现

个人所认同的身份的义务上。第一个传统说的是动机与欲望；第二个传统说的是自我认知和恰当行为。当代关于人类抉择方面的意识形态完全倒向第一个传统。现代的抉择理论教导我们，通过计算备选项的预期后果来评估各个选项，并选择预期价值最高的选项……（第二个传统涉及的是）对人类理性的认知，它以迎合个人认同以及一种适当性的逻辑为基础，而不是以期望值和一种先看后果的逻辑为基础。[4]

这两个选择的基础引发了不同的问题：

> 在（第二个）传统中，一位决策者问道：我到底是怎样的人？我这样的人遇到这种情况会如何处理？通过个人认同的相关规则或自我概念，实施和情景相对应的行为……这类决策者视野的主要特征是，决策者想象他们认同的身份，并通过与身份相一致的行为去实现个人认同。在某些情景下，做出适当行为是一种义务，而通过这种义务的履行，这些情景可以被视为与自我的肯定相一致。[5] 到头来，人类之所以能够自诩为独特，是因为所做出的决定出于自我认同的需求多，出于考虑后果的需求少。[6]

我们做出的选择，无论是基于结果的逻辑，还是基于适当性的逻辑，都表达了我们是谁以及我们要做什么。我们将会看到，随着时间的推移，这些选择变得越来越重要。

人类困境的核心

几百年来，哲学家、剧作家、心理学家以及其他许多人类境况的观察者都认为对死亡的恐惧是人类困境的核心。对于齐布尔格[7]、弗洛姆（Fromm）[8]、贝克尔[9]，以及许多其他的哲学家而言，对死亡的恐惧永远在我们生命中徘徊不去，从而对人类产生了最深远的影响。

对死亡的普遍恐惧，把我们带往四个与领导力直接相关的追寻方向。

> 第一，对死亡的恐惧促使我们寻找领导者、神明和信仰系统，即宗教、政治、科学和艺术以求得保护。领导者和神明之所以能保

护我们，部分原因是我们认为他们无所不知，懂得控制，这减少了我们的恐惧。[10] 至于意识形态，其作用也类似。

第二，因为恐惧，我们开始不停地寻找生命的意义。

第三，恐惧迫使我们不断寻找可以延长生命的经验，这些经验至少在短时间内可以掩盖恐惧。

最后，恐惧让我们开始了最具挑战的寻找：寻找能超越我们有限自我的方式，在不朽的长河中留下我们永恒的印记。

自我与他人：寻找复杂的理解

心理学家和心理分析学家常常这样形容我们寻找意义这一过程：我们穷其一生寻找意义的过程就是在关注自我和关注他人中摇摆不定的过程。德鲁克研究生管理学院的米哈里·希斯赞特米哈伊（Mihaly Csikszentmihalyi）教授这样形容这一过程：

> ……建立复杂的意义系统似乎意味着将注意力交替放在自我与他人身上……但复杂性是由融合性和多元化共同组成的……我们已经学会将自己和他人区分开来，从自然中脱离出来，现在要学的是，如何在不失去我们好不容易取得的个性的同时，与我们周围的实体重新融合。[11]

尽管涉及阶段的具体数量、时间和内容还存在争议，但希斯赞特米哈伊坚信"研究这一问题的心理学家已有共识，人类自己已经了解我们是谁，我们想要达到什么目标，对于这些问题的答案都是根据一连串的步骤发展而来"。[12] 人类的发展本身就是自我与他人之间的辩证过程。我们寻找生命的复杂意义时，该过程在交替向前发展。[13]

人刚刚出生，自我意识刚刚出现的时候，主要精力放在满足生理需求上，放在生存、安全及自我认知上。接着，虽然还只是年幼的孩童，但我们的注意力开始转向外界。我们开始吸纳外界的意义，慢慢适应大环境的规则。在青少年时期，我们对同辈的关注逐渐加强。到成年之初，站在伴侣、父母，或者同事的角度上，我们将注意力转回到自身。

到了发展阶段后期，这时已近中年，我们回到了被希斯赞特米哈伊称为"反思的个人主义"的时期。这时，我们作为成年人，开始反思我们是谁，我们做了什么，以及我们自身价值的性质和限制。在这一阶段，我们开始钻研个人真诚与完整性的问题，并试图为我们的自私自利挽回面子。在这一反省阶段，我们的注意力远离外界，主要关注自身。自我发展的内在欲望越来越强大，将我们推向无止境追求复杂意义的下一个阶段。

中年后期甚至更晚的时期，孤立的痛苦和我们普遍的生物宿命将我们与世界紧紧绑在一起。我们或多或少接受了自身的生理极限，尤其是年华老去时，这种极限情况将持续恶化。我们把目光重新望向宽广的世界，更加自信，更了解自己，对于现在的自己以及如何去表达所认同的身份有更多的理解，往往也更能接受。这一阶段意味着我们再次进入了更宽广的外部世界。[14]

现在我们该来解决基于结果逻辑的行为与基于认同逻辑的行为之间的矛盾了。人们通常是在非常成熟的时期，如做了祖父母时，才开始追求一种境界，这种境界比单纯地与他人结合高得多。

现在我们可以超越狭隘的自我需求，投身新的目标了，而就在这个新目标中，我们可以寻得自己所认同的最重要的身份。在寻找意义的过程中，我们愿意奉献自我，甚至牺牲自我，投身于超越自我需求的目标，甚至是世界性的目标。这个世界的重疾——战争、贫穷、无家可归、环境污染和侵犯人权，正在呼唤我们全身心地投入。

当我们意识到人不能永生，便希望表达我们象征性的那一面本质，即我们最真实的身份。我们寻求最复杂的意义时，想要了解和表达最真实的自己，这种内驱力在成熟阶段达到顶峰。[15]现在我们该认真处理我们天生的两面性。因此，我们再一次希望自己脱颖而出，但这一次不是跟他人比，而是跟自己比。我们唤起最英勇、最无私、最高尚的自我，乐于奉献，甚至为了更高尚的社会事业牺牲自己，这样，我们的象征性自我就同我们的天性自我区分开来。如此，我们把自私自利的自我和超越自利的自我分开了。自私自利的自我总是在个人自我和肉身愉悦、家庭和事业的福祉里打转，而超越自利的自我则是我们现阶段渴望达到的自我境界。通过这种方式，我们也可以象征性地战胜命运，超越死亡。

很自然，并非每个人都能穿越"渐次复杂的螺旋现象"。[16]有些人只有生存需求，他们连第一层都无法通过；有些人则被自己的事业和家庭牵绊；还有些人，他们的生命戛然而止，没机会走完整个轨迹。希斯赞特米哈伊这样提醒我们："这些阶段未必真实发生，将来也未必会发生，它们只是反映了可能发生的情况。"[17]

总而言之，我们个体发展的动态变化将我们带上一个旅程，去寻找更为复杂的意义。它让我们有时下意识地置身于"辩证的拉锯战中，一方面是区分，另一方面是融合，两者交替出现"。[18] 因此，在我们个人发展进步的时候，我们能够理解意义越来越多的复杂层次。我们的注意力交替出现在自己和他人身上。最终，我们对适当性逻辑的执着促使我们实现最真实的认同，即自身最高尚的那个部分。

在本书中，我们介绍了另一种社会层面的对立，它在第三阶段不断增加的多元化和互依性之间摇摆不定；前者强调个人认同，后者则强调集体中的其他人。无独有偶，这一社会对立与个人发展过程相一致。两者都可以改变焦点，或远或近，在自我与他人之间转换，在个人与团体之间转换。因此，在个人的人类境况根源中，我们找到了这一过程，这些过程在以多元性和互依共存为特色的第三阶段里不但得到映照，同时也使这两股社会力量愈演愈烈。

回归领导者的作用

我们可以看出领导力的核心任务是帮助我们建立自我与他人的两个逻辑联系，一个在个人层面起作用，另一个在社会层面起作用。如果我们可以将以下两种社会对立——多元化（强调个人认同）和互依性（强调集体中的其他人）之间的对立与我们的个人发展对立（自我与他人的对立）相结合，就能理解生命的复杂意义了，因为我们为之付出了个人发展对立的代价。

就在此时，我们对领导力的不断审视才开始与我们的生存之谜产生交集。死亡意识，尤其是对我们自己的死亡，也包括对所爱之人死亡的恐惧，一直回荡在人类斗争的过程中。因为"死亡是一个复杂的符号"[19]，是我们失去控制的最令人不安的壮举，它充满了如此多的意义，哪怕我们将死亡放在潜意识之中，它还是不断撩起我们的好奇心。领导力本身就是安全与控制力的复杂象征，在代表死亡恐惧的黑色桌子上，我们将意识的亮布铺盖在上面。

领导力转移了我们对死亡的注意力，并将其转向对普遍社会问题的讨论，这种讨论让我们可以象征性地处理潜意识的恐惧。在这个讨论中，所有暂时的威胁——核毁灭、城市暴力、侵犯人权、饥饿、无家可归、经济滑坡、环境污染以及其他一系列问题，只是我们更恐惧的深层次不确定性的替罪羊罢了。在这种情况下，领导力可以帮助我们，至少暂时战胜我们潜意识的担忧。

总之，无论过去还是现在，领导者的角色之所以存在，是为了满足人类境况既复杂又迫切的需求。如果领导者不存在，我们就会创造出领导者。我们经常这样做，因为领导者至少在四个方面满足我们深切的需求。

控制和安全的错觉

首先，领导者为我们编造了一个错觉，那就是他们确实可以解决正在困扰我们的问题。领导者将他们超越生命的形象投射到我们心里，利用这种安慰消除我们替罪羊式的担忧。他们的自信（真实的自信也好，由拥护者想象出来的也罢）为我们创造出控制、确定和安全的幻象。

有些领导者，如大萧条时期的富兰克林·罗斯福总统，在混乱之中建立秩序，重建了我们的平衡感和安全感。反过来，一些恶意的领导者，如阿道夫·希特勒，则靠着制造混乱并且操纵混乱的手法来建立自己的独裁王国。[20]

凝聚力与复杂性

其次，领导者通过他们投射的愿景，赋予困惑的生命以意义和凝聚力量。最好的领导者会教给我们越来越复杂的意义，帮助我们整合两个共生的对立关系：自我与他人的对立，个人与社会的对立。莫罕达斯·甘地选择的行为和象征（无论是徒步走到海边的抗议之旅、自己每天纺棉花织布，还是为印度贱民清洗公厕）都表现了个人行为与社会影响之间的联系。

有些情况下，领导者的愿景已经与一些复杂的信仰体系相结合，比如宗教信仰、政治信仰、科学信仰或艺术信仰。这些信仰体系或意识形态能消除和安抚我们的恐惧，也为生命的无常和模棱两可带来令人心安的解释。就像童年时，母亲反复向我们解释雷电，让我们对它们有了新的认识。有了这些信仰体系，我们就可以处理不断变化的世界里日益复杂的问题。

只有遇到危机，而我们信任的意识形态无法解释现实问题时，这些信仰体系才会崩塌。[21] 只有这时，我们才愿意接受，甚至呼唤新的魅力型领导者。[22]

拓展生命的体验

再次，领导者通过对伟大目标的明确和合理化阐释，帮助支持者获得拓展生命的体验。有时，这些成长体验让我们沉浸在各种各样的既痛苦又享受的活动中，比如学习一门新的语言，探索银河或是把某人送上月球。有的体验直达我们内心，而有的则将我们推到外面，投入围绕着我们的喧嚣世界。

领导者会提醒我们学海无涯、学无止境。领导者解放了他们周围人的思想，并教会我们如何给自己和他人自由。他们以自己的真诚做榜样，让我们去探寻自己内在的基本原则，因为这些原则构筑了我们的生活，也让我们借此为周围环境服务。埃德蒙 P. 希拉里爵士（Sir Edmund P. Hillary）以身作则，不仅带领他的团队挑战了珠穆朗玛峰，更激励了一代又一代人翻越自然界的抑或是心灵上的各种高峰。

这些体验以挑战的姿态驱使我们去拓展生命中各个层面的境界。当我们全心投入这样的发展探索——先探索自我，再探索他人和世界，我们几乎没有留意到，对死亡的恐惧竟然在我们没看到的时候溜走了。

荣耀自我的机会：使命感的召唤

最后，领导者为我们找到并精心安排让我们变得荣耀的机会。领导者要求我们献身于比自我更伟大的事业，这就是我们被赋予的特别机会。有了这种机会，我们有可能采取高尚的行为，拿出超越预期的表现，甚至可能超越死亡。

我们接受挑战，投身于更伟大的事业，等同于向三个理想目标前进。

第一，我们愿意为超越自我的事业牺牲，这丰富了我们的生命，增加了意义的"厚度"，这种意义在别处遍寻不得。[23]

第二，我们毫无保留地投身到超越自我的事业中，将自己从关于生命的狭隘争论中解放出来，从自我中心的控制中解放出来，从必须让自己更加完美的要求中解放出来。诡异的是，当我们竭尽全力为他人获得最佳表现——即投身于更伟大的事业时，我们反而成就了最独特的自己。

　　第三，我们表现出勇气和英雄气概，就可以象征性地压倒死亡，让死亡的刺痛变得甜蜜。我们所体验的，被希斯赞特米哈伊形容为"心流"或"最佳经历"。[24]

　　通过以上努力，我们最终实现了多元性和互依共存整合后的圆融境界。有时，不朽会随着这个境界而来：某个人的声音被永远记住，流传千古。通过这种方法，我们最终可以象征性地躲避死亡。马丁·路德·金鼓励他的支持者献身于平等事业，鼓励整个民族将自己从种族分歧的束缚中解救出来。金的勇气和智慧超越了他的死亡，留下了永恒的领导典型。

整合型领导者还能多做什么

　　与其他领导者一样，整合型领导者也响应人类内心深处的需求，但他们响应的方法不太一样。整合型领导者与第二阶段的前辈不同，他们不但接纳新概念，也接纳更复杂的领导方式，我们因而领会到新的真谛，甚至领悟到更复杂的意义。他们能将不同的人结合在一起，将矛盾的意识形态结合在一起，将看起来无关的事情结合到一起，这种能力可以帮助他们及被领导者从使用差异策略转向使用共性策略。他们采取了许多非传统行为，完全不同于现在流行的竞争与协作的组合模式。他们从各式各样范围广泛的领导技巧中获得力量，对工具和政治的敏感性赋予了他们敏锐的洞察力和领导能力。

　　我们在前面看到了许多领导者的例子，他们帮助我们给这种新的领导力下了定义，但是我们也注意到，成熟的整合型领导者很难找。因此，接下来我想说说现在已有的整合型领导者的特点，也想说说如果我们对这种领导力有所认知，可能会获得哪些理想的整合型领导力特质。

整合并鼓励多种愿景

　　与所有的领导者一样，整合型领导者在处理临时性问题时会提供一个愿景。但与第二阶段的领导者不一样的是，他们并不认为他们的愿景就是唯一最佳的。他们相信自己的愿景，但也十分愿意采纳他人的意见，修正自己的愿景。他们欢迎各种意见，因为这是创造力的源泉，也是找到复杂真相的方法。

　　由于整合型领导者从不将自己的愿景当作私人财产设密防范，他们愿意将愿景的实施甚至发扬光大委托给他人去做。在这个过程中，整合型领导者会鼓励他人发挥领导者潜能。

奇科·蒙德斯拓展了自己的愿景，接纳了一个全球环保议程。我们在第 4 章里谈到，他鼓励他人加入领导者队伍，去发扬、实践他的愿景。这样做，蒙德斯让被领导者看到了新的可能性。后来，在蒙德斯被杀之后，他的堂弟瑞蒙多·巴洛斯、奥斯马里诺·阿曼修·罗德里格斯及同事一起，在 1989 年具有历史意义的里约布兰科会议上，成功建立了印第安部落新联盟。[25]

接受混沌不明，拒绝墨守成规

整合型领导者通常广纳各方意见，因为他们可以处理第二阶段的领导者通常视为威胁的混沌不明。因此，整合型领导者不必要求自己或者被领导者中规中矩。

整合型领导者对混沌不明的泰然处之使他们能迅速对第三阶段的高度复杂性和快速变化做出恰当的反应。这种情况并不需要在决策时用太多的完美知识。能够忍受混沌不明的领导者明白，潜伏在混沌不明阴影中的信息片段或许就是策略改变的关键信号。

整合型领导者对混沌不明的处理方法是接受、寻找及分析不同来源的新信息，随时准备应对突发事件，并运用各种领导策略。他们会广寻谏言，虽然这种咨询的过程常常被第二阶段的批评家误解为优柔寡断而遭到反对。整合型领导者寻求新的解读，拒绝墨守成规，使得他们在面对迅速变化的形势时能灵活应对。

集结不断变更的联盟关系

整合型领导者特别擅长在各种联盟中穿针引线。由于他们并不要求墨守成规，也不要求完全按照他们的章法办事，因此很愿意接受联盟成员在某些问题上提供的帮助，如果他们拒绝提供帮助，也完全表示尊重。

第三阶段的领导者欢迎不同组织间进行结盟，即使是那些与第二阶段的领导者视为竞争对手的组织。温迪·科普就将前对手组建成联盟以改造美国的学校。已经适应了第三阶段的整合型领导者还将最不可能的人组成联盟，让他们完成不可思议的任务。许多不同领域的领导者本来各自为政，比利·肖尔却让他们联合起来，从食品界到诗歌界都包括在内，清楚呈现出整合型领导者在这方面的能力。

帮助被动拥护者成为主动支持者

与第二阶段的前辈相反，整合型领导者并不用常规的方法管理被领导者。他们发现，如果被领导者受到鼓励而亲身体会到自身的领导天赋，那么他们不但能克服恐惧，还能从中获取力量与创造力。

整合型领导者不需要与能力弱的支持者相比来彰显自身的能力。他们更愿意将被动的拥护者转化成主动及具有责任心的支持者，并邀请他们进入领导层。整合型领导者将目标委托给他人，不过问细节，鼓励支持者发挥自己的领导才能。

与第二阶段的领导者不同，整合型领导者不需要证明自己的能力强过其他领导者。事实上，他们乐意与其他领导者一起完成共同的目标，不论对方是资深领导者还是新晋领导者。

过去，我们总是被绑在被领导者的被动角色上，一直在寻找领导者带领我们渡过暗礁四伏的人生。我们习惯于放弃自己的权力，甚至将之主动奉送给第二阶段的领导者，因此导致了独裁领导，也使民主的进程步履蹒跚。这种矛盾的态度给我们提供了些许的保护。不幸的是，也正是这种矛盾的态度使许多潜在的整合型领导者放弃了对领导职位的追求。

为了解开束缚我们手脚，并导致独裁的绷带，我们必须学会分担领导责任。在第三阶段，被领导者有可能成长为支持者，并最终成长为领导者。毕竟，支持者身份意味着主动负责，即使是一种创伤止痛的领导责任。整合型领导者乐于见到支持者成为领导者，乐于帮助他们承担一定的责任，让支持者可以放心学习而不至于因责任太重而被压垮，这样，支持者的领导之路就会轻松许多。

第三阶段正在发展，支持者除了指望他人，更要指望自己来解决可能会影响整个公司甚至国家的大问题。整合型领导者需要与人合作，需要推动被领导者、新晋领导者和资深领导者之间的联盟。当领导者负担过重时——这确实经常发生，新晋领导者和其他支持者必须顶住压力，不能退回到第二阶段，以为资深领导者会完成所有工作。

复杂的意义，融合的对立统一

整合型领导者处处能看到联系——于人际关系中、党派关系中、组织关系中，以及意识形态的关系中，于是他们的愿景比第二阶段的领导者丰富得多。因此，他们传达给支持者的生命意义比传统领导者更深入、更丰富，也更多样。

因为第三阶段的领导者看重随处可见的联系，同时主动去寻找，因此他们本身就在汲汲于一种永无止境的追求，追求更深远的意义，追求服务人民的更高理想，以及实现理想的更真实的方法，他们是被领导者的最佳榜样。在佩罗系统公司，莫顿·迈耶森不仅自己寻求更伟大的意义，还邀请支持者一同加入这一拓展生命的伟大事业。

不仅如此，多元性和互依共存之间的社会微妙关系把这个世界推向许多相互对立的方向，而整合型领导者能帮助我们把这种辩证关系整合在一起。我们在前面看到了，多元化为个人的小我声援，而互依性则为他者代言。现在我们知道，个人与他人之间的张力正体现了个人层面的对立。整合型领导者能运用涵盖层面最广的领导行为来解读并解决那些平行张力。他们善于将自己和他人作为工具调解这些对立，使第三阶段的天空出现曙光，充满各种契机。

超越个人主义，走向共同体

整合型领导者提出的问题与第二阶段领导者思考的问题完全不同。第二阶段的领导者会问："谁会跟随我？谁会支持我的梦想？谁与我们不同？谁是我们的敌人？"整合型领导者则会问："我们的挑战是什么？我们的梦想是什么？我们的共同基础是什么？我们能为彼此做什么，又能和彼此合作什么？"整合型领导者渴望征服的是问题，而不是人或国家。这种渴望不是用侵略和暴力来实现，而是结合说服、合作和信任来实现。

整合型领导者超越了狭隘的个人主义，他们通过运用政治和工具性手段，将多元性和互依共存的优点融合在一起。整合型领导者利用共性策略做到异中求同，通过共同体的运作，超越个体差异，关注不同团队之间共同的需求和目标。他们强调人与人之间的共同基础和相互关联，而弱化分裂他们的差异和分歧。当然，整合型领导者意识到了差异的存在，但他们将其视为多种力量的来源。他们解除了个人主义的束缚，用多元化支撑互依共存，促进创新，满足所有人的需求。基于上述的理由，整合型领导者是我们通过互依共存达到复兴的最大希望。

第二阶段的领导者处理个人之间及团队之间差异的方法不同。他们将这些差异分为好的和坏的，重要的和琐碎的，中心的和外围的。他们的领导方式是分级和征服，将组织按等级分成不同小组，便于区别管理。第二阶段的领导者认为，一部分人生来是管理者，而另一部分人生来是服从者。当被领导者遇到困难时，他们就利用共同的敌人让大家团结起来。

整合型领导者则通过广角镜来观察世界，视野开阔得多，因此提出了一系列大不相同的问题。"如何为人类和解的参与者制造空间？如何整合最大数量的人类目标？如何利用人类差异更和谐高效地共处？如何建立官僚最少、责任感最强的组织？如何在不同的组织之间搭建桥梁？如何将有重合的领导网络结合起来？"

这些问题源自对互依共存的感知和对整体的关注，触及了人类成长过程较高层次的关怀面，能够让我们领悟到人生的真谛。

整合型领导者超越了自己，追求组织目标和社会目标，给我们带来了成为共同体的希望。我们找到根本的归属感，也深深感受到我们每个人的贡献、每段历史和每个独特的观点都受到珍视。

一些观察者预测，我们的世界终将破碎，灰飞烟灭。而整合型领导者提供了一种可能性，将各种技能、需求、文化以及梦想结合起来，形成产能更高，并能培育他人的共同体。社会与组织的每一个层级都需要整合型领导者来完成这个转型挑战。

整合型领导者与紧迫的社会问题

整合领导力模型不能光靠吸引人的理论假设，终究要去解决我们必将面对的问题才算有用。整合型领导者必须提供实际的策略来解决目前的严重问题：人口、饥饿、犯罪、无家可归、环境恶化、教育、移民、暴力，等等。在本书的前几章中，我们介绍了几位试图解决上述问题的领导者。例如：

我们说到了"力量共享"的比利·肖尔，他创造了庞大的网络，包括厨师、餐饮店老板、食品零售和批发商、科学家和作家，唤起人们对饥饿的关注，也募集资金对抗饥饿。在比利·肖尔的组织下，一个接一个的创新型计划产生了，为当地的饥饿问题找到了解决办法。

我们说到了创立"为美国而教"的温迪·科普，他运用整合型领导方式解决了看似棘手的美国教育问题。她的努力吸引了许多人的参与，有老有少，有贫有富，有积极参与政治的，也有毫不关心政治的。几十年来教育资源匮乏的学校在科普的整合型领导下，开始有了起色。

我们还说到了弗朗西斯·赫塞尔本，她向不同肤色、不同种族的女孩打开了大门，也向新的成年义工打开了大门，促成美国女童子军成功转型。她向低收入家庭的女孩提供了前所未有的拓展生命的体验，也向成年人提供了寻找目的和团队并变得高尚的机会。

克米特·坎贝尔、安妮塔·罗迪克、莫顿·迈耶森、莉莲·加洛、罗伯特·弗希尔以及马西·凯西运用了不同的整合型领导方式来重组和经营事业。尽管有许多偏见扭曲了我们对好莱坞的看法，但娱乐行业也是一种特别的范例。在这个圈子里，为了充分利用艺术界多元的创意才能，五花八门的结构被造出来。再怎么说，这个行业的艺术表现让我们反思人类境况，无论是用喜剧还是悲剧表达。

整合型领导也可能借由其他途径与社会问题相对抗。如果企业家能够将注意力从个人身上重新投入到这个企业界上，他们就有了整合型领导者的能力。1984年，彼得·尤伯罗斯（Peter Ueberroth）对奥运会进行了创造性的商业化运作，取得了空前的成功。

同样，在政治领域，许多领导者已经意识到，我们面临的许多社会问题要求更加整合的解决方法。一些领导人，如奇科·蒙德斯、玛丽·鲁滨逊，以及艾琳娜·拉加迪诺娃，可以跨越党派和意识形态的边界，解决困扰整个共同体的问题，无论这个问题发生在郊区还是热闹的大都市。如此，这样的领导者有移山之力。

在美国，整合型政治领导人开始跨过党派的界限，支持与他们的目标和立场相同的候选人，大家对于整合观念的领悟慢慢在各处流露出来。比如，1994年加利福尼亚州议会选举就是一个令人振奋的新的第三阶段领导力接管的例子。在这次选举中，洛杉矶的共和党市长理查德·赖尔登（Richard Riordan），公开支持民主党的国会议员候选人黛安娜·范斯坦（Dianne Feinstein）。

饥饿、教育、低收入家庭的儿童、寻求意义和归属感的成年人以及纷纷攘攘的企业界都只不过是个开始。其他严重的社会问题，如无家游民与犯罪、虐待儿童、家庭暴力、移民、环境，还有人权与世界和平，只要有一点机会，只要有良好的整合型领导者班底，有专注而具有使命感的支持者，都能得到解决。

当然，如果我们认为正在形成的问题会轻易向任何新的领导策略举手投降，那就太天真了。很显然，整合型领导力或任何一种领导力，都不是解决社会问题的灵丹妙药。

第三阶段庞大的多元化拼图需要大量的举措才能拼凑完成。整合型领导虽然重要，但也只是其中的一种可能，还需要其他因素配合。在当今这个信息时代，我们需要有效且可靠的策略以沟通新想法，辩论新问题，找到新的解决办法。一个优秀的媒介可以解释并减少向第三阶段转型时遇到的问题。包含所有人类文明的一整套价值观也可以做到这一点，但这又是另一本书的话题了。

我们不由自主地为领导力操心，根本原因就在于那是人类情景的一部分，因此我们会不断思考领导力本身的问题。现实中的社会问题被我们当作替代品，取代了内在深层的疑虑，然而每个时代的社会病以及这些问题产生的背景都在不断变化。因此，每当一个历史时代被取代，"哪种领导力能更好地为我们服务"这个问题就必须重新考虑。当第三阶段出现，仍然坚持熟悉的第二阶段领导策略无疑会带来灾难。

不可避免地，我们的担忧有时会让我们被不真诚的领导者欺骗，他们答应给我们狗皮膏药，却把它说成仙丹。而整合型领导者全身心地投入非自我中心的目标，表现出真诚和可靠性，因此不太可能成为腐败或自欺的囚徒。他们的例子教育我们，要提防自私自利的领导者。那些人为追求权力不择手段，分不清美德与腐败，也看不出为所有人谋利的理想何在。许多无意领导的领导者，如甘地和马丁·路德·金，是我们一直在勾勒的领导者形象，他们的责任感总是超过对个人成就的兴趣，这样的领导者必定会越来越多。

追求对领导力的理解是永无止境的，我们依然奋力追寻是因为这种追寻直指人类境况的核心：人性的双重本质，即象征存在和实体存在。当人类实际存在于世间，我们的行为便建立在预期后果的逻辑之上；作为象征的存在，我们

的行为建立在适当性的逻辑之上。让我们展现出最成熟的自我的，是适当性的逻辑。

领导者可以帮助我们处理人类困境的核心，即我们对死亡的恐惧。这种恐惧促使我们开始寻找领导者、神明以及信仰系统。它鞭策着我们在真实的经历中寻找生命的意义。最重要的是，我们对死亡的恐惧推动我们超越有限的生命，留下永恒的奉献。

人类发展可分为几个循序渐进的阶段，在关注自我和关注他人间交互更迭。在自我与他人不断转换之后，我们最终到达成熟的反思阶段。只有到了这个时候，我们才愿意超越有限的世俗的自我，开始全心为他人，为社会事业，甚至是为全人类事业而奉献。

我们难免一死，这件事背后隐约呈现的启示使我们渴望表达出自己的象征性本质。最高尚、最英勇的自己被唤醒，为了伟大的事业，我们乐于奉献，必要时甚至愿意牺牲自己。这样做推动着我们最精确地表达自己。现在，我们努力区分的不是自己与他人，而是现在的自己与过去狭隘的自己。我们正朝着一个有意义的新境界行进，在这样的境界里，我们致力于适当性的逻辑，要把最理想的自我认同（即马基雅维利所称的"美德模范"[26]）表达出来。最后，我们将自我与他人之间的发展交替与多元化和互依性之间的社会对立整合在了一起。

领导者帮助我们将死亡恐惧深埋在潜意识中，并帮我们连接个人与社会之间的二元对立。这样，我们获得了解放，并能投身于其他肯定生命的行动中，而无独有偶，这些行动正是我们最深层意识中的疑虑的替代品。我们积极制止战争正说明了我们潜意识中对死亡的恐惧；我们努力消除全球饥饿正说明了我们隐藏的对饥饿的恐惧；我们为人权活动牺牲，说出了我们对自由平等的最深层次的需求。领导者让我们直面这些挑战，教会我们如何让自己变得高尚，如何象征性地超越死亡，即给生命留下永恒的奉献。

整合型领导者会用多种方法完成上述所有领导任务，同时解决多元化和互依共存之间的矛盾。确实，他们并不完美，也确实，我们的矛盾态度阻止了我们追随他们踏上未知的旅程。但是，整合型领导者给我们提供了最好的效仿榜样。他们关注多元化，整合并鼓励不同愿景；他们接受混沌不明的情景，拒绝墨守成规；他们集结各种结盟关系，这些结盟关系虽然不断变化，但其中的被领导者可能由被动转变为主动，最终也成为领导者。他们同样关注互依共存，了解人与人之间、事件之间、组织之间，以及意识形态之间的微妙联系；超越个人主义，采用共性策略，并且承担严重的社会问题。他们这样做不是为了满足自己对权力的欲望，而是为了满足支持者对有意义、有收获的生活的渴望。

　　尽管我们有很多理由推荐整合型领导者，但他们难免也会有犹豫不决的时候。当遇到无法解决的第三阶段困境时，一味地拒绝这些新领导或要求他们退回到第二阶段的行为并不能找到有效的解决方法。高度差异化和互依的世界或许让人沮丧，但重拾第二阶段的领导方式是愚不可及的希望，是我们绝对承担不起的奢侈。

　　在地球上的任何一个地方，在每个组织内部，在每个团队，我们都有能力将多元化和互依共存之间的矛盾转化为建设性、有新意的力量。我们可以选择将个人成长与第三阶段更伟大的事业结合起来。我们的个人命运和社会命运岌岌可危，而机会要靠我们自己去把握。在这个第三阶段世界，这个勇敢的选择很可能就是我们获得整合优势的真正希望。

注　释

前　言

1. 为了保证自陈报告的真实性，美国克莱蒙特研究生大学的德鲁克管理研究生院一直在，并将继续进行成就模式计划，观察和研究具体的行为。

第 1 章

1. Havel (1994).

2. 层级不同，多元化的形式也不同，既有国家之间的多元化，也有个体之间的多元化。我所说的"全球多元化"，是指多元化的单一民族国家，即多样化的国家，不论新旧，共生共存、求同存异。

   "组织多元化"是一个多维度概念。组织多元化源自变化的过程，在这一过程中，有的组织崭露头角，有的被合并，有的消失，还有一些转型以适应环境的变化。这一过程与产生国家多元化的过程极为类似，只不过产生的结构层级不同。

   "组织多元化"还指组织的不同结构形式（即稳定的等级制度、长期的网络、暂时性联盟、合伙人、团队等），或不同的组织部门（营利、非营利、公共或私人）。这一术语还指组织的不同目标或导向（世俗或神圣、政治或审美等）。

   "人口多元化"是指不同人口群组的共性特点，如不同的性别、种族以及（或）民族背景等。有的情况中，人口共性（同样的种族、民族、宗教、生理缺陷、性别、性取向等）会导致这一群体中的所有人产生共同的文化认同。因此，便出现了政治活动群体和意识形态群体，其中所有成员认为自己是主张和保护他们政治合法利益的一分子。从政治活动的角度来说，这种多元化含有文化成分，因此被认为是文化多元化。因此，多元化常含有"公平机会"的内涵。

   多元化还存在于个体层面。个体差异是指任何个体表现出来的独特的技能、才学、能力以及天赋。

   我对"多元化"这一术语的使用包括了所有产生并维护自知和个体认同的所有表达。

3. Havel (1994).

4. Havel (1994).

5. Bellah 和 others (1985)。

6. Drucker (1969).

7. Morison (1981).

8. Wright (1993).

9. 关于后英雄式领导的讨论，详见 Bradford 和 Cohen（1984a），以及 Bradford 和 Cohen（1984b）。

10. Friedman (1995), p. 15.

11. Lipman-Blumen (1973).

12. O'Toole 和 Bennis（1992），另见 Handy（1992）。

13. Brandt (1994).

14. 斯坦福大学教授，研究科技变化的经济学家 Nathan Rosenberg 曾形容过，我们常常对科技的潜在影响做出错误的判断，关于这一有趣的观点，详见 O'Toole（1994）。

15. 其他形式将更为普遍，如专为解决棘手问题或应对危机而临时组建的"救火小组"。详见 Leavitt 和 Lipman-Blumen（1999）以及 LipmanoBlumen 和 Leavitt（1999）。

16. 关于暂时性组织产生的因素，详见 Bennis 和 Slater（1968），reissued（1999）。

17. 民族主义会导致分裂，但也是对归乡的呼唤。

18. Stewart 等人（1993）；Deveny 和 Suein（1994）；Parrish（1994）。

19. Banks 等人（1993）；Cook（1989）。

20. 在被剥夺权力的团队中分摊权力还可以导致观念的转变，即大型社团应该包容文化和经验各不相同的新型团队。关于从同化吸收或大熔炉模式向文化适应的转变，详见 Thomas（1992）。

21. Selz (1994).

22. 关于 Steinbruner 对这一立场的详细解释，详见 Wright（1993）。

23. 美国劳工部（1998）。

24. 美国劳工部（1998）。

25. Mitchell 和 Oneal（1994）。

26. 1994 年 8 月 13 日于洛杉矶与 Morton Meyerson 的私人会谈。

27. De Pree (1989).

28. 1994 年 3 月 25 日，于加利福尼亚州西好莱坞，与 Kermit Campbell 的私人会谈。

29. Machiavelli 在他名气稍小的 The Discourses 中，曾给领导力开出了一剂道德与民主的猛药，他认为领导者不应致力于自己获得政治权力，而应致力于团队的发展。（Machiavelli，[1513]1970）可惜，通过阅读 The Prince 了解到控制型 Machiavelli 的读者多过通过阅读 The Discourses 了解到有原则的 Machiavelli 的读者，任何带有"马基雅维利主义"色彩的行为都会招致厌恶。
    关于双面 Machiavelli 的有趣评论，详见 B. Crick's 对 Machiavelli 的介绍（[1513]1970），particularly "So Many Machiavellis"（pp. 13-17）。另见 Dunn 和 Burns（1995），pp. 41-44。

30. 关于拥护者（follower）及支持者（constituent）之间的区别，详见 Gardner（1990）。

31. Greenleaf (1977) . 另见 De Pree（1989）。

32. 大法官 Potter Stewart 的话常被引用，他说："今天，我不会再去尝试定义（淫秽），也许我永远也定义不了。但当我遇到的时候，我一定会知道那就是淫秽。" *Jacobellisv. Ohio*, 378 U.S., 184, p. 198, 1964.

33. Badaracco 和 Ellsworth（1989）。

34. 我将这一见解归功于我的同事，斯坦福大学商务研究院 E.Webb 教授，他阅读了本章的初稿。

35. Gardner (1990).

36. 关于互换原则的有趣解读，详见 Cialdini（1984）。根据这一原则，收到他人主动送出的礼物会让人感到紧张，只有回赠同等或更高价值的礼物才能缓解这种紧张情绪。

37. Leavitt 和 Lipman-Blumen（1995）；Lipman-Blumen 和 Leavitt（1999）。

38. Bennis 和 Nanus（1985）。

39. 关于女性整合领导者的讨论，详见 Lipman-Blumen（1992a）。

第 2 章

1. Freud (1935).

2. 也有少数例外存在。Bailey 曾研究过孔德人和努尔人，印度奥利萨邦高地的孔德人在 19 世纪基本处于自给自足的状态，他们完全不需要也不愿意接受任何个人成为他们的领导者。Bailey 曾引用 Evans-Pritchard's 对努尔人的形容："他们昂首阔步，就像是地球的主人，实际上，他们正是这样认为的。在他们的世界里，没有主仆之分，众生平等，他们认为自己是上帝最高贵的创造物……如果他们中有人怀疑别人给他们下了命令，便会被激怒，要么不予理会，要么漫不经心或拖拖拉拉地完成。这种态度与其说是拒绝，倒不如说是一种羞辱。（Evans-Pritchard 1940:182）."Bailey（1988），p. 38.

3. Gibb (1947); Bass (1990).

4. Bennis 和 Nanus（1985），p.4。

5. Weber (1947).

6. 关于 Mill，Nietzsche to Weber, Durkheim, Mesmer, Le Bon, Tarde, Freud 和 Lifton 等提出的魅力社会学及心理学理论，以及对 Adolph Hitler, Charles Manson 和 Jim-Jones 的案例分析，详见 Lindholm（1990）。

7. 关于领导者的自信以及被领导者的忠诚之间的关系分析，详见 Chemers（1993）。

8. Weber ([1925] 1946), p. 4.

9. Avolio 和 Bass（1988）；Conger 和 Kanungo（1987）。

10. Bailey (1988).

11. Bennis 和 Nanus（1985）；Tichy 和 Devanna（1986）；Leavitt（1986）；Conger 和 Kanungo（1987）；Kouzes 和 Posner（1987）；Conger（1989）；Nanus（1992）；House

和 Boas（1993）。

12. Burns (1978).

13. Bass (1985).

14. Greenleaf (1970), p. 7.

15. Weber ([1925] 1946); Wolff (1950); Barnard (1938); Gardner (1990).

16. Barnard (1938); Simon (1947); Weber (1947).

17. Kipling ([1893]1920).

18. 资深公务员会摧毁领导一个部门的高级政务官，他们如何做到这一点？关于这方面的分析详见 Heclo（1977）。

19. Frieze 和 others（1978）；Deck（1968）。

20. Frieze，Olson 和 Russell（1991）；Frieze，Olson 和 Good（1990）。

21. Frieze，Olson 和 Russell（1991）；Frieze，Olson 和 Good（1990）。

22. Roszell，Kennedy 和 Grabb（1989）。

23. 本文提出的"存在不确定性"有别于 Kierkegaard 提出的主观恐惧和客观恐惧概念。Kierkegaard 指出："主观恐惧是被设定在个体的人之中的恐惧，是这个人的罪的后果……这种恐惧存在于无辜的个人之中，与 Adam 的恐惧相呼应，却与之程度不同……我们可以将客观恐惧理解为世代传承的有罪性在整个世界之中的反射。"（Kierke-gaard, [1844] 1957, pp. 50-51.）

24. 我所说的"存在焦虑"指的是一种无意识的过程，这种焦虑很少被直接拿到人类的意识层面上来讨论。20 世纪，Camus, Kafka 和 Hesse 在文学作品中，将焦虑描绘成一种有意识的现象，他们小说里的主人公总是意图逃脱无意义感和孤立感导致的苦难。详见 Camus（1960），Kafka（[1930] 1943）和 Hesse（[1927] 1947）。

W. H. Auden 在他的长诗"The Age of Anxiety"中描绘了四个人在战中经历的有意识的焦虑。Auden 认为，尽管这些人物的焦虑源自他们的价值缺乏感、孤独感以及对爱的无力感，但焦虑的根源深植于社会过程中："这个愚蠢的世界／小玩意主宰一切。"在这首诗中，Auden 触及了焦虑的深层源泉，与我的存在焦虑概念很接近："我们的恐惧源自无知。夜幕降临，能否带来秩序？"（Auden, 1947, p. 42）顺便说一句，Leonard Bernstein 将 Auden 的这首诗改编成了一首交响曲，于 1949 年首次演出。

在当代经典的存在哲学和信仰中，焦虑也是受到关注的核心内容。Spinoza 将恐惧（fear）定义为希望（hope）的反义词，后期的神学及哲学作品中有很多关于恐惧的话题，但并没有直接探讨焦虑。从 Niebuhr 到 Tillich 再到 Heidegger，神学家一直在探究焦虑在人生中的作用。Tillich 将焦虑理解为人类意识到虚无可能性后做出的反应，所谓虚无不仅是指肉体的死亡，更是指精神及心理意义的终结。详见 Spinoza（[1677]，1910），Niebuhr（1941-1943），Tillich（1944）和 Heidegger（[1927]，1962）。

25. 以下论点首次在早期作品中提出（Lipman-Blumen，1984），关于该问题更新的讨论，详见 Lipman-Blumen（1993）。

26. Zilboorg (1943).

27. 下面几段大部分摘自 Lipman-Blumen（1993）。

28. Becker (1973), p. 11; Shaler (1900).

29. 20 世纪的心理学作品中的焦虑多带有临床意义，因此，与本章中的概念既有关联，又大不相同。关于 20 世纪中期与焦虑有关的心理学理论的精彩概括详见 May（1950）。

30. Perrow (1984).

31. Lipman-Blumen (1984).

32. 在许多社会科学和行为科学的学科中，控制的概念及控制的"错觉"在许多方面是重要的主题。但是近年来，这些概念及其语境含义成了被批评的对象，例子详见 Stam（1987）。

33. Lipman-Blumen (1984).

34. Meindl，Ehrlich 和 Dukerich（1985）。

35. Becker (1973), p. 23.

36. 关于这种"真相"或"论点"如何发展，详见 Barthes（1957）和 Foucault（1980，1983）。

37. Leavitt (1951).

38. Bailey (1988).

39. Robin Lane Fox 写道："亚历山大很关心自己的声誉。他建立城池以宣扬自己的声誉，他找到亚里士多德的同族，一位史学家，为其宣传。许多传奇故事应他自己的要求，流传开来。"（Fox, 1980, p. 33.）

40. Malinowski（1955）；另见 Malinowski（1992）和 Mauss（1979）。

41. Leavitt (1951).

42. Kissinger 在 1989 年法国巴黎高层管理论坛题为"将战略愿景转化为可操作现实"的讲话。

43. Dahlburg (1993).

44. Lash (1971); Cook (1992).

45. Goodwin (1987).

46. Garrow (1986).

第 3 章

1. Gans (1988).

2. 1992 年 H.Ross Perot 参与总统竞选，只有 19% 的选民为他投票，胜算微乎其微。Perot 这种堂吉诃德式的做法曾经温暖了美国人直接型成就方式的冰冷外壳，可惜最后还是失败了。

3. 在边境区域，农场主家庭整理并经营农场，饲养牛羊猪鸡等家禽以满足家庭所需。农夫的妻子除了分担农作和饲养的工作外，还要照顾子女，做饭打扫，用农场的产品纺衣织布。美国的农场家庭自产自用，形成了独立、高效的企业模式。

4. Thomas Jefferson 认为，教育是农夫独立的关键。Jefferson 担心，由于缺少教育，美国的农夫会像欧洲农民那样陷入被奴役的困境。美国还有 2000 多个城镇农场分布广泛，采用校外教育政策。这正是 Jefferson 留下的保护美国农夫独立性的重要手段。美国的农业政策仍然看重小型农场主，这不是心理学问题。这样做才能保护我们根本领导模式的核心。

5. James Madison，Thomas Jefferson 和 Thomas Paine，以及他们的许多同僚，担心新的宪法无法完全保证个人的自由。因此，1791 年实施的《权利法案》对个人权利进行了十分具体的界定。

6. 欧洲的老板尽力为他们的员工争取饮酒与狂欢的福利，而许多移民甚至比他们做的还多。根据一项调查，在 1766 ～ 1876 年，英格兰伯明翰的工人将星期一视为假日，这一天，他们"在小酒馆里度过，喝酒、游戏、娱乐，'拳击'、斗兽"（Zuboft, 1984, p. 32）。另见 Reid（1976）。

   根据 Zuboff 和 Reid 的说法，周一饮酒是周末狂欢的延续。更为独立的欧洲工人来到美国寻求条件和收入都更好的工作。关于这一阶段的更具体的信息，详见 Rodgers（1978），Boorstin（1973 年的三卷作品）和 Wren（1979）。

7. Zuboff（1984），p. 35.

8. 许多劳工史学家认为，这些比例是一种联合效应，"一方面是美国工人的矛盾心态及长期不合作，另一方面是雇主和管理者加诸于失调、失控的不规则行为上的日益严峻的压力"（Zuboff, 1984, p. 34）。

9. 工人因为说话、唱歌错过了开工的哨声而被罚掉半天的工资也并非罕见（Zuboff, 1984, p. 34）。

10. 在世纪之交，熟练的机械工和手工工人仍在原来的工厂工作（Hounshell, 1984）。

11. 搅拌工的工作就是站在开放式的熔炉前，将熔化的液体不断搅拌成钢铁。

12. 熟练工人和普通工人都加入到繁重的手工劳动之中。工业史学家 Shoshana Zuboff 认为，熟练工和非熟练工之间的区别并非脑力劳动和体力劳动的区别，而是在于"熟练工人参与工作的时间合理，而普通工人则不被重视"（Zuboff, 1984, p. 40）。这就是美国工人所面临的恶劣工作环境。另见 Samuel（1977）。

13. Samuel Slater 是一位纺织工程师，Moses Brown 是富有的贵格会商人，两个人合作开立了美国第一家纺织厂，厂址位于罗得岛的波塔基特。Slater 首先在波塔基特的工厂，然后在位于马萨诸塞州的福尔里弗市的另一家工厂引入了"罗得岛系统"。相关的具体信息，参见 Wren（1979）和 Mar-burg（1941）。

   英国的 Robert Owen 曾是企业家，现为改革家，呼吁立法禁止英国企业雇用十岁以下儿童，并禁止儿童上夜班。1819 年，英国通过了一个法案，效果大打折扣：该法案将最小的劳工年龄定为九岁，仅限于纺织厂（Wren，1979）。另见 Owen 的自传（Owen，[1857] 1967）。

14. Foner (1979); Dublin (1975).

15. Cochran 和 Miller（1961）；Ware（1959）。

16. Bernard (1981), p. 47.

17. 到 20 年后的 1920 年，这一数据已经增至 18 岁及 19 岁女性中的 42%，参见 Rodgers（1978）；美国人口普查局（1943）；Smuts（1960）。

18. 该数据不包括经济困难时期已婚妇女在家中完成的工作。

19. 工人非常清楚他们过分透支体力所要付出的代价。在钢铁厂工作的搅拌工很少能活过 50 岁（Samuel，1977）。

20. 关于这一阶段工会历史的有趣研究，参见 Golden 和 Ruttenberg（1942）。关于后期工会工作的分析，参见 Schlossberg（1994）。

21. 关于工会对管理 "驱动方法" 的反应的详细描述参见 Hobsbawn（1964）；Nelson（1975）；Slichter（1941）；Ulman（1955）；Montgomery（1979）。

22. McKelvey (1952).

23. Rodgers (1978), p. 27.

24. Copley（1923）；Kakar（1970）；Halberstam（1986）；Brooks（1955）；Nevins 和 Hill（1954，1963）。

25. "科学管理" 这一术语是波士顿律师 Louis D. Brandeis 创造的，他利用 Taylor 的观点反驳了 1910 年东部铁路向州际商业委员会提出的提高运费的要求。Taylor 起初不太愿意接受这一 "学术性" 的标签，最终他开始使用这一术语，甚至用这一术语来为自己的著作命名：*Scientific Management*（Taylor，1911b）。Taylor 的许多科学管理理念的元素在这本书中得以描述，这本书介绍了早期的实业家、作家及发明家，如英国的电脑发明家 Charles Babbage（1792—1871）；法国工程师 Charles Dupin（1784—1873）；*American Railroad Journal* 主编 Henry Varnum Poor（1812—1905）。Taylor 提出的 "科学管理" 概念将琐碎的信息整合起来，并使其有了哲学意义（见 Wren，1979）。

26. "二流的工人" 可分为两类：有能力完成任务，但不愿意或懒于完成；脑力和体力都无法完成任务。Taylor 认为，第一种工人不值得雇用；而第二类工人应该被赋予与他们能力相应的任务，因此他们也可以做出 "一流工人" 的成绩。

27. Taylor 的方法源自对生铁处理工的工作细致入微的分析，他形容后者 "非常愚蠢和冷漠，正像是只知劳作的公牛"。Taylor 认为，这种不懂思考的工人 "最终只能接受（比他们）聪明的人的训练"（Taylor, 1911b, p. 59）。

28. 关于泰勒制的更详细介绍，参见 Thompson（1922）；Littler（1978）；Braverman

（1974）；Nelson（1980）。

29. 这一解释源自 James Campbell Quick（1995 年 2 月 17 日与作者的私人交流）。

30. 1911 年，在 Taylor 的开创历史之作正式出版前，*The American Magazine* 刊登了一些节选。小说家及社会改革家 Upton Sinclair 向主编写了一封表达愤怒的信件："（Taylor 先生）告诉我们，工人要装载 12 吨半的生铁，而他则诱惑这些工人装载 47 吨生铁。原来工人能挣到 1.15 美元，现在他向工人支付 1.85 美元。看起来，他将工人的收入提高了 61%，但是工作量提高了 362%。我永远也不会忘记他提供的画面：可怜的老工人为了能建造自己小得可怜的房子，被诱惑多付出 362% 的工作，收入却只多了 61%。"（Sinclair，1911）

31. Taylor（1911a），pp. 244-245.

32. 这些限制直到 1949 年才被取消（Wren，1979）。

33. 关于福特如何应用泰勒制，详细信息参见 Halberstam（1986）。

34. Halberstam（1986），p. 87.

35. Braverman（1974）.

36. Halberstam（1986）.

37. Weber（[1925] 1968）.

38. Weber（[1925] 1968），pp. 215-216.

39. Tillett，Kempner 和 Wills（1970）。

40. Mayo（1933）.

41. Roethlisberger 和 Dickson（1939）。

42. Marrow，Bowers 和 Seashore（1967）。

43. Maslow（1943）.

44. Wilson（1955）；Whyte（1956）.

45. Sloan（1964）.

46. 关于美国学生革命拉开序幕的有趣分析，详见 Lipset 和 Wolin（1965）。

47. Freeman（1975）.

48. Freeman（1975）.

49. Halberstam（1986）.

50. Pascale 和 Athos（1981）；Ouchi（1981）。

51. Vroom 和 Yetton（1973）。

52. Stead（[1902] 1972）。位于圣迭戈的加利福尼亚大学传播学教授 Michael Schudson 认为，访问最早于 20 世纪中期出现在美国的报纸上。在此之前，"大部分报道不过是逐字发表了官方的文件、公开的演讲。报道者确实与公务人员进行过交谈，但他们的报道中并不涉及谈话内容"（Schudson，1944）。另见 Shaw（1994）。

53. Lublin（1994）.

54. McGregor (1957).

55. Lublin (1994).

56. Bellah 和 others（1985），p.6。

57. 家族企业的高成本（1993）。

58. Gerard (1990).

59. 1990 年 10 月 22 日在斯坦福大学管理研究院的演讲。

60. Giamatti (1990).

61. 关于棒球运动在美国文化中的地位的有趣分析，详见 Will（1989）。

62. "Oliver North"(1987), p. 35.

第 4 章

1. Braudel (1981).

2. 在大型系统中，某一部分的细小变化会给毫不相干的另一部分制造麻烦，关于这一点的详细分析参见 Gleick（1987）。

3. Perrow (1984).

4. Drucker (1989).

5. Drucker (1989), p. 20.

6. Russell (1990), p. C1.

7. Duchêne (1994).

8. 东南亚国家联盟（东盟，ASEAN）现由以下国家组成：文莱、柬埔寨、印度尼西亚、老挝、缅甸、马来西亚、菲律宾、新加坡、泰国及越南。

9. Richardson (1995).

10. Richardson (1995), p. 9.

11. 从同化吸收到熔炉模式再到强调文化差异和不同族群及个人背景的文化适应，详细分析参见 Thomas（1992）。

12. 进入 20 世纪 90 年代后，这些预期只实现了一部分，仍需要新的领导者予以支持。1991 年，家庭平均收入达到 28 428 美元，尽管双职工现象越来越普遍，但家庭收入在近十年的时间里仅增长 8.25%。

13. 关于五旬节派的兴起以及宗教教派重整的深刻分析，参见 Cox（1995）。

14. 1994 年 Toffler（1990）以及 Harvey Cox 于加利福尼亚州圣莫妮卡进行的一次展示评论。

15. "Catholic Church"(1995).

16. *Gallup report no*. 288 (1989).

17. Gallup (1992).

18. Cox (1994).

19. 这次也不是为了寻找仅限于美国的宗教指导。事实上，根据报道，伊斯兰教是世界上发展最为迅速的宗教，约有 10 亿信徒（Murphy，1993）。仅在北美洲，伊斯兰教的信徒从 1980 年的 291 200 人增至 1993 年的 2 642 000 人（*World Almanac*，1980；1993）。关于伊斯兰教在美国的发展历史，详见 Marty（1985）。

20. 美国历史上最昂贵的一次审判（*Peoplev. Raymond Buckey*）中，加利福尼亚州一所幼儿园的主任和老师被指控多起性虐。最后，陪审团意见不一，陷入僵局，指控被撤销，令父母及公诉人感到沮丧和愤怒（Timnick，1990）。

21. Wycliff（1990）.

22. O'Reilly（1994）；Porter 和 McKibbin（1988）；Schlossman，Sedlak 和 Wechsler（1987）；Leavitt（1992）。

23. Meyer（1990）.

24. 一些法学院已经对律师培养计划做出回应，如纽约大学法学院，它们开始教授谈判、人际关系等课程，并教会学生用诉讼以外的方法解决争端。

25. Leavitt（1986）；Tich 和 Devanna（1986）；Nanus（1992）。对愿景及相关宗旨的过度反应所引发的反应见 Fuchsberg（1994）。

26. Lewis（1989）；Burrough 和 Helyar（1990）；Bruck（1988）。

27. Rose，Christian 和 Nomani（1995）。

28. Ohmae（1995）最近的研究显示，传统上认为国际贸易与工业部是日本经济"奇迹"的主要推动力的观点是错误的。

29. 前面我们已经注意到，欧洲的情况不同。欧洲的管理者在组织内外推动承诺，但他们容易担心精确性，并延迟决策，这样做通常会削弱他们的社群意识产生的能量。他们在组织内培养人际关系，在午餐时间花费数小时来巩固私人关系，但是，这种互动的成果很少与生产计划相关联。因此，对于欧洲的领导者而言，尽管形式各有不同，但生产力仍然是个问题。这一发现得益于欧洲材料公司：艾利丹尼森公司的 Bram Flippo（私人交谈，1994 年 5 月）。

30. Fuchsberg（1994）.

31. 最新研究显示，相比生活在污染较少地区的儿童，洛杉矶的在校儿童的肺活量比前者少 1/4。日益恶化的环境问题不仅影响着人们的健康，也破坏了森林、河流，伤害了野生动物。环境的恶化给还未诞生的后代蒙上了阴影。

32. 位于洛杉矶的南加利福尼亚大学多元族裔与跨国主义学院曾尝试将民族主义与种族划分重新概念化。

33. Max Weber 认为，魅力型领导产生于危难之时，他们提出的方法可以从根本上解决组织面临的问题（Weber，［1925］1968）。

34. Geertz（1973）.

35. 马丁·路德·金曾先后拒绝担任美国有色人种协进会（NAACP）蒙哥马利分会及蒙

哥马利进步协会的领导职务，详情见 Garrow（1986）。

36. Collins 和 Lapierre（1975）。

37. Shirer（1979）；Collins 和 Lapierre（1975）。

38. Collins 和 Lapierre（1975），p. 62。

39. Collins 和 Lapierre（1975），p. 62。

40. Garrow（1990），p. 31.

41. Garrow（1986）.

42. Garrow（1990），p. 24.

43. Garrow（1990），p. 34.

44. Garrow（1990）.

45. 电视讲话，1987 年 12 月 9 日。

46. 巴西在 1976 年的"僵局"中首次取得了胜利，之后，至少设计了 43 次对峙以阻止超过 120 万公顷土地的拉锯式清算。

47. Revkin（1990）；Hecht 和 Cockburn（1989a）；Cockburn（1989）；Hecht 和 Cockburn（1989b）；Carroll（(1991）。

48. 1990 年 12 月，Darly Alves da Silva 被指控计划了 Mendes 的谋杀；他的儿子 Darci Alves Pereira 被指控开枪射杀 Mendes。父子俩犯有一级谋杀罪，被判 19 年监禁。

49. Hecht 和 Cockburn（1989a），p. 18。

50. 1995 年夏季，法国总统 Jacques Chirac 宣布，法国将在南太平洋穆鲁罗瓦环礁下进行核试验。没有环保行动的法国人没想到全球对这一消息的反对声如此之高。Thomas Friedman 认为 Chirac 的行为表现出了戴高乐主义，"这是一种心理疗法，是 Charles de Gaulle 发明的一种意识形态，其目的是在经历了被纳粹打败并被美国解放的羞辱之后，重建法国的尊严。戴高乐主义者 Chirac 认为，自称超级大国的法国必须享有独立的核选择权和独立的军事地位。因此，法国想要实验核弹库中最新的武器……如果其他国家不愿意，那更好。这就是戴高乐主义的有趣之处，我爆故我在"（Friedman，1995，p. 15）。

51. Nakamura（1995），p. 9.

52. "Kremlin bets"（1995）；Benkelman 和 Page（1995）。

53. "Thumbs up"（1995）.

第 5 章

1. De Pree（1989）.

2. 我故意选用"成就方式"（achieving styles）术语，而非"完成方式"（achievement styles），就是为了强调追求目标的动作性。

3. 为了成功创新，必须放弃旧的技术，哪怕这些技术仍然有用，关于这一点的讨论，见

Foster (1986)。

4. 在 1972～1979 年，我和 Leavitt 同时进行了几个小组研究，其中一个通常是在斯坦福商业研究院进行，其他的在华盛顿进行。1979 年之后，Leavitt 转向其他领域，而我则继续进行成就方式的研究，一开始在华盛顿与一群被称为"东海岸第三分队"（East Coast 3）的学生合作，后来与来自克莱蒙特研究生大学的研究生团队合作。

5. 见 Horner（1968）的开创性著作。

6. McClelland，Atkinson，Clark 和 Lowell（1953）。

7. Rubenstein (1971).

8. L-BL 代表"Lipman-Blumen"（Jean）及"Leavitt"（HaroldJ），是这一调查的创始人。

9. 成就方式清单被翻译成 11 种语言，包括阿拉伯语、保加利亚语、中文及泰文。

10. 1979 年以来，成就方式清单经历了 14 次改进以保证其测试的准确性，该清单进行了多种可靠性、有效性及预测能力的测试。更多技术信息见 Lipman-Blumen（1991，1987；1988）。早期构想及结果见 Lipman-Blumen 和 Leavitt（1976）；Lipman-Blumen 等人（1980）；Leavitt 和 Lipman-Blumen（1980）；Lipman-Blumen，Handley-Isaksen 和 Leavitt（1983）。

11. L-BL 成就方式模型中，整合领导力与成就方式关系的较早研究见 Lipman-Blumen（1992a）。

12. 关于单个 L-BL 成就方式清单（ASI）及 L-BL 成就方式模型的数据和测量性质的专业介绍，见 Lipman-Blumen（1991，1987；1988）。关于该模型的早期版本及相应的研究发现，详见 Lip-man-Blumen, Leavitt，及他们的研究生撰写的文章，见本章的注释 10。

13. 这句话总是被认为出自 Vince Lombardi，根据 *Oxford Dictionary of Quotations*（4th ed., 1992），这句话最早是范德堡大学教练 Henry "Red" Sanders 所说，出现在 *Sports Illustrated*（December 26，1955）上。根据牛津词典，很可能是 1962 年 Lombardi 对记者说："取胜不是一切，想要取胜才是关键。"

14. Gioia (1992), p. 29.

15. Cialdini 和 De Nicholas（1989）。另见 Cialdini, Finch 和 De Nicholas（1990）。

16. Cialdini 和 De Nicholas（1989）。

17. Collins 和 Lapierre（1975）。

18. 关于赠送礼物及互惠主义的讨论，见 Cialdini（1984）。另见 Mauss（1979）。

19. Thomas (1951).

20. Corbett (1995), sect. A, p. 1.

21. 成就方式计划在位于加利福尼亚州的克莱蒙特研究生大学的德鲁克管理研究生院进行，邮编为 CA91711。

22. 鉴于评价的手段及方法超出了本章的讨论范围，因此我只做简要介绍。ASSET 建立了约六个关键的评估维度，因此使用者可以同时考虑同一情境的不同方面。使用者回答一系列"是"或"不是"的问题，这些问题事先由成就方式的研究团队进行评估，以选出在问题所涉及的情况中最合适的成就方式。这种评分方法加大了对立线索的比重并将其整合起来。ASSET 将情境的所有方面集合起来，给使用者提供最合适的成就方式档案，将成就方式按照最合适到最不合适的顺序排列。

23. 可以使用成就方式清单将单个的成就方式档案从所有的相关候选人中抽取出来，便可达到这个目的。

第 6 章

1. Conrad ([1902] 1994).

2. Andrew Carnegie 于 1900 年 11 月 15 日写给匹茨堡市市长 William Dihl 的私人信件。

3. "Something emerges," p. 1.

4. Collins (1990), p. 43.

5. Klemesrud (1978), p. C37.

6. Feinberg (1977), Metro p. B1.

7. Bleakley (1983), p. 72.

8. Hanner (1978), sect. V, p. 1.

9. Dowd (1987), p. IA, 10A.

10. Maslow (1943).

11. McClelland (1967).

12. Rodman (1939), p. 291-292.

13. Park (1989).

14. Televised documentary, 1988.

15. Walton (1978), p. 3C.

16. Leavy (1984), p. 47.

17. Wartofsky (1995), p. 24.

18. Sherrill (1994), p. G1, G10.

19. Sherrill (1994), p. G10.

20. Osnos (1982), p. C15.

21. Mills（1956），p. 80. 关于名人的有趣介绍，见 Braudy（1986）。

22. Sherrill (1994), p. G10.

23. Sherrill (1994), p. G10.

24. Mason，Mitchell，Hampton 和 Frons（1986），p. 60。

25. Sherrill (1994), p. G10.

26. Sherrill (1994), p. G10.

27. Watson (1968).

28. Watson (1968), p. 27.

29. Watson (1968), p. 92.

30. Baez (1987), p. 15.

31. Bricker (1978), p. 1D.

32. Kohn (1992).

33. Helmreich，Beane，Lucker 和 Spence（1978）。

34. Jenkins (1986), p. 19.

35. Jenkins (1986), p. 19.

36. Hersh (1983).

37. Lipman-Blumen (1984). 另见 Pfeifer（1981）。

38. Machiavelli ([1513] 1977).

39. Royko (1971), p. 57.

40. Pfeifer (1981). 另见 Pfeifer（1992）。

41. "Newsmakers" (1993), p. A2.

42. 1994 年 6 月 29 日于加利福尼亚州比弗利山庄与 Lillian Gallo 的私人会谈。

43. Phillips (1987).

第 7 章

1. Wilson ([1917] 1966).

2. Leavitt 和 Lipman-Blumen（1995）。

3. Johnson，Skon 和 Johnson（1980）；Skon，Johnson 和 Johnson（1981）；Johnson 等人（1981）。

4. 这些研究均在 1924 ～ 1980 年进行。

5. 研究人员回顾了北美的 122 个研究，这些研究在 1924 ～ 1980 年进行，对比了竞争型课堂、合作型课堂及个性化课堂，他们发现，65 个案例显示合作型课堂的学生成绩优于竞争型课堂的学生，仅有 8 个案例结果相反；在 36 个案例中，竞争型课堂与合作型课堂的学生成绩水平相当（Johnson 等人，1981）。

6. 研究人员研究 108 个案例后发现，相比独立学习，合作更能获得好的成绩。仅有 6 个案例显示，独立学习获得的成绩优于合作学习。另有 42 个案例显示，两种环境的学习成绩并无差别（Johnson 等人，1981）。

7. Qin，Johnson 和 Johnson（1995）。

8. Deutsch (1993).

9. Gray (1989), p. xviii.

10. 这一概念与 Alexis de Tocqueville 的"正确理解的自利"理念极为相似，即企业中的所有当事方牺牲少许自我需求，可以为自己及企业谋取最大的成功。详见 de

Tocqueville（［1853］1959），Vol. II。第 8 章 "美国人如何用正确理解的自利原则对抗个人主义"。

11. Gray (1989), p. 5.

12. 1984 年，管理咨询公司博思艾伦研究了在 1974 年仍有董事长职位的 50 家公司。到 1984 年，近一半公司放弃了委员会制度。该研究进行时，使用和放弃上述制度的比例几乎持平（Kleinfield，1984）。

13. Deutsch（1993）；Anderson 和 Morrow（1995）。

14. Sherif 等人（1954）在俄克拉何马州的夏令营中精心设计了试验，该夏令营位于 Jesse James 和 Belle Star 的藏匿地点——著名的罗伯斯山洞附近。在两组 11 ～ 12 岁的少年之中，研究人员提高了小组内部的凝聚力，激化了小组之间的敌意。两组之间的冲突被激化之后，研究人员又提出一个高级的目标，两组队员最终和好如初。

15. Tjosvold 和 Chia（1989）。

16. Axelrod (1984).

17. Axelrod (1984).

18. Husar (1991).

19. 贡献型关系行为或许还包含了一种新角色：代孕母亲。48 岁的 Pat Anthony 来自南非约翰内斯堡，为她的女儿代孕了三胞胎。做出贡献的 Pat Anthony 声称："我这么做不是为了自己，而是为了我的女儿。她很想要孩子，并因此而不开心。"（"Grandma," 1987, p. 2.）

20. Lash（1971）. 另见 Cook（1992）。

21. *New York Times* 曾在一次公开场合披露："*Women's Wear Daily* 无视卡特夫人新闻办公室的电话，报道了卡特夫人一天内在纽约第五大道添置新装的开销，之后该报的一名记者就终止了拉丁美洲之行。"（Charlton,1977, p. A1.）

22. Charlton, 1977, p. A1.

23. Clifford (1987), p. A18.

24. 1993 年 11 月 23 日，于加利福尼亚州斯坦福大学与 Anita Roddick 的私人会谈。

25. 1993 年 11 月 23 日，私人会谈。

26. Cialdini 和 De Nicholas（1989）。

27. Cialdini 等人（1976）。

28. Cialdini 等人（1976）。

29. Cialdini 和 De Nicholas（1989），p. 62。

30. Halberstam (1986).

31. Iacocca (1984).

32. Halberstam (1986), p. 90.

33. Halberstam (1986), p. 89.

34. Halberstam (1986), p. 89.

35. Geyelin 和 Felsenthal (1994), p. B6。

第 8 章

1. 1994 年 3 月 31 日，电话访问 Wendy Kopp。

2. Astin (1994).

3. Kissinger (1979).

4. Drogin (1994).

5. Collins 和 Lapierre（1975），pp. 94-95。

6. *Citizen Carteg*, Discovery Channel, March 4, 1991.

7. D. Williams (1989).

8. Leavitt 和 Lipman-Blumen（1995）。

9. Potts (1994), p. 20.

10. Whitman (1990).

11. Kraft (1994), pp. A1, A8.

12. Kxaft (1994), p. A8.

13. Drogin (1994), p. A9.

14. Caro (1993).

15. Caro (1993).

16. 1994 年 3 月 25 日，于加利福尼亚州西好莱坞，与 Kermit Campbell 的私人会谈。

17. 1994 年 3 月 25 日，私人会谈。

18. 1994 年 6 月 29 日，于加利福尼亚州比弗利山庄，与 Lillian Gallo 的私人会谈。
    电影人 Jon Dana 最近讲述了一个关于 Lillian Gallo 的故事，以证明 Lillian 的长期公关社交行为。1979 年，Dana 就职于塞缪戈温电影公司，担任创意总监一职。一日，他接到一个电话，电话那端是一位女性："我叫 Lillian。您并不认识我，我也从事电影行业。我经常关注塞缪戈温的员工，因为他看人眼光精准，却留不住人才。他聘请的人总是能成就事业。我想向您介绍自己，这样将来您成就事业时，我再打给您，您会记得我。"（1995 年 2 月 24 日与 Jon Dana 的私人会谈。）

19. 私人信件。

20. 私人信件。

21. 1994 年 3 月 31 日，与 Wendy Kopp 的私人会谈。

22. 1994 年 3 月 31 日，私人会谈。

23. 1994 年 3 月 31 日，私人会谈。

24. 1994 年 3 月 31 日，私人会谈。

25. 1994 年 3 月 31 日，私人会谈。

26. 1994 年 3 月 25 日，与 Kermit Campbell 的私人会谈。

27. 1994 年 3 月 25 日，私人会谈。

28. 1994 年 3 月 25 日，私人会谈。

29. 录影访问"Peter Allen"。

30. 录影访问"Peter Allen"。

31. Schiff (1995), p. 31.

32. Drucker (1974).

第 9 章

1. 1993 年 11 月 23 日，于加利福尼亚州斯坦福大学与 Anita Roddick 的私人会谈。

2. Max Weber 提出了"理想类型"（ideal type）概念，这一概念指出了某一现象中特征的所有补充，但现实的例子可能不会包含所有类别。在 Weber 的模型中，我尽可能多地列举出整合领导力的特征。并非所有的行为都会被整合领导者使用。尽管如此，我们坚持将使用第三阶段核心策略的人算作整合型领导者（Weber, [1925] 1946）。

3. 1994 年 3 月 11 日，与 Billy Shore 的私人会谈。

4. 1994 年 3 月 11 日，私人会谈。

5. Cialdini (1984).

6. Axelrod (1984).

7. 1994 年 8 月 6 日，于加利福尼亚州洛杉矶与 Morton Meyerson 的私人会谈。

8. Lipman-Blumen（1984）. 欲了解关于权力关系的意义和来源更新更全面的解释，详见 Lipman-Blumen（1993）。

9. Gardner (1990).

10. 1994 年 8 月 11 日，于加利福尼亚州洛杉矶与 Robert Fisher 的私人会谈。

11. 1994 年 8 月 6 日，与 Morton Meyerson 的私人会谈。

12. 1994 年 8 月 6 日，私人会谈。

13. 1994 年 8 月 6 日，私人会谈。

14. 1993 年 11 月 23 日，于加利福尼亚州斯坦福大学与 Anita Roddick 的私人会谈。

15. Maslow (1954).

16. Iacocca 在自传中写道："我开始把年薪降至一美元。领导力就意味着树立榜样……我并不认为年薪一美元是一种牺牲。我这么做是因为我不得不这么做。当有一天，我站到联合会会长 Doug Fraser 面前，直视他，并向他要求'我需要你给我这些支持'时，他不会问我'你这个混蛋，你做了什么牺牲'，这就是我这么做的原因，我有充足的理由。我希望我的员工和供货商这样想：'我就应该跟随做出这种榜样的领导……'

我称这个为公平牺牲，我看到大家都在竭尽所能。这就是克莱斯勒渡过难关的办法。"（Iacocca，1984，p.229.）

17. Axelrod (1984).

18. Kaplan (1992), p. A20.

19. Dowd (1995), p. 7.

第 10 章

1. Bennis (1989), p 119.

2. Bennis 和 Slater（1968）。

3. Knecht (1994).

4. Shrivastava（1985,1987）；Asia-Pacific People's Environment Network（1986）. 另见 Fink（1986）和 Perrow（1984）。

5. Gardner (1990).

6. Pinchot (1986).

7. 欲了解电脑行业的有趣案例，见 Kidder（1981）。另见 Leavitt 和 Lipman-Blumen（1995）；Lipman-Blumen 和 Leavitt（1999）。

8. Drucker (1969).

9. Foster (1986).

10. Liprnan-Blumen 和 Schram（1984）。

11. Carson (1962).

12. Brown 等人（1985）。

13. 国家研究委员会（1972）。

14. Foster (1986).

15. E.C. Williams (1989).

16. 关于 L-BL 成就方式清单，详见 Lipman-Blumen（1991，1987）。

17. 研究对象总人数为 5167 人。

18. Wilson (1955).

19. 在德鲁克管理研究生院进行成就方式计划时，我与我的研究生观察研究了个人成就方式的使用情况，初期结果可证实研究对象自述报告的有效性。

20. 从操作的角度，我们采用了 L-BL 组织成就方式清单，内含 45 个李克特量表，依据 L-BL 成就方式清单（ASI）设计而成。欲了解这些问卷的详细内容，见 Lipman-Blumen（1991，1987）。

21. Schein (1985); Martin (1992); Denison (1990).

22. Stokely (1986).

23. SeeJanis (1972).

第 11 章

1. Bernard (1981).

2. Bass (1990).

3. Eskilson 和 Wiley（1976）。

4. Aries (1976).

5. Adams 和 Yoder（1985）。

6. Dobbins 和 Platz（1986）。

7. Eagly (1991).

8. Smith (1986).

9. Seifert (1984).

10. Dobbins 和 Platz（1986）。

11. Lipman-Blumen 等人（1996）。

12. Lipman-Blumen 等人（1996）。

13. Bass (1990).

14. Miller (1976).

15. de Beauvoir (1974).

16. Wool 和 Pearlman（1947）。

17. Cochran (1954).

18. Tobias 和 Anderson（1973），p. M9-16。另见美国劳工部（1946）。

19. Tobias 和 Anderson（1973），p. M9-18。

20. Tobias 和 Anderson（1973），p. M9-18。强调原文。另见"Emil Mazey Collection"（n.d.），boxes 37 和 39。

21. 美国劳工部（1948）。

22. Friedan (1974).

23. 美国劳工部（1990）。

24. Ornstein，Mann 和 Malbin（1990），pp. 700-702。

25. Schein，Mueller 和 Jacobson（1989）。

26. Grant (1988).

27. Bales (1953).

28. Bales 和 Slater（1955）。

29. Parsons (1955).

30. Korabik (1990).

31. Komarovsky (1953).

32. Korabik（1990）；Dobbins 和 Platz（1986）；Baril，Elbert，Mahar-Potter 和 Ready（1989）；Powell 和 Butterfield（1989）。

33. Baril，Elbert，Mahar-Potter 和 Ready（1989）。

34. Grant (1988).

35. Gregory (1990).

36. Astin 和 Leland（1991）。

37. Astin 和 Leland（1991），p. 158.

38. 本段大部分来自 Lipman-Blumen 等人（1996），pp. 68-69。

39. Kunstel (1995).

40. Kunstel (1995).

41. Thatcher (1993).

42. Tuohy (1993).

43. Thatcher (1993).

44. Thatcher (1993), p. 25.

45. Thatcher (1993), p. 22.

46. Thatcher (1993), p. 23.

47. Blaise (1992). 另见 Gupte（1992）。

48. Wood (1993), pp. 1-2.

49. Wood (1993), pp. 1-2.

50. Davis (1991).

51. Maremont（1988）；Chatzky（1992）；Elmer-Dewitt（1993）；Zinn（1991）；另一种观点见 Helgesen（1990）。另见 Owen（1993）。

52. Roddick 曾在位于日内瓦的联合国国际劳工组织的妇女权益部就职，因此非常了解第三世界国家的问题所在。

53. Roddick (1991), p. 24.

54. Roddick (1991), p. 221.

55. Zinn (1991).

56. Roddick (1991), p. 19.

57. 1993 年 11 月 23 日，于加利福尼亚州斯坦福大学与 Anita Roddick 的私人会谈。

58. 1993 年 11 月 23 日，私人会谈。

59. *Women in Entertainment* (1994).

60. 1994 年 12 月 6 日，于加利福尼亚州影视城与 Marcy Carsey 的私人会谈。以下引用皆出自该次会谈。

61. Byrne (1990).

62. 1993 年 5 月 3 日，于加利福尼亚州克莱蒙特与 Frances Hesselbein 的私人会谈。

63. 欲知对 Hesselbein 时代女童子军的透彻分析，见 Raskoff（1994）。

64. Parsons 和 Bales（1955）。

65. 154 位受访的全职家庭主妇将代理管理方式排在第一位（Lipman-Blumen，Handley-Isaksen 和 Leavitt，1983）。

66. 女性中层领导者的数据是一致的，她们自述使用依赖模式比男性中高层领导要多，但差距并不明显（即数据上的差别不大）。

67. Lipman-Blumen 等人（1996）。

68. Beardsley，Stewart 和 Wilmes (1987)。

69. Varwig (1989).

70. Komives (1994, 1991a, 1991b).

71. Varwig (1989).

72. Komives 运用了特别设计的学生领导实践调查表（LPI），该问卷参照 Kouzes 和 Posner（1987）的领导力实践调查表（LPI）设计而成。文中引用的语言最初由 Kouzes 和 Posner 提出，后来为 Komives 所用。

73. Komives (1991a).

74. 此处"变革"一词首先由 Burns（1978）提出，后被其他学者引用，意指领导行为能从情感与理性角度鼓励和刺激被领导者做出超越自身预期的表现。

75. Lagadinova 的支持者既有男性也有女性，但在一个一党专政的环境中，她的当选意义无法与民主制国家的整合型领导者相比较。

第 12 章

1. de Sénancour ([1804] 1901).

2. Becket (1973), p. 26.

3. Becker (1973), p. 06.

4. March (1995), p. 2-3.

5. March (1995), p. 5.

6. March (1995), p. 3.

7. Zilboorg (1943).

8. Fromm (1941).

9. Becker (1973).

10. 大多数主流宗教都是围绕自我牺牲这一主题展开的，副主题为勇敢面对死亡以及庄严超脱死亡。

11. Csikszentmihalyi (1990), p. 222,240.

12. Csikszentmihalyi (1990), p. 221.

13. 该处及下面几处引用均出自 Csikszentmihalyi（1990），pp. 221-223。

14. Levinson 等人（1978）。

15. Levinson 等人（1978）。

16. Csikszentmihalyi (1990), p. 222.

17. Csikszentmihalyi (1990), p. 222.

18. Csikszentmihalyi (1990), p. 223.

19. Wahl (1959), pp. 25-26.

20. Bailey (1988).

21. Lipman-Blumen (1973); Lipman-Blumen (1974).

22. Weber ([1925] 1968).

23. Geertz (1973); Geertz (1974).

24. Csikszentmihalyi (1990).

25. Hecht 和 Cockburn（1989b）。

26. *Machiavelli's The Prince*（1977）的译者 Robert M. Adams 表示，"virtu……一词可表示任何意思，可以是'力量''勇气''男性气概''聪明'或是'性格''智慧'，甚至（最后）还表示'美德'"（Machiavelli,［1513］1977, p. xviii）。

参考文献

Adams, J., & Yoder, J. D. (1985). *Effective leadership for women and men*. Norwood: Ablex.

Anderson, C. A., & Morrow, M. (1995). "Competitive aggression without interaction: Effects of competitive versus cooperative instructions on aggressive behavior in video games." *Personality and Social Psychology Bulletin, 21*(10), 1020–1030.

Aries, C. (1976). "Interaction patterns and themes of male, female, and mixed groups." *Small Group Behavior, 7,* 7–18.

Asia-Pacific People's Environment Network (APPEN). (1986). *The Bhopal tragedy—one year after.* Penang, Malaysia: Sahabat Alam Malaysia (Friends of the Earth Malaysia).

Astin, A. (1994, October 26). *Higher education and the future of democracy.* Inaugural lecture, the Allen Murray Center. Los Angeles: University of California.

Astin, H. S., & Leland, C. (1991). *Women of influence, women of vision: A cross-generational study of leaders and social change.* San Francisco: Jossey-Bass.

Auden, W. H. (1947). *The age of anxiety.* New York: Random House.

Avolio, B. J., & Bass, B. M. (1988). "Transformational leadership, charisma, and beyond." In J. G. Hunt, B. R. Baliga, H. P. Dachler, & C. A. Schriesheim (Eds.), *Emerging leadership vistas* (pp. 29–49). Lexington, MA: Lexington Books.

Axelrod, R. (1984). *The evolution of cooperation.* New York: Basic Books.

Badaracco, J. L., Jr., & Ellsworth, R. R. (1989). *Leadership and the quest for integrity.* Boston: Harvard Business School Press.

Baez, J. (1987, June 14). "The backstage memoirs of Joan Baez: From Woodstock to Live Aid." *West,* pp. 6, 15ff.

Bailey, F. G. (1988). *Humbuggery and manipulation: The art of leadership.* Ithaca, NY: Cornell University Press.

Bales, R. F. (1953). "The equilibrium problem in small groups." In T. Parsons, R. F. Bales, & E. A. Shils (Eds.), *Working papers in the theory of action* (pp. 111–161). New York: Free Press.

Bales, R. F., & Slater, P. E. (1955). "Role differentiation in small decision making groups." In T. Parsons & R. F. Bales (Eds.), *Family, socialization, and interaction process* (pp. 259–306). New York: Free Press.

Banks, A. S., Muller, T. C., Phelan, S. M., Tallman, E., & Day, A. J. (Eds.). (1993). *Political handbook of the world: 1993.* Binghamton: CSA Publications, State University of New York.

Baril, G. L., Elbert, N., Mahar-Potter, S., & Ready, G. C. (1989). "Are androgynous managers really more effective?" *Group and Organization Studies, 14,* 234–249.

Barnard, C. I. (1938). *The functions of the executive.* Cambridge, MA: Harvard University Press.

Barthes, R. (1957). *Mythologies.* New York: Hill & Wang.

Bass, B. M. (1985). *Leadership and performance beyond expectations.* New York: Free Press.

Bass, B. M. (1990). *Bass & Stogdill's handbook of leadership: Theory, research, and managerial applications.* (3rd ed.). New York: Free Press.

Beardsley, K. P., Stewart, G. M., & Wilmes, M. B. (1987). "Achieving styles of students and student affairs professionals." *Journal of College Student Personnel, 28*(5), 412–419.

de Beauvoir, S. (1974). *The second sex* (H. M. Parshley, Ed. & Trans.). New York: Vintage Books.

Becker, E. (1973). *The denial of death.* New York: Free Press.

Bellah, R. N., Madsen, R., Sullivan, W. M., Swidler, A., & Tipton, S. M. (1985). *Habits of the heart: Individualism and commitment in American life.* Berkeley: University of California Press.

Benkelman, S., & Page, S. (1995, May 8). "Yeltsin's patriotic act: Russian seizes opportunity in war anniversary show." *Newsday,* p. AO4.

Bennis, W. G. (1989). *Why leaders can't lead: The unconscious conspiracy continues.* San Francisco: Jossey-Bass.

Bennis, W. G., & Nanus, B. (1985). *Leaders: The strategies for taking charge.* New York: HarperCollins.

Bennis, W. G., & Slater, P. E. (1968). *The temporary society.* New York: HarperCollins.

Bernard, J. (1981). *The female world.* New York: Free Press.

Birchall, R., Larenaudie, S. R., Born, P., Larson, S., et al. (1995, September 8). "The beauty top 50: A who's who of cosmetics." [Special Report: Holiday Fragrance.] *Women's Wear Daily,* p. 526.

Blaise, C. (1992, April 26). "India's Queen Lear." *Los Angeles Times,* book review, p. 1.

Bleakley, F. R. (1983, February). "The psychic rewards." *Venture,* pp. 72, 74ff.

Boorstin, D. J. (1973). *The Americans* (3 vols). New York: Random House.

Bradford, D. L., & Cohen, A. R. (1984a). *Managing for excellence.* New York: Wiley.

Bradford, D. L., & Cohen, A. R. (1984b). "The post-heroic leader." *Training and Development Journal, 38*(1), 40–49.

Brandt, R. (1994). "Bill Gates's vision." *BusinessWeek,* p. 57.

Braudel, F. (1981). *Civilization and capitalism, 15th–18th century. Vol. 1: The structures of everyday life.* New York: HarperCollins.

Braudy, L. (1986). *The frenzy of renown: Fame and its history.* Oxford: Oxford University Press.

Braverman, H. (1974). *Labor and monopoly capital.* New York: Monthly Review Press.

Bricker, C. (1978, December 5). "A nice guy who wants to keep finishing first." *San Jose Mercury News,* p. 1D.

Brooks, J. (1955). *Henry Ford: A great life in brief.* New York: Knopf.

Brown, L., Chandler, W. U., Flavin, C., Pollock, C., Postel, S., Starke, L., & Wolf, E. C. (Eds.). (1985). *State of the world 1985.* New York: W. W. Norton.

Bruck, C. (1988). *The predators' ball.* New York: Penguin Books.

Burns, J. M. (1978). *Leadership.* New York: HarperCollins.

Burrough, B., & Helyar, J. (1990). *Barbarians at the gate.* New York: HarperCollins.

Byrne, J. A. (1990, March 26). "Profiting from the nonprofits." *BusinessWeek,* p. 66.

Camus, A. (1960). *L'étranger* (The Stranger). New York: Knopf.

Caro, R. A. (1993). *The path to power: The years of Lyndon Johnson.* New York: Vintage.

Carroll, A. S. (1991). "The battle for the Amazon: Preserving Brazil's rain forests." *Radcliffe Quarterly, 77*(4), 27–29.

Carson, R. (1962). *Silent spring*. Boston: Houghton Mifflin.

"Catholic church in Austria faces new accusations." (1995, August 2). *International Herald Tribune* (Reuters), p. 5.

Charlton, L. (1977, November 6). "Rosalynn Carter: Balancing roles." *New York Times*, p. A1.

Chatzky, J. S. (1992). "Changing the world." *Forbes*, p. 83.

Chemers, M. M. (1993). "An integrative theory of leadership." In M. M. Chemers & R. Ayman (Eds.), *Leadership theory and research* (pp. 293–319). New York: Academic Press.

Cialdini, R. B. (1984). *Influence: How and why people agree to things*. New York: Quill.

Cialdini, R. B., Borden, R. J., Thorne, A., Walker, M. R., Freeman, S., & Sloan, L. R. (1976). "Basking in reflected glory: Three (football) field studies." *Journal of Personality and Social Psychology, 34,* 366–375.

Cialdini, R. B., & De Nicholas, M. E. (1989). "Self-presentation by association." *Journal of Personality and Social Psychology, 57*(4), 626–631.

Cialdini, R. B., Finch, J. F., & De Nicholas, M. E. (1990). "Strategic self-presentation: The indirect route." In M. J. Cody & M. L. McLaughlin (Eds.), *The psychology of tactical communication* (pp. 194–206). Clevedon, England: Multilingual Matters.

Clifford, F. (1987, October 27). "Elizabeth Dole becomes husband's southern strategy." *Los Angeles Times*, p. A18.

Cochran, J. (1954). *The stars at noon*. Boston, MA: Little, Brown.

Cochran, T. C., & Miller, W. (1961). *The age of enterprise*. New York: HarperCollins.

Cockburn, A. (1989, January 6). "The man who loved trees." *New Statesman and Society, 2*(31).

Collins, J. (1990, December). "On the edge." *Stanford Magazine, 18*(4), p. 43.

Collins, L., & Lapierre, D. (1975). *Freedom at midnight*. New York: Avon Books.

Conger, J. A. (1989). *The charismatic leader: Behind the mystique of exceptional leadership*. San Francisco: Jossey-Bass.

Conger, J. A., & Kanungo, R. N. (1987). "Towards a behavioral theory of charismatic leadership in organizational settings." *Academy of Management Review, 12*(4), 637–647.

Congressional Quarterly, Inc. (1991). *Congressional Quarterly's guide to Congress* (4th ed.). Washington, DC Congressional Quarterly, Inc.

Conrad, J. ([1902] 1994). *Heart of darkness*. New York: Penguin Books.

Cook, B. W. (1992). *Eleanor Roosevelt. Vol. 1: 1884–1933*. New York: Viking.

Cook, C. (1989). *The facts on file world political almanac* (vols. II and III). New York: Facts on File.

Copley, F. B. (1923). *Frederick W. Taylor: Father of scientific management*. (2 vols.). New York: HarperCollins.

Corbett, J. (1995, August 8). "Gingrich warns GOP on effort to end preferences." *Los Angeles Times*, pp. A1, A6.

Cox, H. (1995). *Fire from heaven*. Reading, MA: Addison-Wesley.

Csikszentmihalyi, M. (1990). *Flow: The psychology of optimal experience*. New York: Harper-Collins.

Dahlburg, J.-T. (1993, January 7). *Los Angeles Times*, p. A1.

Davis, D. (1991). *Katherine the Great: Katherine Graham and her Washington Post empire* (3rd ed.). New York: Sheridan Square Press.

De Pree, M. (1989). *Leadership is an art*. New York: Bantam Doubleday Dell.

Deck, L. P. (1968). "Buying brains by the inch." *Journal of the College and University Personnel Association, 19*(3), 33–37.

Denison, D. R. (1990). *Corporate culture and organizational effectiveness.* New York: Wiley.

Deutsch, M. (1993). "Educating for a peaceful world." *American Psychologist, 48*(5), 510–517.

Deveny, K., & Suein, L. H. (1994, January 18). "A defective strategy of heated acquisitions spoils Borden name." *Wall Street Journal,* pp. A1, A10.

Dobbins, G. H., & Platz, S. J. (1986). "Sex differences in leadership: How real are they?" *Academy of Management Review, 11*(1), 118–127.

Dowd, M. (1987, March 2). "McFarlane looks at what went wrong." *San Jose Mercury News,* pp. 1A, 10A.

Dowd, M. (1995, September 29). "Led by a president who is always learning." *International Herald Tribune,* p. 7.

Drogin, B. (1994, January 30). "'Freedom train' kicks off S. Africa campaign." *Los Angeles Times,* pp. A1, A10.

Drucker, P. F. (1969). *The age of discontinuity: Guidelines to our changing society.* London: Heinemann.

Drucker, P. F. (1974). *Management: Tasks, responsibilities, practices.* New York: HarperCollins.

Drucker, P. F. (1989, October 21). "Peter Drucker's 1990s." *Economist,* pp. 19–20ff.

Dublin, T. (1975). "Women, work, and the family: Female operatives in the Lowell mills, 1830–1860." *Feminist Studies, 3,* 30–39.

Duchêne, F. (1994). *Jean Monnet: The first statesman of interdependence.* New York: W. W. Norton.

Dunn, S., & Burns, J. M. (1995). "The lion, the fox, and the president." *Harvard Magazine, 97*(3), 41–44.

Eagly, A. H. (1991). *Gender and leadership.* Paper presented at annual meeting of American Psychological Association, San Francisco.

Elmer-Dewitt, P. (1993, January 25). "Anita the agitator." *Time,* pp. 52, 54.

"Emil Mazey Collection." (n.d.). In *Archives of Labor History and Urban Affairs,* Wayne State University.

Entine, J. (1995, October). "Rain-forest chic." *Report on Business Magazine,* pp. 41–52.

Eskilson, A., & Wiley, M. G. (1976). "Sex composition and leadership in small groups." *Sociometry, 39,* 183–194.

Feinberg, L. (1977, May 21). "Fairfax youth ranks second in U.S. mathematics test." *Washington Post,* Metro p. B1.

Fink, S. (1986). *Crisis management: Planning for the inevitable.* New York: AMACOM.

Foner, P. S. (1979). *Women and the American labor movement, from colonial times to the eve of World War I.* New York: Free Press.

Foster, R. N. (1986). *Innovation: The attacker's advantage.* New York: Summit Books.

Foucault, M. (1980). *Power/knowledge: Selected interviews and other writings, 1972–1977.* New York: Pantheon Books.

Foucault, M. (1983). "Afterword: the subject of power." In H. Dreyfus & P. Rabinow (Eds.), *Michel Foucault: Beyond structuralism and hermeneutics* (pp. 208–226). Chicago: University of Chicago Press.

Fox, R. L. (1980). *The search for Alexander.* Boston: Little, Brown.

Freeman, J. (1975). *The politics of women's liberation.* New York: David McKay.

Freud, S. (1935). *A general introduction to psychoanalysis: A course of twenty-eight lectures delivered at the University of Vienna* (J. Riviere, Trans.). New York: Liveright.

Friedan, B. (1974). *The feminine mystique.* New York: Dell.

Friedman, T. L. (1995, August 27). "The bomb and the boomerang: France meets an eco-superpower." *New York Times,* sect. 4, p. 15.

Frieze, I. H., Olson, J. E., & Good, D. C. (1990). "Perceived and actual discrimination in the salaries of male and female managers." *Journal of Applied Psychology, 20*(1), 46–67.

Frieze, I. H., Olson, J. E., & Russell, J. (1991). "Attractiveness and income for men and women in management." *Journal of Applied Social Psychology, 21*(3), 1039–1057.

Frieze, I. H., Parsons, J., Johnson, P., Ruble, D., & Zellman, G. (1978). *Women and sex roles: A socio-psychological perspective.* New York: W. W. Norton.

Fromm, E. (1941). *Escape from freedom.* New York: Discus Books/Avon.

Fuchsberg, G. (1994, January 7). "'Visioning' missions becomes its own mission." *Wall Street Journal,* pp. B1, B5.

Gallup, G., Jr. (1992). *The Gallup Poll.* Wilmington, DE: Scholarly Resources.

Gallup report no. 288. (1989, September). Princeton, NJ: Gallup Poll.

Gans, H. J. (1988). *Middle American individualism: The future of liberal democracy.* New York: Free Press.

Gardner, J. W. (1990). *On leadership.* New York: Free Press.

Garrow, D. J. (1986). *Bearing the cross: Martin Luther King, Jr., and the Southern Christian Leadership Conference.* New York: William Morrow.

Garrow, D. J. (Ed.). (1990). "Martin Luther King, Jr., and the spirit of leadership." In P. J. Albert & R. Hoffman (Eds.), *We shall overcome: Martin Luther King, Jr., and the black freedom struggle* (pp. 11–34). New York: Pantheon.

Geertz, C. (1973). *The interpretation of cultures.* New York: Basic Books.

Geertz, C. (Ed.). (1974). *Myth, symbol, and culture.* New York: W. W. Norton.

Gerard, J. (1990, October 28). "William S. Paley, who built CBS into a communications empire, dies at 89." *New York Times,* p. 22.

Geyelin, M., & Felsenthal, E. (1994, January 31). "Irreconcilable differences force Shea & Gould closure." *Wall Street Journal,* pp. B1, B6.

Giamatti, A. B. (1990). *Take time for paradise: Americans and their games.* New York: Summit Books.

Gibb, C. A. (1947). "The principles and traits of leadership." *Journal of Abnormal and Social Psychology, 42,* 267–284.

Gioia, D. (1992). *Hadley.* New York: Ticknor & Fields.

Gleick, J. (1987). *Chaos: Making a new science.* New York: Penguin Books.

Golden, C. S., & Ruttenberg, H. J. (1942). *The dynamics of industrial democracy.* New York: HarperCollins.

Goodwin, D. K. (1987). *The Fitzgeralds and the Kennedys.* New York: St. Martin's Press.

"Grandma, 48, pregnant—with daughter's triplets." (1987, April 7). Associated Press, Johannesburg, South Africa. *Los Angeles Times,* part 1, p. 2.

Grant, J. (1988). "Women as managers: What they can offer to organizations." *Organiza-*

tional Dynamics, 16, 56–63.

Gray, B. (1989). *Collaborating: Finding common ground for multiparty problems.* San Francisco: Jossey-Bass.

Greenleaf, R. K. (1970). *The servant leader.* Newton Centre, MA: Robert K. Greenleaf Center.

Greenleaf, R. K. (1977). *Servant leadership: A journey into the nature of legitimate power and greatness.* New York: Paulist Press.

Gregory, A. (1990). "Are women different and why are women thought to be different? Theoretical and methodological perspectives." *Journal of Business Ethics, 9*, 257–266.

Gupte, P. (1992). *Mother India.* New York: Robert Stewart/Charles Scribner's Sons.

Halberstam, D. (1986). *The reckoning.* New York: Avon Books.

Handy, C. (1992). "Balancing corporate power: A new federalist paper." *Harvard Business Review, 70*(6), 59–71.

Hanner, R. (1978, December 7). "'Elegant simplicity' is his guide." *Palo Alto Times,* sect. V, p. 1.

Havel, V. (1994, July 8). "The new measure of man." *New York Times,* July 8, 1994, Op-Ed page.

Hecht, S. B., & Cockburn, A. (1989a, June 23). "Defenders of the Amazon." *New Statesman and Society, 2*(55), 16–21.

Hecht, S. B., & Cockburn, A. (1989b). *The fate of the forest: Developers, destroyers, and defenders of the Amazon.* London: Verso.

Heclo, H. (1977). *A government of strangers: Executive politics in Washington.* Washington, DC: Brookings Institution.

Heidegger, M. ([1927] 1962). *Being and time* (J. Macquarrie & E. Robinson, Trans.). New York: HarperCollins.

Helgesen, S. (1990). *The female advantage.* New York: Double Day Currency.

Helmreich, R., Beane, W., Lucker, G. W., & Spence, J. T. (1978). "Achievement motivation and scientific attainment." *Personality and Social Bulletin, 4*(2), 222–226.

Hersh, S. M. (1983). *The price of power: Kissinger in the Nixon White House.* New York: Summit Books.

Hesse, H. ([1927] 1947). *Steppenwolf* (B. Creighton, Trans.). New York: Henry Holt.

"The high cost of a family business." (1993, June 21). *U.S. News & World Report.*

Hobsbawn, E. J. (1964). "Custom, wages, and work-load." In E. J. Hobsbawn (Ed.), *Laboring men: Studies in labor history.* New York: Basic Books.

Horner, M. (1968). *Sex differences in achievement motivation and performance in competitive and non-competitive situations.* Unpublished doctoral dissertation, University of Michigan, Ann Arbor.

Hounshell, D. (1984). *From the American system to mass production, 1800–1932.* Baltimore: Johns Hopkins University Press.

House, R. J., & Boas, S. (1993). "Toward the integration of transformational, charismatic, and visionary theories." In M. M. Chemers & R. Ayman (Eds.), *Leadership theory and research: Perspectives and directions* (pp. 81–107). San Diego: Academic Press.

Husar, J. (1991, December 8). "Paraplegic Wellman back on top by sheer force of will." *Chicago Tribune,* sect. 3, p. 15.

Iacocca, L. (1984). *Iacocca.* New York: Bantam Books.

Janis, I. L. (1972). *Victims of groupthink: A psychological study of foreign-policy decisions and fiascoes.* Boston: Houghton Mifflin.

Jenkins, J. A. (1986, October 12). "Mr. Power: Attorney general Meese is Reagan's man to head the conservative charge." *New York Times Magazine,* sect. 6, pp. 19, 89ff.

Johnson, D., Maruyama, G., Johnson, R., Nelson, D., & Skon, L. (1981). "Effects of cooperative, competitive, and individualistic goal structures on achievement: A meta-analysis." *Psychological Bulletin, 89*(1), 47–62.

Johnson, D., Skon, L., & Johnson, R. (1980). "Effects of cooperative, competitive and individualistic conditions on children's problem-solving performance." *American Educational Research Journal, 17*(1), 83–93.

Kafka, F. ([1930] 1943). *The castle.* New York: Knopf.

Kakar, S. (1970). *Frederick Taylor: A study in personality and innovation.* Cambridge: MIT Press.

Kaplan, R. D. (1992, May 5). "The Afghan who won the cold war." *Wall Street Journal,* p. A20.

Kidder, T. (1981). *Soul of a new machine.* New York: Avon Books.

Kierkegaard, S. ([1844] 1957). *The concept of dread* (W. Lowrie, Trans.). Princeton, NJ: Princeton University Press.

Kipling, R. ([1893] 1920). "Her majesty's servants." In *The second jungle book* (pp. 183–210). New York: Charles Scribner's Sons.

Kissinger, H. (1979). *White House years.* Boston: Little, Brown.

Kissinger, H. (1989). *Turning strategic vision into operational reality.* Speech at 1989 Top Management Forum, June 26–27 (Paris).

Kleinfield, N. R. (1984, October 28). "When many chiefs think as one." *New York Times,* sect. 3, p. 1.

Klemesrud, J. (1978, January 24). "The city's highest ranking woman takes it all in stride." *New York Times,* p. C37.

Knecht, B. G. (1994, February 17). "American Express embraces co-brands." *Wall Street Journal,* pp. B1, B9.

Kohn, A. (1992). *No contest: The case against competition.* Boston: Houghton Mifflin.

Komarovsky, M. (1953). *Women in the modern world: Their education and their dilemmas.* Boston: Little, Brown.

Komives, S. R. (1991a). "Gender differences in the relationship of hall directors' transformational and transactional leadership and achieving styles." *Journal of College Student Development, 32,* 155–165.

Komives, S. R. (1991b). "Getting things done: A gender comparison of resident assistant and hall director achieving styles." *Journal of College and University Student Housing, 22*(2), 30–38.

Komives, S. R. (1994). "Women student leaders: Self-perceptions of empowering leadership and achieving style." *National Association of Student Personnel Administrators Journal, 31*(2), 102–112.

Korabik, K. (1990). "Androgyny and leadership style." *Journal of Business Ethics, 9,* 283–292.

Kouzes, J. M., & Posner, B. Z. (1987). *The leadership challenge: How to get extraordinary things done in organizations.* San Francisco: Jossey-Bass.

Kraft, S. (1994, May 3). "Grace marks concession by de Klerk." *Los Angeles Times,* pp. A1, A8.

"Kremlin bets on good news." (1995, July 7). *Financial Times Limited* (Finance/Business Section).

Kunstel, M. (1995, September 5). "Women in Russia are seeking power to solve problems." *Palm Beach Post,* p. 1D.

Lash, J. P. (1971). *Eleanor and Franklin.* New York: W. W. Norton.

Leavitt, H. J. (1951). "Some effects of certain patterns of communication on group performance." *Journal of Abnormal and Social Psychology, 46*(1), 38–50.

Leavitt, H. J. (1986). *Corporate pathfinders.* New York: Viking Penguin.

Leavitt, H. J. (1992, June 14). *The business school and the doctorate.* Address presented to Centennial Seminar, University of Chicago.

Leavitt, H. J., & Lipman-Blumen, J. (1980, Summer). "A case for the relational manager." *Organizational Dynamics,* pp. 27–41.

Leavitt, H. J., & Lipman-Blumen, J. (1995). "Hot groups." *Harvard Business Review, 73*(4), 109–116.

Leavy, J. (1984, July 22). "The old school: Lessons in sustained excellence." *Washington Post Magazine,* pp. 46–47.

Levinson, D. J., Darrow, C. M., Klein, E. G., Levinson, M. H., & McKee, B. (1978). *The seasons of a man's life.* New York: Knopf.

Lewis, M. (1989). *Liar's poker: Rising through the wreckage on Wall Street.* New York: Penguin Books.

Lindholm, C. (1990). *Charisma.* Cambridge, MA: Basil Blackwell.

Lipman-Blumen, J. (1973). "Role de-differentiation as a system response to crisis: Occupational and political roles of women." *Sociological Inquiry, 43*(2), 105–129.

Lipman-Blumen, J. (1974). *Ideology, social structure, and crisis.* Unpublished paper presented at nineteenth annual meeting, American Sociological Association, August 25–29, Montreal.

Lipman-Blumen, J. (1984). *Gender roles and power.* Englewood Cliffs, NJ: Prentice-Hall.

Lipman-Blumen, J. (1988). *Individual and organizational achieving styles: A technical manual for researchers and human resource professionals.* Claremont, CA: Achieving Styles Institute.

Lipman-Blumen, J. (1991, 1987). *Individual and organizational achieving styles: A conceptual handbook for researchers and human resource professionals* (4th ed.). Claremont, CA: Achieving Styles Institute.

Lipman-Blumen, J. (1992a). "Connective leadership: Female leadership styles in the 21st-century workplace." *Sociological Perspectives, 35*(1), 183–203.

Lipman-Blumen, J. (1992b). *L-BL Achieving styles situational assessment inventory* (ASSAI). Claremont, CA: Achieving Styles Institute.

Lipman-Blumen, J. (1993). "The existential bases of power relationships: The gender role case." In H. L. Radtke & H. J. Stam (Eds.), *Power/gender: Social relations in theory and practice* (pp. 108–135). London: Sage.

Lipman-Blumen, J., Fryling, T., Henderson, M., Moore, C. W., & Vecchiotti, R. (1996). *New world, new leaders: Women in corporate roles.* Wellesley, MA: Wellesley College Center for Research on Women; commissioned by Business Leadership Council of Wellesley College.

Lipman-Blumen, J., Handley-Isaksen, A., & Leavitt, H. J. (1983). "Achieving styles in men and women: A model, an instrument, and some findings." In J. T. Spence (Ed.), *Achievement and achievement motives: Psychological and sociological approaches* (pp. 147–204). San Francisco: W. H. Freeman.

Lipman-Blumen, J., & Leavitt, H. J. (1976). "Vicarious and direct achievement patterns in adulthood." *Counseling Psychologist, 6*(1), 26–32.

Lipman-Blumen, J., & Leavitt, H. J. (1985a). *L-BL achieving styles inventory* (ASI). Claremont, CA: Achieving Styles Institute.

Lipman-Blumen, J., & Leavitt, H. J. (1985b). *Organizational achieving styles inventory* (OASI). Claremont, CA: Achieving Styles Institute.

Lipman-Blumen, J., & Leavitt, H. J. (1999). *Hot Groups: Seeding Them, Feeding Them, and Using Them to Ignite Your Organization.* New York: Oxford University Press.

Lipman-Blumen, J., Leavitt, H. J., Patterson, K. J., Bies, R. J., & Handley-Isaksen, A. (1980). "A model of direct and relational achieving styles." In L. J. Fyans, Jr. (Ed.), *Achievement motivation: Recent trends in theory and research* (pp. 135–168). New York: Plenum Press.

Lipman-Blumen, J., & Schram, S. (1984). *The paradox of success: The impact of priority setting in agricultural research and extension.* Washington, DC: U.S. Department of Agriculture.

Lipset, S. M., & Wolin, S. S. (1965). *The Berkeley student revolt: Facts and interpretations.* Garden City, NJ: Anchor Books.

Littler, C. R. (1978). "Understanding Taylorism." *British Journal of Sociology, 29,* 185–207.

Lublin, J. S. (1994, October 3). "It's shape-up time for performance reviews." *The Wall Street Journal,* pp. B1, B16.

McClelland, D. (1967). *The achieving society.* New York: Free Press.

McClelland, D. C., Atkinson, J. W., Clark, R. A., & Lowell, E. L. (1953). *The achievement motive.* New York: Appleton-Century-Crofts.

McGregor, D. (1957). "An uneasy look at performance appraisals." *Harvard Business Review, 35*(3), 94.

Machiavelli, N. ([1513] 1970). *The discourses on the first ten books of Titus Livius.* London: Penguin.

Machiavelli, N. ([1513] 1977). *The prince.* New York: W. W. Norton.

McKelvey, J. T. (1952). *AFL attitudes toward production: 1900–1932. Vol. 2.* Ithaca, NY: Cornell Studies in Industrial and Labor Relations.

Malinowski, B. (1955). *Magic, science, and religion.* Garden City, NJ: Doubleday Anchor.

Malinowski, B. (1992). *Malinowski and the work of myth.* Princeton, NJ: Princeton University Press.

Marburg, T. (1941). "Aspects of labor administration in the early nineteenth century." *Business History Review, 15*(1), 1–10.

March, J. (1995). "Information technology, decision making, and the human condition." Paper presented at twenty-fourth International Federation of Training and Development Organizations (IFTDO) World Conference on Personal Renewal, Helsinki, Finland.

Maremont, M. (1988, May 23). "A cosmetic company with a conscience." *BusinessWeek,* p. 136.

Marrow, A. J., Bowers, D. G., & Seashore, S. E. (1967). *Management by participation: creating a climate for organizational development.* New York: HarperCollins.

Martin, J. (1992). *Culture in organizations: Three perspectives*. New York: Oxford University Press.

Marty, M. E. (1985). "Muslims next door." In *1985 Britannica book of the year.* Chicago: Encyclopaedia Britannica.

Maslow, A. (1943). "A theory of human motivation." *Psychological Review, 50,* 370–396.

Maslow, A. (1954). *Motivation and personality.* New York: HarperCollins.

Mason, T., Mitchell, R., Hampton, W. J., & Frons, M. (1986, October 6). "Ross Perot's crusade: He's begun a one-man campaign to make GM competitive again." *BusinessWeek,* pp. 60–65.

Mauss, M. (1979). *Sociology and psychology: Essays* (B. Brewster, Trans.). London: Routledge & Kegan Paul.

May, R. (1950). *The meaning of anxiety.* New York: Ronald Press.

Mayo, E. (1933). *The human problems of an industrial civilization.* New York: Macmillan.

Meindl, J. R., Ehrlich, S. B., & Dukerich, J. M. (1985). "The romance of leadership." *Administrative Science Quarterly, 30,* 78–102.

Meyer, P. N. (1990, September 2). "The failure of traditional law schools." *New York Times,* sect. 3, p. 13.

Miller, J. B. (1976). *Toward a new psychology of women.* Boston: Beacon Press.

Mills, C. W. (1956). *The power elite.* New York: Oxford University Press.

Mitchell, R., & Oneal, M. (1994, August 1). "Managing by values." *BusinessWeek,* pp. 46–52.

Montgomery, D. (1979). *Workers' control in America: Studies in the history of work, technology, and labor struggles.* Cambridge, England: Cambridge University Press.

Morison, E. E. (1981). "The new liberal arts: Response I." In J. D. Koerner (Ed.), *The new liberal arts: An exchange of views.* New York: Alfred P. Sloan Foundation.

Murphy, K. (1993, April 6). "A new vision for Mohammed's faith." *Los Angeles Times. A World Report Special Edition: Islam Rising.*

Nakamura, J. (1995, July 26). "Economic forum: Poll results underwhelm business." *Daily Yomiuri,* p. 6.

Nanus, B. (1992). *Visionary leadership: Creating a compelling sense of direction for your organization.* San Francisco: Jossey-Bass.

National Research Council. (1972). *Report of the committee on research advisory to the U.S. Department of Agriculture (the Pound report).* Springfield, VA: National Technical Information Services.

Nelson, D. (1975). *Managers and workers: origins of the new factory system in the U.S., 1880–1920.* Madison: University of Wisconsin Press.

Nelson, D. (1980). *Frederick W. Taylor and the rise of scientific management.* Madison: University of Wisconsin Press.

Nevins, A., & Hill, F. E. (1954). *Ford. Vol. 1: The times, the man, and the company.* New York: Scribner's.

Nevins, A., & Hill, F. E. (1957). *Ford. Vol. 2: Expansion and challenge.* New York: Scribner's.

Nevins, A., & Hill, F. E. (1963). *Ford. Vol. 3: Decline and rebirth.* New York: Scribner's.

"Newsmakers: Say something nice or . . . " (1993, October 3). *Houston Chronicle,* p. A2.

Niebuhr, R. F. (1941–1943). *The nature and destiny of man.* London: Scribner's.

Ohmae, K. (1995). *The end of the nation state: The rise of regional economies.* New York: Free Press.

"Oliver North, businessman? Many bosses say that he's their kind of employee." (1987, July 14). *Wall Street Journal,* sec. 2, p. 35.

O'Reilly, B. (1994, January 24). "Reengineering the MBA." *Fortune,* pp. 38–47.

Ornstein, N. J., Mann, T. E., & Malbin, M. J. (1990). *Vital statistics on Congress, 1989–90.* Washington, DC: Congressional Quarterly, Inc.

Osnos, P. (1982, December 13). "In Stockholm, the prize is right." *Washington Post,* p. C15.

O'Toole, J., & Bennis, W. (1992). "Our federalist future: The leadership imperative." *California Management Review, 34*(4), 73–90.

O'Toole, K. (1994). "How well do we assess new technology? Social, economic impacts often misjudged." *Stanford University Campus Report,* pp. 6–7.

Ouchi, W. (1981). *Theory Z: How American business can meet the Japanese challenge.* New York: Avon Books.

Owen, D. A. (1993). "Anita Roddick: Founder, The Body Shop International PLC." Paper prepared for Executive Management Course 396, The Claremont Graduate School.

Owen, R. ([1857] 1967). *The life of Robert Owen.* London: Effingham Wilson; reissued 1967 by Augustus M. Kelley in 2 vols.

Park, J. (1989, April 5). "Wertmuller on love in the time of AIDS." *International Herald Tribune.*

Parrish, M. (1994, March 29). "Arco enters brave new era." *Los Angeles Times,* pp. D1, D6.

Parsons, T. (1955). "The American family: Its relations to personality and the social structure." In T. Parsons & R. F. Bales (Eds.), *Family, socialization, and interaction process* (pp. 3–33). New York: Free Press.

Parsons, T., & Bales, R. F. (Eds.). (1955). *Family, socialization, and interaction process.* New York: Free Press.

Pascale, R. T., & Athos, A. G. (1981). *The art of Japanese management.* New York: Warner Books.

Perrow, C. (1984). *Normal accidents: Living with high-risk technologies.* New York: Basic Books.

Pfeffer, J. (1981). *Power in organizations.* Boston: Pitman.

Pfeffer, J. (1992). *Managing with power: Politics and influence in organizations.* Boston: Harvard Business School Press.

Phillips, W. J. (1987). *In search of a leader.* (Occasional paper no. 2). Vancouver: Centre for Study of Church and Ministry.

Pinchot, G. (1986). *Intrapreneuring: Why you don't have to leave the corporation to become an entrepreneur* (2nd ed.). New York: HarperCollins.

Porter, L., & McKibbin, L. M. (1988). *Management education and development: Drift or thrust into the 21st century?* New York: McGraw-Hill.

Potts, M. (1994, January 31–February 6). "Some Johnny Appleseeds look back at their Mac." *Washington Post National Weekly Edition,* pp. 20–21.

Powell, G. N., & Butterfield, A. D. (1989). "The good manager: Did androgyny fare better in the 1980s?" *Group and Organization Studies, 14,* 216–233.

Qin, Z., Johnson, D. W., & Johnson, R. T. (1995). "Cooperative versus competitive efforts and problem solving." *Review of Educational Research, 65*(2), 129–143.

Quinn, S. (1979, July 25). "Rosalynn's journey: A whirlwind tour with one refrain: He's healthy, he's happy . . ." *Washington Post*, p. B1.

Raskoff, S. (1994). *Volunteering to "do gender": Adult volunteers in Girl Scouts*. Unpublished doctoral dissertation, University of Southern California, Los Angeles. (DAI 55–122A, p. 3996)

Reid, D. (1976). "The decline of St. Monday, 1766–1876." *Past and Present, 71,* 76–101.

Revkin, A. (1990). "The burning season: The murder of Chico Mendes and the fight for the Amazon rain forest." *Brown Alumni Monthly*, pp. 27–33.

Richardson, M. (1995, July 31). "ASEAN puts free trade on fast track." *International Herald Tribune*, p. 9.

Roddick, A. (1991). *Body and soul.* New York: Crown.

Rodgers, D. T. (1978). *The work ethic in industrial America, 1850–1920*. Chicago: University of Chicago Press.

Rodman, S. (Ed.). (1939). *A new anthology of modern poetry.* New York: Modern Library.

Roethlisberger, F. J., & Dickson, W. J. (1939). *Management and the worker.* Cambridge, MA: Harvard University Press.

Rose, R. L., Christian, N. M., & Nomani, A. Q. (1995, July 28). "Union merger sounds painless, but it won't be." *Wall Street Journal*, pp. B1, B12.

Roszell, P., Kennedy, D., & Grabb, E. (1989). "Physical attractiveness and income attainment among Canadians." *Journal of Psychology, 123*(6), 547–559.

Royko, M. (1971). *Boss: Richard J. Daley of Chicago.* New York: Signet Books.

Rubenstein, F. (1971). *A behavioral study of pollution: The role of perceived instrumentality in an externality situation.* Unpublished doctoral dissertation, Stanford University. (DAI 32–03B, p. 1505).

Russell, S. (1990, September 19). "Two East Bay firms may be candidates for biotech buyout." *San Francisco Chronicle*, p. C1.

Samuel, R. (1977). "The workshop of the world: Steam power and hand technology in mid-Victorian Britain." *History Workshop, 3,* 6–72.

Schein, E. (1985). *Organizational culture and leadership.* San Francisco: Jossey-Bass.

Schein, V. E., Mueller, R., & Jacobson, C. (1989). "The relationship between sex role stereotypes and requisite management characteristics among college students." *Sex Roles, 20,* 103–110.

Schiff, D. (1995, August 20). "An older, wiser, humbler wunderkind." *New York Times Magazine*, pp. 29–31.

Schlossberg, S. I. (1994). "Turning point for America: Resolving the crisis at the workplace." *Labor Law Journal, 45*(10), 603–617.

Schlossman, S., Sedlak, M., & Wechsler, H. (1987). *The "new look": The Ford Foundation and the revolution in business management.* Los Angeles: Graduate Management Admission Council.

Schudson, M. (1994). "Question authority: A history of the news interview in American journalism." *Media, Culture, and Society, 16*(4), 565–587.

Seifert, C. M. (1984). *Reactions to leaders: Effects of sex of leader, sex of subordinates, method of leader selection and task outcome.* Unpublished doctoral dissertation, Northern Illinois University. DAI 45–12B, 3999.

Selz, M. (1994, October 12). "Small company goes global with diverse work force." *Wall Street Journal*, p. B2.

de Sénancour, É. P. ([1804] 1901). *Obermann: Selections from letters to a friend*. Cambridge, MA: Riverside Press.

Shaler, N. S. (1900). *The individual: A study of life and death*. East Norwalk, CN: Appelton & Lange.

Shaw, D. (1994, February 17). "Hunger for heroes, villains rooted in American psyche." *Los Angeles Times*, p. A18.

Sherif, M., Harvey, O. J., White, B. J., Hood, W. R., & Sherif, C. W. (1954). *Experimental study of positive and negative intergroup attitudes between experimentally produced groups. Robbers' Cave study*. Norman: University of Oklahoma. Multilithed.

Sherrill, M. (1994, February 5). "Wanting it . . . badly: To win, some people will do almost anything." *Washington Post*, pp. G1, G9ff.

Shirer, W. L. (1979). *Gandhi, a memoir*. New York: Washington Square Press.

Shrivastava, P. (1985). "Bhopal gas tragedy." *Social Scientist, 13*(1), 32–53.

Shrivastava, P. (1987). *Bhopal: Anatomy of a crisis*. Cambridge: Ballinger.

Simon, H. A. (1947). *Administrative behavior: A study of decision-making process in administrative organization*. New York: Macmillan.

Sinclair, U. (1911, June). *The American Magazine, 72*(2), 243.

Skon, L., Johnson, D., & Johnson, R. (1981). "Cooperative peer interaction versus individual competition and individualistic efforts: Effects of acquisition of cognitive reasoning strategies." *Journal of Educational Psychology, 73*(1), 83–92.

Slichter, S. H. (1941). *Union policies and industrial management*. Washington, DC: Brookings Institution.

Sloan, A. P., Jr. (1964). *My years with General Motors*. New York: Doubleday.

Smith, J. E. (1986). *Women in management (1979–1984): A review of the literature*. Paper presented at annual meeting of American Psychological Association, New York.

Smuts, R. W. (1960). "The female labor force: A case study in the interpretation of historical statistics." *Journal of the American Statistical Association, 55*, 71–79.

"'Something emerges: Very beautiful, very awesome.'" (1979, January). *Stanford Observer*, p. 1.

Spinoza, B. ([1677] 1910). *Ethics (and "De intellectus emendatione")* (A. Boyle, Trans.). London: Dent.

Stam, H. J. (1987). "The psychology of control: A textual critique." In H. J. Stam, T. B. Rogers, & K. J. Gergen (Eds.), *The analysis of psychological theory: Metapsychological perspectives* (pp. 131–156). Washington, DC: Hemisphere.

Stead, W. T. ([1902] 1972). *The Americanization of the world*. New York: Garland.

Stewart, T. A., Berlin, R. K., Graves, J. M., Martin, T. J., & Michels, A. (1993, January 11). "The king is dead." *Fortune*, pp. 34–41.

Stokely, L. (1986). *Organizational achieving styles in an undergraduate college*. Unpublished paper, The Claremont Graduate School.

Taylor, F. W. (1911a). "The principles of scientific management." *American Magazine, 72*(2), 244–245.

Taylor, F. W. (1911b). *Scientific management*. New York: HarperCollins.

Thatcher, M. (1993). *The Downing Street years.* New York: HarperCollins.

Thomas, R. R., Jr. (1992). "Managing diversity: A conceptual framework." In S. E. Jackson & Associates (Eds.), *Diversity in the workplace: Human resources initiatives.* New York: Guilford Press.

Thomas, W. I. (1951). *Social behavior and personality.* New York: Social Science Research Council.

Thompson, C. B. (Ed.). (1922). *Scientific management.* Cambridge: Harvard University Press.

"Thumbs up for Mandela, thumbs down for government: Poll." (1995, June 23). *Agence France Presse.*

Tichy, N. M., & Devanna, M. A. (1986). *The transformational leader.* New York: Wiley.

Tillett, A., Kempner, T., & Wills, G. (1970). *Management thinkers.* Middlesex, England: Penguin.

Tillich, P. (1944). "Existential philosophy." *Journal of the History of Ideas, 5*(1), 40–70.

Timnick, L. (1990, August 2). "Charges against Buckey dismissed." *Los Angeles Times,* sect. B, p. 1.

Tjosvold, D., & Chia, L. C. (1989). "Conflict between managers and workers: The role of cooperation and competition." *Journal of Social Psychology, 129*(2), 235–247.

Tobias, S., & Anderson, L. (1973). *What really happened to Rosie the riveter? Demobilization and the female labor force, 1944–1947.* New York: MSS Modular Publications.

de Tocqueville, A. (1959). *Democracy in America.* New York: Vintage.

Toffler, A. (1990). *Powershift: Knowledge, wealth, and violence at the edge of the 21st century.* New York: Bantam Books.

Tuohy, W. (1993, November 21). "She's ba-aack!" *Los Angeles Times Magazine,* pp. 26, 28ff.

Ulman, L. (1955). *The rise of the national trade union.* Cambridge, MA: Harvard University Press.

U.S. Bureau of the Census. (1943). *16th census of the United States, 1940. Population: Comparative occupational statistics for the United States, 1870–1940* (pp. 92–128). Washington, DC: Author.

U.S. Department of Labor. (1946). *Why women work.* New York: Author, Division of Industrial Relations.

U.S. Department of Labor. (1948). *Baltimore women war workers in the postwar period.* Suitland, MD (Washington National Records Center): Author, Women's Bureau.

U.S. Department of Labor. (1990, October). *Perspectives on working women: A databook* (Bulletin 2080, p. 10). Washington, DC: Author, Bureau of Labor Statistics.

U.S. Department of Labor. (1998). "Facts on Working Women," at <www.dol.gov/dol/wb/public/wb_pubs/wmgt97.htm>. Women's Bureau.

Varwig, J. E. (1989). *A comparison of male and female college student presidents on self-esteem, sex-role identity, achieving styles, and career aspirations by gender composition of student organization.* Unpublished doctoral dissertation, University of Maryland, College Park. (DAI 50–07A, p. 1965)

Vroom, V., & Yetton, P. (1973). *Leadership and decision making.* Pittsburgh: University of Pittsburgh Press.

Wahl, C. W. (1959). "The fear of death." In H. Feifel (Ed.), *The meaning of death* (pp. 25–26). New York: McGraw-Hill.

Walton, D. (1978, November 16). "Rockwell: Just a hick from Manhattan." *San Jose Mercury.*

News, pp. 1C, 3C.

Ware, N. (1959). *The industrial worker 1840–1860*. Gloucester, MA: Peter Smith.

Wartofsky, A. (1995, September 15). "Plunging into the darkness with Harvey Keitel." *International Herald Tribune*, p. 24.

Watson, J. D. (1968). *The double helix*. New York: Mentor Books.

Weber, M. ([1925] 1946). "The sociology of charismatic authority." In H. H. Gerth & C. W. Mills (Eds.), *From Max Weber: Essays in sociology* (pp. 245–252). New York: Oxford University Press.

Weber, M. (Ed.). (1947). *The theory of social and economic organization* (A. M. Henderson & T. Parsons, Trans.). New York: Oxford University Press.

Weber, M. ([1925] 1968). "The types of legitimate domination." In G. Roth & C. Wittich (Eds.), *Economy and society: An outline of interpretive sociology* (pp. 212–301). New York: Bedminster Press.

Whitman, D. (1990, July 16). "The unsettling power of a contentious zealot." (Obituary). *U.S. News & World Report, 109*(3), 10.

Whyte, W. H., Jr. (1956). *The organization man*. New York: Simon & Schuster.

Will, G. F. (1989). *Men at work: The craft of baseball*. New York: Macmillan.

Williams, D. (1989, February 26). "An emperor's funeral tests democracy in Japan." *Los Angeles Times*, part 5, p. 2.

Williams, E. C. (1989). *Leadership characteristics, management controls, and project characteristics: Their contribution to successful project management*. Unpublished doctoral dissertation, The Claremont Graduate School. (DAI 50–08A, p. 2570)

Wilson, S. (1955). *The man in the gray flannel suit*. New York: Simon & Schuster.

Wilson, W. ([1917] 1966). Senate address, January 22, 1917. In A. S. Link et al. (Eds.), *The papers of Woodrow Wilson* (Vol. 40, November 20, 1916, to January 23, 1917, p. 536). Princeton, NJ: Princeton University Press.

Wolff, K. H. (Ed. & Trans.). (1950). *The sociology of Georg Simmel: 1858–1918*. New York: Free Press.

Women in Entertainment. (1994). Vol. 14, Special Issue, p. S-13.

Wood, N. (1993, June 19). "Defiant president sees Sinn Fein chief." *Times*, pp. 1–2.

Wool, H., & Pearlman, L. M. (1947, August). "Recent occupational trends." *Monthly Labor Review, 65*, 139–147.

World almanac and book of facts. (1980). New York: Newspaper Enterprise Assoc.

World almanac and book of facts. (1993). New York: Pharos.

Wren, D. A. (1979). *The evolution of management thought* (2nd ed.). New York: Wiley.

Wright, R. (1993, January 19). "The leadership revolution." *Los Angeles Times*, pp. H1, H4.

Wycliff, D. (1990, July 25). "The short, unhappy life of academic presidents." *New York Times*, p. B7.

Zilboorg, G. (1943). "Fear of death." *Psychoanalytic Quarterly, 12*, 465–475.

Zinn, L. (1991, July 15). "Whales, human rights, rain forests, and the heady smell of profits." *BusinessWeek*, pp. 114–115.

Zuboff, S. (1984). *In the age of the smart machine: The future of work and power*. New York: Basic Books.